中诚信国际
CCXI

THE HANDBOOK OF
SECURITIZATION CREDIT ANALYSIS

信贷资产证券化信用分析手册

邓大为 王 立◎等编著

中国金融出版社

责任编辑：吕　楠
责任校对：孙　蕊
责任印制：程　颖

图书在版编目（CIP）数据

信贷资产证券化信用分析手册／邓大为等编著．—北京：中国金融出版社，2023.3
ISBN 978-7-5220-1833-1

Ⅰ．①信…　Ⅱ．①邓…　Ⅲ．①信贷资产—资产证券化—中国—手册　Ⅳ．①F832.51-62

中国国家版本馆 CIP 数据核字（2023）第 046587 号

信贷资产证券化信用分析手册
XINDAI ZICHAN ZHENGQUANHUA XINYONG FENXI SHOUCE
出版发行　中国金融出版社
社址　北京市丰台区益泽路 2 号
市场开发部　（010）66024766，63805472，63439533（传真）
网 上 书 店　www.cfph.cn
（010）66024766，63372837（传真）
读者服务部　（010）66070833，62568380
邮编　100071
经销　新华书店
印刷　河北松源印刷有限公司
尺寸　185 毫米×260 毫米
印张　27.25
字数　427 千
版次　2023 年 3 月第 1 版
印次　2023 年 3 月第 1 次印刷
定价　98.00 元
ISBN 978-7-5220-1833-1

编委名单

编写组组长	邓大为　王　立
编写组副组长	王晓宇　陈　静　田　野
	王恬薇　杨　威
编写组成员	吕　博　王子豪　张　希
	杜秋甫　王宣尼　卢中来
	王梦璇　薛　璇

序　一

2012—2022年是中国资产证券化试点重启后的第一个十年，也是中国资产证券化市场高速发展的十年。我国资产证券化市场萌芽于20世纪90年代初，2005年4月人民银行、银监会颁布实施了《信贷资产证券化试点管理办法》，标志着中国资产证券化市场正式拉开序幕。受2007年美国次贷危机影响，为防范系统性金融风险、维护市场稳定，我国暂停了资产证券化业务审批。随着金融深化的不断推进，2012年5月人民银行、银监会、财政部联合下发《关于进一步扩大信贷资产证券化试点有关事项的通知》，资产证券化业务正式进入重启恢复期，同时资产证券化发行制度由审批制到备案制/注册制的改革，加速推动了信贷资产证券化业务常态化发展，发行主体和基础资产类型不断丰富，交易结构设计推陈出新，投资者参与热度持续提升，我国资产证券化市场进入了黄金十年的高速发展期。截至2021年，我国资产证券化市场累计发行8309单产品，累计发行规模达13.78万亿元，过去五年的发行规模翻了一番，年均增速超过20%；其中信贷资产证券化累计发行1167单产品，累计发行规模为5.36万亿元。资产证券化市场已成为我国多层次金融体系不可或缺的组成部分之一，尤其是以金融机构为发起方的信贷资产证券化业务获得了长足发展。

资产证券化作为一种重要的金融创新工具，在加快盘活存量资产、优化资源配置、服务实体经济发展等方面发挥了重要作用，有利于丰富资本市场投资品种，提升金融服务实体经济质效，对于我国金融结构改革具有重大影响。首先，资产证券化有利于调整信贷投向，通过向重点支持产业和领域倾斜，突破中小企业融资瓶颈，助力实现稳增长、保就业、保民生、保市场主体等宏观调控目标；有效支持普惠金融发展、绿色发展，坚定不移走生态优先、绿色低碳的高质量发展道路，推动实体经济结构转型升级。其次，资产证券化业务将优质信贷资产等基础资产进行证券化，形成具有稳定现金流的标准化固定收益类产品，通过引入破产隔离机制设计、辅以信用增级手段有效降低了投资风险，为投资者提供了较为优质的资产标的，丰富了我国资本市场投资品种。最后，对于金融机构而言，通过将部分表内资产打包转移为证券形式，在增强资产流动性、提升基础资产运用效率的同时，还能降低风险资产规模，缓解银行资本金压力、资产负债期限错配等问题，提高我国金融市场直接融资比例，分散过度集中的信贷风险，有效落实构建多层次资本市场，推进金融结构改革。

2022 年对中诚信国际来说也是一个特殊的年份。金秋 10 月，我们迎来了中诚信 30 岁生日。作为国内第一家市场化的信用评级机构，中诚信国际自我国资产证券化业务发展伊始便参与其中，率先在国内开展了银行对公贷款证券化（静态现金流 CLO）、个人住房抵押贷款证券化（RMBS）、金融不良资产证券化（NPL）、中小企业贷款证券化（SME-CLO）、汽车金融公司贷款证券化、小额贷款证券化、财务公司贷款证券化等多类型金融资产证券化项目的信用评级，承做了多项资产证券化业务首单，凭借专业、优质、高效的服务赢得了监管机构和市场参与人士的广泛认可。事实上，以高质量、多元化的服务参与并推动中国资产证券化市场长期健康发展，一直是中诚信国际追求的目标。2020 年，我们推出国内第一本系统讲授企业资产证券化产品信用分析方法的专著《企业资产证券化信用分析手册》后收获了各方的好评，这鼓励我们再次为读者奉上这本《信贷资产证券化信用分析手册》。这是一本基于丰富的实务经验对中国信贷资产证券化产品信用分析进行系统性梳理与研究的重要成果，从信用评级的视角出发对信贷资产证券化主流资产类型的产品信用进行分析和研究，为信贷资产证券化业务的持续创新和发展提供理论支持。

历经多年的探索创新和有益实践，当前我国资产证券化业务逐步进入高质量发展阶段。尽管相较于美国等资产证券化市场起步较早、发展更为成熟的国家，我国资产证券化业务总量在固收市场中占比仍较低，在穿透式信息披露、二级市场开发建设、优化投资者结构等多方面仍有待进一步完善，但整体上我国资产证券化行业发展势头良好、发展前景广阔，可用于证券化的基础资产充裕，具备多层面的发展需求和动力。尤其是信贷资产证券化产品在需求收缩、供给冲击、预期转弱三重压力加大，新冠肺炎疫情多点散发与房地产市场风险持续出清的背景下，基础资产质量受到一定不利影响，但信贷资产证券化产品仍经受住压力测试，保持平稳运行，展现出强大的抗风险能力，同时也进一步发挥了助力重点行业转型升级和社会发展的积极作用，我们相信未来信贷资产证券化市场将持续推进高质量发展，在国内金融体系中发挥更加重要的作用。总体而言，资产证券化作为一项重要的金融创新业务，如何更好地服务实体经济，实现资产证券化市场与实体经济之间的良性互动、双赢发展，是值得我们持续深入思考和探索的问题。未来中诚信国际愿与各位同仁、读者一道，继续在实践中积累、思考、提升，更好地服务我国的资产证券化市场。

中诚信国际信用评级有限责任公司

董事长兼总裁 闫衍

序　二

资产证券化作为近几十年来全球金融市场的重大创新，是一种以底层资产所产生的现金流为偿付支持，通过结构化安排进行增信后发行证券的金融工具。我国关于资产证券化的讨论开始于20世纪90年代。当时，国有企业债务与国有银行不良资产“双高”成为威胁我国宏观经济稳定的潜在风险，通过证券化方式处置不良资产最早被理论界认可。随着资产证券化在国外的快速发展，实施资产证券化成为我国理论界和实务界共同关注与思考的课题，金融管理部门也着手探索和准备推动资产证券化。90年代后期，中国远洋和中集集团等企业开展了离岸证券化。21世纪以来，资产证券化步伐明显加快。2004年10月，信达资产管理公司继此前与德意志银行合作在国际市场上用资产证券化的方式处置不良资产后，又与中国国际金融公司签署合作协议，期望在国内以规范的资产证券化操作处置不良资产。2005年，中国人民银行、银监会、保监会等出台了一系列政策文件，构建资产证券化的基本框架，国家开发银行和中国建设银行成为信贷资产证券化首批试点。之后，金融管理部门吸取国外资产证券化发展的经验和教训，进一步完善监管框架，推动我国资产证券化逐步走向常规化发展。目前，资产证券化已经成为我国金融市场重要的制度安排。

资源配置、风险分散与管理是金融市场的两个基本功能。资产证券化在这方面的表现可圈可点：首先，资源配置方面，资产支持票据和企业资产证券化市场直接以为企业提供多元化融资渠道为目标；信贷资产证券化业已成为银行、消费金融公司和汽车金融公司等非银行金融机构多元化补充和增加流动性的渠道。其次，融资成本方面，近年来，不同信用等级资产证券化产品发行利差整体呈下行趋势。最后，大量理论与实证研究已经表明，风险转移与风险管理是金融机构参与资产证券化的重要微观动因。然而，我国资产证券化市场对投资者需求的关注明显不够，这体现为以下几点：一是重发行、轻投资，部分发行人利用自身市场地位主导发行价格，发行定价与底层资产关联度不高；二是信息披露不够充分，特别是底层资产有关数据的颗粒度和维度不够，导致对早偿率、违约率等影响产品估值和定价的关键参数了解不够；三是缺少全面、完整、系统介绍资产证券化产品风险特征的研究。资产证券化产品的期权特性意味着该产品具有不同于利率债或信用债的风险与收益特征，这应该得到理论界与金融专业人士的重视与充分研究。

中诚信国际编写的这本《信贷资产证券化信用分析手册》是站在投资者视角，剖析信贷资产证券化产品的一次积极、有益的尝试。中诚信国际是国内领先的信用评级机构，多次荣获中国资产证券化论坛评选的“年度杰出机构奖”。中诚信国际结构融资团队结合在资产证券化产品评级方面积累的经验，在本书中提出了“基础资产—交易结构—现金流分析—主要风险—重要参与方”的分析框架，并结合案例，介绍如何利用该框架分析不同类型基础资产的证券化产品的风险。这本书既构建了方法论，又不失技术细节，相信可以帮助读者深入了解资产证券化这一复杂的金融工具。

最后，我对本书的出版表示祝贺！

上海高金金融研究院副院长

中国资产证券化论坛秘书长

序　三

信托公司是我国资产证券化市场发展的重要参与者和推动者。在产品的发行阶段，信托公司依法受托金融机构或商业企业持有的缺乏流动性但能够产生可预计的、稳定的未来现金流的资产组合或资产池，设立特殊目的信托，并通过一定结构设计和信用增级，发行以资产池所产生的现金流为偿付支持的证券。在产品的存续期，作为受托机构，信托公司要及时披露当期资产支持证券对应的资产池状况和各档次资产支持证券对应的本息兑付信息。除此之外，担任资产支持票据的承销方也是信托机构参与公开市场资产证券化业务的重要方式。

资产证券化市场的健康快速发展为信托行业带来了新的业务增长点，这也是当前信托行业转型升级、服务实体经济的重要着力点。以建信信托为例，近几年，建信信托在信贷资产证券化、资产支持票据等领域多点开花，业务规模逐年扩大，多项指标居于行业前列。同时，建信信托围绕如何提供有技术含量的受托服务也进行了有益探索，包括多维度开展投资人服务、丰富信息披露内容和形式、有针对性地开展产品存续期监测等，还开立了自己的业务公众号"建信信托 ABS 在线"，以更为灵活的形式与各类市场机构进行沟通交流。未来，建信信托将继续以提升受托服务的技术含量为目标，让投资人和其他市场参与机构更轻松地看清、看懂基础资产和产品运营情况，助力证券化市场高质量发展。

信用评级作为债券市场的一个重要基础设施，发挥着降低信息不对称、揭示信用风险、辅助风险定价等功能和作用，在为市场各参与者提供增量信用信息以及信用风险排序的同时，也在市场快速发展中发挥了协同效应。特别是对于资产证券化这类参与方多、链条长、交易结构复杂的产品来说，高质量的信用评级服务，有助于发行人在市场融资中获得与自身信用水平相一致的公平定价，为投资者等市场各方管理信用风险提供更加有效的参考。中诚信国际是国内领先的信用评级机构，在包括银行间市场交易商协会在内的自律组织、监管机构开展的市场化评价中名列前茅。

建信信托自参与资产证券化业务以来，一直与中诚信国际保持良好、密切的合作关系。我们共同完成了多单创新性产品的发行。比如，首单获双绿色认证的信贷资产支持证券“农盈2017年第一期绿色信贷资产支持证券”、首单对公普惠金融类不良资产支持证券“建鑫2020年第六期不良资产支持证券”等。中诚信国际历来重视基础性研究工作，并以此作为评级业务的支撑。这本《信贷资产证券化信用分析手册》汇聚了中诚信国际在信贷资产支持证券信用分析方面的研究、思考、实践经验。对我国信贷资产证券化产品风险分析、估值与定价等感兴趣的读者，一定会从本书中受益。

建信信托投行一部总经理 闫晓石

前　言

资产证券化是现代金融领域最重要的创新之一。作为联通信贷市场、货币市场与资产市场的重要工具，资产证券化在提高资产流动性、提升资金使用效率、优化信贷结构和金融资源配置、加大金融对实体经济支持力度以及丰富投资品种等方面所发挥的积极作用，得到了市场参与方的高度认同。

我国信贷资产证券化试点于2005年正式起步，但2009年之后，由于次贷危机的影响，出于审慎考虑，试点一度处于停滞状态，直至2012年下半年，试点再次启动并呈快速发展态势。2015年之后，发行制度改革带来的发行周期缩短、发行效率提升，叠加完善信息披露、扩大投资者范围等举措，信贷资产证券化进入常规化发展阶段。2015—2021年，信贷资产支持证券年度发行规模从4000亿元增长到8800多亿元；2021年末，信贷资产支持证券存量规模已超过1.75万亿元。信贷资产支持证券二级市场也逐步成熟，交易量和交易笔数持续较快增长，2021年优先级证券换手率超过54%，次级证券换手率接近8%。在重启的十年间，秉持着创新与监管相协调的发展理念，我国信贷资产证券化市场成功探索了一条“监管先行、先设计后试点并随着认识深化不断完善监管、扩大试点”的发展路径，市场持续健康发展并实现了跨越式发展，发行规模显著扩容，发起机构类型和基础资产种类日益丰富，发行管理机制和信息披露制度日益完善，市场各参与方日益成熟。

随着信贷资产证券化市场的深化发展，基础资产和交易结构创新不断，产品日益复杂，如何正确理解和识别信贷资产支持证券的信用风险及其特征就更加重要。与信用债相比，信贷资产支持证券存在以下特殊性：第一，信用债的主要风险是特定主体的信用风险，信贷资产支持证券除面临单一基础资产的违约风险外，资产集中度、资产违约相关性、违约资产回收情况等都会引起资产池现金流的变化，进而可能影响对投资人的偿付。第二，除基础资产外，信贷资产支持证券的交易结构和包括发起机构、资产服务机构和资金保管机构等在内的重要参与方也会影响证券的及时足额偿付。第三，受基础资产早偿和交易结构设计影响，信贷资产支持证券投资人承担不同程度的早偿风险，债券到期期限通常是变化的。因此，信贷资产支持证券应该采用与信用债不同的信用分析框架。在综合考虑资产证券化的原理和我国信贷资产证券化发展现状的基础上，本书提出了“基础资产—交易结构—现金流分析—主要风险—重要参与方”这一分析框架，层层递进，剖析风险。

全书共十二章，前四章偏重理论：第一章介绍资产证券化的基本知识以及欧美、中国的资产证券化实践。第二章拆解信贷资产支持证券的主要风险及来源，并引出信贷资产支持证券的分析框架，即按照“基础资产—交易结构—现金流分析—主要风险—重要参与方”，首先基于基础资产的违约特征构建基础资产违约模型或其他量化分析模型，并基于交易结构安排编写现金流模型，接下来结合违约模型和现金流模型得到模型分析结果，最后分析交易的主要风险及缓释措施、重要参与机构履约能力等因素，综合评价产品信用状况。考虑到我国信贷资产证券化基础资产类型界定比较清晰、交易结构标准化程度相对较高，为减少后续各章节内容的重复，本书将量化分析模型和典型交易结构这两部分内容统一放在第三章和第四章介绍。

第五章至第十二章偏重实务，针对我国信贷资产证券化市场中的主要基础资产细分类型展开分析。基础资产是信用分析的起点，也是本书分析框架着重讲述的部分。每一章中，我们都将先介绍该类基础资产及相关市场的发展情况，然后介绍这类基础资产的特征及其风险特征。之后，各章介绍了针对该类基础资产证券化产品开展尽职调查时的要点，旨在帮助读者了解面对该类产品应收集哪些资料以及如何解读其中所包含的信息。最后，我们将结合一个具体案例，说明如何应用“基础资产—交易结构—现金流分析—主要风险—重要参与方”的分析框架进行信用分析。每章的结尾我们还将列出一些常见问题与回答（Q&A）。

当今世界正在经历百年未有之大变局，我国也处于构建新发展格局的关键阶段。适逢信贷资产证券化试点重启十年之际，我们将这些年在信贷资产证券化领域的思考整理成书，一是希望填补目前在资产证券化领域尚无系统讲授信贷资产证券化信用分析的著作的空白，二是希望能够对金融工作者在新发展阶段探索如何更好地运用信贷资产证券化支持实体经济有所裨益。书中错漏不足之处，也恳请大家批评指正。

目 录

第一章

信贷资产证券化：原理与实践

作为现代金融领域的重大创新之一，资产证券化已经成为全球资本市场不可或缺的组成部分。

“资产证券化”的概念最早出现在20世纪70年代的美国。当时，美国政府为了缓解由婴儿潮一代引发的住房贷款需求急剧上升、购房融资资金短缺问题，推出了世界上最早的资产证券化产品——住房抵押贷款支持证券（Mortgage-Backed Security，MBS）。1985年以后，基于信用卡、汽车贷款、学生贷款、厂房设备贷款等各类资产的资产支持证券（Asset-Backed Security，ABS）开始出现，并迅速推动了美国资产证券化市场的发展。

200多年前诞生于德国的担保债券可视为资产证券化的另一种模式。担保债券起源于1769年普鲁士为公共工程筹资而发行的债券，为了降低贷款利率，腓特烈二世创设了以土地为担保、具有完全追索权的债券，这就是担保债券的雏形。20世纪末，现代形式的担保债券在欧洲开始加速发展，并且凭借相对更加稳健的表现在过去十多年得到欧洲之外很多国家的认同。

我国的资产证券化试点始于2005年，在国际金融危机期间，出于宏观审慎和控制风险的考虑，我国暂停了资产证券化试点。2012年，在政策鼓励下，我国资产证券化试点重启。经过十年的发展，我国资产证券化试点规模逐步扩大，产品不断丰富，市场日益成熟，资产证券化市场已成为我国债券市场的重要组成部分。

本章第一节我们将从资产证券化的定义入手，探讨资产证券化的核心特征。第二节将介绍资产证券化的美国模式和欧洲模式，并比较两种模式的异同。第三节将介绍我国的信贷资产证券化实践。

第一节　资产证券化原理

资产证券化作为一种融资工具，是不断发展变化的，因此很难给出一个统一的准确定义。笼统地讲，资产证券化可视为基于资产信用的一种具有成熟运作机制和流程的融资过程。

一、什么是资产证券化

关于资产证券化的定义，主要分为两大类。

一是用资产证券化指代“将流动性弱的资产转化为流动性强、标准化程度高的金融产品的过程”[1]。比如，法博齐认为，资产证券化是指“将同质但缺乏流动性的资产汇集形成资产池——其收益由池中资产的未来现金流和其他利益流入所担保，并重新打包成向第三方投资者发行的证券”[2]。二是认为资产证券化是结构化金融的一种形式，所有结构化金融都具有三个特征，即“有一个资产池，将以该资产池产生的现金流为支持的债务进行分级，并应使得——通常是通过特殊目的载体——资产池的信用风险独立于发起机构的信用风险”[3]。

第一类定义与证券化发展初期的特征相契合，当时被证券化的资产主要是缺乏流动性的各种债权类资产。随着金融工程和金融创新的发展，出现了全业务证券化（WBS）、再证券化，前者被证券化的是未来的业务收入而非债权类资产，后者的基础资产是并不缺乏流动性的证券化产品，资产的定义逐步抽象成为“未来现金流”。进而，按照第一类定义的思路，资产证券化的本质可以被认为是“出售未来可回收的现金流从而获得融资”[4]。与第一类定义侧重“资产”不同，第二类定义将重点放在证券化交易的构建过程，并且指出了资产证券化使得“资产池的信用风险独立于发起机构的信用风险”这一特征。第二类定义与美国资产证券化发展历史上大部分时期的实际操作基本一致。

也有观点[5]认为，如果将资产证券化的本质特征理解为以资产现金流为支撑或担保发行证券，则资产证券化的历史可以回溯到200多年前德国首次发行并被其他欧洲国家采纳的担保债券（covered bond），而且过去十年欧洲担保债券作为美国资产证券化的替代模式得到认可。但是，担保债券依赖主体和基础资产的双重追索，证券端通常也并不分级，直接发行结构的担保债券无须创设特殊目的载体，其特征与第二类定义的描述不完全一致。不过，我们认为，欧洲担保债券通过专门的立法和规范也实现了资产池与发起机构的信用风险隔离，这一点与第二类定义中的本质是相契合的。

上述两类定义分别描述了资产证券化的部分特征，有合理性但又各有局限。不过，没有对资产证券化形成统一的理解和认识并不妨碍我们对这一问题

---

① 岳志岗，邓大为．企业资产证券化信用分析手册［M］．北京：中国金融出版社，2021.

② 法博齐．资产证券化导论［M］．北京：机械工业出版社，2014.

③ 国际清算银行（BIS）．The Role of Ratings in Structured Finance：Issues and Implications［R］．2005.

④ 扈企平．资产证券化：理论与实务［M］．北京：中国人民大学出版社，2007.

⑤ 张严方．金融资产证券化：法律问题与实证分析［M］．北京：法律出版社，2009；祝小芳．欧美资产证券化模式比较研究及对我国的启示［D］．北京：财政部财政科学研究所，2010.

展开讨论。本节我们将结合上述两类定义和资产证券化实践，归纳出资产证券化的三个核心特征，以便读者可以更好地理解资产证券化与其他融资方式的差异。

二、资产证券化的三个核心特征

核心特征一：资产证券化是基于资产或资产组合进行融资的过程

资产证券化，顾名思义，离不开“资产”。但是，依靠资产进行融资并不是资产证券化的专利，资产抵质押贷款、融资租赁甚至股票都可以看成是基于资产进行融资的行为。那么，什么样的资产才可以被资产证券化呢？资产证券化中的“资产”有何特定的要求呢？

从法律的角度来看，资产证券化的基础资产是指“符合法律法规规定，权属明确，可以产生独立、可预测的现金流且可特定化的财产权利或者财产”①。这里有一个非常重要的概念——特定化。所谓特定化，是指作为证券化基础资产的财产权利或者财产，能够清晰、明确地界定，能够单独明确该项资产现金流的权属和去向，不与原始权益人的其他现金混同，在法律上能够界定其权利内容及范围，独立而不依附于其他财产存在，如动产所有权、土地使用权、房屋所有权、贷款债权、租赁债权、应收账款债权等。可特定化是基础资产实现法律意义上的转让的前提，也是保证基础资产未来现金流独立、可预测的基础。

从风险的角度来看，基础资产现金流的独立性和可预测性是实现“资产池的信用风险独立于发起机构的信用风险”的基础。缺乏独立性的资产，其现金流的产生很大程度上依赖于主体的运营，主体破产后，即使可以实现法律意义上的破产隔离，但现金流已经很难正常产生，因此并不具备风险意义上的破产隔离。现金流的可预测性，不仅指绝对值的可预测性，也包含风险的可度量性。当前证券化技术已经对诸如大额债权、零售债权等资产构建了适用的风险度量模型，但仍有很多资产我们还无法较好地估计其现金流风险，针对这类资产，资产证券化在一定程度上仍需要主体信用的介入。当然，随着证券化技术的提高，原来不能或很难证券化的资产也将逐渐能够被证券化。

---

① 详见《证券公司及基金管理公司子公司资产证券化业务管理规定》（中国证券监督管理委员会公告〔2014〕49号）。

从现代证券化技术的角度来看，资产证券化的资产应该是一种资产组合。单一资产的信用风险特征和单一主体并无差别，但是资产组合的信用风险特征和单一主体大有不同。资产组合是资产证券化实现证券端的风险收益分层技术的基础。

核心特征二：资产证券化能够实现资产和发起机构的风险隔离

只有资产或者资产组合，还不能称为资产证券化，资产证券化的第二个核心特征是实现了资产信用风险和发起机构信用风险的隔离，或可称为“风险隔离”。风险隔离是资产证券化能实现基于资产信用进行融资的前提。

风险隔离并不完全等同于法律上的破产隔离，但是破产隔离是实现风险隔离的必要条件。破产隔离是指主体破产后，被证券化的资产不属于该主体的破产清算资产。破产隔离的实现，能保证资产证券化产品可以继续依靠资产来进行偿付或补充偿付。破产隔离是依赖于法律框架来实现的，美国模式的资产证券化主要通过合同和相关商事法律来构造交易，欧洲模式的担保债券则是通过专门的法律或者通过结构设计来实现。

风险隔离的另一个必要条件是上文所述的现金流独立性，这是资产本身的属性。虽然资产证券化在各国实践中涉及的基础资产种类繁多，但是金融机构贷款债权是公认的最适用于资产证券化的资产。这主要是由于金融机构贷款业务的标准化程度很高，更便于尽调和转让，而且当某一金融机构出现问题而破产时，其贷款资产更容易被同类金融机构接管。欧洲担保债券在其规范中明确定义了担保资产的范围，主要包括银行等储贷机构的不动产抵押贷款、公共部门贷款以及船舶抵押贷款等。

需要注意的是，资产和发起机构的风险隔离并不是绝对隔离。无论是金融机构还是非金融机构，资产都不会是完全独立存在的。现金流的产生过程依赖于人的活动，而人的活动依赖于组织机构，因此资产的变现过程都是依赖于主体的。次贷危机爆发前，证券化技术让人们一度认为通过证券端的风险收益分层技术，始终可以找到最安全的那部分现金流，不加限制地再证券化和资产出表，使得金融系统的实际杠杆快速升高，最终资产的波动带来了整个金融系统的震荡，而金融机构的破产又反作用于资产，最终造成了一次全社会危机。次贷危机爆发后，人们越来越意识到资产的信用风险并不会完全脱离于主体。此外，欧洲担保债券在这次危机中的稳健表现也让人们意识到资产信用和主体信用需要有机地结合，我们需要重新审视资产证券化中资产信用风险和主体信用风险的关系。

核心特征三：资产证券化是通过一系列交易结构来实现的

对于资产证券化而言，无论是风险隔离还是证券端风险收益分层重组，都要通过对交易的结构化设计来实现。交易结构是交易各方以合同条款的形式所确定的、实现交易各方最终利益关系的一系列安排。交易结构的内涵很广，小到交易中各个日期与账户的设置、参与机构的选聘与解任，大到基础资产的破产隔离、现金流归集与划转、信用增级与信用触发机制、现金流在投资者之间的分配等，都需要在交易结构中设定。

交易结构设计是实现现金流安全、平稳的核心机制，是资产证券化过程得以完成的前提。资产证券化实质上是基础资产未来现金流的变现。在基础资产既定的前提下，首先要确保现金流的可分离与可特定化，而且现金流的安全性、稳定性不会受到除基础资产自身风险之外的其他因素影响。具体到实践中，这是通过包括基础资产破产隔离、参与方之间的相互制约与合作、交易账户设置及现金流归集划转、信用保护触发机制与权利完善事件等在内的一系列机制设计来实现的。这些机制设计是否合理、有效，不仅关系到资产证券化交易能否顺利完成，也决定着交易的成本与效率。

资产证券化的交易结构是不断发展和变化的。交易结构创新可以撮合需求各异的投资者与融资人，实现资金的高效融通。以美国住房抵押贷款证券化产品（MBS）为例，最初的结构禁止发行人对现金流进行主动管理，只能直接将收到的本金和利息（扣除相关费用后）全部支付给投资人，证券期限单一，对很多投资人来说，存在期限过长、早偿导致投资人面临再投资风险两大缺陷，之后的产品则允许发行人对现金流进行主动管理从而发行到期期限不同的多档甚至是信用质量不同的多级证券，接下来出现的纯利息证券、纯本金证券、期限严格限定证券、零息证券等，本质上都是通过对现金流偿付进行结构化分割以及相应的证券分级，解决增信、早偿风险以及投资者要求的偿付期限与基础资产偿付期限错配等问题，满足不同类型投资者在风险、期限、流动性、收益率等方面的不同偏好，增强产品对投资人的吸引力。更进一步地，基于证券分层的金融技术创新，如再证券化等，使得现金流与风险进一步被切分重组，为投资者创造出更多可供选择的金融衍生产品。因此，通过交易结构的创新，从微观层面看实现了投融资双方之间的资金融通，在宏观层面则提高了整个资本市场和金融体系的效率。

综上所述，资产证券化是以可以产生独立、可预测的现金流且可特定化的资产或资产组合的信用为基础的，通过构造一个严谨有效的交易结构，来实现资产和主体风险有效隔离及收益风险再分配的融资过程。

作为现代金融领域的重大创新之一，资产证券化在各国的实践形式或有差异。在本书中，如无特别说明，在谈到国外或一般意义上的资产证券化时，我们用资产证券化指代所有形式的资产证券化实践，既包括美国的抵押贷款证券化、狭义的资产证券化、欧洲的全业务证券化，也包括欧洲模式下的担保债券，被证券化的资产既有银行或其他金融机构发起的信贷资产，也有商业企业的应收账款等。当涉及我国的情况时，信贷资产证券化则特指“银行业金融机构作为发起机构，将信贷资产信托给受托机构，由受托机构以资产支持证券的形式向投资机构发行证券的融资活动”，以便与我国企业资产支持证券、资产支持票据等相区分。

第二节　资产证券化的两种模式

按照投资人享有的追索权的不同，可以将资产证券化分为美国模式与欧洲模式。美国模式下，对投资人的偿付完全依赖于基础资产未来所产生的现金流，发起机构不承担任何偿付责任；欧洲模式下，可以使用发行人日常经营或筹资现金流偿付投资人，但是一旦发行人无法履行偿付义务，则投资人优先享有对担保资产的追索权，即投资人享有对发行人和担保资产的“双重追索权”。

一、美国模式：资产支持证券

（一）资产支持证券的核心特征

美国资产支持证券的核心特征在于发起机构通过将基础资产“真实出售”给为发行证券而专门设立的特殊目的载体（SPV），实现资产的破产隔离①，并以这些资产未来产生的现金流作为还款来源，发行证券融资，其过程如图 1-1 所示。

① 破产隔离有两层含义，一是与资产发起机构的破产隔离，二是与特殊目的载体的破产隔离。具体可参见本书第四章“信贷资产证券化：交易结构”部分。

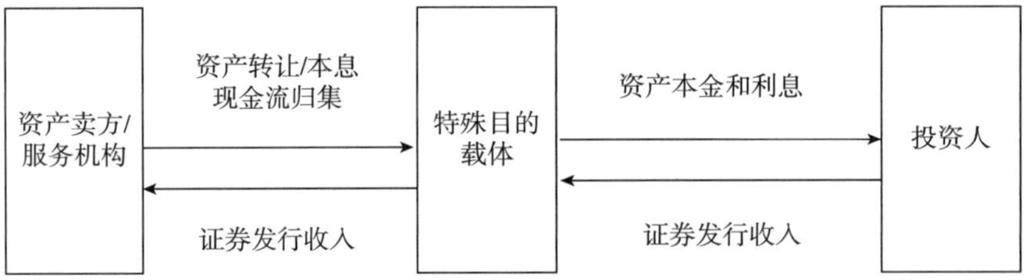

图 1-1 美国模式资产支持证券融资示意图

基础资产实现真实出售和破产隔离后，发起机构不再保留与基础资产有关的任何权利、风险。对投资人的偿付完全依赖于基础资产未来所产生的现金流，发起机构不承担任何偿付责任，如果现金流的回收总额低于基础资产出让价格，或者基础资产被证明无法收回，SPV 和投资人对发起机构无追索权。因此，发行资产支持证券融资不会被视为发起机构的债务融资行为，不会带来资产负债表的膨胀。

（二）美国资产证券化市场的发展历程

美国的资产证券化实践始于 20 世纪 70 年代由吉利美公司担保发行的住房抵押贷款支持证券，最初是为了解决住房金融二级市场融资问题而创设的一种工具，之后发起机构的参与动机逐渐多元化，如解决期限错配问题、转移风险、满足监管要求甚至是为市场创造高收益的投资产品，相应地，资产证券化的交易结构不断创新，基础资产范围也逐渐扩大。图 1-2 给出了按基础资产类型划分的美国资产证券化产品的构成，其中不动产抵押贷款支持证券（MBS）又可以细分为机构支持 MBS 和非机构支持 MBS，前者是指由吉利美、房地美和房利美提供担保或发行的 MBS，机构支持 MBS 之外的由私人信贷机构发行、没有吉利美和“两房”担保的 MBS 则称为非机构支持 MBS。

依据基础资产类型和交易结构的变化，美国资产证券化市场的发展可以划分为以下三个阶段。

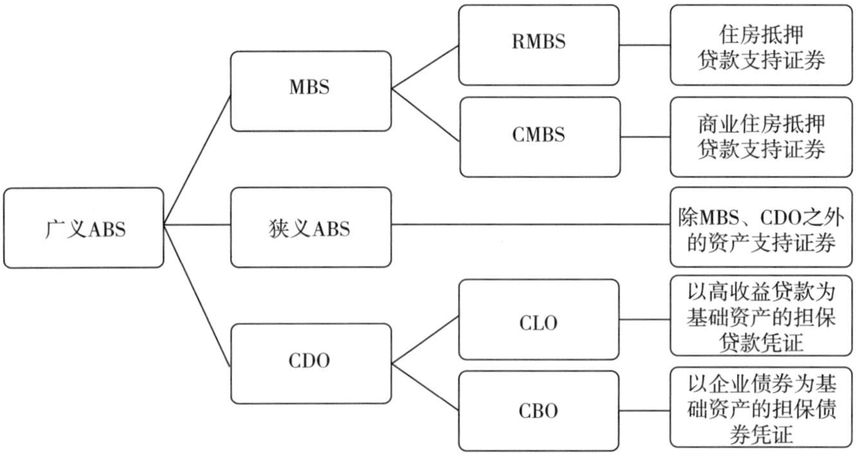

图 1-2 美国资产证券化产品分类（按基础资产类型）

第一阶段（20 世纪 30 年代至 60 年代末）：大萧条时期的市场起源

在大萧条期间，高失业率导致住房抵押贷款的借款人大规模违约，引发一些私人储贷机构和银行倒闭，同时居民面临失业困境，住房抵押贷款的违约率和止赎率飙升，随着信用风险增加，居民难以获得金融机构的购房贷款。为了改善住房条件、防止大量居民因为无法偿还贷款而丧失房屋抵押权，美国国会于 1934 年颁布了《国家住房法》（*National Housing Act*），以帮助重组联邦银行系统。该法案创建了联邦住房管理局（Federal Housing Administration，FHA），通过担保经批准的贷款人提供的抵押贷款，把抵押贷款的违约风险从贷款人处转移给了 FHA，此举旨在鼓励贷款人增加贷款。为了进一步重振房地产市场，美国国会于 1938 年成立房利美（联邦国民住房抵押贷款协会，FNMA），房利美通过发行债券筹集资金，并用这些资金从贷款人手中购买抵押贷款，贷款人利用出售抵押贷款而获得的资金发放更多贷款。房利美的成立是为了给中低收入借款人提供更多抵押贷款，并为抵押贷款市场提供流动性，流动性的增加也会增加可贷资金，从而降低抵押贷款利率，进而刺激房地产市场。第二次世界大战后，为了解决退伍军人不断增加的购房需求，1944 年美国国会通过了《军人重新调整法》（*Serviceman's Readjustment Act*），同意美国退伍军人管理局（Veterans Administration，VA）开展抵押贷款担保业务，以帮助退伍军人顺利取得住房抵押贷款。

FHA 和 VA 的成立有助于满足特定群体的购房需求，促进了美国抵押贷款一级市场的发展。房利美通过购买 FHA 和 VA 担保的抵押贷款以及其他符合要求的抵押贷款并提供担保，提高了抵押贷款二级市场的流动性。20 世纪 70 年代以前，美国住房抵押贷款市场基本维持这一模式。

第二阶段（20 世纪 70 年代至 80 年代中期）：MBS 的产生与发展

（1）抵押贷款转手证券

20 世纪 70 年代，随着婴儿潮一代达到购房年龄，居民有大量的购房需求；同时，抵押贷款的规模不断扩张，给金融机构带来了问题。抵押贷款是商业银行等金融机构的长期资产，然而这些银行类金融机构的负债大多是短期的，这就导致商业银行需要不断吸收短期存款来支撑长期贷款，资产负债表存在严重的期限错配问题。另外，抵押贷款只是一款单一的长期资产，无法满足不同投资者的风险偏好。不同地区的抵押贷款借款人的信用、抵押贷款的质量等存在较大差异，导致抵押贷款二级市场的流动性较差。为了解决这些问题，抵押贷款转手证券应运而生。

为了提高抵押贷款的流动性并为发放抵押贷款提供更多资金，美国国会于 1968 年和 1970 年相继成立了吉利美（政府国民抵押贷款协会，GNMA）和房地美（联邦住房抵押贷款公司，FHLMC）。1970 年，吉利美担保发行了首只抵押贷款转手证券，这标志着 MBS 的产生；房地美和房利美则分别于 1971 年和 1981 年进行了类似于抵押贷款转手证券的尝试。自此，美国的抵押贷款二级市场逐渐活跃。吉利美担保发行的抵押贷款转手证券的不同之处在于，吉利美享有美国政府的全额信用保障，而房地美和房利美是政府支持公司（GSE），仅享有美国政府的部分信用保障。不过，人们普遍认为，房地美和房利美发行的 MBS 具有隐性的政府担保。

抵押贷款转手证券的构建过程如下：将一揽子符合一定要求的抵押贷款汇集成一个资产池，以这个资产池为抵押发行抵押贷款转手证券。这些抵押贷款每月获得本金和利息偿付，扣除服务中介费用后，剩余的本金和利息会转交给投资者。抵押贷款转手证券的主要特点在于：抵押权直接转给投资者；抵押贷款每月获得的本金和利息偿付在扣除了服务中介费用后，会直接交付给投资者。这种设计实现了债权人与投资人的风险转移，此外，在吉利美和房地美、房利美的担保下，抵押贷款转手证券的信用质量也得到了投资者的认可。非标准化的抵押贷款变成了标准化的证券，流动性大大提高，对投资者更具有吸引力。

尽管抵押贷款转手证券取得了成功，但仍有一定缺陷。抵押贷款转手证券面临借款人提前还款风险。提前还款行为与利率有关，如果利率下降，借款人更有可能利用较低的利率进行再融资，提前偿付率提高，这一方面会导致证券平均存续期缩短，投资人面临再投资风险；另一方面，如果大量借款人提前还款，则基础资产规模缩小从而未来能产生的利息减少，最终导致证券投资者的回报降低。抵押贷款转手证券不允许发行人对现金流进行主动管理，这种单一层级的现金流无法满足风险偏好和投资需求不同的投资者。为了解决这一问题，美国投资银行家在抵押贷款转手证券的基础上进行了分层的创新设计，这就是 CMO 证券（Collateralized Mortgage Obligations）。

（2）分层技术与 CMO 证券

1983 年，房地美把抵押贷款转手证券分割成多组不同期限的债券，以满足不同期限偏好的投资者的需求，这种创新产品即是 CMO。CMO 是在抵押贷款转手证券的基础上，进行了结构化设计，创造出多种层级（tranches）。基础资产产生的现金流按照特定规则在各个层级间进行分配，不同层级的风险和收益有所不同。例如，把抵押贷款池中的现金流分成优先级和劣后级，一旦贷款违约，会优先偿付优先级的本金和利息。这样，优先级的风险有所降低，对应地，优先级的收益率一般低于劣后级的收益率。CMO 的分层技术并没有消除风险，只是把风险在不同层级之间进行了重新分配。相对于抵押贷款转手证券，CMO 的创新之处在于创造出了不同层级的债券，可以满足不同风险偏好的投资者。

CMO 可以再进一步分离，分割成只收本金的证券（PO 债券）和只收利息的证券（IO 债券）。由于抵押贷款的本金是确定的，而利息总额却随借款人的偿还速度而变化，因此，PO 债券投资者所能得到的偿付总额是固定的，等于抵押贷款的本金总额；而 IO 债券的受偿总额是不确定的。PO 债券一般以一个低于面值的折扣价出售，这样，当市场利率下降时，一方面，其券面价格的折现价值将上升；另一方面，市场利率下降导致抵押贷款提前还款率上升，PO 债券提前到期，投资者的回报提高。IO 债券由于受偿总额不确定，因此可以没有面值，IO 债券通常按市场对抵押贷款预期利息收入的现值发行。当市场利率上升时，一方面 IO 债券的折现价值下降，另一方面抵押贷款提前还款率下降，IO 债券可实现的受偿总额增加，利率最终对 IO 债券价值的影响取决于这两种方向变动的抵销。PO 债券可以用于抵御提前还款风险，而 IO 债券则在套期保值中有广泛应用，投资品种进一步创新。

（3）REMIC

尽管 CMO 有大量需求，但是 CMO 是以抵押债务而非资产出售的形式发行的，因此大量发行 CMO 会导致发行人的资产负债表陷入困境，需要更多的权益资本支持。为解决 CMO 面临的难题，1986 年，美国颁布的《税收改革法案》（*Tax Reform Act*）引入了不动产抵押投资载体（Real Estate Mortgage Investment Conduit，REMIC）这一概念。根据规定，资产构成和权益划分符合相关要求的特殊目的载体——可以是合伙企业、信托、公司等任何组织形式，在申报所得税时可通过填报专用表格主动申明选择适用 REMIC 规则，享受豁免待遇，REMIC 产生的相关损益"穿透"投射到其权益持有人，由后者根据投资于 REMIC 获得的收益缴纳所得税。

具体来说，按照美国税收条例规定，REMIC 的权益应分为普通权益和剩余权益。普通权益持有人类似于固定收益证券的投资人，发行时即约定可以固定收取本金和利息两部分收入，其中利息部分既可以采用本金乘以特定利率的方式来计算，也可以约定为贷款资产池利息收入的固定份额，并按照规定就利息收入纳税。普通权益之外的部分则是剩余权益，其持有人类似于股权投资人，REMIC 的净资产、利得、折扣和抵免都将传递给剩余权益持有人。

正是受益于 REMIC 所享有的免税待遇，REMIC 可以将抵押贷款按照市场公允价格真实出售，而无须担心需要在 REMIC 层面对转让抵押贷款赚取的收益、对 REMIC 权益持有人所获取的投资收益双重征税的问题。与以抵押贷款为担保发行转手债券或者说 CMO 模式相比，真实出售可以将抵押贷款从资产负债表中剥离，减轻资本金压力。

第三阶段（20 世纪 80 年代中期至今）：基础资产范围扩大，市场快速扩张

20 世纪 80 年代中期，商业银行面临着提高流动性、满足资本充足率的压力，对资产证券化的需求与日俱增。资产证券化的基础资产从住房抵押贷款扩大到了汽车贷款、企业贷款、信用卡和消费贷款、学生贷款、设备租赁贷款等其他信贷资产。至此，资产支持证券（ABS）走上历史舞台。资产证券化产品扩大了融资渠道，缓解了资产负债表的期限错配问题，增加了资产流动性，这些优势让 ABS 在美国得到迅速发展。

20 世纪 90 年代还出现了一种叫作债务抵押证券（CDO）的创新产品。CDO 是一种复杂的结构性金融产品，它的基础资产除信贷产品外，还包括 MBS 与 ABS，可以把它理解成再次证券化。为了创建 CDO，银行收集能够产生现金流的基础资产，并将它们重新打包，并根据不同的信用风险水平进行分层，然后出售给投资者。投资者购买 CDO 可以分散投资，使得投资组合更加多样。

因为 CDO 的基础资产是一个动态管理的资产池，投资者投资 CDO 相当于同时投资一系列债券，理论上看可以分散投资风险；之后进一步对现金流、风险进行切分，发展出 CDO^2 等。CDO 系列产品的高杠杆带来了高利润，因此受到了市场的追捧，2003—2006 年 CDO 系列产品的发行额从 300 亿美元增长到 2250 亿美元。

（三）美国资产证券化市场的非均衡复苏

次贷危机的爆发导致美国资产证券化市场陷入动荡和萎缩，但是自 2015 年开始持续复苏。2020 年美国资产证券化产品发行规模达 4.3 万亿美元，远超危机前即 2003 年 3.8 万亿美元的历史高点。2021 年发行规模较前一年增长 8.9%，达到 4.69 万亿美元。同时，美国资产证券化市场的复苏呈现出不均衡特征，具体表现如下。

首先，如图 1-3 所示，机构支持 MBS 发行规模的增速更快、持续性更强，非机构支持 MBS 难言恢复，其他类型基础资产证券化产品发行规模较小但不同年份的波动较大。相应地，从不同基础资产类型占比看，一级市场结构更趋于集中。与 2007 年相比，2021 年机构支持 MBS 的占比从 43.5%提高到 90.7%，非机构支持 RMBS 和 CMBS 则分别从 24.4%和 7.46%下降到 3.02%和 1.45%，其他类型基础资产证券化产品的合计占比从接近 25%下降到 9.6%。

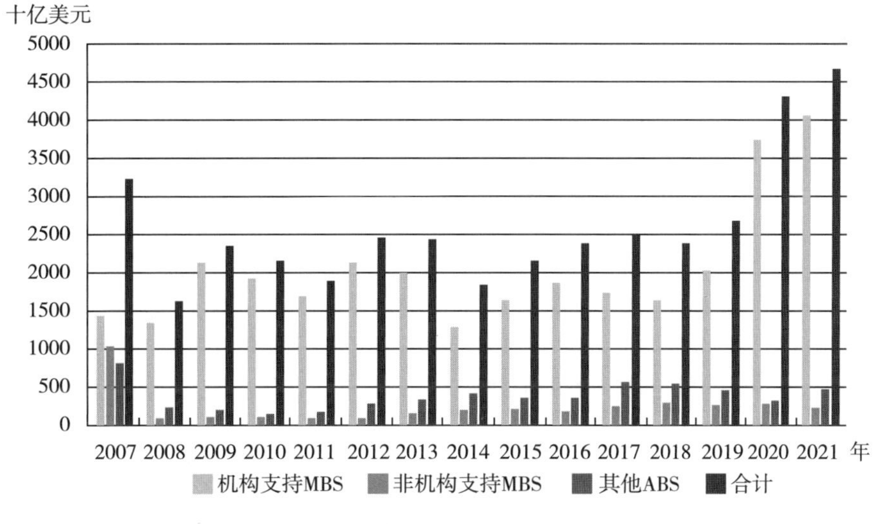

图 1-3　2007—2021 年美国资产证券化产品发行规模

（资料来源：美国证券业与金融市场协会（SIFMA），作者整理）

其次，流动性方面，机构支持 MBS 交易非常活跃，流动性仅次于美国国债，远高于其他债券种类。非机构支持 MBS 的流动性要远低于美国国债和机构支持 MBS，与联邦机构债券和企业债的流动性大体相近。次贷危机以来，非机构支持 MBS 的总体流动性介于企业债和 ABS 之间。图 1-4 和图 1-5 分别给出了过去十年美国机构支持 MBS、非机构支持 MBS 及其他类型基础资产证券化产品的交易规模及增速。不难看出，2014 年以来，与发行规模逐渐复苏相一致，机构支持 MBS 的交易规模也逐年上涨，2021 年达到 2793 亿美元，处于历史相对较高水平。非机构支持 MBS 的交易规模则逐年下降，2021 年底为 13.79 亿美元，与 ABS 的交易规模 13.86 亿美元几乎持平。

图 1-4　2011—2021 年机构支持 MBS 交易规模及增速

（资料来源：美国证券业与金融市场协会（SIFMA），作者整理）

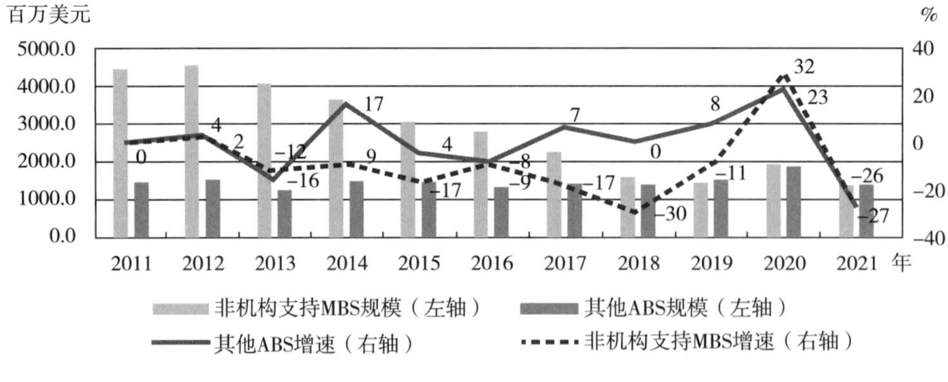

图 1-5　2011—2021 年非机构支持 MBS 和其他 ABS 交易规模及增速

（资料来源：美国证券业与金融市场协会（SIFMA），作者整理）

二、欧洲模式：担保债券

（一）担保债券在全球范围逐渐流行

担保债券（CB）起源于1769年的普鲁士，最初是为发展农业而创设的一种债务融资工具，之后逐渐扩展到其他国家和地区，并因具有与美国资产支持证券相似但不同的特征而被称为资产证券化的欧洲模式。截至2021年底，担保债券存续规模达到2.9万亿欧元，是全球债券市场的重要组成部分。

近年来，担保债券的发展呈现以下两个特征。

第一，担保债券越来越多地被欧盟之外的国家和地区接受，成为一种全球性的金融产品。部分得益于担保债券在金融市场波动时相对稳健的表现，2008年以来担保债券在欧洲以外的国家和地区逐渐流行。2008—2019年，欧洲以外国家和地区的担保债券发行规模从200亿欧元增加到2000亿欧元，在全球担保债券总额中的占比从1%提高到8%，其中加拿大和澳大利亚是最大的两个市场（见图1-6）。2020年新增发行的6120多亿欧元担保债券中，超过15%来自欧洲以外的国家和地区，特别是加拿大，发行规模接近800亿欧元，仅次于丹麦的1200亿欧元。

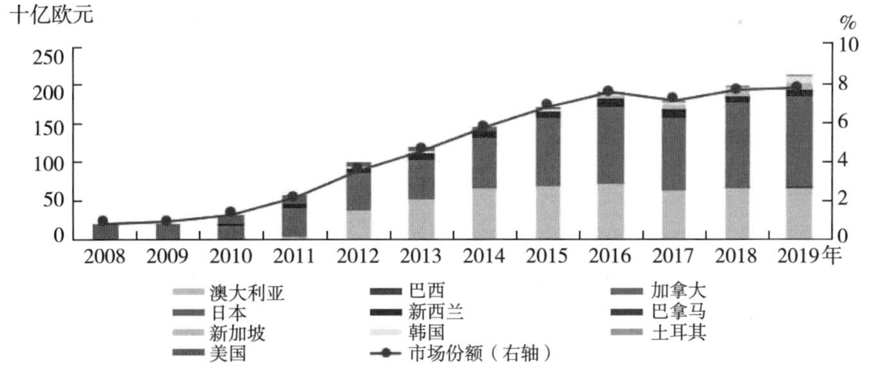

图1-6 欧洲以外担保债券市场发展情况

（资料来源：EMF-ECBC，EUROPEAN COVERED BOND FACT BOOK 2021）

第二，基础资产中不动产抵押贷款占绝对比重。担保债券的基础资产主要包括公共部门贷款、不动产抵押贷款以及极少量船舶抵押贷款和其他抵押贷款。2009—2020年，公共部门贷款担保债券的存续规模下降了约60%，从

7330亿欧元下降到2853亿欧元左右；同时，不动产抵押贷款担保债券的发行与存续规模逐渐提升，过去十年，每年新增发行中80%为不动产抵押贷款支持的担保债券，如图1-7所示，截至2020年末，存续不动产抵押贷款担保债券的占比已经接近90%。主要欧盟国家至少有30%的不动产抵押贷款通过发行担保债券的方式进行再融资（见图1-8）。而在欧洲之外，担保债券的基础资产几乎全部是不动产抵押贷款。

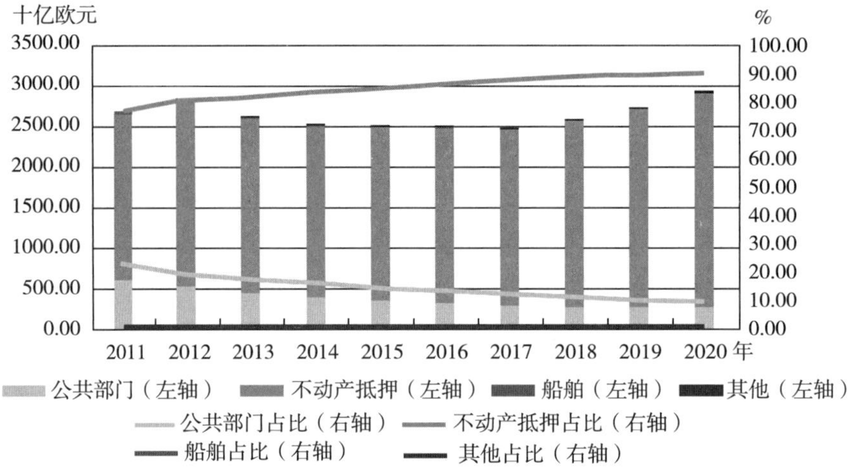

图1-7 2011—2020年不同类型基础资产担保债券存续规模及占比

（资料来源：EMF-ECBC，EUROPEAN COVERED BOND FACT BOOK 2021）

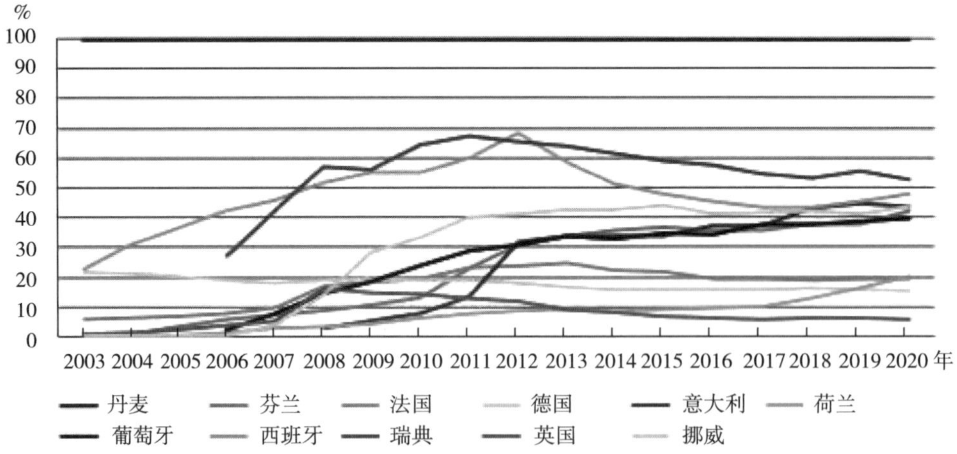

图1-8 部分欧盟国家住房抵押贷款以担保债券融资的比例

（资料来源：EMF-ECBC，EUROPEAN COVERED BOND FACT BOOK 2021）

（二）担保债券的核心特征

欧洲担保债券协会（ECBC）认为，担保债券作为一种混合融资工具，应具有以下四个核心特征①。

第一，投资人对担保资产享有优先于发行人的无担保债权人的追索权。担保债券之所以被认为是资产证券化的一种模式，是因为它与资产支持证券类似，通过注册登记、转让给特殊目的载体等方式避免了担保资产成为发行人破产财产的可能。担保债券存续期间，虽然正常条件下使用发行人的经营现金流来偿付投资人，但是一旦发行人破产、清算，和无担保债权人相比，担保债券投资人有权就担保资产优先获得偿付。另外，为保护投资人，担保资产必须满足法律或法规规定的某些特征，比如每笔贷款的贷款价值比不能超过规定上限。

第二，担保债券的发行人应是受到公共监管的信贷机构，而且投资人对发行人享有完全追索权。这是担保债券与资产支持证券的本质区别。一方面，信贷机构展业前应获得监管机构的许可，展业过程中在资本要求、流动性管理、信用风险、操作风险管理等方面也面临严格的监管。另一方面，与资产支持证券投资人的追索权仅限于基础资产不同，完全追索权意味着在担保资产不足以实现对投资人的足额偿付时，担保债券投资人与发行人的无担保债权人一样，享有对破产财产的追索权，发行人对担保债券承担无条件偿付义务。换言之，担保债券投资人享有对担保资产和发行人的“双重追索权”。这是担保债券在次贷危机后被广为接受的重要原因之一。

第三，发行人有义务维持资产池在任何时候都足以偿付投资人。这包括两重要求：首先，在债券发行及存续期间，发行人应确保担保池满足特定的超额抵押要求和流动性缓冲要求。比如，根据欧盟的《担保债券指引》，如果担保资产主要是公共部门贷款，则最低超额抵押率为10%；担保池可用的流动资产必须至少可以满足证券端未来180天的净流出要求。其次，应遵循“合理审慎”原则，计算担保池的资产价值、现金流入与担保债券的现金流出。另外，《担保债券指引》规定，计算流动性覆盖倍数时，可根据信用质量将担保池资产划分为Level1、Level2A或Level2B等不同的等级，Level1资产的“剃头费”

① 符合以下特征的担保债券可享受特殊的监管待遇。现实中，存在不完全符合以下特征的担保债券，比如有些国家允许商业企业发行担保债券。

可低至7%，但这类资产在总资产中的占比不能超过70%；Level2A 或 Level2B 资产的“剃头费”最低为15%或30%，两者合计占比不能超过40%，其中 Level2B 资产在总资产中的占比上限为15%。

因此，与资产支持证券的基础资产转让给特殊目的载体后，贷款发起机构不再承担偿付责任，以及资产池在证券存续期间通常保持固定不变不同①，担保债券的发行人要定期对担保池进行测试，而且可能需要补充新的资产以便维持一定的总价值和流动性，否则可能会触发风险事件。

第四，有专门的公共机构或独立机构监督发行人履行前述义务。为保护投资人，发行担保债券前必须指定一个监督机构，负责监控担保池的情况；定期对担保池资产进行审计；在发行人破产清算时，管理资产池以保证对投资人的足额偿付。一般来说，该监督机构应是独立于发行人的外部机构，比如国家层面的银行业或金融市场监管机构。但是，满足特定条件时，比如不参与发行人的贷款决策、监督职责不被侵犯和剥夺、必要时可以直接进入管理层，也可以选择发行人“内部监督”的做法。

无论采用外部监督还是内部监督形式，发行人都必须对监督机构保持必要的透明度。比如，根据欧盟的监管要求，发行人应至少每半年向本国监督机构提供一次与担保池和担保债券有关的信息，包括担保池价值与担保债券存续规模、地域分布、担保资产类型、贷款规模、利率与货币风险情况、担保资产和存续债券的期限情况、逾期超过90天的贷款占比等。

（三）担保债券的典型交易结构

如前所述，担保债券的核心特征之一是投资人对担保资产享有优先追索权。这主要通过相关法律赋予投资人的特殊权利实现，或者通过特殊的结构设计实现。根据其发行和管理是否依据担保债券的专门立法，担保债券的交易结构主要有直接发行结构和间接发行结构两类，相应的担保债券分别称为法定担保债券和结构型担保债券。

需要说明的是，无论是直接发行结构还是间接发行结构，对发行人来说，担保资产通常无法实现会计意义上的“出表”。为了与美国基础资产“出表”模式下的“破产隔离”相区分，这种保护担保资产免于成为破产财产的方式通

① 循环购买以及不合格资产赎回或置换等特殊设计除外。

常被称为“破产分离”。

1. 直接发行结构

这是一种相对简单的交易结构，适用于针对担保债券制定了专门的法律法规①，足以保证担保资产独立于发行人其他资产的国家。

直接发行结构下，发行人保留担保池在法律与经济上的所有权，但通常需要将担保资产单独进行登记。正常情况下，发行人按约定对投资人进行偿付，并通过留存过剩资金或补足差额的方式，调节担保资产与担保债券之间的现金流错配；其间，发行人可补充、撤回、置换担保资产，但至少应维持最低超额抵押率以满足增信要求，并接受担保债券信托及/或资产监督机构的监督。如果发行人违约，担保资产可免于被发行人的无担保债权人追索，担保债券也无须加速到期；当发行人进入破产流程时或者是宣布破产后，担保资产由监管机构或其指定机构继续进行管理。直接发行结构如图 1-9 所示。

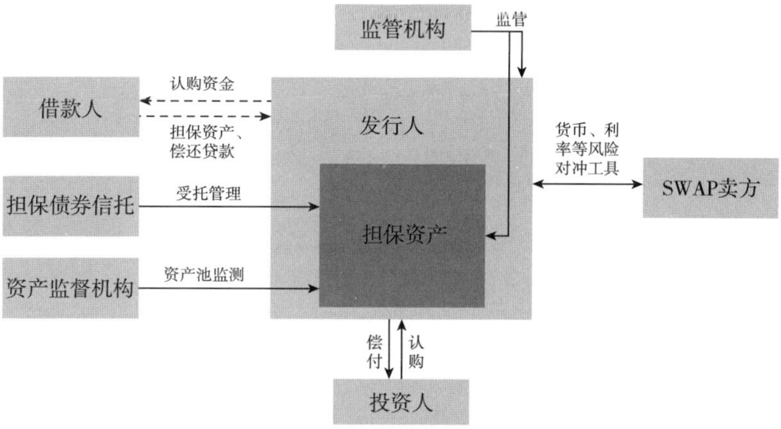

图 1-9　担保债券交易结构——直接发行

（资料来源：作者整理）

根据各国法律和监管要求的不同，该交易结构下，发行人可以是贷款发起机构，通过发行担保债券为自身融资；也可以是发起机构的子公司，比如法国和爱尔兰的担保债券发行人，它们使用发行担保债券所募集的资金从母行处购买资产，为母行提供再融资。另外，对担保池承担监测、管理职责的，既可以是信托，也可以是审计机构等，同样取决于各国的具体要求（见表 1-1）。

① 但并不是所有制定了专门法律法规的国家都采用这种结构，比如意大利有针对担保债券的专门立法，但是通常采用间接发行结构。

2. 间接发行结构

间接发行结构下，担保资产被转让给特殊目的载体（SPV）。但与美国模式下由 SPV 担任发行人不同，担保债券的发行人是贷款发起机构或其有融资需求的分支机构。发行人对担保债券承担无条件偿付义务，SPV 则作为担保人。

具体来看，发行人发行担保债券，将募集的资金贷放给独立的 SPV①，后者用所得资金从发起机构处以真实出售的方式购买、持有担保资产。② 一旦发行人违约，SPV 以担保资产不可撤销地、无条件地履行担保义务。担保债券存续期间，贷款服务机构——可以由发行人担任，也可以是独立第三方——归集担保资产所产生的现金流并划转给发行人，同时核减 SPV 对发行人的欠款。与直接发行结构类似，正常情况下，发行人负责投资人偿付、维持担保资产超额抵押要求等。发行人违约情况下，SPV 将担保资产转移给监管机构或其指定机构，并以担保资产所产生的现金流偿付投资人；不足部分，投资人可以无担保债权人身份，继续向发行人即贷款发起行追索。间接发行结构如图 1-10 所示。

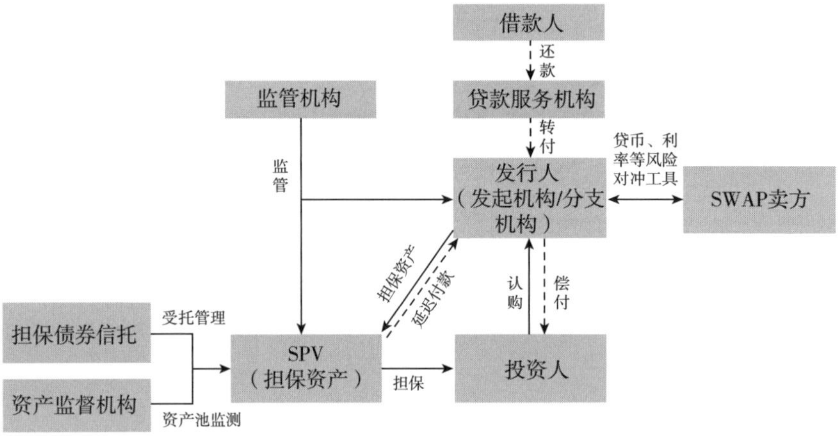

图 1-10 担保债券发行结构——间接发行

（资料来源：作者整理）

3. 两种交易结构的比较

直接发行结构适用于制定了专门立法的国家。该结构下，资产合格标准、资产池管理、担保债券发行与存续期管理、破产时投资人的优先追索权等问题

① 现实中，发行人可以先将担保资产转让给 SPV 并发行担保证券，SPV 延迟付款。

② 这是法律意义上的真实出售，但从会计的角度看，因为资产池的风险与收益保留给发行人，因此资产无法出表。

由专门的法律法规约定（见表 1-1），标准化程度更高。这一结构的主要优势在于发行人破产时，虽然相关法律规则的执行情况会影响担保债券的信用质量，但整体来说投资人的法律风险更低。

表 1-1　部分针对担保债券单独立法国家的相关要求

国家	法国	德国	爱尔兰	卢森堡	葡萄牙
担保资产[1]	m/p	OH：m；OP：p	m/p	LGH：m；LGP：p	OH：m；OP：p
交易结构	不出表，单独注册	不出表，单独注册	不出表，单独注册	不出表，单独注册	不出表，单独注册
发行人	专门机构	发起机构	专门机构	发起机构	发起机构
最高 LTV[2]	80%/60%	60%/60%	75%/60%	60%/60%	80%/60%
最低超额抵押率	100%	102%	103%	100%	105%
担保池监督机构	监管机构任命的信托	监管机构任命的信托	发行人任命的信托，报监管机构批准	发行人任命的信托，报监管机构批准	发行人任命的审计机构，在监管机构备案

注：1. m 和 p 分别代表不动产抵押贷款和公共部门贷款；

2. 分别为个人住房抵押贷款/商业抵押贷款的贷款价值比（LTV）。

资料来源：作者整理。

间接发行结构不依赖于专门的法律法规，而是基于与资产支持证券有关的法律以及商法、公司法、合同法、担保法、破产法等，通过交易文件来约定债券发行及存续期间的各种问题。相对来说，间接发行结构下的法律确定性低，因此需要通过与资产支持证券相似的复杂结构实现资产的破产隔离。这一结构的优点是更加灵活，可根据特定市场条件、资产质量、发行人与投资人的特殊需要选择合格资产、设计交易结构。因此，法国和德国等制定了专门立法的国家，其银行也会选择在国外发行结构型担保债券。

（四）欧洲担保债券市场的标准化与一体化建设

担保债券从资产选取、结构设计到发行、投资、存续期管理，都要受到发行地法律和监管要求的约束，有很强的“属地”特性。为降低因此带来的成本，提高融资效率，过去十几年，欧盟从统一监管框架、提高透明度、明确发行条件三方面着手，推动建设一个标准化、一体化的担保债券市场。

第一，在既有规则基础上构建审慎监管框架。欧盟虽然没有要求所有成员国专门针对担保债券统一立法，但在既有规则基础上形成了一套通用的审慎监管框架，其构成如图 1-11 所示。其中，UCITS 和 CRR 是最基础、最重要的两个监管规则，是整个监管框架的核心。UCITS 第 52（4）条规定担保债券应该具备的关键特征是担保债券获得监管机构认可、享受特殊优惠待遇的前提，CRR 第 129 条则进一步明确了投资于担保债券的商业银行希望在资本金方面享受特殊优惠待遇时，担保资产应符合的特定标准。

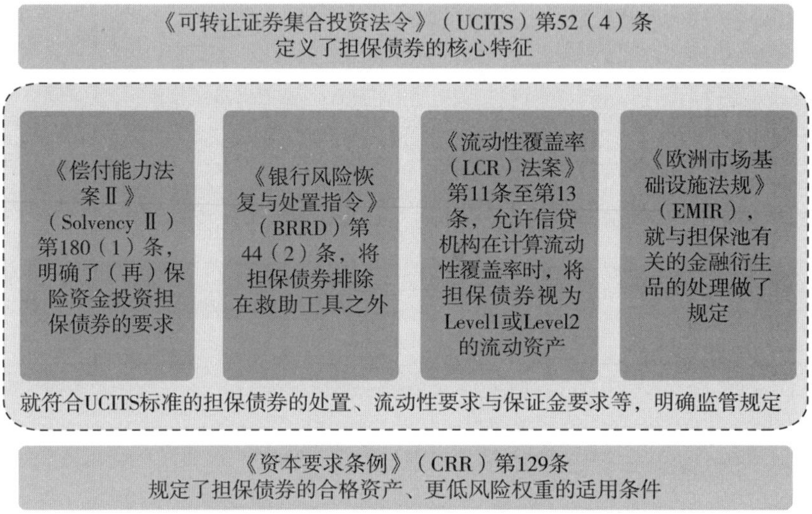

图 1-11　欧盟担保债券审慎监管框架

（资料来源：ECBC，作者整理）

第二，通过发放“标签”，提升市场透明度。市场参与方希望为担保债券找到一个共同的定性与定量标准，增强市场透明度和不同市场之间的可比性。为此，欧洲发行人协会与投资者、监管机构和评级机构共同参与，成立担保债券标签基金会（CBLF），并于 2013 年开始为符合要求的担保债券及/或发行人发放“标签”。获得“标签”的担保债券除具备上文提到的一些关键特征外，最重要的是，其发行人承诺按照统一透明度模板（HTT），定期提供信息，增强投资人对担保池及/或发行人的了解。该模板以电子表格的方式，将不同国家的发行人所要披露的信息的范围、定义和格式标准化，极大地便利了投资人的尽职调查，在提高欧洲和全球担保债券市场的透明度方面迈出了实质性的一步。自推出以来，申请“标签”的担保债券占比不断增加。目前，芬兰、加拿大、爱沙尼亚的所有存续担保债券都是持有“标签”的，法国、荷兰、葡萄牙、新加坡和爱沙尼亚的所有发行人都是持有“标签”的。

第三，发行层面进行全面的标准化与一体化。审慎监管规则和担保债券“标签”主要针对投资层面。担保债券发行层面的一体化、标准化程度较低也引发了一些问题。比如，对性质、风险程度和投资者保护程度不同的工具给予同等优惠待遇，有失公平，而且可能带来金融稳定风险；担保债券缺乏统一定义，可能妨碍建立真正的一体化市场。鉴于此，欧盟于2012年启动了一项找出与担保债券有关的最佳实践，以便协调统一欧盟各国担保债券法律与监管框架的工作，并在2019年4月通过《担保债券指引》，对发行担保债券应满足的条件、担保债券的结构特征、公共监管、信息披露等做了原则性规定。这是欧盟在全面推进担保债券市场一体化和标准化方面取得的重要进展。

各国担保债券本身有一定差异性，欧盟从“事后、事中、事前”全方位推进市场一体化、标准化的努力，有助于提高一级市场发行效率、改善二级市场流动性，是担保债券在过去十年得到显著发展的重要推动力量之一。

三、美国模式与欧洲模式的比较与启示

资产支持证券和担保债券的证券化产品属性决定了它们必然具有共性；与此同时，受发源地金融市场条件、制度文化因素以及参与机构动机等影响，二者又存在一定差异。

（一）资产支持证券与担保债券的共同点

作为资产证券化的两种主流模式，资产支持证券和担保债券具有共同之处。

首先，二者的发行都有资产池做支持。这是资产证券化交易的共同特征。以资产池为担保使得资产支持证券和担保债券与普通公司债券区别开来。公司债券，无论是有担保还是无担保，其信用风险都取决于发行人。如果发行人违约，所有公司债券都将违约，区别仅在于有担保的公司债券的违约损失可能小于无担保的公司债券。资产支持证券和担保债券则是依赖于资产池的信用发行的，资产池未来产生的现金流可以作为对投资人还本付息的保证，这些投资人享有对资产池现金流的专属权。

其次，二者均建立了资产池的破产隔离机制。确保资产池与原始权益人以及第三方的破产隔离是所有资产证券化交易结构设计的首要目标。具体来说，

资产支持证券通过将资产池真实出售给采用特殊组织结构设计的 SPV 来实现这一点。担保债券除采用这一做法外，还可以选择资产池依法注册登记的方式。

最后，不动产抵押贷款等安全性高、期限长的资产为基础资产的主流。随着资产证券化的发展，基础资产的范围不断扩大，从不动产抵押贷款拓展到其他信贷资产甚至是非信贷资产。但无论是美国、欧洲还是其他国家和地区，不动产抵押贷款的证券化一直占主导地位。从实践来看，这是对投融资双方需求的回应。对投资者来说，不动产是有形资产，安全性高，对以此为支持发行的债券认可度更高；对信贷机构来说，不动产抵押贷款的期限错配和利率错配问题更加突出，盘活资产的需求更强。

（二）资产支持证券与担保债券的差异性

与资产支持证券相比，担保债券主要有以下三点不同特征。

1. 担保债券引入了发行机构的主体信用

与资产支持证券的发起机构通过“放贷—出售”模式将与资产有关的信用风险都转移给投资人完全不同，担保债券最突出的特征是投资人享有“双重追索权”，即虽然债券是以实现破产隔离的资产为担保发行的，但当资产池产生的现金流不足以偿付应付的投资人本息时，投资人仍可就不足部分对发行人——同时也是贷款发起机构或其分支机构——进行追索，发行人对此负有无条件偿付义务，直至其破产财产耗尽。因此，发行人是担保债券信用风险首要承担者。

在发行人没有违约的情况下，担保债券发行人使用流动资金偿付投资人。虽然资产池现金流入是发行人流动资金的一部分，但发行人通过留存资产端流入与负债端流出之间的盈余或补足二者之间缺口的方式，吸收了资产—负债端错配所带来的全部早偿风险以及全部或部分流动性风险。相应地，如果错配是小范围的，可认为担保债券更依赖于担保资产的流动性，其属性也更接近于资产证券化产品；如果错配程度高，担保债券更加依赖于发行人的流动性管理能力，其属性更接近于企业债。

考虑到发行人需承担与资产池有关的信用风险、早偿风险、流动性风险，虽然担保债券可通过超额覆盖等进行增信，但无法脱离发行人的主体信用。

2. 担保债券的交易结构更简单、直接

整体来看，与资产支持证券相比，担保债券的发行结构更简单①。

首先，从破产隔离方式看，资产支持证券需要将资产池的所有权转移给专门设立的SPV，担保债券则只要求以注册登记的方式将担保资产与发行人的其他资产分离开来。

其次，从参与机构看，资产支持证券参与机构数量较多，包括贷款发起机构、作为发行人的SPV、资产服务机构、资金托管机构等。担保债券的贷款发起机构通常就是担保债券的发行人，同时该银行在债券存续期内也要充当资产管理方的角色，参与机构数量减少，有助于降低委托代理风险。

再次，从增信方式看，资产支持证券的增信方式更加多样，比如优先级/次级结构、超额抵押、储备金账户、保单或信用证担保、外部流动性或信用支持等；担保债券的增信方式比较单一，主要是超额抵押。

最后，从证券端来看，资产支持证券往往会对债券进行分级，相应的现金流瀑布也出现了多种创新。与此不同，担保债券通常并不分层。

另外，担保债券的出现是为了融通资金，而且在其200多年的发展过程中，融资始终是参与机构的主要动因。相比之下，资产支持证券参与机构的动因则从最初的融资逐渐多元化，变成了转移与资产有关的信用风险、满足包括资本金要求在内的金融监管要求、为市场提供安全且高回报的资产等。参与机构动因的不同在一定程度上也影响了两种模式的发展和演变。美国更加重视结构创新，并推动了证券分级技术、CDO以及再证券化等的出现，担保债券的交易结构则相对稳定、直接。

3. 担保债券的内在稳定性更强

如果把监管当局施加的监管要求视为对资产证券化交易的外部监管，那么旨在降低交易成本、提高投资人保护程度的一系列机制和安排则可以视为证券化交易的自我约束和监管。和资产支持证券相比，担保债券的内在稳定性更强，这部分是因为：第一，担保债券在基础资产合格标准、最低超额抵押率和动态超额抵押测试、资产透明度、发行人违约后担保池的管理等方面有更加明确、严格的规定，而且由第三方进行监督。第二，担保债券的发行人同时也是贷款发起机构和管理机构，发行人是资产信用风险、流动性风险的主要承担

① 这里只考虑传统的直接发行结构。

者，这一来使得其在担保资产管理活动中更加尽职尽责，有助于降低委托代理成本；二来在后续信贷资产发放过程中也更有可能坚持审慎标准，从而有助于降低道德风险。第三，过去几年，越来越多新发行的担保债券允许有条件展期，有助于缓释极端压力情况下的流动性风险。因此，担保债券的自我约束与监管能力更强，从而内在稳定性更强。

表 1-2 总结了资产支持证券与担保债券两种资产证券化模式的主要差异。

表 1-2　资产支持证券与担保债券的主要差异

特征	资产支持证券	担保债券
发行人	特殊目的载体	发放贷款的信贷机构（直接发行）/特殊目的载体（间接发行）
发行人与贷款发起机构的关系	通常不相同，发行人也不需要是贷款发起机构的关联方	通常是同一个，或者属于同一集团
发行人监管与持牌	不受任何监管，也不需要获取牌照。资产管理机构、投资人信托和评级机构等对其展开尽职调查	通常是受监管的持牌信贷机构。资产池质量与管理以及交易本身都要受到监管当局的特殊监管。监管当局、评级机构以及代表投资人监控担保池的第三方机构要对发行人进行尽职调查
资产服务机构	独立的资产服务方，但也可由贷款发起机构兼任	贷款发起机构
发行目的	风险管理，再融资，提高流动性	再融资，提高流动性
风险转移	贷款发起机构不承担超过信用支持水平的违约风险；早偿风险完全转移给投资人	贷款发起机构/发行人承担基础资产违约风险和早偿风险
法律结构	引入 SPV 作为发行载体，并通过资产的真实出售实现破产隔离	资产可能转移也可能不转移给 SPV；破产隔离可能是由专门的立法保证的，也可能是由一般商业立法保证
资产类型	可以产生收入的任何资产，以不动产抵押贷款为主	主要为不动产抵押贷款、公共部门贷款、船舶抵押贷款，通常法律会对合格资产的标准作出明确规定
资产池管理	除主信托结构外，基本是静态的	通常是动态的，发行人要对资产池进行主动管理，以便持续满足超额抵押要求
期限匹配	通常证券端要与资产端的现金流相匹配	动态池下，可在一段时间内多次发行，即可利用动态、可更新的抵押贷款池发行一系列证券

续表

特征	资产支持证券	担保债券
对投资人的本息偿付	利用资产池产生的现金流偿付投资人本息	利用发行人的日常现金流偿付投资人本息，正常情况下，担保资产产生的现金流是经营现金流的一部分
对贷款发起机构的追索权	通常没有，除非贷款发起机构提供了增信	当担保资产池不足以偿还应付本息时，投资人对发起机构有完全追索权
早偿风险	由投资人承担	可对资产池进行动态管理，因此投资人不受早偿风险影响
增信措施	多种形式，如超额利差、超额抵押、优先级/次级结构等	超额抵押
债券分级	通常证券端会根据信用风险的不同分为优先级和次级，优先级还可以进一步分为到期日不同的档	通常并不分级，有时证券端可能会分成到期期限不同的档，期限可以是固定的，也可以不固定
债券票息	灵活，固定利率和浮动利率均很常见	灵活，大部分为固定利率
独立于发行人评级	在低级债券提供足够增信的条件下，最高优先级的债券通常会给予 AAA	理论上，不能独立于发行人评级，但是考虑到破产隔离和担保资产的价值，通常最高会给予 AAA
会计处理	通常可以出表	不能出表
豁免资本金要求	只有发起机构风险自留的部分需要满足监管资本要求	标准做法下资产要保留在发行人资产负债表内，因此要满足监管资本要求

资料来源：作者整理。

第三节　我国的信贷资产证券化实践

20 世纪 90 年代，我国企业开始在海外发行资产证券化产品，国内也有很多关于资产证券化的讨论，但直到 2004 年初“资产证券化”才首次出现在正式文件中。① 2005 年底，国家开发银行和中国建设银行分别以对公贷款和个人住房抵押贷款为基础资产发行信贷资产支持证券，正式开启了我国信贷资产证券化实践的篇章。

从实践来看，我国信贷资产证券化更接近资产支持证券模式，但风险防范

① 2004 年 1 月，国务院发布《关于推进资本市场改革开放和稳定发展的若干意见》，提出“积极探索并开发资产证券化品种”。

机制更加完善。经过十多年的发展，信贷资产证券化在我国已成为“盘活存量，用好增量”服务实体经济的重要工具。

一、监管推动和塑造下的信贷资产证券化进程

2005 年 3 月，国务院批准国家开发银行和中国建设银行启动信贷资产证券化试点，同时由中国人民银行牵头成立试点工作协调小组。自此，我国信贷资产证券化开始了“监管先行，先设计、后试点，边发展、边规范”的进程。监管的推动与深度参与为我国信贷资产证券化市场的平稳运行奠定了基础，这也是我国与国外信贷资产证券化发展过程中很不同的一点。

第一阶段（2005 年 3 月至 2008 年底）：构建基本监管框架与起步阶段

监管先行是我国信贷资产证券化实践的突出特征。具体到信贷资产证券化起步与萌芽阶段来说，表现为人民银行、中国银行业监督管理委员会（以下简称银监会）、财政部等先期发布《信贷资产证券化试点管理办法》（以下简称《管理办法》）、《金融机构信贷资产证券化试点监督管理办法》（以下简称《监督管理办法》）等一系列监管文件，构建起包括参与机构市场准入与职责、证券发行与交易、证券及资产池信息披露、税务与会计处理在内的基本监管框架。这既是试点机构实际操作的指引，塑造了我国信贷资产证券化的业务模式，也为我国信贷资产证券化市场的持续发展奠定了基础。

这一阶段，国务院核准的信贷资产证券化试点规模为每年 500 亿元。但是受初期获批机构数量少、参与方经验欠缺、项目审批周期长等因素影响，截至 2008 年底，合计共 11 家金融机构发起 17 单、667.83 亿元产品，基础资产按发行规模从大到小排序依次为企业贷款、不良资产重组债权、个人住房贷款以及个人汽车贷款。

第二阶段（2009—2014 年）：强化风险防范与扩大试点

这是我国对资产证券化特别是其中蕴含的风险认识得到深化的阶段。其间，监管机构曾暂停信贷资产支持证券发行，并补充出台商业银行资产证券化风险资产计量、信贷资产转让等相关要求，强调发起机构资产转让应遵循真实、整体、洁净原则，按照交易的经济实质严格资本计提，加强风险管理。

针对信贷资产证券化因机构多、链条长、信息不对称性更强可能导致的逆向选择与道德风险问题，人民银行、银监会从以下几个方面着手，进一步完善与强化监管：其一，基础资产方面，强调“兼顾收益性和导向性……禁止进行

再证券化、合成证券化产品试点”；其二，交易结构应简单清晰，禁止资产端和投资端的多层嵌套；其三，发起机构“原则上应担任信贷资产证券化的贷款服务机构”，而且按照双5%原则自留风险，即发起机构应“持有由其发起资产证券化产品的一定比例，该比例不得低于该单证券化产品全部发行规模的5%”，“持有最低档次资产支持证券的比例不得低于该档次资产支持证券发行规模的5%”，而且“持有期限不低于各档次资产支持证券存续期限”；其四，引入“双评级”，即信贷资产支持证券初始评级“应当聘请两家具有评级资质的资信评级机构，鼓励探索采取多元化信用评级方式，支持对资产支持证券采用投资者付费模式进行信用评级”。①

至此，各项监管制度初步建立。为盘活资金支持经济结构调整与转型升级，我国信贷资产证券化在严控风险基础上，进入稳步扩大试点的阶段：2013年8月，国务院将信贷资产证券化试点规模从500亿元扩大到3000亿元；在总量控制的前提下，2014年银监会核准了27家银行的信贷资产证券化业务资格。同时，稳步扩大投资者范围，鼓励保险公司、证券投资基金、企业年金、社保基金等经批准合规的非银机构投资者投资。多措并举之下，2014年信贷资产支持证券发行达到66单、2819.8亿元，超过之前历年总和。

第三阶段（2015年至今）：提升发行效率与常规化发展

这一阶段信贷资产证券化发展的重要目标是提升发行效率，增强金融机构盘活存量服务实体经济的能力，标志是监管推动的发行制度改革。2015年起，信贷资产支持证券的发行正式由“双审批制”改为事前“银监会备案+人民银行注册”制，并于2020年9月进一步由银保监会备案登记调整为银行业信贷资产登记流转中心信息登记。② 这极大地缩短了资产支持证券的审批时间和发行周期。另外，允许在注册有效期内自主选择发行时间则使发起机构得以利用有利的融资环境降低融资成本。

2015年5月，信贷资产证券化试点规模新增5000亿元，规模不再是发展的制约因素。叠加信息披露进一步完善、保险资管产品获准成为投资人等举

---

① 参见人民银行、银监会发布的《关于进一步扩大信贷资产证券化试点有关事项的通知》以及关于进一步规范信贷资产证券化发起机构风险自留行为的公告。

② 参见2014年11月银监会等发布的《关于信贷资产证券化备案登记工作流程的通知》、2015年3月人民银行发布的《关于信贷资产证券化实行注册制的公告》、2020年9月银保监会发布的《关于银行业金融机构信贷资产证券化信息登记有关事项的通知》。

措，我国信贷资产证券化无论是从发行规模（见图 1-12）、参与机构与基础资产类型等一级市场指标来看，还是以投资人结构、二级市场流动性等指标衡量，都进入了常规化发展阶段。信贷资产支持证券成为我国多层次金融市场体系不可或缺的组成部分。

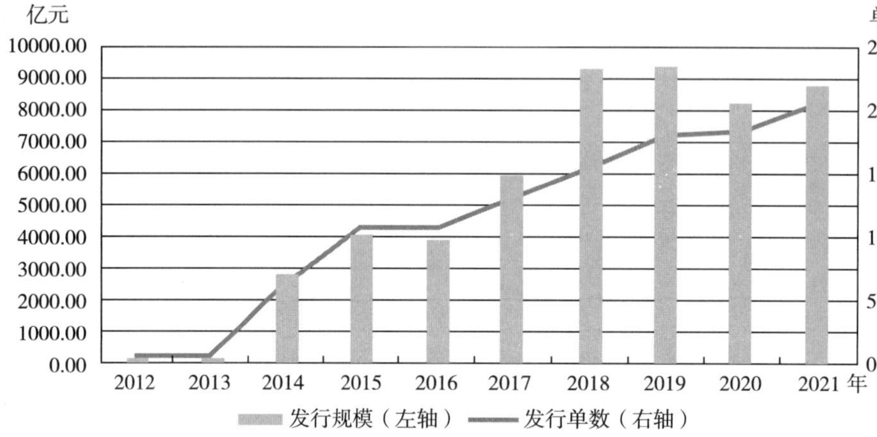

图 1-12　2012—2021 年信贷资产证券化产品发行情况

（资料来源：CNABS，作者整理）

二、我国信贷资产证券化市场的特征

近年来，我国信贷资产证券化市场持续快速发展，呈现出以下特征。

一是发起机构多元化程度不断提高。2012 年之前，仅有国有银行、股份制银行、汽车集团财务公司、汽车金融公司和政策性银行等六类机构参与信贷资产证券化产品发行。2014 年，城商行、金融租赁公司、农商行、资管公司等机构加入了发行行列。2015 年，公积金管理中心和外资银行发行了各自的第一只信贷资产证券化产品。2016 年，消费金融公司首次进入发行行列（见图 1-13）。

二是基础资产呈现更强的小额分散特征。2015 年及以前，以发行规模衡量，CLO、金融租赁 ABS 这类单笔资产金额高、债务人数量少的产品，即大额债权类产品占比较大。2016 年，个人住房抵押贷款支持证券（RMBS）、个人汽车贷款 ABS（Auto ABS）、信用卡/个人消费贷 ABS 等基础资产较为分散、金额较小的产品发行规模首次超过 CLO 与金融租赁 ABS，达 2184.07 亿元。之后，零售信贷资产支持证券发行规模持续快速增长，2021 年在信贷资产支持证券发行总额中的占比已达到90%以上（见图1-14）。

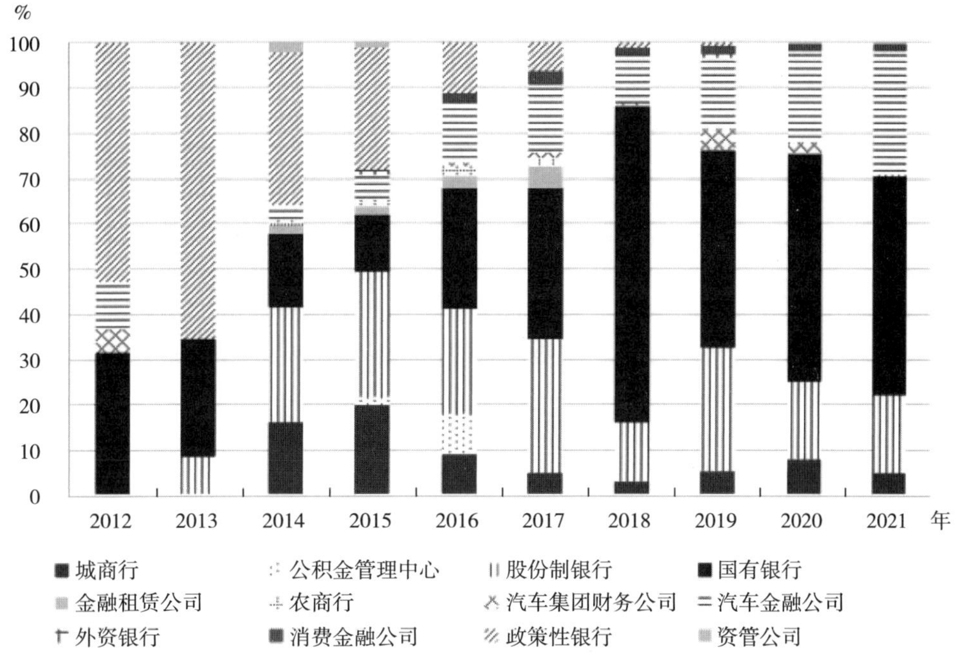

图1-13 不同类型发起机构产品发行规模占比

（资料来源：CNABS，作者整理）

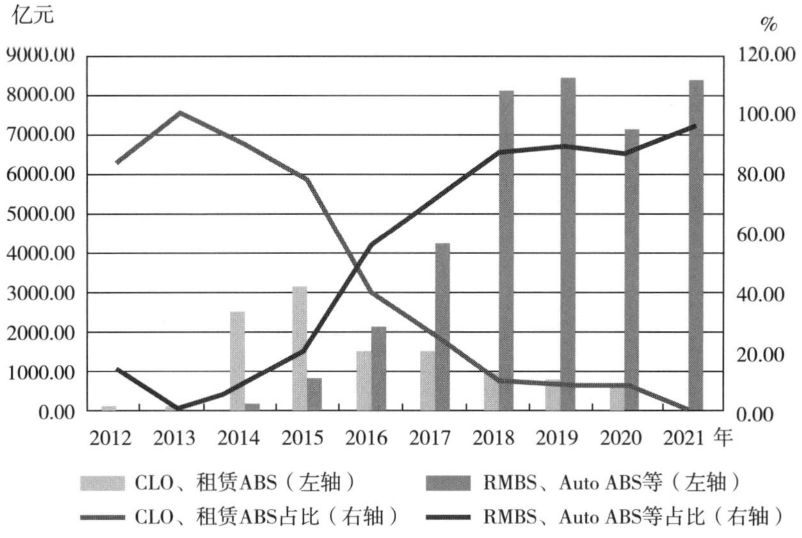

图1-14 2012—2021年大额债权与小额债权发行规模及占比变化

（资料来源：CNABS，作者整理）

三是交易结构设计创新不断，标准化程度提高。在监管要求基础上，伴随着市场发展，结构设计以更好地服务投融资双方为目标。比如，发展初期我国RMBS产品的偿付方式以过手摊还为主，基础资产早偿带来的风险完全由投资人承担；相比之下，近两年新发行产品设有目标余额摊还档的明显增多，在不触发风险事件的条件下可为投资人提供期限、回报率相对固定的产品。在个人汽车贷款证券化领域，2016年，上汽通用汽车金融发起的16融腾2和大众汽车金融发起的16华驭5均采用了循环购买机制，开启了我国个人汽车贷款ABS产品设置循环购买机制的尝试。同时，那些经实践证明更优的交易结构会被其他项目借鉴，同类项目的交易结构会逐渐趋同或者说逐渐标准化，这有助于降低交易成本，提高融资效率。

四是产品信用质量较好。信用等级的分布及调整反映了信贷资产支持证券发行及存续期间的信用质量水平及变化情况。2012年以来，信用等级为AA_{sf}级及以上的信贷资产支持证券发行金额占比为94.10%~99.93%，其中AAA_{sf}级信贷资产支持证券发行金额占比为87.79%~99.18%。同时，2012—2021年信贷资产支持证券以信用等级上调为主①。整体而言，我国信贷资产支持证券信用质量较好。

五是二级市场流动性显著改善。近年来，由于信贷资产证券化产品存量规模积累、二级交易做市商涌入、卖方流动性需求和买方配置需求增加，信贷资产支持证券的交易活跃度有所提升，交易量、笔数和换手率均大幅提高，二级市场逐步成熟。2021年信贷资产支持证券交易金额为7470.33亿元，较上年增长88.98%，交易笔数为2416笔，较上年增长78.83%，换手率为44.67%，较前几年明显改善（见表1-3）。其中，信用质量较高、期限较长的RMBS交易最为活跃，2021年占据总成交量的80%以上（见图1-15）。

表1-3　2018—2021年信贷资产支持证券二级市场成交情况

单位：亿元、笔

项目	2018年	2019年	2020年	2021年
一级发行量	9323.35	9433.36	8230.48	8827.98
产品存量	10898.22	14363.57	15935.95	17507.33

① 信贷资产支持证券存续期内信用等级的变化可用信用等级迁移矩阵表示，详细介绍参见第二章第一节。

续表

项目	2018 年	2019 年	2020 年	2021 年
二级交易量	2146. 71	4344. 74	3953. 07	7470. 33
交易笔数	759	1115	1351	2416
笔均金额	2. 83	3. 90	2. 93	3. 09
换手率	24. 30%	34. 40%	26. 09%	44. 67%

资料来源：CNABS，作者整理。

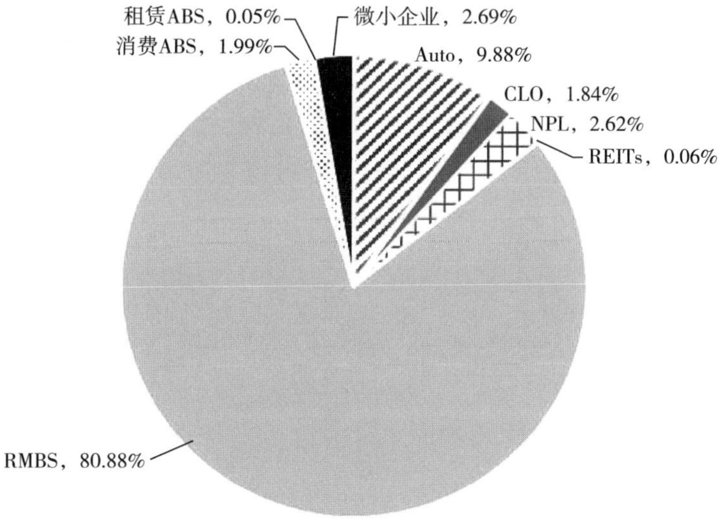

图 1-15　信贷资产支持证券二级市场交易基础资产分布

（资料来源：CNABS，作者整理）

三、我国信贷资产证券化的流程与参与机构

信贷资产证券化从发起到结束的整个流程通常包括以下五个环节：（1）基础资产筛选；（2）交易结构设计，涉及基础资产的破产隔离、账户设置与资金归集转付、增信与信用触发机制、现金流分配方式等；（3）发行；（4）存续期管理；（5）到期终止清算。每个环节又会细分为多个步骤，有些环节和步骤可能会重复多次。比如，可能需要反复对资产进行筛选和尽调，或多次调整交易结构，直至达到预期的信用等级后，才会进入发行阶段。

我国信贷资产证券化项目涉及的参与机构及它们的作用主要包括：（1）发起机构，既是证券化资产最初的所有者和提供方，也是基础资产信用质量的重要影响因素；（2）受托机构，负责管理特殊目的载体（SPV）的正常运行，制作并披露SPV运行的定期报告；（3）发行人，负责发行证券、融通资金，通常为受托机构；（4）资产/贷款服务机构，负责与基础资产管理服务、基础资产现金流回收有关的事项，制作并披露资产管理的定期报告，该机构的履约能力关系到现金流能否按计划回收；（5）承销商，作用最为多元，从设计交易结构、组织中介机构尽调到发行前的路演、定价、承销等；（6）其他中介机构，如律师事务所、会计师事务所、评级机构等，其中，律师事务所的主要职责包括参与信贷资产证券化项目尽职调查、参与交易结构设计并提供专业法律建议、起草交易文本并出具专业法律意见书等，会计师事务所提供会计和税务咨询服务、为特殊目的载体提供审计服务等，评级机构对资产支持证券进行信用等级评定；（7）其他机构，如投资人、监管机构、资金保管机构、登记机构、挂牌场所等。

作为例子，图1-16给出了我国信贷资产支持证券典型的交易结构，从中可以看出证券化的流程、主要参与机构的作用及它们之间的关系。

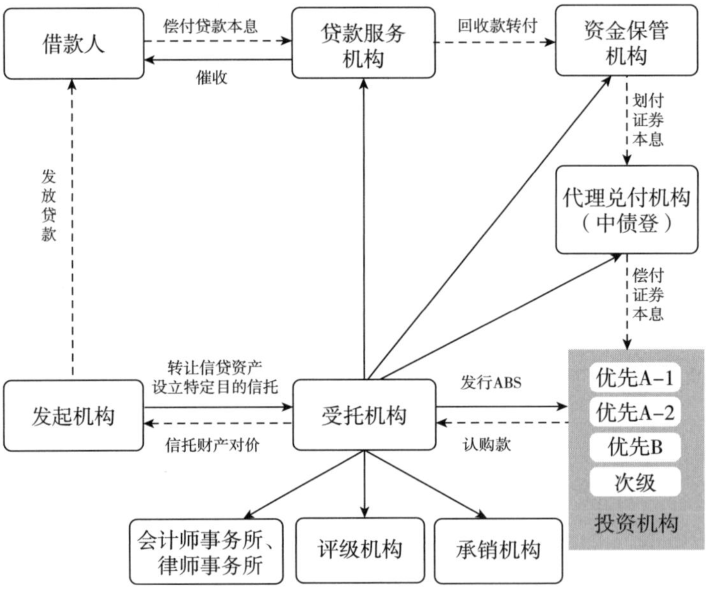

注：虚线表示资金的流动方向，实线表示法律关系。

图1-16　我国信贷资产证券化流程

（资料来源：作者整理）

四、信贷资产证券化市场展望

随着一级市场的发展以及二级市场活跃度的改善，投资者对信贷资产证券化市场的认可度越来越高，信贷资产支持证券在盘活存量资产、拓宽融资渠道、服务实体经济等方面发挥着越来越重要的作用。信贷资产证券化市场已成为我国多层次金融市场体系不可或缺的组成部分。

第一，信贷资产证券化已成为我国商业银行资产负债表管理的重要工具之一。商业银行通过吸收短期存款来支撑长期贷款，因此通常存在资产与负债期限不匹配的问题。通过发行信贷资产证券化产品，把长期信贷资产打包出售，一方面在一定程度上缓解了期限错配的结构性矛盾，另一方面可在不扩张资产负债表的情况下，为商业银行提供流动性，改善资本充足率。有研究发现，城商行和农商行参与资产证券化，主要是为了提高流动性、缓解期限错配，融资和改善资本充足率则是国有大行进行信贷资产证券化的主要动机之一。① 另外，资产证券化也是商业银行以市场化方式处置不良资产的重要手段，有助于转移和分散风险。

第二，信贷资产证券化有利于提高商业银行的盈利能力。发行信贷资产证券化产品，可以调整收入结构，改善盈利水平。一是商业银行既可以是信贷资产证券化产品的发起机构，也承担着资金保管方的职责。在投资者购买信贷资产证券化产品时，商业银行可以提供相关服务，通过收取服务费来增加收入。二是对于已经进行证券化的信贷资产，如果收回的现金流在支付债券本息及各项费用后仍有剩余，商业银行可以通过持有次级证券获得收益分配，使利息收入转变为非利息收入。②

第三，信贷资产证券化为发起机构提供了更多渠道融资，有效地支持了实体经济。信贷资产证券化可以调整商业银行的信贷结构，把不符合宏观调控与产业政策方向的信贷资产出表，从而把信贷规模集中于实体经济中亟须资金支持的行业领域，有助于发展实体经济。③ 支持消费金融公司、汽车金融公司开展资产证券化业务，拓宽它们的资金来源，则有利于提振消费进而拉动经济增长。

---

① 刘兆莹，高尧，龚六堂．我国商业银行异质性与信贷资产证券化动机分析［J］．经济与管理，2020，34（3）．

② 谭海鸣．商业银行信贷资产证券化动因研究［J］．债券，2022（3）．

③ 王军．信贷资产证券化的稳金融效应［J］．中国金融，2020（22）．

我国信贷资产证券化市场以其良好的信用表现，对参与方的吸引力持续增强。一级市场发行量、二级市场交易量和换手率大幅上升，反映出市场投资者对信贷资产证券化产品的认同。未来，随着监管政策持续规范、宏观经济稳定发展，银行等金融机构会继续通过资产证券化来缓解资本约束、管理额度、化解不良，进而促进信贷资产证券化市场持续向好。

第二章

信贷资产证券化：信用风险与信用分析

在上一章探讨资产证券化的定义时，我们阐述了资产证券化是基于资产信用的复杂的融资过程。资产证券化过程需要经过资产打包、分层、定价出售以及收益分配等一系列环节，在这个过程中，中介机构起着至关重要的作用。

评级机构是资产证券化业务中重要的中介机构。由于资产支持证券的信用风险特征与传统的主体信用风险特征有很大不同，资产支持证券的信用风险测度更加复杂，更需要依赖专业机构，评级机构在揭示风险、降低信息不对称方面发挥着重要作用。从 20 世纪 70 年代 MBS 的问世，到之后以信用卡、车贷、学生贷款等资产为支持的 ABS 的产生，再到 20 世纪 90 年代 CDO 等复杂证券化产品的探索，评级机构一直参与其中，信用评级也成为许多投资机构对资产证券化产品进行价值评估的重要参考。

本章第一节将介绍评级机构在我国信贷资产证券化中的作用，并介绍信用评级质量的检验标准和方法。第二节从基础资产信用风险、现金流风险、交易结构风险、重要参与方风险以及法律风险五个方面介绍信贷资产支持证券的主要风险特征。这些风险既可能来自证券化交易内部，也可能来自外部因素的冲击。第三节介绍信贷资产支持证券的信用分析框架，针对信贷资产支持证券的主要风险特征，一般从基础资产、交易结构、现金流、主要风险和重要参与方五个方面进行分析。

第一节　评级机构在信贷资产证券化中的作用

评级机构在我国信贷资产证券化市场运行中具有重要作用。评级机构对信贷资产支持证券的信用质量进行评估并持续跟踪其表现是否符合预期。一般可从准确性、一致性、稳定性三个维度衡量评级机构的评级质量。

一、评级作业流程与评级符号

（一）评级作业流程

评级机构在收到评级委托方的评级委托申请后，会组建评级项目小组，然后按照评级作业流程的规定开展信用评级工作。信用评级作业的工作流程主要包括评级准备、尽职调查、报告撰写与审核、评定信用等级、结果反馈与复评、结果发布、文件存档及跟踪评级等步骤和环节。信贷资产支持证券的评级作业流程遵循信用评级标准作业流程规范。按照信贷资产证券化产品的项目周期，我们可以将这些步骤和环节归纳为前期准备阶段、尽职调查阶段、分析及报告撰写阶段、发行阶段和存续期管理阶段五个阶段。

第一阶段：前期准备阶段

在评级机构接受委托方的评级委托后，评级项目组将根据与证券化项目有关的公开资料以及宏观经济、区域环境、行业风险等相关信息，拟定评级资料清单并发送至相关参与机构。在对获取的评级资料进行初步分析的基础上，评级项目组将根据实际需要拟定访谈提纲并与评级对象或相关机构沟通确定访谈部门、访谈对象、访谈时间等事项。

第二阶段：尽职调查阶段

尽职调查是指通过查阅、访谈、实地调查等方式对信贷资产证券化业务的相关参与方和拟证券化基础资产进行调查，收集尽可能多的信息用于信用分析研究。

查阅资料时，评级机构既会参考发起机构依据资料清单提供的资料和其他资料，也会收集公开资料等信息作为补充。针对信贷资产证券化产品，需要收集的资料主要包括：（1）发起机构相关资料，如公司股权结构、组织架构、公司章程、风险管理制度、财务信息等资料，以及基础资产业务发展情况和相关制度等；（2）入池资产相关资料，如资产池信息清单、资产合同、信贷评审报告、尽调报告、贷后检查报告等；（3）历史数据相关资料，如静态池数据和动态池数据等；（4）交易相关资料，如主定义表、信托合同、贷款服务合同等交易文件，以及法律意见书等；（5）测算相关资料，如分层结构、分配顺序、各项费用等参数假设，以及资产池现金流归集表等。

访谈和实地调查时，评级机构会根据访谈提纲对受访人提出问题，同时也会针对其提供的资料中的疑问提出质询。在信贷资产证券化产品中，由于发起机构同时也是交易的资产服务机构，不仅负责资产的生成，同时也负责资产的回收，在资产证券化过程中具有重要作用，因此需要对其进行访谈。访谈时主要关注股东和高管背景、业务模式、资产质量、风控体系及信息系统建设等内容。针对不良资产，特别是具有抵押物的资产，还需要实地查看抵押物情况。

依据基础资产类型的不同，评级所需的资料和访谈关注点有一些差异。具体可参见第五章至第十二章“尽调要点”部分。

第三阶段：分析及报告撰写阶段

尽职调查完成后，项目小组便可依据所获得的资料和信息对受评信贷资产支持证券展开深入分析。项目小组会根据基础资产的类型和特点，确定适用的评级方法和模型；然后在定量和定性分析的基础上，撰写信用评级报告，并提出建议信用等级；之后，经过评级报告三级审核，项目小组可以申请信用评级评定会议，信评委委员投票确定信用等级。

第四阶段：发行阶段

这一阶段，项目小组会根据主承销商的安排出具正式报告，主承销商会将其与其他注册或备案文件一起提交给监管机构。由于评级报告中部分信息（如发行利率）是基于假设设定的，在资产支持证券发售后，评级机构需要核查实际发行要素是否与报告中的假设相一致，如果偏离度较大，评级机构将根据实际发售结果对评级报告出具的评级意见进行调整。

第五阶段：存续期管理阶段

产品发行后即进入存续期管理阶段。存续期内，评级机构会对资产池的信用表现进行监测，评估发起机构、资产服务机构和资金保管机构的信用状况，并通过定期考察资产服务机构、受托机构、资金保管机构的相关报告，对产品的信用状况进行动态跟踪，以判断其风险程度和信用质量是否发生变化。评级机构会适时出具定期或不定期跟踪评级报告，并根据监管要求进行披露。

根据中国人民银行、国家发展和改革委员会、财政部、中国证券监督管理委员会令〔2019〕第5号《信用评级业管理暂行办法》，“在信用评级结果有效期内，信用评级机构应当对评级对象进行跟踪评级……评级结果有效期为一年以上的，信用评级机构应当每年跟踪评级一次”，这通常被称为“定期跟踪”；同时，“在评级结果有效期内发生可能影响评级对象偿债能力和偿债意愿的重大事项的，信用评级机构应当及时进行不定期跟踪评级”。[①] 无论是定期跟踪还是不定期跟踪，关键是判断资产支持证券的信用质量与最近一次评级时相

① 参见《信用评级业管理暂行办法》第二十七条、第二十八条。

比有何变化，并相应出具“调升”“调降”“维持”“列入观察名单①”等意见。另外，出现评级工作不能正常开展的情形时，评级机构还可以终止或撤销评级。

（二）评级符号及其含义

目前，国际资产证券化市场上主要有四家评级机构，即穆迪、标普、惠誉和 DBRS。国内信贷资产支持证券市场上的评级机构主要包括中诚信国际、中债资信、联合资信、新世纪、东方金诚、大公国际、中证鹏元七家内资机构以及标普的中国子公司标普信评、惠誉的中国子公司惠誉博华。国内外监管机构均要求评级机构在其官方网站公布所用的评级方法与模型、评级符号及含义。作为示例，表 2-1 给出了中诚信国际信贷资产支持证券的等级符号及含义。

表 2-1　中诚信国际信贷资产支持证券等级符号及含义

等级符号	含义
AAA_{sf}	结构化产品持有人获得利息及时支付和本金在法定到期日或以前足额偿付的可能性极高，且基本不受不利经济环境的影响，产品的预期损失极低
AA_{sf}	结构化产品持有人获得利息及时支付和本金在法定到期日或以前足额偿付的可能性很高，且不易受不利经济环境的影响，产品的预期损失很低
A_{sf}	结构化产品持有人获得利息及时支付和本金在法定到期日或以前足额偿付的可能性较高，虽易受不利经济环境的影响，产品的预期损失较低
BBB_{sf}	结构化产品持有人获得利息及时支付和本金在法定到期日或以前足额偿付的可能性一般，易受不利经济环境的影响并可能遭受损失，产品的预期损失一般
BB_{sf}	结构化产品持有人获得利息及时支付和本金在法定到期日或以前足额偿付的可能性较低，极易受不利经济环境的影响并可能遭受较大损失，产品的预期损失较高
B_{sf}	结构化产品持有人获得利息及时支付和本金在法定到期日或以前足额偿付的可能性依赖于良好的经济环境，具有较大的不确定性，受不利经济环境影响很大且会遭受很大打击，产品的预期损失很高

① 观察名单反映可能对已公布的信用级别进行修正的情况。观察名单制度说明正在审查中的评级短期内是否有可能发生变动。正在审查中的评级可能被调高，也可能被调低，或走向不明朗。列入观察名单后 3~6 个月内应组织开展信用评级委员会会议对审查的级别进行讨论，如无须对级别进行调整，则应撤出观察名单。

续表

等级符号	含义
CCC_{sf}	结构化产品持有人获得利息及时支付和本金在法定到期日或以前足额偿付的可能性极度依赖于有利的经济环境，具有极大的不确定性，产品的预期损失极高
CC_{sf}	基本无法保证结构化产品持有人获得利息的及时支付和本金在法定到期日或以前的足额偿付
C_{sf}	结构化产品持有人无法获得本息偿付，产品本金部分或全部损失

注：除 AAA_{sf} 级、CCC_{sf} 级及以下等级外，每一个信用等级均可用“+”“-”符号进行微调，表示略高或略低于本等级。

在使用评级结果时，需要注意以下两点：第一，不同评级机构的信用评级含义明显不同，即便它们的评级符号看上去是相同的。比如，标普、惠誉等评级机构的评级反映的是受评证券的违约概率，穆迪和中诚信国际的评级反映的则是受评证券的损失程度。因此，不能孤立地看产品的等级是 AAA、AA^+、AA 或是其他，而是必须结合特定评级机构对其符号含义的解释来理解。换言之，符号含义与各评级机构在评级理念上的差别意味着不同评级机构之间的评级结果不具有直接可比性。

第二，国际评级机构可能会针对某个国家或地区制定专门的评级序列和评级符号，即通常所说的区域序列，与其全球序列的评级应区分对待。一来区域序列强调“本地”和“相对性”，仅为单一国家或地区内相对信用度的衡量标准，不可在不同区域间横向比较。二来区域序列与全球序列的变动幅度不完全一致，就某一特定国家或地区而言，不足以导致全球序列评级结果改变的信用质量变化可能会导致区域序列评级结果的变化，而且同一信用质量的变化体现在区域序列时的变动相较于体现在全球序列时的变动更为明显。举例来说，AAAspc（sf）表示标普信评在中国序列下对信贷资产支持证券能够给出的最高等级，与其母公司在全球序列下的最高等级 AAA（sf）不具有可比性。

二、信用评级质量检验标准与方法

评级机构为包括投资者、监管机构在内的信贷资产证券化市场参与方提供了重要、专业的信用风险分析结论，而且评级结果在很大程度上影响着证券的定价。因此，信用评级的质量理应受到市场各方的关注，确保并不断提高自身信用评级质量也成为评级机构赖以生存与发展的根本。

一般可从准确性、一致性和稳定性三个方面衡量评级质量。准确性是指评级机构给出的信用等级应是对受评对象信用质量的准确反映和预测；一致性是指在真实揭示受评对象信用质量的基础上，评级结果应满足“同信用等级、同信用质量”要求；稳定性则是指评级机构所用的评级体系评出的结果应在较长时间内保持稳定。

（一）准确性检验

准确性检验包括区分能力检验和预测能力检验两个方面。区分能力检验检验的是在某段时间内低评级对象与高评级对象相比，是否更加频繁地发生违约，或者说评级模型区分违约和非违约对象的能力有多强。预测能力检验则关注受评对象的预期风险表现与实际表现是否一致。

检验评级结果区分能力的一个直接、有效的方法是观察高等级受评对象的违约率是否明显低于低等级受评对象。在积累较多违约数据的情况下，还可以通过累积准确性曲线（CAP）、基于CAP计算的准确比率、平均违约位置等指标来检验评级结果的区分能力。评级结果的预测能力检验方面，虽然欧洲证券及市场管理局（ESMA）要求评级机构公布与其各个等级符号对应的预期违约率，并与实际观察到的违约情况进行比较，但是考虑到违约具有一定的顺周期性，评级的稳定性、一致性又要求信用评级能够跨周期，二者的内在矛盾导致评级机构通常不会以实际违约率与预期违约率的偏离情况作为评级预测能力的检验指标。实践中，常用的衡量标准是评级机构能否在受评对象违约前调降信用级别以提示投资者，即观察违约前受评对象的平均信用等级或违约对象评级调整情况。

（二）一致性检验

一致性意味着无论在任何时点、处于任何地域、从属于任何行业，具有相同信用等级的受评对象应具有相同的信用质量。通常以违约率作为评级结果一致性检验的重要指标。

违约率是指发生违约的实际历史频率，可依据评级机构的评级历史数据计算得到。首先从历史数据中筛选出基础样本，确定根据样本企业的信用变化情况对样本进行调整的规则与方法。目前主要分为静态池法和动态群组法。静态池法下，对于被撤销评级的受评对象仍然监测其违约情况，如果违约则需要计入撤销以前的违约数量中，而对撤销以后的违约数量不造成影响，因为被撤销评级的受评对象需要从撤销以后的静态池中剔除。动态群组法下，被撤销评级的受评对象不仅需要从撤销以后的群组中剔除，还需要从以前的群组中剔除。被撤销评级的受评对象违约对任何群组的违约数量都不造成影响，因而不需要监测其违约情况。由于动态群组法将被撤销评级的受评对象从撤销以前的群组中剔除，从而违约率的分母较小，动态群组法的边际违约率和累计违约率均大于静态池法，而且随着计算期间的延长，这种差异更加明显。在具体计算时，通常有两种方法：一种是以发行人的数目作为计算的基础；另一种是以债券的发行金额作为计算的基础。前者可以近似认为是对发行人主体违约概率的测算，后者则更加关注债券的违约情况。两种违约率的计算方式类似，国际三大信用评级机构中穆迪同时计算两种违约率，标普和惠誉均仅计算基于发行人数目的违约率。

截至本书写作时，我国信贷资产证券化市场尚未出现风险事件。在缺少违约数据的情况下，可以把利差分析作为衡量评级结果一致性的替代方法。利差分析包括对利差的统计分析和利差检验两个部分。对利差的统计分析主要通过计算某类债券同一信用等级债券的发行利差/交易利差的平均数、标准差和变异系数，一方面考察高等级债券利差平均值是否低于低等级债券利差平均值，即评级结果是否准确；另一方面观察各信用等级债券利差的变异系数大小，考察同等级债券信用风险的可比性，若某一等级债券利差变异系数较大，则可能意味着该等级内部利差离散程度大，信用水平的可比性低。利差检验的目的在于检验不同信用等级的债券发行利差或交易利差之间是否存在显著的差异，进而验证评级结果是否合理。若市场高度认可评级结果，那么不同等级所对应的发行利差或交易利差就会有明显差异，反过来，如果不同等级所对应的利差显著不同，则说明评级结果得到了市场的认可，两者之间可以相互检验。

（三）稳定性检验

等级迁移矩阵是衡量评级结果稳定性的常用方法，也是欧洲证券及市场管理局（ESMA）在监管规则中明确要求评级机构披露、美国证监会（Securities and Exchange Commission，SEC）规定全国认定的评级组织（Nationally Recognized Statistical Rating Organization，NRSRO）需要披露的信息。在国内，中国银行间市场交易商协会（以下简称交易商协会）作为自律组织，也要求评级机构在每年的合规运行报告中披露等级迁移矩阵。

信用等级迁移指的是在一段时间内，由于债务人信用品质变化，而使它的信用等级变得更好或更差的概率。评级机构对受评对象的信用等级调整结果可以形成信用迁移路径或者称为迁移率，这一指标反映受评对象信用质量所发生的变化，度量信用等级变化的工具即等级迁移矩阵。等级迁移矩阵的一般形式如表 2-2 所示。

表 2-2　等级迁移矩阵的一般形式

	AAA	AA	A	…	…	…	CCC/C	D	NR
AAA	$m_{1,1}$	$m_{1,2}$	$m_{1,3}$	…	…	…	$m_{1,j}$	…	…
AA	$m_{2,1}$	$m_{2,2}$	$m_{2,3}$	…	…	…	$m_{2,j}$	…	…
A	$m_{3,1}$	$m_{3,2}$	$m_{3,3}$	…	…	…	$m_{3,j}$	…	…
…	…	…	…	…	…	…	…	…	…
…	…	…	…	…	…	…	…	…	…
…	…	…	…	…	…	…	…	…	…
CCC/C	$m_{i,1}$	$m_{i,2}$	$m_{i,3}$	…	…	…	$m_{i,j}$	…	…

其中，$m_{i,j}$ 表示期初 t 时，信用等级为 i 的信用主体在期末 $t+T$ 时迁移到信用等级 j 的比例，即 $m_{i,j}=n_{i,j}(t+T)/n_i(t)$。表格的对角线表示信用等级在观察期内没有发生变化，信用质量维持不变；对角线右上表示信用等级向下迁移，信用质量恶化，对角线左下表示信用等级向上迁移，信用质量改善。

作为例子，表 2-3 给出了标普公布的其在 1978—2003 年提供评级的非机构担保个人住房抵押贷款支持证券在 1 年和 5 年内的信用等级变动情况。整体来看，各等级受评证券在观察期内的评级稳定性表现较好，即便是 B_{sf} 评级的 5 年稳定率也达到了 81.6%。

表 2-3　非机构担保个人住房抵押贷款支持证券等级迁移情况　　单位：%

1 年	AAA_{sf}	AA_{sf}	A_{sf}	BBB_{sf}	BB_{sf}	B_{sf}	D_{sf}	稳定率
AAA_{sf}	99.9	0.1						99.9
AA_{sf}	8.2	90.1	1.4	0.2	0.1	0.1		98.3
A_{sf}	3.1	6.9	88.5	1.1	0.2	0.1		98.4
BBB_{sf}	0.6	3.9	5	88.1	0.8	1.1	0.1	97.7
BB_{sf}			3.3	9	84.3	1.3	0.6	96.6
B_{sf}				1.7	5.3	88	2	95.1

续表

1年	AAA_{sf}	AA_{sf}	A_{sf}	BBB_{sf}	BB_{sf}	B_{sf}	D_{sf}	稳定率
5年	AAA_{sf}	AA_{sf}	A_{sf}	BBB_{sf}	BB_{sf}	B_{sf}	D_{sf}	稳定率
AAA_{sf}	99.1	0.6	0.1	0.1				99.1
AA_{sf}	27.2	66	4.7	0.8	0.1		0.5	93.2
A_{sf}	21	14.2	59.3	2.5	0.4	0.5	1.5	94.5
BBB_{sf}	15.9	13.4	12.6	46.4	2.1	2.9	4.4	88.3
BB_{sf}	2.7	10.8	11.4	17.8	42.3	2.9	8.2	85.1
B_{sf}	0.8	0.9	3.6	11.6	15.4	49.2	12.2	81.6

资料来源：Standard & Pool's；扈企平．资产证券化理论与实务［M］．北京：中国人民大学出版社，2007；由于四舍五入，稳定率与降级率之和可能不为100%。

除等级迁移矩阵外，国际评级机构有时计算级别波动率和漂移率、级别逆转率等，作为检验其评级结果稳定性的参考指标。例如，我国的交易商协会要求评级机构统计累计上调率、累计下调率和大级别调整率［过去12个月里级别调整超过（包括）3个子级的发行人所占的比率］，作为评价评级结果稳定性的指标。

综上所述，准确性、一致性、稳定性是检验评级质量的三个维度，评级机构在发展过程中形成了针对不同维度的检验方法和检验指标。但是，三者并不是统一的，追求高准确性势必要削弱一致性和稳定性，反之则相反。因此，评级机构需要在三个维度之间寻找平衡。截至本书写作时，我国信贷资产证券化市场表现稳健，未发生违约事件。因此，下文着重介绍已发行信贷资产支持证券的等级分布及迁移情况。

三、我国信贷资产支持证券信用等级分布与迁移

为了满足发起机构多样化的融资需求和投资者不同的风险承受能力及风险偏好，信贷资产证券化产品设计出了不同信用等级的信贷资产支持证券。特别是试点重启以来，信贷资产支持证券产品的信用等级层次越来越丰富，跨度从AAA_{sf}到BBB_{sf}不等。2018年，市场上首次出现BBB_{sf}级的信贷资产支持证券。从收益率上看，评级较低的产品收益率较高，在一定程度上体现了投资者要求风险收益相匹配的原则要求。表2-4梳理了2012年试点重启以来信贷资产支持证券各信用等级首次出现的时间。

表 2-4 各信用等级首只债券信息一览

初始评级	起息日	债券简称	基础资产类型	发行规模（万元）	票面利率（%）
AAA_{sf}	2012-09-11	12 开元 1A1	企业贷款	133000	4.1
AA^{+}_{sf}	2014-05-20	14 京元 1B	企业贷款	31786	6.1
AA_{sf}	2012-09-11	12 开元 1B	企业贷款	120000	5.68
AA^{-}_{sf}	2013-10-11	13 发元 1B	企业贷款	10000	6.74
A^{+}_{sf}	2012-11-13	12 交银 1B	企业贷款	31000	6
A_{sf}	2015-07-17	15 永盈 1B	个人消费贷款	44400	5.49
A^{-}_{sf}	2014-07-25	14 邮元 1B	个人住房抵押贷款	47700	6.79
BBB_{sf}	2018-11-21	18 和家 1 优先 D	个人住房抵押贷款	6000	7.5

资料来源：CNABS，作者整理。

从发行时的初始级别看，2012 年以来，信用等级为 AA_{sf} 级及以上的信贷资产支持证券发行金额占比为 94.10%～99.93%，其中 AAA_{sf} 级信贷资产支持证券发行金额占比为 87.79%～99.18%，整体信用等级较高。表 2-5 统计了 2012 年至 2021 年信贷资产支持证券不同信用等级的发行金额占比。

表 2-5 2012—2021 年信贷资产支持证券信用等级分布（按发行金额统计）

时间	AAA_{sf}	AA^{+}_{sf}	AA_{sf}	AA^{-}_{sf} 及以下
2012 年	87.79%	0.00%	6.78%	5.43%
2013 年	95.16%	0.00%	2.89%	1.96%
2014 年	91.51%	0.73%	1.86%	5.90%
2015 年	90.23%	0.90%	3.23%	5.64%
2016 年	94.78%	1.53%	1.91%	1.77%
2017 年	94.90%	3.68%	1.36%	0.07%
2018 年	97.36%	2.46%	0.11%	0.07%
2019 年	97.25%	2.14%	0.07%	0.54%
2020 年	98.00%	1.74%	0.01%	0.25%
2021 年	99.18%	0.55%	0.07%	0.20%

资料来源：CNABS，作者整理。

从存量信贷资产支持证券来看，截至 2021 年 12 月末，信贷资产支持证券信用等级涵盖 AAA_{sf} 至 BBB_{sf} 八档。按存量金额统计，99.37%的信贷资产支持证券期末信用等级为 AAA_{sf} 级；AA^{+}_{sf} 级信用等级占比为 0.36%；AA_{sf} 级信用等级占比为0.06%，AA_{sf}^{-}级及以下信用等级占比仅为0.21%。

信用等级迁移方面，截至2022年7月15日，我国信贷资产支持证券的级别调整情况全部为维持AAA_{sf}或调升。这一方面是因为我国信贷资产支持证券的信用质量较好，另一方面则是因为随着优先级证券逐渐被偿付，未偿付证券能够获得的信用支持提高。

第二节　信贷资产支持证券的主要风险

信用评级是评级机构对未来一定时期内信贷资产支持证券信用风险的评估与判断。信贷资产支持证券的信用风险可能来自基础资产、交易结构、交易参与方等内部因素，也可能来自宏观经济形势与政策、行业或区域经济发展甚至是某些预期外事件等外部因素的冲击。依据风险的表现形式，可以将其分为基础资产信用风险、现金流风险、交易结构风险、重要参与方风险以及法律风险等。

一、基础资产信用风险

基础资产信用风险是指信贷资产证券化产品中入池资产无法获得按时、足额偿付的可能性，通常用违约率这个指标进行衡量。基础资产的信用状况既与债务人的信用特征及担保情况、发起机构的贷款政策等资产证券化交易的内部因素有关，也与债务人所在行业及/或地区发展状况、宏观经济金融环境的变化等外部因素有关，图2-1总结了基础资产信用风险的主要影响因素与影响路径。

第一，债务人的信用特征及担保情况。信贷资产证券化产品基础资产的债务人主要分为个人和企业两类。观察和研究发现，个人的收入、学历、年龄、婚姻状况、居住地、信用评分等特征不同，其消费与储蓄习惯、金融素养①、获取贷款的方式也存在差异，相应地呈现出不同的风险特征。企业的业务和财务表现、所能获得的外部支持等不同，其信用表现也存在差异。和信用贷款相比，有抵质押或保证担保的贷款的损失程度通常更低。另外，动态结构的证券

① 可理解为个人掌握的金融知识或常识、对贷款条件的理解能力、对违约所造成后果的预判能力等。

化产品，如循环购买或美国信用卡证券化的主信托模式等，由于基础资产会不断新增，入池资产的整体信用风险也可能会随之发生变化。

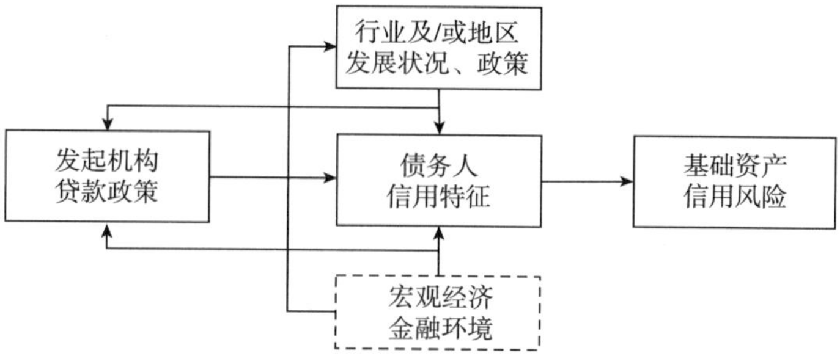

图 2-1　基础资产信用风险的影响因素与传导路径

第二，发起机构贷款政策。发起机构是基础资产的生成机构，决定是否对特定借款人放贷及贷款额度大小，发起机构贷款政策的严格程度是决定基础资产的信用表现的先验因素。在“风险自留”规则实施以前，美国资产证券化所特有的出表模式使得发起机构可将基础资产信用风险完全转移给投资人，导致发起机构存在一定的道德风险去降低放贷标准。因此，要关注发起机构的贷款政策，特别是贷款发放和展期或续贷政策。具体来说，衡量贷款发放政策主要是评估贷款标准是否严格，执行过程是否一致等。展期或续贷政策适用于当借款人遇到暂时的财务困难时，信贷机构可以与其重新商定合同条款使借款人能够继续还款，或者是提供一笔新贷款用于偿还旧贷款。展期或续贷会推迟逾期的最终确认并低估当期逾期率。在评估信贷机构展期或续贷政策时要关注政策使用频率、条件、对象。另外，核销率也可以作为判断发起机构客户质量和信贷政策的一个参考指标。

第三，行业及/或地区发展状况与趋势。首先，行业及/或地区的发展状况与趋势会影响到处于该行业及/或地区甚至是与之相关的产业链上下游的所有企业和个人，当存在大额债务人时，行业及/或地区发展对基础资产信用质量的影响尤其值得关注。特别是当入池资产的行业及/或地区集中度较高时，不同债务人之间违约的相关性会导致资产池的风险特征发生显著变化。其次，针对特定行业及/或地区的信贷政策、货币政策会通过改变商业银行的贷款政策间接影响债务人的信用质量。比如，近年来银保监会出台多项加大小微企业扶持力度的政策，鼓励银行通过贷款展期、调整还款安排等方式支持暂时遇到财务困难的小微企业，对于符合续贷条件的小微企业和个体工商户，要积极给予无还本续贷。在判断发起机构历史数据所包含的信息时，有必要考虑行业及/或地区政策的影响。最后，外生事件冲击某些行业及/或地区进而影响基础资产信用质量的情况，同样不能忽视。2020年新冠肺炎疫情暴发导致房贷、车贷、消费贷和信用卡等的信用表现不同程度地恶化，并随着复工复产逐渐修复；以武汉、吉林、上海占比较高的个人住房抵押贷款证券化产品为样本，也可以发现短期内拖欠率相较于其他产品有所抬升。

第四，宏观经济金融环境的变化。与前述其他因素不同，宏观经济金融环境的变化对基础资产信用表现的影响具有以下两个特点：一是系统性，即便是房贷、车贷、消费贷等具有小额分散特征的基础资产，也无法避免。美国次贷危机的爆发，根源固然是向“次级”即低信用质量借款人发放了大量住房抵押贷款，但美联储2004年下半年开始的加息进程加剧了借款人的债务负担、削弱了其偿付能力是导火索。二是复杂性和综合性，表现为宏观经济金融环境的变化可能引起行业及/或地区发展与政策、发起机构贷款政策的变化，并间接影响借款人信用质量。

基础资产信用风险是评估信贷资产支持证券信用风险的逻辑起点，也是重点。评级机构在评估、预判基础资产的信用风险及其变化时，会同时使用定量与定性方法。关于定量分析方法可以参见本书第三章的介绍。

二、现金流风险

除了基础资产违约会影响现金流入外，基础资产的收益率、回收率和早偿率也会影响现金流入。同时，它们也是第三章介绍的量化模型的重要参数。

（一）收益率

基础资产收益率水平的高低及变化会影响基础资产的现金流入，因此应关注基础资产收益率特征对证券偿付的影响。具体来看：一是不同类型基础资产的收益率水平差别较大。通常，个人消费类贷款的收益率较高，可相对证券端的利息流出形成一定的超额利差。二是同类基础资产不同类型发起机构的基础资产收益率水平存在差异。这一点在汽车贷款和消费类贷款的证券化产品中体现得尤其明显。以2021年发行的个人汽车贷款证券化产品为样本，汽车金融公司、商业银行、汽车集团财务公司的基础资产加权平均收益率分别为4.19%、2.32%和3.58%；类似地，2021年商业银行和消费金融公司发起的个人消费类贷款证券化产品基础资产的加权平均收益率分别为 9.40%和 18.67%（见表 2-6）。三是特定类型发起机构的基础资产收益率变化趋势。比如，为促进汽车销售，汽车金融公司或汽车集团财务公司可能会加大贴息力度，导致入池资产收益率下降（见表 2-7）。另外，监管政策带来的基础资产收益率波动也应关注。四是因为基础资产与证券的利率类型、浮动利率的锚定标准及调整步调不一致而带来的现金流风险。个人住房抵押贷款支持证券（RMBS）的期限较长，这类风险相对更突出。

表 2-6　2021 年不同类型发起机构发行产品加权平均收益率

RMBS			
发起机构	国有银行	股份制银行	区域性银行
范围	4.62%~5.19%	4.17%~5.18%	4.62%~5.39%
均值	4.92%	4.77%	5.04%
个人汽车贷款 ABS			
发起机构	汽车金融公司	商业银行	汽车集团财务公司
范围	0.20%~10.81%	0.01%~6.19%	3.58%
均值	4.19%	2.32%	3.58%
个人消费类贷款 ABS			
发起机构	商业银行	消费金融公司	总体
范围	6.28%~16.79%	11.79%~23.22%	6.28%~23.22%
均值	9.40%	18.67%	15.19%

资料来源：作者整理。

表 2-7　2015—2021 年个人汽车贷款 ABS 产品加权平均贷款利率变化情况

2021 年个人汽车贷款 ABS 加权平均贷款利率			
发起机构	汽车金融公司	商业银行	汽车集团财务公司
范围	0.20%~10.81%	0.01%~6.19%	3.58%
均值	4.19%	2.32%	3.58%
2015—2020 年个人汽车贷款 ABS 加权平均贷款利率			
发起机构	汽车金融公司	商业银行	汽车集团财务公司
范围	1.01%~15.92%	1.96%~14.29%	0.01%~11.06%
均值	6.06%	8.70%	3.80%

资料来源：作者整理。

（二）回收率

回收是指对逾期或违约基础资产，通过催收、处置抵质押物、要求担保方履行义务等方式，减少现金流入的缺口。影响回收率的主要因素包括贷款服务机构的催收政策、贷款与抵押物价值比（LTV）、抵押物的市场流动性、担保方的信用水平以及某个国家或地区的司法环境等。通常来说，逾期时间越长、逾期金额越大，回收可能性越低；处置抵质押物的回收时间、回收金额具有较大的不确定性。

（三）早偿率

早偿是指借款人在贷款到期前提前偿还贷款的情况，可分为全部早偿和部分早偿。

早偿会影响现金流的稳定性，增加现金流预测的难度，带来一定的现金流风险。因此，资产证券化市场参与方很重视对早偿的研究。针对个人住房抵押贷款，美国公共证券协会（PSA）提出了一个标准早偿模型假设：贷款发放后第 1 个月的条件早偿率（CPR）为 0.2%；从第 2 个月起至第 30 个月，CPR 每月增长 0.2 个百分点，之后 CPR 恒定在 6%。实际应用中，评级机构可假设开始时贷款的早偿速度快于或慢于标准早偿模型，并用 PSA 的一定百分比表示，比如 50%PSA 或 150%、200%PSA，但自第 30 个月开始早偿速度均保持恒定，如图 2-2 所示。

以我国已发行的信贷资产证券化产品为样本，通过对不同类型基础资产早偿率的观察发现，近年来 RMBS 的基础资产早偿率基本在 10%上下波动，而且与房地产市场的活跃程度存在一定相关性。个人汽车贷款期限适中，贴息情况比较普遍，借款人早偿意愿相对较低。早期商业银行对信用卡分期贷款的早偿要求比较严格，提前还款不仅会产生一定比例的罚息，而且提前还款部分的手续费不减免，借款人早偿的动力不足；消费金融公司的提前还款政策更加灵活，而且由于贷款利率较高，借款人在经济能力允许的条件下更有动力早偿。2021 年下半年开始，个人消费类贷款证券化产品基础资产早偿率上升明显，或与消费贷款利率较高，人民银行全面降准促使借款人进行贷款置换有关。微小企业贷款的贷款合同通常规定可随借随还，这类证券化产品的基础资产早偿率整体处于很高的水平，在 50%上下波动。图 2-3 对此做了一个简单的总结，更详细的分析可参见本书第五章至第十二章关于特定类型基础资产及其风险特征的介绍。

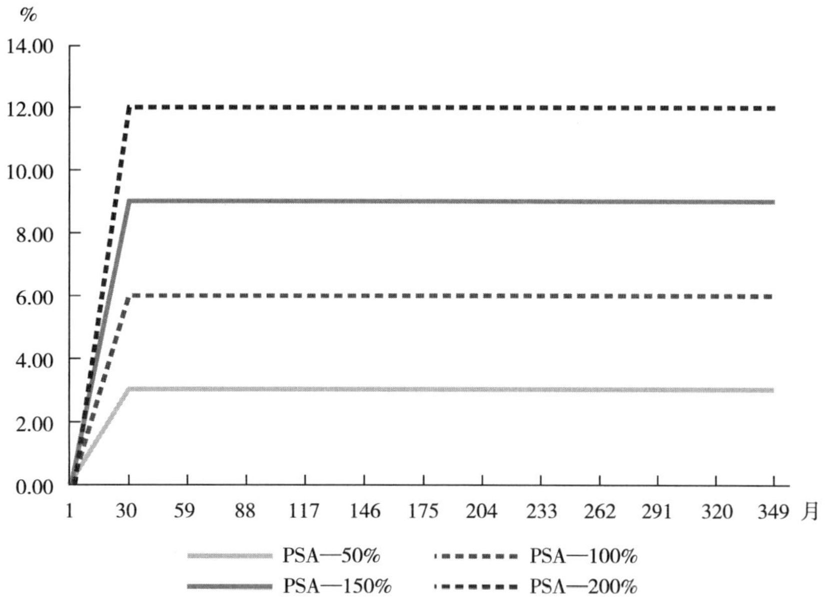

图 2-2　个人住房抵押贷款早偿率假设

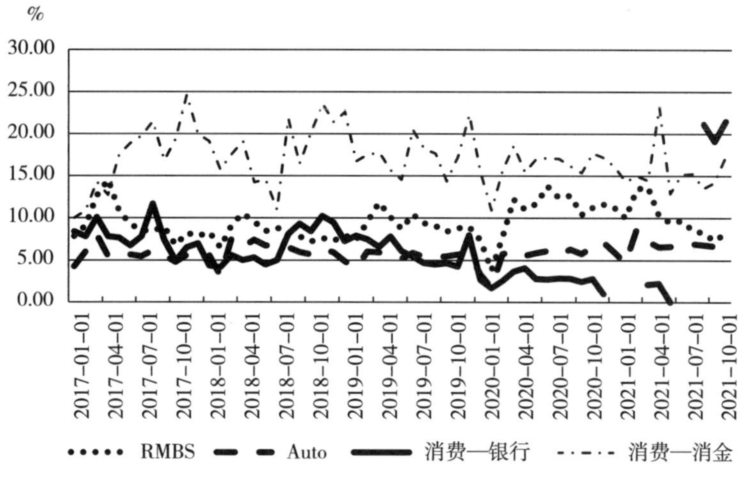

图 2-3　不同类型基础资产早偿率

需要特别强调的是，信用评级和信用分析是“预判”，因此，不能仅从静态角度看待基础资产的违约、收益率、回收率、早偿率等特征，关注和评估这些因素的动态变化及其影响同样很重要。在实践中，为了控制与基础资产有关的风险，通常会在交易文件中规定只有符合特定要求的基础资产才能入池，即“基础资产合格标准”，详细介绍可以参见本书第五章至第十二章“信用分析案例”部分。

三、交易结构风险

对于信贷资产支持证券，交易结构是连接资产端与产品端的核心环节，其目的在于实现资产端现金流入向产品端现金流出的有效转移与不同产品层级间（如优先级/次级）的合理分配，因此交易结构是影响信贷资产支持证券偿付的风险因素之一。例如，交易的资产委托或转让方式能否实现基础资产的真实出售和破产隔离；现金流分配机制和信用增进机制能否实现现金流的合理分配、保证优先级证券获得足够的信用支持；信用触发机制的设计能否缓释交易中可能出现的风险，能否起到有效保护投资人利益的效果。由于交易结构设计本身的复杂性，其风险具有一定的隐蔽性。

常见的由于交易结构安排带来的风险包括流动性风险、混同风险、抵销风险和循环购买风险等。

流动性风险是指如果当期基础资产的回收款不足以支付优先级产品利息及在优先级产品利息支付之前必须支付的各项税费，则会产生流动性风险。流动性风险如果处理得当，可以消除或控制在特定支付期间，否则有可能转化为信用风险。流动性风险的出现，既可能是因为基础资产当期的信用表现不及预期，也可能与影响基础资产现金流的其他因素以及交易结构有关。合理的交易结构可以很好地缓释流动性风险。比如，拉长封包期；设置流动性储备账户或流动性支持机构；当收入账户资金不足以支付应付费用和利息时，以本金账户资金进行补足；等等。

混同风险是指如果资产服务机构信用状况恶化或者丧失清偿能力，基础资产的回收款可能和资产服务机构的其他资金混同，从而给特殊目的载体财产造成损失。抵销风险是指基础资产转让后，如果基础资产对应的借款人在发起机构中有存款，而且针对基础资产向发起机构行使抵销权，若发起机构未能及时将抵销所对应的款项支付给特殊目的载体，则可能会导致基础资产的回收款减少。混同风险和抵销风险与资产服务机构、发起机构的信用状况直接相关。可通过合理的账户设置与回收款转付机制、混同/抵销储备金等进行缓释。

设有循环购买机制的信贷资产证券化产品，要注意因为循环购买不足或者是所购买资产的信用质量、收益率、回收率、早偿率等特征与首次入池资产存在较大差异而带来的不确定性风险。

四、重要参与方风险

信贷资产支持证券的参与方一般包括发起机构、发行人/受托机构、资产服务机构、大额借款人、外部增信方（如有）、资金保管银行等，参与方的尽职能力及尽职意愿影响产品的安全和及时兑付。如在产品存续期间，资产服务机构信用水平恶化，资金监管和存续期管理不到位，基础资产产生的现金流可能会与资产服务机构的自有资金混同或者涉及违规操作，从而诱发信贷资产支持证券的信用风险。

五、法律风险

信贷资产支持证券的交易文件是否合法、完备、有效，直接决定了证券化产品能否正常运行，因此评级时还需关注证券化产品内在的法律风险，包括基础资产与发起机构的破产隔离、基础资产转移的有效性、交易文件的有效性及可执行性等。

当前，我国还没有针对资产证券化的专门立法，而是一些分散的临时性行政规定。在信托财产登记制度不完备的情况下，信托财产的独立性和抗辩力也是不够的。《信托法》对于信托受益权等新型财产权利缺乏对其法律属性的明确界定，从而不利于信托关系合法性的保护。

另外，由于实操的复杂性，目前国内个人住房抵押贷款支持证券等产品在基础资产转移至信托时一般并不办理抵押权变更登记手续。抵押权未变更登记，可能导致贷款违约后不能及时处置抵押物等问题，从而对信托权益造成不利影响。

对上述方面，评级机构通常非常注重律师事务所出具的明确肯定的法律意见。

第三节　信贷资产支持证券的信用分析框架

对信贷资产支持证券的信用分析，主要从基础资产、交易结构、现金流、主要风险和重要参与方五个方面来考察。

一、基础资产分析

基础资产信用分析是资产证券化产品信用风险分析中最基本的一环，也是整个信用分析过程的起点。基础资产信用分析主要包括特征分析和模型分析，特征分析主要为定性分析，模型分析主要为量化分析。

（一）特征分析

基础资产特征分析主要包括以下几个方面。

（1）基础资产类型，考察基础资产的性质，如债权、收益权、不动产等；

（2）基础资产分散程度，考察基础资产的同质性与分散程度；

（3）基础资产信用质量，考察基础资产对应的底层债务人的特征、信用水平、相关性等；

（4）基础资产信用表现，通过发起机构提供的历史数据考察基础资产的违约率、回收率、早偿率等；

（5）历史数据质量，考察历史数据的数据充足程度、是否经历完整产品周期或经济周期、历史池与资产池的匹配程度等；

（6）外部因素对基础资产信用质量的影响，考察宏观经济、行业政策、发起机构信贷政策等外部因素对基础资产信用质量的影响。

（二）模型分析

依据基础资产的不同特征，可选用不同的信用风险分析模型。

1. 蒙特卡洛模拟法

蒙特卡洛模拟法是一种在多个领域内被广泛应用的统计计算方法。在某问题无法进行确定性计算或不存在准确解的情况下，通过蒙特卡洛模拟法可以遍历随机事件从而得到估计。在评估基础资产组合信用风险时，可以利用概率来描述可能出现的违约及损失情况，然后利用随机数模拟不同资产的违约及损失情况，多次模拟后得出资产组合的联合违约分布。蒙特卡洛模拟法多应用于企业贷款、金融租赁资产证券化产品中。

蒙特卡洛模拟法的主要优势在于其具有较强的灵活性，能够处理不同集中度和同质程度的基础资产。主要局限在于：（1）此方法要求对基础资产逐笔进行影子评级，当基础资产数量较大时，逐笔评估成本较高，对基础资产的数据需求也较高；（2）由于该方法模拟时需要进行多次重复模拟，当基础资产数量较大时，计算量较大。

2. 历史数据静态池法

历史数据静态池法是指通过分析由发起机构提供的与基础资产特征相似的历史资产的信用表现，推测基础资产在未来存续期内的违约及损失表现。历史数据静态池法多见于个人贷款证券化产品的信用评级。

历史数据静态池法的主要优势在于其在处理同质性强、笔数较多的基础资产时能够快速实现对组合信用风险的量化评估，而且运算过程较为简单，不需要进行大量重复模拟，故运算效率较高。主要局限在于：（1）此方法无法用于处理同质性较低的基础资产，当基础资产差异较大时无法满足其理论基础；（2）此方法不适合处理基础资产笔数较少或集中度较高的情况，这种情况下，占比较大的单笔基础资产违约后对现金流入的影响会被低估，从而对基础资产的组合信用风险产生影响。

关于模型分析的详细介绍，参见本书第三章相关内容。

二、交易结构分析

交易结构是交易各方以合同条款的形式所确定的、实现交易各方最终利益关系的一系列安排。信贷资产证券化产品交易结构分析是基于证券化产品交易文件，对资产委托或转让方式、现金流分配机制、信用增进机制、信用触发机制、循环购买机制等结构设计的目的、适用条件及可行性进行分析。

1. 交易安排

资产证券化产品通常通过设立特殊目的载体来实现基础资产与发起机构的破产隔离。目前我国信贷资产证券化的资产转让典型方式为特定目的信托，即发起机构（委托人）将基础资产信托给受托机构，由受托机构向投资者发行证券化产品，并以该信托财产所产生的现金流为支持偿付证券化产品的本息。

在对信贷资产支持证券进行信用分析时，会重点评估交易真实出售和破产隔离的有效性，分析发起机构破产对交易可能产生的影响，考察基础资产现金流是否会因此遭遇延迟或短缺。对于债权类资产，交易中基础资产由发起机构转移至特殊目的载体，由特殊目的载体取代发起机构成为新的债权人，信用分析时主要关注特殊目的载体是否合法有效设立、特殊目的载体是否可能被撤销或被认定为无效、债权移转过程是否真实合法有效，以及在标的资产转让后，其他任何机构及个人是否仍持有对标的资产的追索权或其他任何形式的法律权利等。

2. 现金流归集与分配机制

现金流归集与分配机制主要反映特殊目的载体成立后的资金流向，是交易结构设计中极其重要的部分之一，主要涉及交易费用的承担、交易账户的设置、资金的归集与划付以及资产收益的分配等。其中，与产品成立相关的各项交易费用在不同的分配顺序下一般都是优先偿付的；交易账户的设置以及资金的归集与划付是监管现金流和防范资金混同风险的重要环节；资产收益在不同情景下的分配顺序应当与产品结构分层设计相匹配。

3. 信用增进机制

当基础资产的信用不足以支持证券化产品所必需的信用等级时，往往采用信用增进的方法增强产品的信用。信用增进方法主要分为内部增信和外部增信两类，内部增信是指依靠基础资产自身为证券化产品提供保障，而外部增信是指第三方为证券化产品偿付提供保障。常见的信用增进方式主要包括优先级/次级分层、超额抵押、超额利差、保证金账户、储备金账户以及保证担保、差额补足、流动性支持、回购义务等。

4. 信用触发机制

信用触发机制是指当出现不利于证券化产品偿付的情形（即触发条件）时，可以通过提高现金流归集频率、改变现金流分配顺序、加强基础资产独立性等措施，保障证券化产品本息得到偿付。

信用触发机制的设计一般会根据特定的证券化产品交易风险来确定。目前主要分为三大类：（1）根据重要参与机构经营状况变化所触发的机制；（2）根据基础资产信用状况变化所触发的机制；（3）根据优先级产品偿付情况所触发的机制。

5. 循环购买机制

证券化产品可以采用循环购买机制解决基础资产与产品期限错配的问题，即在产品循环期内，现金流归集之后不偿付产品本金，而是在偿付完应付税、费、利息之后再用剩余资金购买新的基础资产。循环购买机制增加了交易结构的复杂性，评级时需要特别关注：（1）是否存在充足的基础资产可以用于循环购买；（2）循环购买基础资产与初始基础资产的特征是否基本保持一致；（3）提前结束循环购买的信用触发机制，该机制用于避免因循环购买导致资产池信用质量持续恶化；（4）由于循环购买结构可以实现基础资产的持续购买，因此一般来讲，与静态现金流证券化产品相比，此类产品的累计违约率相对较高，需更加关注发起机构的风控能力。

关于交易结构分析的详细介绍，可参见本书第四章。

三、现金流分析

在获得了基础资产违约特征和交易结构安排的基础上，需要结合整个交易的现金流情况编写现金流模型，获得优先级产品的预期损失和预期期限。现金流模型主要由资产端现金流入模型和产品端现金流出模型两部分构成。

资产端现金流入模型主要描述的是基础资产现金流入的金额和时间。对于债权类资产而言，基础资产一般有较为明确的偿还计划，现金流入模型侧重于对违约率、早偿率、回收率、收益率等因素的分析。

产品端现金流出模型主要描述的是把资产端现金流入模型计算出来的现金流入，按照交易文件中约定的现金流分配顺序，支付给各参与机构及各级产品投资者的情况。模型参数包括优先级/次级比例、超额抵押率（如有）、储备账户金额（如有）、涉及的税费等。假设条件包括产品预期发行利率、基准利率曲线等。

在现金流模型基础上，现金流压力测试主要通过调整现金流模型假设条件，评估优先级产品在恶劣环境下可能产生的损失程度。

四、主要风险分析

如本章第二节所述，除基础资产信用风险外，信贷资产支持证券的主要风险还包括流动性风险、混同风险、抵销风险和法律风险等。有必要结合交易结构安排分析信贷资产支持证券的相关风险。

五、重要参与方分析

信贷资产支持证券的重要参与机构的履约能力可能会对产品偿付产生重要影响，因此需要对重要参与机构的履约能力进行分析。一般而言，重要参与机构包括发起机构、资产服务机构、资金保管机构、信用增进机构等。通过对上述各参与机构的发展历史、股东背景、经营状况、财务状况、内控制度、治理结构和风险管理能力等进行分析，可以综合判定其履约能力。具体可以参见第五章至第十二章“尽调要点”部分。

第三章

信贷资产证券化：量化模型

资产证券化的魅力在于对风险收益的重新分配。通过量化模型，资产池的现金流被重新切割，新的现金流可以呈现出和总体现金流不同的风险收益特征，从而满足不同投资人的风险收益偏好，大大提高资产的流动性。本章我们主要探讨信贷资产证券化信用分析所采用的量化模型。

信贷资产证券化量化模型的核心是现金流模型。现金流模型包括现金流入和现金流出两部分。其中，现金流入部分的核心是概率分布，现金流出部分的核心是分配机制。本章第一节将从一个简单的例子入手，介绍信贷资产证券化量化模型的基本原理，以及评级机构是如何通过损失率法或违约率法来确定不同层级证券的模型等级的。第二节至第四节将介绍不同类型基础资产的概率分布和现金流入模型的构建，包括大额债权、零售债权和不良债权。第五节将简要介绍现金流出模型的构建。

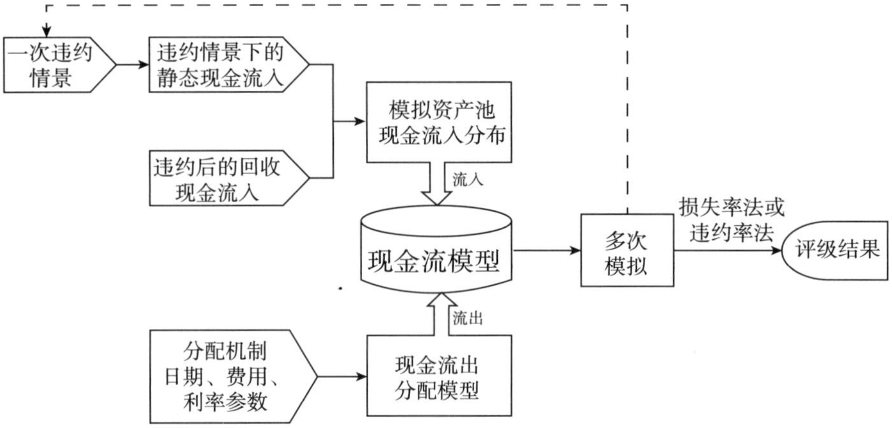

图 3–1　信贷资产证券化量化模型“黑匣子”

需要强调的是，所有量化模型都是基于一定假设并有其局限性的。次贷危机之后，资产证券化技术一度成为众矢之的，但是这并不意味着这套模型是无用的。正如伊曼纽尔·德曼在《宽客人生》中所说，“模型只是模型而已，并不是事情本身。因此，我们不能指望它们是真正正确的。模型最好被视为一组你能研究的平行的思想领域。每个思想领域都应该是一致的，但真实的金融和人类世界与物质世界不同，比我们用来了解它的任何模型都要无限度地更加复杂”。模型使用者应当充分了解模型的假设和局限性，理解模型结果的适用性，谨慎地使用模型结果为决策提供参考。我们将在本章最后一节介绍信贷资产证券化量化模型的假设和局限性，以期望可以帮助读者更好地理解和使用模型结果。

第一节　信贷资产证券化量化模型的原理

资产证券化的本质是一种投资组合。虽然不同评级机构采用的信贷资产证券化评级方法和模型有所差异，但归根结底逻辑是一致的。下面，让我们先从一个简单的例子开始来理解信贷资产证券化量化模型的原理。

一、一个简单的例子

假设我们有 10 亿元要进行投资。

第一种方案，我们把这 10 亿元全部投资于 1 笔贷款，该笔贷款期限为 1 年，1 年以内违约概率为 10%，那么我们可以得到，投资不发生损失的概率是 90%，全部损失的概率是 10%，如图 3-2 所示。

第二种方案，我们把这 10 亿元投资于 10 笔同质但不相关的贷款，每笔贷款本金金额为 1 亿元，期限均为 1 年，1 年以内违约概率均为 10%。如果不考虑贷款违约后的回收，那么根据二项展开式，我们可以计算出不同违约情景下的概率，如表 3-1 所示。

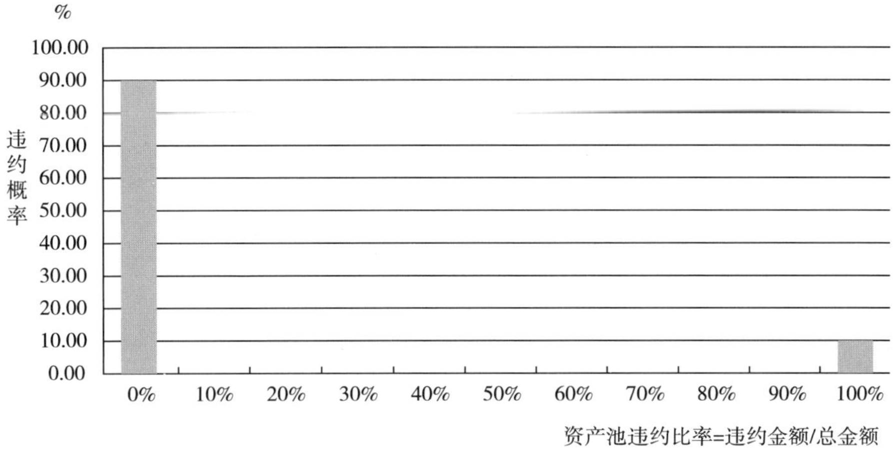

图 3-2　第一种方案的违约分布

表 3-1　利用二项展开式计算的违约概率

情景	违约比率	概率 ($P = (a+b)^n = \sum_{r=0}^{n} C_n^r a^{n-r} b^r$)
0 笔贷款违约	0%	0.34867844
1 笔贷款违约	10%	0.38742049
2 笔贷款违约	20%	0.19371024
3 笔贷款违约	30%	0.05739563
4 笔贷款违约	40%	0.01116026
5 笔贷款违约	50%	0.00148803
6 笔贷款违约	60%	0.00013778
7 笔贷款违约	70%	0.00000875
8 笔贷款违约	80%	0.00000036
9 笔贷款违约	90%	0.00000001
10 笔贷款违约	100%	0.00000000

我们将表 3-1 绘制成图，其中横轴表示资产池违约比率，即“违约金额/总金额”，纵轴表示违约概率。这幅图也可叫作联合违约分布图。从图 3-3 中我们可以看出，随着资产池违约比率的增加，对应的违约概率逐渐降低，即一定数量的贷款同时发生违约的概率是随着违约贷款数量的增加而降低的。换言之，通过分散投资，我们遭遇极端损失事件的概率有所降低。

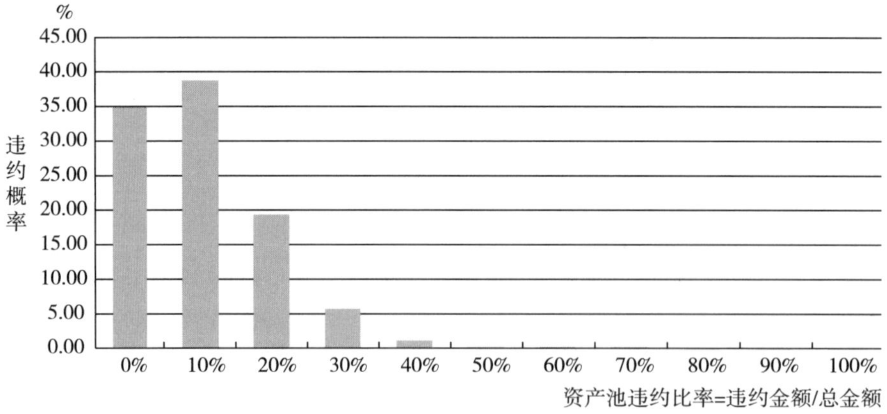

图 3-3　第二种方案的违约分布

再回看这两种投资策略，我们还可以发现一个有意思的问题。虽然分散投资策略使得投资全部损失的概率从 10%降低为几近于 0，但是投资不发生损失的概率也降低了，从 90%降低为 34.87%。换言之，第二种方案发生违约的概率大幅提升。这样看来，分散投资策略是不是并不符合我们降低风险的初衷呢？其实不然。因为对于投资来讲，全部损失显然比部分损失更让人难以接受。我们可以通过分散投资降低极端损失的风险，同时通过收取一定收益来弥补可能的损失。

进一步计算可得，无论是哪种投资方案，它们的期望损失率是一样的，都是 10%。因此，分散投资并不会改变违约分布的期望，只是改变了违约分布的形状。随着分散程度的增加，违约分布会逐渐向期望值聚拢，两端逐渐下降①。这就使得我们可以在横轴上找到一点，使得大于这一点的事件发生的概率满足我们对于小概率事件的预先设定，即找到了一部分“绝对安全”的现金流。因此，分散性是资产证券化量化技术的基础假设。

二、损失率法和违约率法

接下来，让我们来看评级机构是如何找到安全现金流的边界并为分层证券确定信用等级的。对于这一问题，评级机构主要采用两种方法——损失率法和违约率法。

（一）损失率法

损失率法是指受评证券的期望损失率应满足评级机构预先设定的同期限目标评级的损失率要求。以如图 3-4 所示的损失率为例，评级机构认定 B2 等级的要求是 1 年内期望损失率不超过 3.94%，B3 等级的要求是 1 年内期望损失率不超过 6.39%，那么如果受评证券 1 年内的期望损失率计算所得为 4%，它的评级模型结果即为 B3 等级。

让我们回到刚才的例子。假设现在基于第二种方案，我们设计了一个资产支持证券产品，证券端采用优先级/次级的分层设计，其中优先级证券规模是 7 亿元（即资产池未偿本金余额的 70%），次级证券规模是 3 亿元（即资产池未偿本金余额的 30%），优先级证券先于次级证券获得偿付。那么，损失率法是如何评价优先级证券的信用质量的呢？

① 从数学上讲，二项分布的极限分布趋近于正态分布。

Year

	1	2	3	4	5	6	7	8	9	10
Aaa	0.00%	0.00%	0.00%	0.00%	0.00%	0.00%	0.00%	0.00%	0.00%	0.01%
Aa1	0.00%	0.00%	0.01%	0.01%	0.02%	0.02%	0.03%	0.04%	0.05%	0.06%
Aa2	0.00%	0.00%	0.01%	0.03%	0.04%	0.05%	0.06%	0.07%	0.09%	0.11%
Aa3	0.00%	0.01%	0.03%	0.06%	0.08%	0.10%	0.12%	0.15%	0.18%	0.22%
A1	0.00%	0.02%	0.06%	0.10%	0.14%	0.18%	0.22%	0.26%	0.32%	0.39%
A2	0.01%	0.04%	0.12%	0.19%	0.26%	0.32%	0.39%	0.46%	0.54%	0.66%
A3	0.02%	0.08%	0.20%	0.30%	0.40%	0.50%	0.61%	0.72%	0.84%	0.99%
Baa1	0.05%	0.15%	0.31%	0.46%	0.61%	0.75%	0.92%	1.08%	1.25%	1.43%
Baa2	0.09%	0.26%	0.46%	0.66%	0.87%	1.08%	1.33%	1.57%	1.78%	1.98%
Baa3	0.23%	0.58%	0.94%	1.31%	1.68%	2.04%	2.38%	2.73%	3.06%	3.36%
Ba1	0.48%	1.11%	1.72%	2.31%	2.90%	3.44%	3.88%	4.34%	4.78%	5.17%
Ba2	0.86%	1.91%	2.85%	3.74%	4.63%	5.37%	5.89%	6.41%	6.96%	7.43%
Ba3	1.55%	3.03%	4.33%	5.38%	6.52%	7.42%	8.04%	8.64%	9.19%	9.71%
B1	2.57%	4.61%	6.37%	7.62%	8.87%	9.84%	10.52%	11.13%	11.68%	12.21%
B2	3.94%	6.42%	8.55%	9.97%	11.39%	12.46%	13.21%	13.83%	14.42%	14.96%
B3	6.39%	9.14%	11.57%	13.22%	14.88%	16.06%	17.05%	17.92%	18.58%	19.20%
Caa1	9.56%	12.78%	15.75%	17.86%	19.97%	21.43%	22.76%	24.01%	25.12%	26.24%
Caa2	14.30%	17.88%	21.45%	24.13%	26.81%	28.60%	30.39%	32.18%	33.96%	35.75%
Caa3	28.04%	31.35%	34.35%	36.43%	38.40%	39.66%	40.88%	42.07%	43.22%	44.39%
Ca	55.00%	55.00%	55.00%	55.00%	55.00%	55.00%	55.00%	55.00%	55.00%	55.00%
C	100.00%	100.00%	100.00%	100.00%	100.00%	100.00%	100.00%	100.00%	100.00%	100.00%

图 3-4　穆迪 30 年理想损失率（部分）

首先，针对每一个违约情景，计算优先级证券在该情景下的损失程度，具体结果如表 3-2 所示。

表 3-2　不同违约情景下各档证券损失率

情景	违约比率	概率（A 列）	优先级证券损失率（B 列）	次级证券损失率
0 笔贷款违约	0%	0. 34867844	0%（0/7 亿元）	0%（0/3 亿元）
1 笔贷款违约	10%	0. 38742049	0%（0/7 亿元）	33. 33%（1 亿元/3 亿元）
2 笔贷款违约	20%	0. 19371024	0%（0/7 亿元）	66. 67%（2 亿元/3 亿元）
3 笔贷款违约	30%	0. 05739563	0%（0/7 亿元）	100%（3 亿元/3 亿元）
4 笔贷款违约	40%	0. 01116026	14. 29%（1 亿元/7 亿元）	100%（3 亿元/3 亿元）
5 笔贷款违约	50%	0. 00148803	28. 57%（2 亿元/7 亿元）	100%（3 亿元/3 亿元）
6 笔贷款违约	60%	0. 00013778	42. 86%（3 亿元/7 亿元）	100%（3 亿元/3 亿元）
7 笔贷款违约	70%	0. 00000875	57. 14%（4 亿元/7 亿元）	100%（3 亿元/3 亿元）
8 笔贷款违约	80%	0. 00000036	71. 43%（5 亿元/7 亿元）	100%（3 亿元/3 亿元）
9 笔贷款违约	90%	0. 00000001	85. 71%（6 亿元/7 亿元）	100%（3 亿元/3 亿元）
10 笔贷款违约	100%	0. 00000000	100%（7 亿元/7 亿元）	100%（3 亿元/3 亿元）
期望损失率			0. 2084%	32. 85%

其次，将不同情景下的优先级证券损失率（B 列）与概率（A 列）相乘，就获得了优先级证券的期望损失率（EL），即为 0. 2084%。同时，基础资产均为 1 年到期一次还本的贷款，因此优先级证券的期望期限（WAL）为 1 年。

最后，根据预先设定的期望损失率表对应出等级。根据预先设定的期望损失率表，就可以对应出优先级证券的评级模型结果为 Baa3（见图 3-5）。

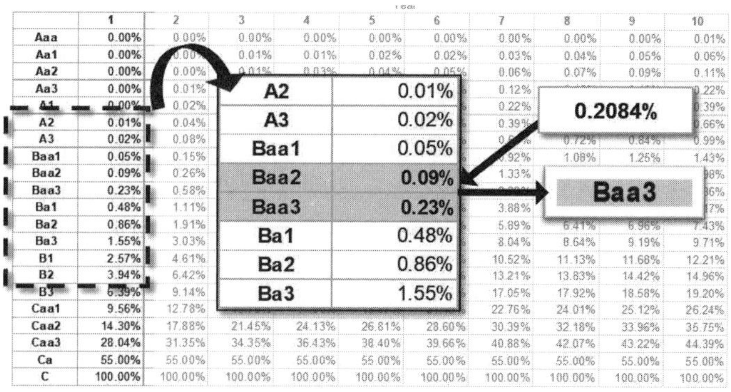

图 3-5　损失率法的级别对应

进一步计算可得，例子中优先级证券和次级证券的加权平均损失率也为10%。这说明，资产池的风险并没有消失，只是在优先级证券和次级证券之间进行了重新分割，这种重新分割正是优先级/次级的分配机制带来的。

（二）违约率法

违约率法是先通过违约率表，在资产池联合违约分布上找出满足相应等级同期限违约率要求的资产池目标违约比率，然后通过现金流模型找出受评证券开始出现违约时资产池的违约比率，即临界违约率，当临界违约率大于目标违约比率时，即认为受评证券可以通过该等级的压力测试。

	Year									
	1	2	3	4	5	6	7	8	9	10
Aaa	0.00%	0.00%	0.00%	0.00%	0.00%	0.00%	0.01%	0.01%	0.01%	0.01%
Aa1	0.00%	0.00%	0.01%	0.02%	0.03%	0.04%	0.05%	0.07%	0.08%	0.10%
Aa2	0.00%	0.01%	0.03%	0.05%	0.07%	0.09%	0.11%	0.14%	0.16%	0.20%
Aa3	0.00%	0.02%	0.06%	0.10%	0.14%	0.18%	0.23%	0.27%	0.33%	0.40%
A1	0.01%	0.04%	0.12%	0.19%	0.26%	0.33%	0.41%	0.48%	0.57%	0.70%
A2	0.01%	0.07%	0.22%	0.35%	0.47%	0.58%	0.71%	0.83%	0.98%	1.20%
A3	0.04%	0.15%	0.36%	0.54%	0.73%	0.91%	1.11%	1.30%	1.52%	1.80%
Baa1	0.09%	0.28%	0.56%	0.83%	1.10%	1.37%	1.67%	1.97%	2.27%	2.60%
Baa2	0.17%	0.47%	0.83%	1.20%	1.58%	1.97%	2.41%	2.85%	3.24%	3.60%
Baa3	0.42%	1.05%	1.71%	2.38%	3.05%	3.70%	4.33%	4.97%	5.57%	6.10%
Ba1	0.87%	2.02%	3.13%	4.20%	5.28%	6.25%	7.06%	7.89%	8.69%	9.40%
Ba2	1.56%	3.47%	5.18%	6.80%	8.41%	9.77%	10.70%	11.66%	12.65%	13.50%
Ba3	2.81%	5.51%	7.87%	9.79%	11.86%	13.49%	14.62%	15.71%	16.71%	17.66%
B1	4.68%	8.38%	11.58%	13.85%	16.12%	17.89%	19.13%	20.23%	21.24%	22.20%
B2	7.16%	11.67%	15.55%	18.13%	20.71%	22.65%	24.01%	25.15%	26.22%	27.20%
B3	11.62%	16.61%	21.03%	24.04%	27.05%	29.20%	31.00%	32.58%	33.78%	34.90%
Caa1	17.38%	23.23%	28.64%	32.48%	36.31%	38.97%	41.39%	43.66%	45.67%	47.70%
Caa2	26.00%	32.50%	39.00%	43.88%	48.75%	52.00%	55.25%	58.50%	61.75%	65.00%
Caa3	50.99%	57.01%	62.45%	66.24%	69.82%	72.11%	74.33%	76.49%	78.58%	80.70%
Ca	100.00%	100.00%	100.00%	100.00%	100.00%	100.00%	100.00%	100.00%	100.00%	100.00%
C	100.00%	100.00%	100.00%	100.00%	100.00%	100.00%	100.00%	100.00%	100.00%	100.00%

图 3-6　穆迪 30 年理想违约率（部分）

同样使用开篇的例子。根据资产池联合违约分布（见图 3-3），我们可以找出不同等级的目标违约比率（见表 3-3）。例如，评级机构认为 B2 等级的要求是 1 年内违约概率不超过 7.16%，因为资产池发生 3 笔以上（含）贷款同时违约的事件的概率为 7.02%，小于 7.16%，那么 B2 等级对应的资产池目标违约比率为 30%。

表 3-3　第二种方案下的目标违约比率

等级符号	违约率要求	目标违约比率
Baa1	0.09%	60.00%
Baa2	0.17%	50.00%
Ba2	1.56%	40.00%
B2	7.16%	30.00%

仍然假设优先级证券规模是 7 亿元，次级证券规模是 3 亿元。在不考虑回收的情况下，当资产池有超过 3 亿元贷款违约时，优先级证券就会出现违约，因此临界违约率为 30%。根据临界违约率和目标违约比率的关系，可以获得优先级证券的评级模型结果。实际应用时，评级机构会对不同等级设置不同的压力情景，测算不同压力情景下受评证券所能承受的临界违约率。

（三）压力倍数法

除了上述两种方法外，也有评级机构采用压力倍数法来评定受评证券的等级。压力倍数法是指对现金流模型主要参数设定不同的压力倍数，根据目标评级的不同，压力倍数有所不同，若受评证券在该种压力情景下没有损失，则通过测试，可以获得该目标评级。压力倍数法是对资产池联合违约分布的一种简化应用，虽然操作简便，但压力倍数的设定多是依靠专家经验，忽略了不同资产池的差异。

三、损失率法和违约率法的比较

从上面的例子可以看出，虽然损失率法和违约率法都是基于资产池联合违约分布展开的，但是两种方法有一定差异。

在损失率法下，各级证券是一种“零和博弈”。无论对证券端如何切割，各级证券的加权平均损失率始终等于资产池的期望损失率。换言之，各级证券的总风险和资产池的总风险是一样的，如果某些层级证券的风险比资产池更小，那么其他层级证券的风险必然加大。

违约率法并不满足这一概念。从违约率的角度看，组合资产发生违约的概率会高于单笔资产，证券端次级证券发生违约的概率等于资产池发生违约的概率（假设不考虑利差和回收等因素）。

由于损失率和违约率概念的区别，评级时会遇到一些有意思的问题。

问题1：如果一个资产池里的所有资产的评级都是AA，那么是否可以推断，不论如何分割证券端，所有证券的等级都高于或等于AA呢？（假设不考虑利差和回收等因素）

无论是从损失率法还是违约率法的角度来看，这个推断都是不正确的。

按照损失率法，分层之后，优先级证券由于优先获得偿付，风险降低，那么次级证券的风险就会加大，因此次级证券的期望损失率是高于资产池期望损失率的，次级证券的等级也就比AA等级低。只有当证券端不分层时，证券端的损失率等于资产池的期望损失率，证券端的等级也就为AA等级。

按照违约率法，尽管每笔资产的等级都是AA，但是组合资产发生违约的概率会远高于单笔资产，资产池违约的概率就是次级证券的违约概率，是远高于AA等级违约率要求的，因此次级证券不可能获得AA等级。

问题2：如果经过测算，证券端已经可以实现一定比例的优先级达到AAA等级，那么是否一定可以从剩下的比例中切割出一部分AA^+等级的证券呢？

按照损失率法，这个问题的答案是不一定。损失率法下，各级证券的加权平均损失率始终等于资产池的期望损失率，因此当我们已经切割出一定比例的优先级后，剩下比例的证券的期望损失率也是确定的。如果剩下比例的证券的期望损失率已经很高，那么我们可能无论如何都无法在其中再切割出一部分AA^+等级的证券。如果一定要切割出，那么可能会需要减少一定比例的AAA等级的证券来降低其余证券的期望损失率。

问题3：如果经过测算，证券端已经可以实现一定比例的优先级达到AAA等级，那么我们在AAA等级的层级中再切割一部分中间级，中间级的分配顺序劣后于新优先级，那么中间级是否一定也是AAA等级呢？

按照损失率法，各级证券的期望损失率会受到该级证券规模的影响。当我们将优先级再切出一部分中间级后，中间级会先于新优先级吸收损失，中间级的风险比原来的优先级更高。此外，由于中间级的规模低于原来的优先级，因此同样的损失金额下，中间级的损失率会更高。因此，中间级的等级往往难以达到 AAA 等级，甚至会低多个子集。

按照违约率法，理论上，问题 2 和问题 3 的答案都是肯定的。我们可以在资产池联合违约分布上依次找到 AAA 等级、AA^+等级……的目标违约比率，然后便可以在证券端切出对应等级的证券。而在 AAA 等级的层级中再切割一部分中间级，由于切割并未改变中间级发生违约时对应的临界违约率，因此也仍然可能获得 AAA 等级。

实际操作中，评级机构应用损失率法和违约率法时，还会有些不一致的设定，也会造成一些差异。例如在违约率法下，需要选取某一期限的违约率表作为标尺来计算目标违约比率，但是资产池的期限和分层后的证券期限并不相同，选取不同的标尺可能会产生不同的结果。再如，评级过程中通常会用到压力情景，即设置不同的回收率、回收时间、早偿率、发行利率等参数。损失率法是在同一种压力情景设置下，通过遍历所有违约场景，获得不同场景的损失率来计算期望损失率。而违约率法则是针对不同信用等级设置了不同的压力情景要求。信用等级越高的证券，需要承受的压力条件越苛刻，反之，信用等级越低的证券，需要承受的压力条件越宽松。这可能会造成同一压力参数的变化在两种方法下对模型结果的影响程度不同，甚至有时会出现相反方向的影响。

整体来看，由于不同评级机构采用不同的量化模型对资产证券化产品进行评级，这将产生级别差异。通过上述分析，我们可以发现，损失率法更偏好两层结构，而违约率法更偏好多层结构。Fender 和 Kiff 也在其论文中指出，与基于违约概率的评级方法相比，基于预期损失的评级方法对高级分层给出的评级级别要高，而对中间层给出的评级级别要低①。这里我们并不去评价两种方法孰好孰坏，正如本章开篇所说，模型只是模型而已，损失率法和违约率法为我们提供了分析的两种视角，它们在各自的范畴内可能是逻辑自洽的。我们希望模型使用者通过本章的介绍，可以较好地理解两种方法的差异，更好地使用模型结果为决策提供参考。

---

① Ingo Fender, John Kiff. CDO Rating Methodology: Some Thoughts on Model Risk and Its Implications [J]. Journal of Credit Risk, 2005, 1 (Summer): 37-58.

第二节　大额债权模型

大额债权模型主要适用于以对公贷款、企业租赁债权等大额债权资产为基础资产的信贷资产证券化产品，如 CLO、金融租赁债权 ABS。大额债权资产往往单户金额大，资产池集中度高，资产特征差异大，资产间相关性复杂，因此很难像第一节的简单示例那样，采用二项展开式法计算出资产池联合违约分布。国际评级机构也在大额债权量化模型的研究历程中，经历了由二项式扩展方法（Binominal Expansion Technique，BET）向 Copula 模型并配合使用蒙特卡洛模拟（Monte-Carlo Simulation，MCS）技术的转变。蒙特卡洛模拟是一种在多个领域内被广泛应用的统计计算方法，当某问题无法进行确定性计算或不存在准确解的情况下，蒙特卡洛模拟可以通过大量模拟随机事件从而得到估计。本节重点介绍蒙特卡洛模拟模型。

一、模型原理

将 Copula 模型并配合使用蒙特卡洛模拟技术应用于资产证券化起源于李祥林博士于 2000 年在金融杂志《固定收益》（*Journal of Fixed Income*）上发表的论文《论违约相关性：相依函数方法》（*On Default Correlation：A Copula Function Approach*）。在这篇著名的论文中，李祥林博士论述了三个重要观点。

第一，我们可以将企业在一定时间内发生违约的概率转换为关于企业生存时间的概率。这一方法是受到人寿保险公司衡量死亡风险的启发，将原本针对违约是否发生的离散概率分布转换成违约时间（time-until-default）的连续概率分布。

第二，联合违约分布可以通过 Copula 连接函数构建。李祥林博士提出，信用衍生品投资组合的联合违约分布，可以通过组合中各信用衍生品的边缘违约分布和一个 Copula 连接函数来构建。

第三，违约时间的相关性可以用资产相关性代替。李祥林博士在论文中进一步论证了，在高斯 Copula 连接函数下，违约时间相关性可以用信用计量模型（CreditMetrics）中的资产相关性方法来获得。

根据上述研究，大额债权模型利用 Copula 连接函数和蒙特卡洛模拟法，通过模拟资产池中各资产的违约时间来获得资产池联合违约分布。一次模拟中，每笔资产会通过模拟得到一个违约时间，如果该违约时间晚于该笔资产的期限，则表明在这次模拟中该笔资产未发生违约；如果该违约时间早于该笔资产的期限，则表明在这次模拟中该笔资产发生违约，违约时点后的现金流会全部损失。每笔资产的违约时间并不是相互独立的，而是通过 Copula 连接函数来联结。这样，每次模拟中，便可以产生不同违约情景的现金流组合。

二、构建大额债权模型

假设资产池中包含 n 个基础资产/债务人。构建大额债权模型主要经过以下步骤。

（1）生成具有相关性（R）结构的服从标准均匀分布的随机数组 $U=(u_1, u_2, \cdots, u_n)$；

（2）针对每个资产，利用函数 $\tau_i = F_i^{-1}(U)$ 即可得到第 i 个基础资产的违约时间 τ_i，第 i 个基础资产现金回款时间晚于违约时间 τ_i 的金额即为违约金额；

（3）设定违约回收率和回收时间，计算第二步中第 i 个基础资产违约后的回收现金流；

（4）统计第二步和第三步各个基础资产的现金流入及回收现金流入情况，便获得资产池各期现金流入；

（5）将现金流入代入现金流出模型，便可获得本次模拟下各分层证券的损失情况；

（6）如此反复模拟。

从上述构建大额债权模型的过程中可以看出，大额债权模型的重要参数包括各个基础资产的违约率曲线、违约相关性、回收率和回收时间。

违约率曲线

违约率曲线反映的是违约的期限结构，即不同期限内的违约概率。基础资产的违约率曲线是依据各个基础资产的信用等级而获得的。根据基础资产的信用等级，我们可以从违约率表中得出该等级对应的违约率曲线。从图 3-7 中可以看出，信用等级高的基础资产其违约率曲线更平缓，信用等级低的基础资产其违约率曲线更陡。因此，同一随机概率数值下，信用等级高的基础资产的生存时间/违约时间长于信用等级低的基础资产。

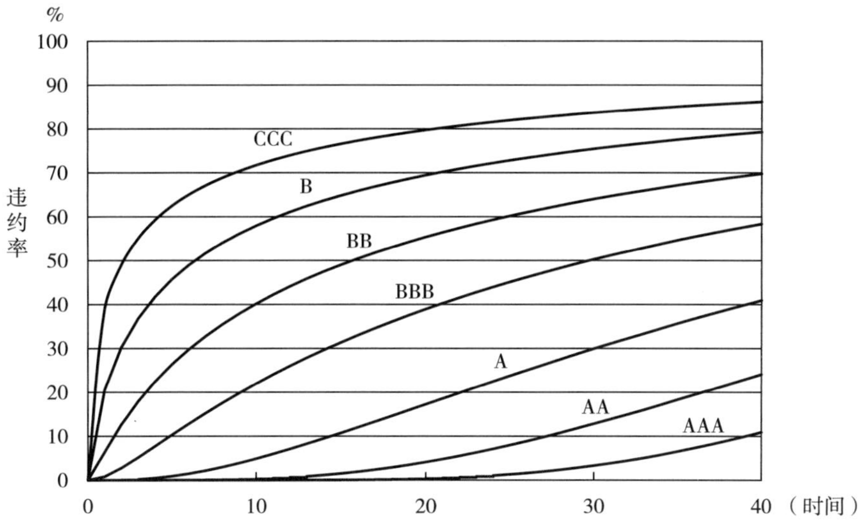

图 3-7　不同等级的违约率曲线

评级机构对大额债权基础资产的信用分析通常称为影子评级。评级时，发起机构会向评级机构提供涉及借款人/承租人和/或担保人的基础信息、财务信息、业务审批报告、信贷合同、放款后跟踪报告及主体相关公开信息等资料，评级机构依据这些信息评估基础资产的信用质量。由于通常评级机构不会对借款人/承租人和/或担保人进行实地访谈，而且未将相关主体的公司治理、战略规划、财务政策、股东或实际控制人支持等因素纳入评级考量的范畴，因此影子评级客观上只是基础资产信用质量的大致判断，无法等同于评级机构常规意义上的正式评级。

违约相关性

违约相关性是指当受某一相同外界因素影响时，两个债务人发生违约事件的概率之间的相互关系，即一个债务人发生违约事件引发另一个债务人同时发生违约事件的概率。对于一个资产池而言，违约相关性高，则联合违约分布尾部更厚，即发生极端违约事件的概率更高，因此安全现金流所需要的信用支持水平更高。反之，违约相关性低，则联合违约分布尾部更薄，即发生极端违约事件的概率更低，因此安全现金流所需要的信用支持水平更低。

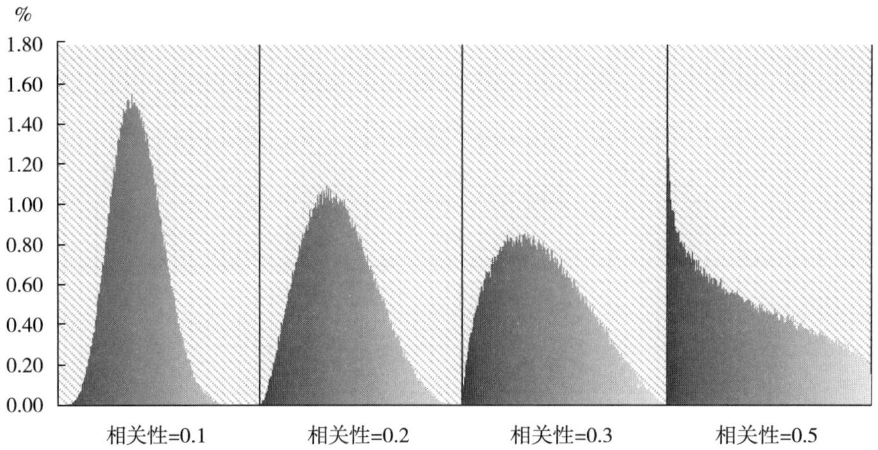

图 3-8 不同相关性的联合违约分布

违约相关性是较难定义的参数。评级机构通常会结合基础资产在借款人、行业和地区的情况设置资产间的相关性参数。对同行业、上下游行业、同一集团内部或者实际控制人为同一主体的债务人之间会给予较高的相关性假设，对某些行业，还会根据资产的地区分散性修正相关性假设。但是需要注意的是，现实经济中，真实的违约相关性并不是静态的，而是会随着宏观经济的变化而改变。随着宏观经济景气度的下降，资产间的违约相关性会升高。需要警惕由于低估违约相关性而造成的模型风险。

回收率和回收时间

回收假设主要是指对基础资产违约后的回收率和回收时间的估计。较高的回收率可以降低现金流损失，改善模型结果。

评级机构通常会依据基础资产资信情况、担保情况、债务受偿顺序、所在地区经济和司法环境等因素估计基础资产的回收率。其中，对于具有抵质押担保的基础资产，抵质押物的回收情况取决于抵质押权的优先顺序、抵质押物的种类及性质，以及抵质押物的变现价值等。计算预计回收率时，会综合借款人/承租人和/或担保人预计回收率以及抵质押物预计回收率，并结合对发起机构催收政策、催收历史的了解和宏观经济环境设置一定的回收率上限。

评级机构通常会依据基础资产对应的借款人/承租人和/或担保人配合程度、抵质押物变现的难易程度以及司法环境和发起机构催收政策等因素估计回收时间。

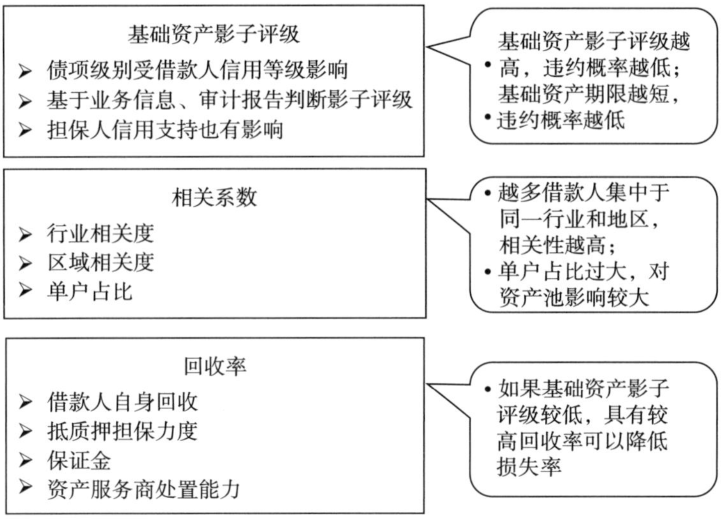

图 3-9 大额债权模型的主要参数及其影响

第三节 零售债权模型

一、模型原理

零售债权模型主要适用于以个人住房抵押贷款、个人汽车贷款、个人消费贷款等零售债权资产为基础资产的信贷资产证券化产品，如 RMBS、Auto ABS、信用卡 ABS、个人消费贷 ABS 等。零售债权资产入池笔数多，单户占比小，同质性强，分散度高，历史数据呈现一定的统计特征，因此可以直接用数学统计分布来拟合资产池联合违约分布。

资产池联合违约分布应具有下列特征：（1）非负性。资产池中发生违约的贷款总额占比应介于 0 和 1 之间，即最少为没有贷款违约，最多为全部贷款违约。（2）连续性。资产池中发生违约的贷款总额占比是连续变化的。（3）尾部较厚。虽然资产池中绝大多数贷款发生违约的可能性较小，但不可以忽略，从统计上来说，违约概率分布密度函数的尾部应该较厚。根据这些特征，可以用于描述违约情况的统计分布包括指数分布、对数正态分布、Beta 分布、韦伯分布等。根据国际评级机构对于零售债权违约特征的研究①，一般选择对数正态

① Moody's Approach to Rating Consumer Loan-Backed ABS, Jan 20, 2015.

分布来拟合零售债权资产的联合违约分布。

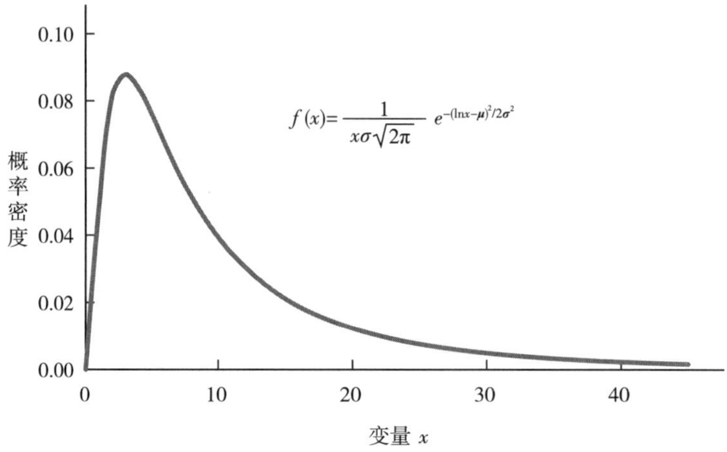

图 3-10　对数正态分布

二、构建零售债权模型

构建零售债权模型主要经过以下几个步骤。

（1）以静态池获得的均值（mean）和标准差（sigma）为基准，结合入池基础资产的基本特征、借款人信用状况、抵押物回收情况、信贷政策、宏观经济及行业政策等因素，对基准参数进行调整，获得符合入池资产特征的对数正态分布；

（2）以资产池联合违约分布上的每一个违约率为参数，结合违约时间分布、早偿率、回收率和回收时间、资产池收益率等参数，代入现金流入模型获得一次违约情景下的资产池各期现金流入；

（3）将现金流入代入现金流出模型，便可获得这次违约情景下各分层证券的损失情况；

（4）如此遍历每一个违约情景。

从上述构建零售债权模型的过程中可以看出，零售债权模型的主要参数包括违约分布、早偿率、回收率和回收时间等假设。

违约分布

基础资产违约分布即用于拟合基础资产违约特征的对数正态分布模型。构建基础资产违约分布的核心就是估计对数正态分布模型中的两个参数，即违约率的期望和标准差。评级机构一般通过静态池数据获得这两个参数（见图3-11）。

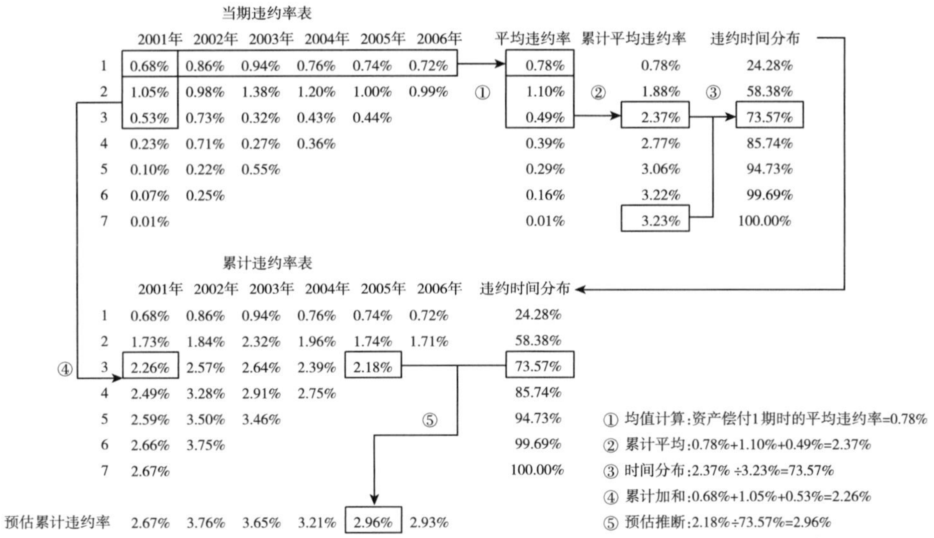

图 3-11 从静态池中推算累计违约率

评级时，发起机构会向评级机构提供与基础资产特征相近的全量资产的静态池数据和动态池数据。静态池数据统计的是样本期间每月发放的贷款在发放后逐月的逾期情况，动态池数据统计的是样本期间某一时点（一般为月末）所有存续贷款的逾期情况。相较之下，静态池数据描述了贷款从发放到偿付完毕的整个过程，不仅可以从中分析出资产池违约率的平均值和波动性，还可以分析出违约的时间分布、回收率和回收时间的分布等信息；而动态池数据仅仅描述了一个时点的状态，包含的信息较少，而且容易受到发起机构业务扩张、贷款发放政策变动等因素影响，导致参数估计偏差较大。因此，评级机构通常采用静态池数据进行参数估计，以动态池数据对静态池数据进行交叉对比。

关于违约率，需要与商业银行披露的不良率区分开。评级机构关注的违约率是指静态资产到期违约的概率，即累计违约率；商业银行披露的不良率是指截至某个时点当前存续资产中不良资产的占比，属于动态池数据，不良率受放贷规模变化的影响较大。

计算违约率时，又有累计违约率和年化违约率的区分。累计违约率是指资产到期后，所有违约资产最终未偿本金占初始放款本金金额的比例；年化违约率是通过月度违约率计算所得，假定资产池每月发生违约的资产占比相对恒定。计算公式如下：

$$累计违约率=违约资产最终未偿本金/初始放款本金金额$$

$$月度违约率=当期违约资产未偿本金/当期期初本金余额$$

$$年化违约率=1-（1-月度违约率）^{12}$$

早偿率

早偿是指借款人在贷款到期前提前偿还贷款的情况。通用的第 T 个月的月度早偿率（SMM_T）的计算公式为

$$SMM_T=\frac{部分早偿金额+全部早偿金额}{月初未偿本金余额-当月计划偿还本金金额}$$

或者

$$SMM_T=\frac{当月实际偿还金额-当月计划偿还金额}{月初未偿本金余额-当月计划偿还本金金额}$$

年化早偿率（CPR）的计算公式为 $CPR=1-（1-SMM）^{12}$。

采用上述公式，我们可以从静态池或者动态池中计算出早偿率。有时，由于无法获得当月计划偿还本金金额，计算时会忽略该数值。

早偿可以分为全部早偿和部分早偿。全部早偿是指一次性还清所有未偿本金；部分早偿是指只偿付所有未偿本金的一部分。当借款人选择部分早偿时，对于剩余未偿部分，可以选择缩期或缩额的方式进行偿付。缩期是指剩余每期偿付金额不变，这时剩余偿付期限将缩短；缩额是指剩余偿付期限不变，这时每期偿还金额将重新计算。

回收特征

根据基础资产类型的不同，评级机构获得零售债权预计回收率和预计回收时间的方法也有所差异。对于个人住房抵押贷款、个人汽车贷款等带有抵押物的基础资产，评级机构主要基于抵押物可回收价值估计回收率，并综合考虑发起机构催收政策、催收历史以及房地产行业和不良市场环境设置一定的回收率上限。对于个人消费类贷款等信用类基础资产，评级机构主要依据静态池数据和动态池数据的迁移表现估计回收率。由于缺乏充足的抵押物，个人消费类贷款违约后的回收表现极易受到不利经济环境的影响，因此压力测试会更加严格。

零售债权现金流入模型

拟定好上述参数后，就可以将参数代入零售债权现金流入模型来计算每一种违约情景下的现金流入。以下是一个简单的现金流入模型示例。

（1）期末本金余额（t）= 期末本金余额（t-1）－新增违约金额（t）－早偿金额（t）－当月实际摊还本金金额（t）

其中，新增违约金额（t）有两种计算方式，即初始本金法和当期本金法。初始本金法下，违约或损失的金额根据贷款的初始本金余额计算，并按照一条违约时间分布曲线在各个时间段内进行分配，计算公式为

新增违约金额（t）= 初始本金余额×累计违约率×目标月份的分配额

当期本金法下，违约或损失金额根据贷款当期期初本金余额与当期违约率或损失率计算，计算公式为

新增违约金额（t）= 当期期初本金余额×当期违约率

（2）早偿金额（t）=［（期末本金余额（t-1）- 当月计划偿还本金金额］×SMM（t）

（3）当月实际摊还本金金额（t）=［期末本金余额（t-1）－新增违约金额（t）］×当月计划偿还本金比例

（4）当月违约后回收本金金额（t）= Σ［之前各月新增违约金额×回收率（t）］

（5）当月本金流入总金额（t）= 当月实际摊还本金金额（t）+ 早偿金额（t）+ 当月违约后回收本金金额（t）

（6）当月利息流入总金额（t）=［期末本金余额（t-1）－新增违约金额（t）－早偿金额（t）］×月度利率

第四节　不良债权模型

一、模型原理

不良债权模型主要适用于以不良贷款为基础资产的信贷资产证券化产品，即 NPL ABS 等。不良债权资产是已经逾期的贷款，现金流来源为不良贷款处置回收款，因此，分析的重点不再是资产池联合违约分布，而是资产池回收分布。由于不同资产的回收差异比较大，我们通常采用蒙特卡洛模拟法获得资产池回收分布，一般采用 Beta 分布来模拟。

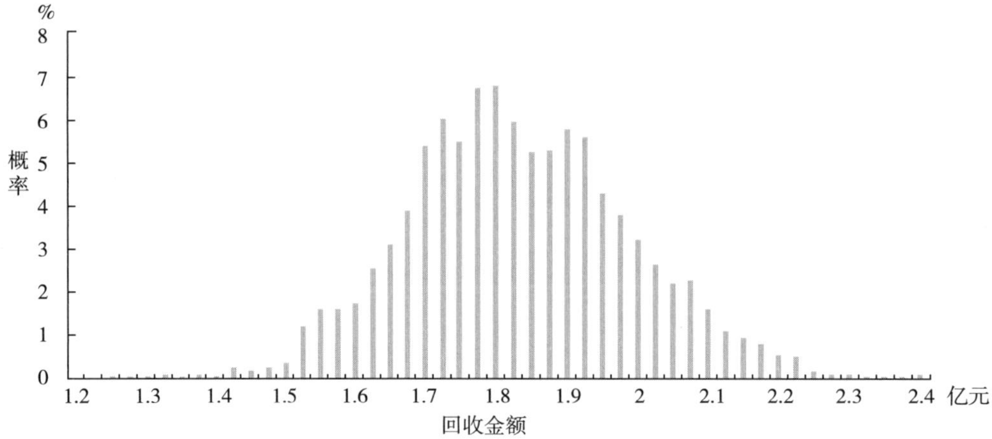

图 3-12　不良资产的回收分布示意图

小知识

什么是 Beta 分布？

考虑掷硬币这样的简单试验，假设这枚硬币是某种特殊的硬币，我们事先完全无法确定它出现正面的概率。为了测试出现正面的概率 p，我们可以做 n 次试验，统计正面的次数 k，可以很直观地计算出 $p=k/n$。然而由于出现正面的概率是未知的，这个公式计算出的 p 只是该硬币出现正面概率的最佳估计。也就是说，实际上 p 也可能为其他的值，只是为其他的值的概率较小。所以 p 也是一个随机变量，它符合 Beta 分布。由于 Beta 分布是描述概率 p 的分布，因此其取值范围为 0 到 1。而且随着参数的改变，Beta 分布的形状会有多样的变化，可以较好地拟合回收率。

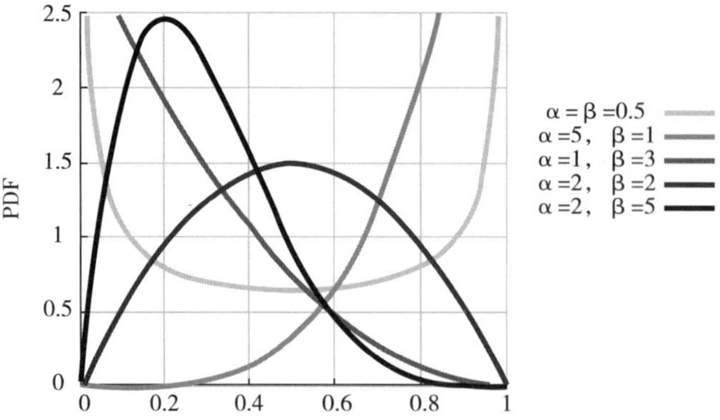

图 3-13　Beta 分布

二、构建不良债权模型

按照基础资产特征的不同，不良债权模型也有所差别，大致可以分为抵押类和信用类两种。

（一）构建抵押类不良债权模型

针对抵押类不良债权，需要采用逐笔分析法对每笔基础资产的回收情况进行分析。评级机构会对资产池中的每笔不良贷款进行详尽的实地访谈和调查，按照“回收估值=借款人回收+保证人回收+抵押物回收+其他回收贡献值”的公式对资产的预期回收金额进行估值，并根据所采用的资产处置策略、与债务人洽商的进展、所处的处置执行阶段等因素对现金回收的时间分布作出判断。同时，还会结合地区历史处置情况、地区经济、行业发展、司法环境以及从其他渠道获得的债务人的其他投资、债权债务情况等外围信息，对上述估值进行修正，获得每户资产在一般景况下的回收估值和回收时间分布。

构建抵押类不良债权模型主要经过以下几个步骤。

（1）获得一般景况下的回收估值和回收时间分布；

（2）以每笔资产一般景况下的预计回收率作为该笔资产回收分布均值的参考，然后以经验或历史数据获得的波动程度作为该笔资产回收分布标准差的参考；同时，也会结合宏观经济、行业政策、催收环境等因素与基础资产所处状态进行比对，对回收分布的均值和标准差进行适当调整；

（3）模拟产生不同资产的毛回收金额，汇总后便可获得一次现金流入；

（4）将现金流入代入现金流出模型计算该情景下各级证券的损失情况；

（5）如此反复模拟。

（二）构建信用类不良债权模型

构建信用类不良债权模型主要采用历史数据分析法，即依据发起机构提供的历史数据建立回收分布模型。构建信用类不良债权模型时需经过以下几个步骤。

（1）根据历史数据计算当期回收率。首先，以形成不良贷款时的未偿本息余额将历史数据划分为不同群组，如 0～5000 元、5000～20000 元、20000～100000 元、100000～1000000 元及 1000000 元以上等。其次，在每组中按照形成不良贷款的时间将其再次划分为不同的群组，计算每个群组在形成不良贷款后每月的当期回收率，当期回收率的计算公式为信用卡不良贷款当月回收金额占当月月初未偿本息余额的比例，如表 3-4 所示。

表 3-4　当期回收率

回收期数	不良贷款形成时间								行均值	行标准差	分布
	…	2015-01	2015-02	2015-03	2015-04	2015-05	2015-06	…			
1		5.19%	10.57%	9.74%	7.57%	7.55%	7.89%		7.54%	1.58%	B（1）
2		6.19%	4.94%	5.26%	4.19%	5.05%	4.74%		4.66%	1.20%	B（2）
3		3.25%	3.13%	4.02%	3.33%	2.74%	2.44%		3.10%	1.02%	B（3）
4		4.79%	5.31%	5.66%	3.82%	3.91%	3.74%		4.18%	0.88%	B（4）
5		2.86%	3.06%	2.71%	2.24%	2.56%	2.96%		2.78%	0.65%	B（5）
6		2.18%	2.17%	1.68%	1.57%	1.76%	2.43%		2.05%	0.49%	B（6）
7		2.48%	1.61%	2.02%	1.86%	2.33%	1.81%		2.00%	0.57%	B（7）
…											

（2）构建 Beta 分布。Beta 分布的参数需在根据历史数据得到的各月当期回收率的均值和标准差的基础上，考虑宏观经济变化，进行一定程度的压力调整。

（3）得到上述参数后，将入池资产按照逾期时本息金额和形成不良日至封包日的逾期时间进行划分，如表 3-5 所示。

表 3-5　模拟回收生成示例

逾期期数	截至封包日未偿本息余额（元）	回收时间				
		1	2	3	4	…
1	13308043	B（2）	B（3）	B（4）	B（5）	
2	9466323	B（3）	B（4）	B（5）	B（6）	
3	841318	B（4）	B（5）	B（6）	B（7）	
4	423531	B（5）	B（6）	B（7）	B（8）	
5	751166	B（6）	B（7）	B（8）	B（9）	
6	649229	B（7）	B（8）	B（9）	B（10）	
…						

（4）模拟时，随机产生当期回收率，与月初未偿本息余额相乘可得到各期毛金额，然后按照银行提供的费率扣除相应处置费用得到净现金流入。

（5）将净现金流入代入现金流出模型计算该情景下各级证券的损失情况。

（6）如此反复模拟。

第五节　现金流出模型

第二节至第四节，我们了解了如何构建不同类型基础资产的现金流入模型。通过现金流入模型获得不同情景下的现金流入后，就需要将其代入现金流出模型。现金流出模型主要描述的是将资产端现金流入模型计算出来的现金流入，按照交易文件中约定的现金流分配顺序，支付给各参与机构及各层证券投资者的情况。现金流出模型的参数包括日期参数、费用参数、现金流分配机制、信用触发机制、优先级/次级比例、预期发行利率等。图 3-14 是一个简单的现金流出模型流程图。具体机制我们将在本书第四章中详细介绍。

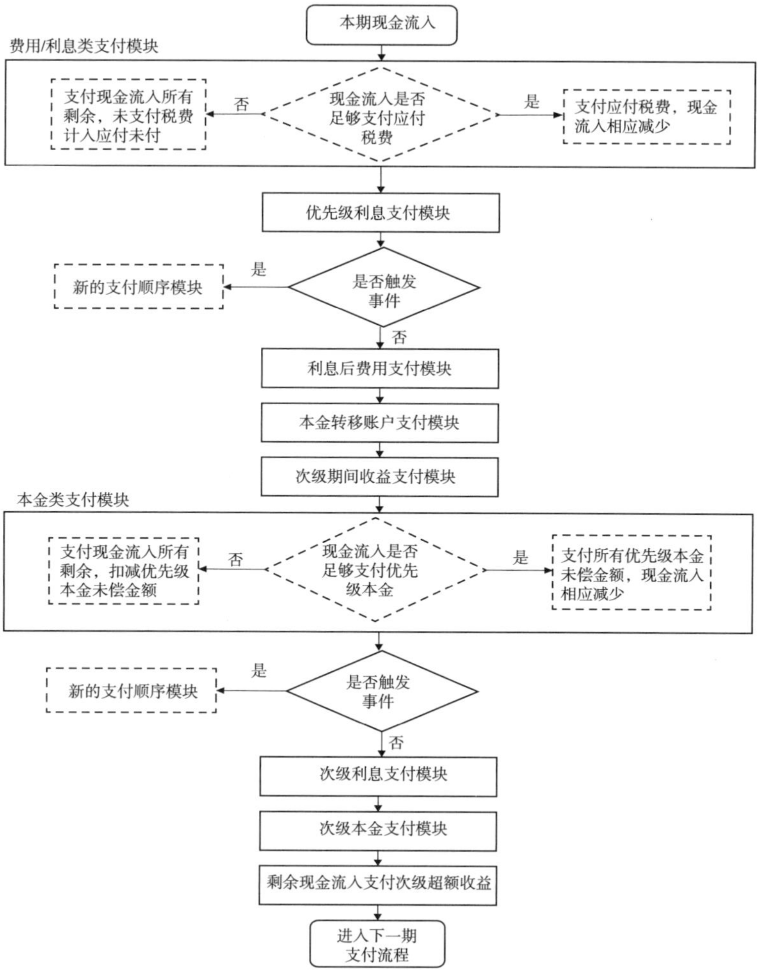

图 3-14　现金流出模型流程示意图

第六节　模型的局限性

次贷危机后，人们开始反思危机发生的原因，信用衍生品定价模型的缺陷逐步被专家学者及专业从业人员所认知。高斯 Copula 实际上无法合理、准确度量 CDO 各层所涉及资产间的违约相关性。这一方面是由于，相比其他 Copula，高斯 Copula 无法对尾部相关等常见的非线性相关关系进行刻画；另一方面是次贷危机发生时，资产之间的违约相关性发生了改变，相关性大幅提高。次贷危机的发生，正是由于金融机构通过高斯 Copula 方法为 CDO 定价时，盲目且不加限制地使用模型进行投资决策，忽视了其潜在的假设和局限性。因此，了解信贷资产证券化模型的假设和局限性至关重要。

我们还需要认识到，信贷资产证券化模型高度依赖于资产违约率、违约相关性、回收率等参数假设，这些参数多是基于历史数据而获得，历史数据是有限的，而且可能未经历完整的经济周期，因此当宏观经济环境、金融市场环境、法律框架或监管政策等出现意外变化时，参数可能有较大幅度失真。

此外，使用评级结果时，也应当了解不同评级机构对模型参数的设定理念是不同的。信用评级与违约率或者损失率并不具有明确一一对应且稳定的基数关系，等级符号主要反映的是受评对象信用风险水平高低的相对排序，而不是对其的绝对度量。

第四章

信贷资产证券化：交易结构

如果说基础资产是资产证券化的积木，那么交易结构对资产证券化而言就如同是钢筋水泥。交易结构是交易各方以合同条款的形式所确定的、实现交易各方最终利益关系的一系列安排。通过这些安排，可以将基础资产现金流演变为不同期限和风险水平的证券，可以在一定程度上缓释流动性风险、混同风险和抵销风险，或是解决资产期限与证券期限不匹配等问题。交易结构以交易文件作为载体，资产证券化交易各方按照交易文件中约定的规则和流程运作。

交易结构的内涵比较广，本章重点关注破产隔离机制、现金流归集与分配机制、信用增进机制、信用触发机制和循环购买机制五个方面，特别是它们如何影响信贷资产支持证券的信用风险。

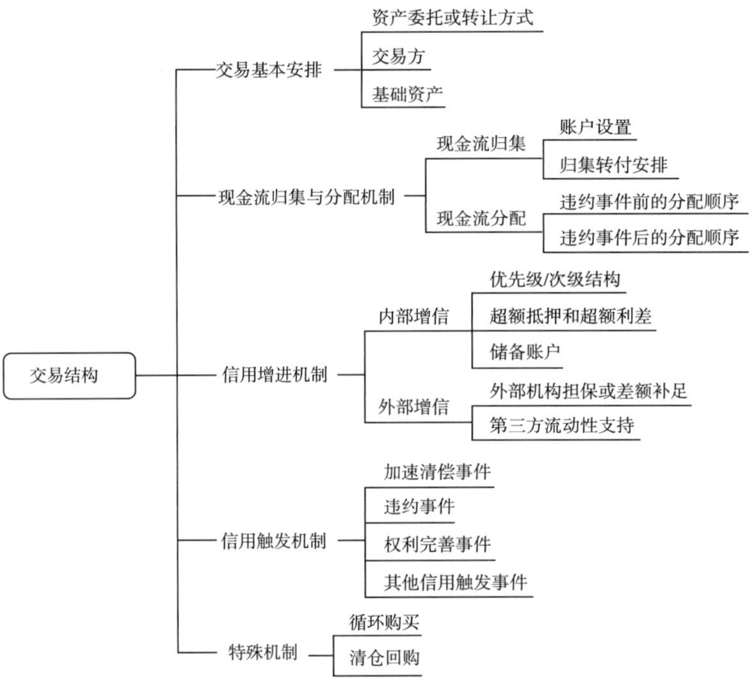

图 4-1 交易结构的主要设置

第一节 破产隔离机制

破产隔离也称为“破产豁免”“远离破产”，是指将发起机构和特殊目的载体的破产风险与证券化交易隔离开来。破产隔离保证了基础资产现金流的安全性、稳定性不受发起机构和特殊目的载体破产的影响。资产委托或转让方式决定了是否可以实现基础资产的破产隔离。

一、破产隔离的含义

基础资产的破产隔离包括两层含义：一是与发起机构破产风险的隔离，这可被看作第一层破产隔离；二是与特殊目的载体破产风险的隔离，这可被看作第二层破产隔离。

（一）与发起机构的破产隔离

在证券化交易中，被证券化的资产汇集在一起形成资产池，为保证这些资产的安全性，或者说为保证这些资产未来产生的现金流可以为证券的偿付提供支持，需要通过结构化设计实现基础资产与发起机构的破产隔离。事实上，证券化交易结构的首要目标就是合法地实现证券化资产与发起机构的信用风险特别是破产风险相互隔离。

破产隔离有多种实现方式。如本书第一章所述，美国和欧洲两种不同资产证券化模式下，实现基础资产破产隔离的方式是不同的。在美国资产证券化发展的早期，联邦政府的住房贷款机构将分散的、缺乏流动性的贷款资产汇集在一起，设定为中间实体——可理解为后来所说的特殊目的载体的原型——的信托财产，以此实现基础资产与发起机构的风险隔离。欧洲资产证券化模式下，基础资产的风险分离方式则更加灵活，甚至可以将资产继续保留在发起机构的资产负债表内，通过在指定机构注册、备案的方式实现基础资产的独立。

将基础资产转移给特殊目的载体以实现破产隔离是各国在资产证券化发展过程中用得越来越多的一种方式。将基础资产的风险与发起机构的风险相互隔离是特殊目的载体的重要功能之一。实际操作中，通常是发起机构将基础资产“真实出售”给特殊目的载体，此时除了特殊情况外，破产法都不会将其作为发起机构的破产资产进行清算。一般来说，这就意味着，这些资产已经以公允的市场价值售出；发起机构不再承诺补偿这些已转让资产的损失，不再承担任何资产风险，不再保留收取这些资产应收款及相关利益的权利；并且其他交易参与人也一致认同该资产证券化中基础资产的所有权利、所有权和利益已经被出售，而不是发起机构以这些基础资产作为担保由特殊目的载体向发起机构提供一笔贷款。

理论上，真实出售可实现基础资产最大限度的独立，但是一来并不是所有基础资产都可以理想地实现真实出售；二来出于管理或发行方面的便利，有时发起机构无法做到与转移后的基础资产不再发生任何联系，比如发起机构可能会充当交易的资产管理方、运营方，或者是为了提升证券的信用等级而为交易提供担保等；三来出售本身也是不容易清晰界定的行为，比如发起机构承诺对出售的资产进行回购，则该行为在形式上虽可被认定为出售，但是从内容定性的话却属于以基础资产为发起机构的借款提供担保①。无论是上述哪种情况，都可能会导致法院在发起机构破产后难以认定基础资产是否构成真实出售，从而影响基础资产的独立性。

（二）与特殊目的载体的破产隔离

如果选择特殊目的载体来隔离第一层风险，那么还要注意基础资产与特殊目的载体破产风险的隔离。如果特殊目的载体的组织形态为信托，考虑到信托财产的独立性，破产隔离的实现相对来说要简单得多。但是如果特殊目的载体的组织形态为公司，则特殊目的载体必须被设计为破产隔离的，以降低特殊目的载体主动申请破产或者是由其债权人提出的被动破产的可能性。另外，当特殊目的载体的创设机构为发起机构或其关联公司时，特殊目的载体的结构设计应降低在涉及发起机构的破产诉讼时，破产法院要求就特殊目的载体的资产与发起机构的其他资产适用实质性合并原则，因而导致发起机构的债权人可以追索被证券化的资产的可能性。

为了实现与其自身破产风险及发起机构的破产风险的隔离，特殊目的载体的结构通常要求满足以下条件。

第一，特殊目的载体仅具有有限的目的。公司章程应使得特殊目的载体的业务和运作仅限于以下行为：（1）证券化资产的购买、持有和现金流归集相关活动；（2）向资产支持证券的投资者发行证券；（3）其他进行资产证券化活动所必需且适当的行为。

第二，特殊目的载体的以下行为能力应受到严格限制：（1）修订公司章程中涉及破产隔离的条款；（2）解散或清算；（3）在证券化交易以外，与任何实体合并，或将特殊目的载体下的全部或绝大部分财产或资产进行转移；（4）申请或加入任何法人的破产程序。

---

① 弗兰科．证券化——美国结构融资的法律制度［M］．北京：法律出版社，2009.

第三，特殊目的载体进行借债的行为应受到限制，否则可能导致特殊目的载体存在其他重要的债权人，因为特殊目的载体层面的债权人可能会向其提出索赔或采取其他措施，进而可能会影响到资产对投资者的现金流偿付。

第四，特殊目的载体的管理层应该至少有一个（一般为多个）独立董事。理论上，独立董事要以证券化实体而不是发起机构的最佳利益行事。通常情况下，公司章程规定的独立董事的职责有别于其他普通董事，以确保债权人的利益能够优先于股权持有人。

综上所述，为了实现特殊目的载体的破产隔离，应将其定位为连接资产证券化融资人与投资人的通道，组织架构尽可能简单，投资人应有较强的决策权，同时尽量弱化发起机构对其的控制。

二、我国信贷资产支持证券的破产隔离设计

我国信贷资产支持证券的破产隔离采用的是信托模式。根据监管要求，受托机构由依法设立的信托投资公司或银保监会批准的其他机构担任，信托投资公司申请特定目的信托受托机构资格，应当向银保监会提出申请。[①] 在实践中，发起机构将基础资产的权益与风险转移给信托公司，由后者设立特殊目的信托并担任发行人发行信贷资产支持证券，投资人通过认购资产支持证券获得相应的信托受益权。

《信托法》作为上位法，规定合法有效设立的信托的信托财产具有独立性。按照《信托法》的规定，信托财产与委托人未设立信托的其他财产相区别。设立信托后，委托人依法解散、被依法撤销、被宣告破产时，委托人是唯一受益人的，信托终止，信托财产作为其清算财产；委托人不是唯一受益人的，信托存续，信托财产不作为其清算财产；但作为共同受益人的委托人依法解散、被依法撤销、被宣告破产时，其信托受益权作为其清算财产。《信托法》同时规定，信托财产与属于受托人所有的财产相区别，不得归入受托人的固有财产或者成为固有财产的一部分。受托人依法解散、被依法撤销、被宣告破产而终止时，信托财产不属于其清算财产。

《管理办法》和《监督管理办法》作为具体规章，明确了信贷资产证券化

---

① 参见《管理办法》第十五条、《监督管理办法》第十条，以及《关于信贷资产证券化备案登记工作流程的通知》。

的信托财产独立于包括受托机构在内的所有参与机构的固有财产，这些机构“因依法解散、被依法撤销或者被依法宣告破产等原因进行清算的，信托财产不属于其清算财产”；受托机构和资金保管机构应当将信托财产与其固有财产、不同资产证券化交易的信托财产分别记账，分别管理。同时，受托机构应在发行说明书的显著位置提示投资机构：资产支持证券仅代表特定目的信托受益权的相应份额，不是信贷资产证券化发起机构、特定目的信托受托机构或任何其他机构的负债，投资机构的追索权仅限于信托财产。[①]

小知识

财产权信托、资金信托、他益信托、自益信托

按照信托财产的属性，信托可以分为资金信托和财产权信托。资金信托是指信托公司接受投资者以其合法所有的资金设立信托，按照信托文件的约定对信托财产进行管理、运用或者处分，按照实际投资收益情况支付信托利益，到期分配剩余信托财产的资产管理产品。财产权信托是指委托人将其合法所有的财产或财产权（包括各种动产、不动产和其他财产权益等）交付给信托公司设立信托，由信托公司作为受托人，按照委托人的意愿，为实现受益人权益，根据信托文件的约定，对信托财产进行管理、运用和处分的业务。

按照受益人，信托可以分为自益信托和他益信托。自益信托是指委托人将自己指定为受益人而设立的信托，即信托设立时委托人和受益人为同一人。他益信托是指委托人指定第三人作为受益人而设立的信托。

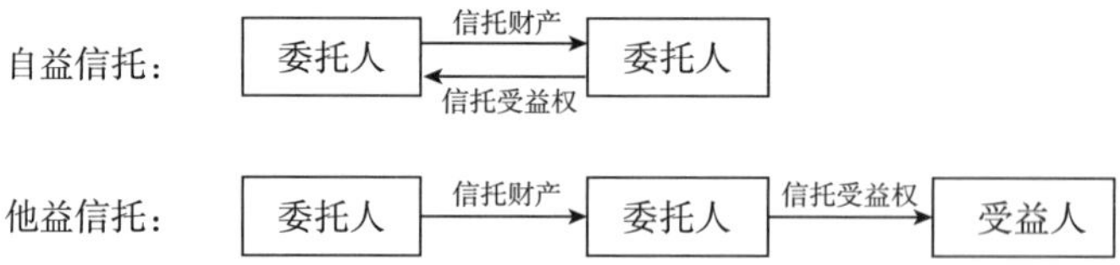

图 4-2 信托关系示意图

我国的信贷资产证券化产品和资产支持票据产品都属于他益型财产权信托。在财产权信托关系下，发起机构依法转让的债权资产作为信托财

① 参见《管理办法》和《监督管理办法》相关条款。

产，和发起机构具有破产隔离效果。

我国的企业资产支持专项计划则可以理解成符合自益型资金信托关系。在这个关系下，投资者的资金作为信托财产，和投资者具有破产隔离效果。资产支持专项计划是通过从原始权益人处买断资产来实现资产与原始权益人的破产隔离。

总体来看，我国信贷资产支持证券的特殊目的载体形式明确，而且与发起机构不存在关联关系，与信托财产独立性有关的法律法规比较完备，特殊目的载体被撤销或被认定为无效的可能极小。分析时，一是关注债权移转过程是否真实合法有效，以及在标的资产转让后，其他任何机构及个人是否仍持有对标的资产的追索权或其他任何形式的法律权利；二是关注受托机构和资金保管机构的合规性。

第二节　现金流归集与分配机制

现金流归集与分配机制主要反映特殊目的载体成立后的资金流向，是交易结构设计中极其重要的部分之一。其中，现金流归集机制是监管现金流、防范资金混同风险的重要环节，主要涉及交易账户的设置、资金的归集与划付等安排。现金流分配机制是交易各方实现利益的重要手段，主要涉及交易费用的承担、资产收益的分配等安排。

一、现金流归集转付机制

我们通过资产委托或转让的方式实现了基础资产在法律上的破产隔离，下一个要关注的问题是，确保从这些资产归集的现金流，即底层贷款偿付的利息和本金，能够及时存入专门为证券化设置的账户，即信托账户。及时把归集资金存入产品专户便于确定下一个分配日可供分配的金额。从风险防范的角度看，及时将归集资金存入产品专户有助于降低混同风险。

信贷资产证券化交易中，债务人通常会先将资金转入资产服务机构收款账户，然后再由资产服务机构在交易文件约定的时间内将资金划转至证券化产品专户。现金流归集划付的一般流程如下：（1）贷款还款日，债务人按照与发起机构签订的借款合同的约定，将当期应还本息支付到还款账户；（2）回收款转付日，资产服务机构按照《服务合同》的约定，将该日前一个回收款转付期间收到的回收款①划付到特定目的信托在资金保管机构开立的信托账户；（3）信托分配日②，资金保管机构根据特定目的信托发出的划款指令，支付相关信托费用、将相应数额资金划付至支付代理机构中央结算公司指定的账户；（4）支付日，支付代理机构将应付本息支付给资产支持证券投资人。

从现金流归集划付的一般流程中，我们可以看出，债务人的回款在进入产品专户前会在资产服务机构的收款账户中停留一段时间，这可能会造成回款与资产服务机构自有资金的混同风险。这是因为，现金属于种类物，具有无差别性，相同的现金放在一起，很难区别其可能存在的不同所有权属性。因此，当证券化基础资产的回款与资产服务机构的其他资金同时存放于一个账户中时，我们无法区分哪部分属于信托财产。此时，若资产服务机构信用恶化，这部分回款就有可能被当成资产服务机构的固有财产被冻结，或者被资产服务机构挪用。因此，理想情况下，基础资产的回款应当直接由债务人划至信托账户，这样就能避免回款与资产服务机构自有资金混同的风险。但是，由于债务人变更还款路径具有一定实操难度，在信贷资产证券化交易中，通常在正常情况下，根据基础资产回款的频率、资产服务机构的信用质量，允许基础资产的回款在资产服务机构账户内停留 1 至 3 个月。一旦资产服务机构信用质量恶化，则要求资产服务机构加快转付频率，缩短基础资产的回款在其账户内停留的时间。如果资产服务机构信用质量继续恶化或发生权利完善事件，则要求通知债务人直接将回款划付至信托账户，避免混同风险。

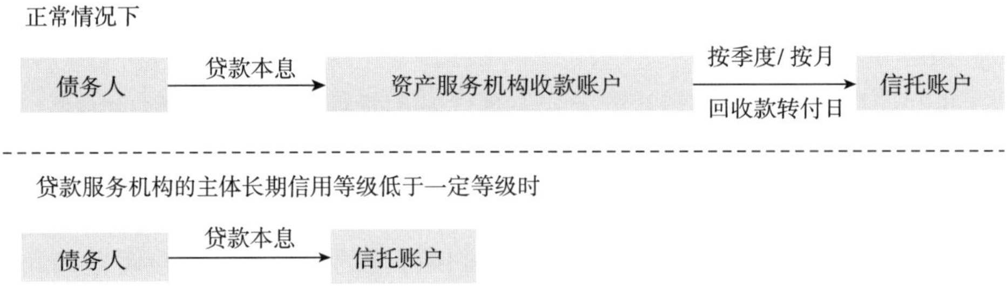

图 4-3　现金流归集转付流程

① 扣除应付费用后的回收款净额。如果发生不合格资产赎回、发起机构行使抵销权、基础资产灭失等情况，则回收款还应包括发起机构履行相关职责应支付的款项。

② 通常在支付日前一两个工作日，具体由交易文件规定。

小知识

交易文件中的"计算日"是什么日子？

除还款日、转付日、分配日和兑付日外，"计算日"也是信贷资产证券化产品的交易文件中一个常见的术语。与其他日期不同，计算日并不涉及资金的流动，而是用于确定截至该日所归集的资产回款的规模，这些回款应在该日之后的下一个转付日划转到信托账户并供分配日进行分配。

计算日通常规定为月末的某一日，一个计算日到下一个计算日之间的期间称为收款期间，特别地，第一个收款期间自初始起算日或者说封包日起至第一个计算日结束。

简言之，计算日就是一个用于"计算"的日子。

二、现金流分配机制

（一）分配事项与原则

资产池归集转付的资金除用于偿付各级投资人的本息外，还要支付与信托有关的税费，以及包括登记托管机构/支付代理机构、资金保管机构、受托人、贷款服务机构、评级机构、审计机构等在内的参与机构的报酬。另外，若交易设置了流动性储备账户、混同和抵销账户、服务转移和通知账户等储备账户，还要按照事先约定的条件划付储备金。不同事项所需分配的金额和分配顺序由交易文件具体约定。实践中多遵循以下几个分配原则。

第一，税费及大部分参与机构的费用通常设置在优先级利息之前支付。但是资产服务机构的报酬和不良资产处置费用是两个例外。具体而言，除在优先级利息前全额支付外，资产服务机构的报酬也可设计为在优先级利息前支付应付资产服务机构报酬的一定比例，剩余部分在优先级利息甚至是优先级本金完全偿付之后支付，这样设置主要是为了激励贷款服务机构尽责履职。不良资产处置费用通常由资产服务机构垫付，并按照每期处置收入的一定比例先行扣除，剩余处置收入转入信托账户用于支付税、费和投资人收益。

第二，优先级利息支付优先于次级，在优先级本金尚未清偿完毕的条件下可以不对次级支付利息，并以此作为优先级证券增信的一部分。次级参与分配期间收益时常见的分配方式主要有以下三种：以收入账剩余金额为限，按不超过某一比例支付；按固定比例支付；所有收入账剩余金额。另外，区分收入账与本金账的情况下，本金分账户的资金通常不得用于支付次级期间收益。

第三，优先级本金支付优先于次级。这一原则最直接的表现形式是，各级证券本金按照优先级先后顺序获得足额偿付，即在优先级较高的证券本金全部偿付完毕之前，不偿付优先级较低证券本金。这种偿付安排可称为完全分配。实践中也存在不完全分配的案例，即在确保优先级足以获得必要增信的前提下，优先级较低的证券可以在优先级较高的证券本金全部偿付完毕之前获得部分本金偿付。这一设计并不违反本原则，一旦触发信用风险事件，各级证券会恢复按优先级先后顺序分配。①

（二）分账与不分账下的分配机制

分账是指基础资产产生的本金回收款和收入回收款分别记入信托收款账户下对应的子账户；不分账则不对回收款进行细分，统一记入信托收款账户。分账情况下，收入账和本金账的资金分别用于支付各级证券的利息和本金，在有盈余或不足时两个账户存在转移和回补机制，但通常本金账的资金不得用于支付次级期间收益。

1. 分账情况下的现金流瀑布

一般来说，正常情况②下，收入账现金流瀑布大致如下：

（1）依法应由受托机构缴纳的与信托相关的税收；

（2）同顺序支付应付的各项发行费用，包括受托机构垫付的该等费用（如有）；

（3）同顺序支付应付的参与机构报酬、受托机构垫付的发送相关通知的费用（如有），以及参与机构各自可报销的不超过优先支出上限的费用；

（4）支付当期应支付的贷款服务机构的前端服务报酬（如有）；

（5）同顺序支付应付的优先 A 级证券的利息；

（6）同顺序支付应付的优先 B 级证券的利息（如有）；

（7）同顺序支付应付的优先 C 级证券的利息（如有）；

---

① 参见下文“完全分配与不完全分配机制”的详细介绍。

② 指违约事件前、未触发信用事件的情况下。本章余同。

（8）划付本期应支付的流动性储备金等（如有）；

（9）转入本金分账户相当于以下（a）+（b）+（c）-（d）的金额：（a）在最近一个收款期间成为违约贷款的基础资产在成为违约贷款时的未偿本金余额，（b）在除最近一个收款期间外的以往的收款期间成为违约贷款的基础资产在成为违约贷款时的未偿本金余额，（c）在以往的所有的信托分配日从本金分账户转至收入分账户的金额，（d）在以往的所有的信托分配日由收入分账户转入本金分账户的金额（如有）；

（10）同顺序支付参与机构超过优先支出上限的实际费用支出（如有）；

（11）支付次级的期间收益（如有）；

（12）剩余资金转入本金账。

本金账现金流瀑布如下：

（1）转入收入账一定数额资金，以确保可以足额支付收入账前述（1）至（8）项规定的应付款；

（2）按顺序依次支付本期应付的优先 A 级各档证券[①]的本金，直至全部清偿完毕；

（3）按顺序依次支付本期应付的优先 B 级各档证券的本金，直至全部清偿完毕（如有）；

（4）按顺序依次支付本期应付的优先 C 级各档证券的本金，直至全部清偿完毕（如有）；

（5）支付应付未付的贷款服务机构后端服务报酬（如有）；

（6）支付次级证券本金，直至清偿完毕；

（7）剩余资金支付给次级投资人或者是由次级投资人和贷款服务机构按照约定比例共享（如有）。

图 4-4 给出了分账情况下的现金流分配顺序。

2. 不分账情况下的现金流瀑布

对信贷资产证券化来说，不区分本金账和收入账的情况最常见于不良资产证券化，因为不良资产的回收款主要依靠催收或处置抵质押物，不易区分本金和利息，从资产池归集的所有资金在扣除处置费用后计入信托账。此时的现金流瀑布通常如下：

---

① 指将相同优先级的产品划分为期限不同的各档证券。

（1）支付依法应由受托机构缴纳的与信托相关的税收；

（2）同顺序支付应付的各项发行费用，包括受托机构垫付的该等费用（如有）；

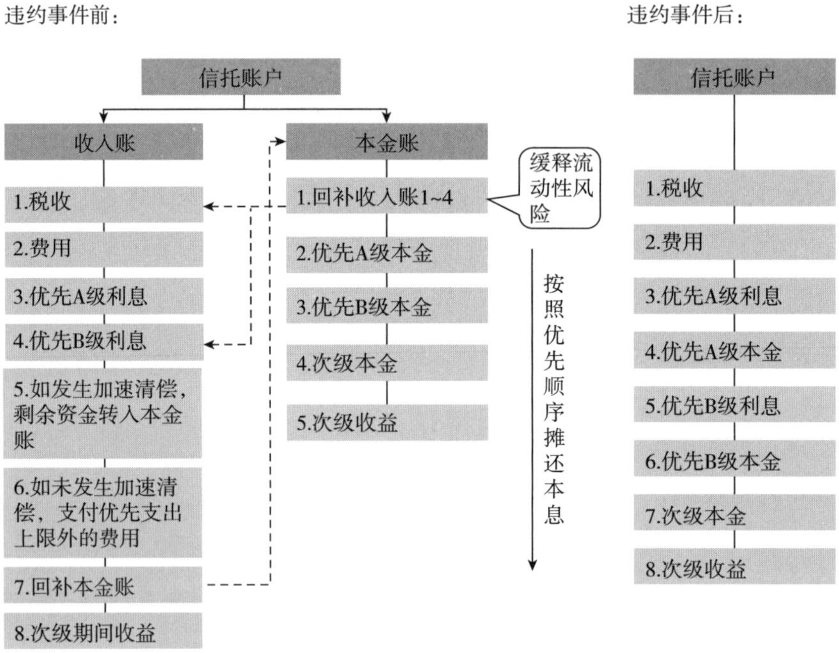

图 4-4　本金收入分账情况下的现金流分配顺序

（资料来源：作者整理）

（3）同顺序支付应付的参与机构报酬、受托机构垫付的发送相关通知的费用（如有），以及参与机构各自可报销的不超过优先支出上限的费用；

（4）支付当期应支付的贷款服务机构的前端服务报酬（如有）；

（5）同顺序支付应付的优先级证券的利息；

（6）支付本期应支付的流动性储备金等（如有）；

（7）同顺序支付参与机构超过优先支出上限的实际费用支出（如有）；

（8）按顺序依次支付本期应付的优先级证券的本金，直至全部清偿完毕；

（9）支付贷款服务机构应付未付服务费；

（10）次级证券本金，直至清偿完毕；

（11）次级证券固定资金成本（如有）；

（12）剩余资金支付给次级投资人或者是由次级投资人和贷款服务机构按

照约定比例共享（如有）。

图 4-5 给出了本金收入不分账情况下的现金流分配顺序。

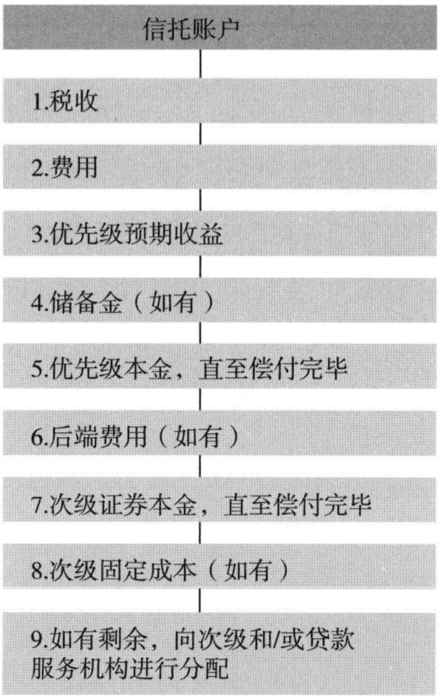

图 4-5　本金收入不分账情况下的现金流分配顺序

（资料来源：作者整理）

（三）完全分配与不完全分配机制

根据未发生违约事件或信用触发事件的情况下，所归集资金是否严格按照证券优先级先后顺序偿付投资人本金，可将现金流分配机制分为完全分配和不完全分配两种。如果严格按照优先级先后顺序，当期存在的优先级最高的证券的本金尚未清偿完毕的情况下，不得向低优先级的证券偿付本金，称为完全分配。否则，称为不完全分配，常见形式为目标余额分配，即优先 A 级本金偿付到目标余额后，可支付优先 B 级本金；当优先 B 级本金偿付到目标余额后，可支付次级本金。

1. 完全分配机制

上文给出的现金流瀑布的例子，都属于完全分配。只有当高优先级的证券的本金偿付完毕，才可以偿付低优先级的证券的本金。目前，我国信贷资产证券化市场上大部分产品都采用完全分配。

2. 不完全分配机制

在我国信贷资产证券化市场，不完全分配机制的代表是华驭系列个人汽车贷款证券化产品。以华驭第六期汽车贷款支持证券为例，其具体分配顺序如下。

（1）发行人就信托而需缴纳的税收；

（2）应付给贷款服务机构的报酬；

（3）同顺序支付应付给受托机构的报酬和信托费用、贷款服务机构的信托费用、资金保管机构的保管费和信托费用、付款代理机构的报酬和信托费用、评级机构的报酬和信托费用、审计师的审计费用；

（4）优先 A 级证券上一个计息期间的累积利息金额加利息缺额（若有）的总额；

（5）优先 B 级证券上一个计息期间的累积利息金额加利息缺额（若有）的总额；

（6）优先 A 级证券持有人一定金额，等额于该支付日的优先 A 级证券本金偿付金额，其应等额于将优先 A 级证券的未偿还本金总额减少至优先 A 级证券目标余额所必需的金额；

（7）优先 B 级证券持有人一定金额，等额于该支付日的优先 B 级证券本金偿付金额，其应等额于将优先 B 级证券的未偿还本金总额减少至优先 B 级证券目标余额所必需的金额；

（8）次级证券的所有累积但未支付的利息（包括但不限于逾期利息）；

（9）（Ⅰ）在清仓回购条件满足前或清仓回购条件已满足但发起机构未进行清仓回购时，向次级持有人分配，以偿还次级证券未偿本金金额，前提是还款后次级证券未偿本金金额不少于届时证券未偿本金金额的 5%；或（Ⅱ）在清仓回购条件已满足且发起机构选择进行清仓回购时，向次级持有人分配，以偿还次级证券的未偿本金金额直至次级证券的未偿本金金额降为零；

（10）将所有余额作为最终成功报酬支付给发起机构。

根据（6）（7）（9）的描述，正常情况下，当优先级最高的优先 A 级证券未偿还本金达到目标金额后，剩余资金即可用于偿付优先级较低的优先 B 级证券的本金，后者达到目标金额后，剩余资金可继续向次级证券支付利息和部分本金，即优先级低的证券可在优先级高的证券本金全部偿付完毕之前获得部分本金。图 4-6 简要描述了这一过程。

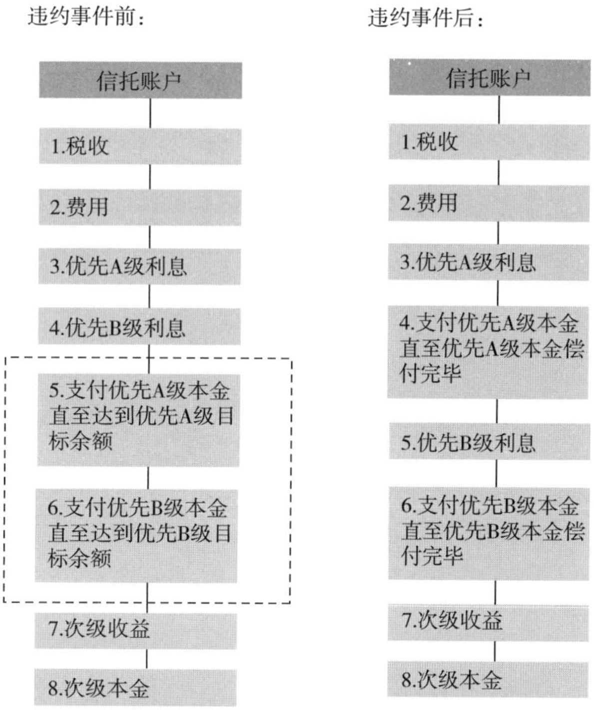

图 4-6　不完全分配情况下的现金流分配顺序

完全分配机制下，随着优先级的摊还，优先级获得的信用支持水平逐渐升高，这就使得偿付后期，优先级获得的信用支持水平往往远高于其信用等级所需要的支持力度。而不完全分配机制下，可以在保证优先级信用支持水平的前提下，提前对较低优先级的证券甚至次级证券进行偿付，由于这些较低优先级证券可以提前获得一定比例的本金偿付，这些证券的销售难度会有所降低。

为了保证优先级的安全性，不完全分配机制下，通常会约定当发生信用触发事件（如基础资产累计违约率超过特定比例）时，产品的现金流分配机制将重新调整为完全分配机制，以保证对优先级更高的投资人的增信和保护。例如，华驭产品的例子中，当发生“止赎事件”即任何下列事件时，偿付顺序将调整为“A 息—A 本—B 息—B 本—次级”：发行人发生丧失清偿能力事件；或发行人在届时未偿的有控制权的证券之利息到期且应支付时，未能支付该等利息，而且该等违约持续了十个工作日（或有控制权的持有人大会批准的更长期限）；或发行人未能在法定到期日支付任何证券的本金。

（四）其他分配机制

实践中，除前面提到的分配机制外，还有以下三种常见的分配机制。

1. 设置夹层档

除了优先级/次级结构外，有些交易还在优先级证券与次级证券之间设置夹层档，其特点是该档证券利息和本金的偿付顺序始终都在优先级之后、次级之前，具体如图 4-7 所示。这使得夹层档的设计并不影响基础资产现金流对优先级证券的信用支持水平。

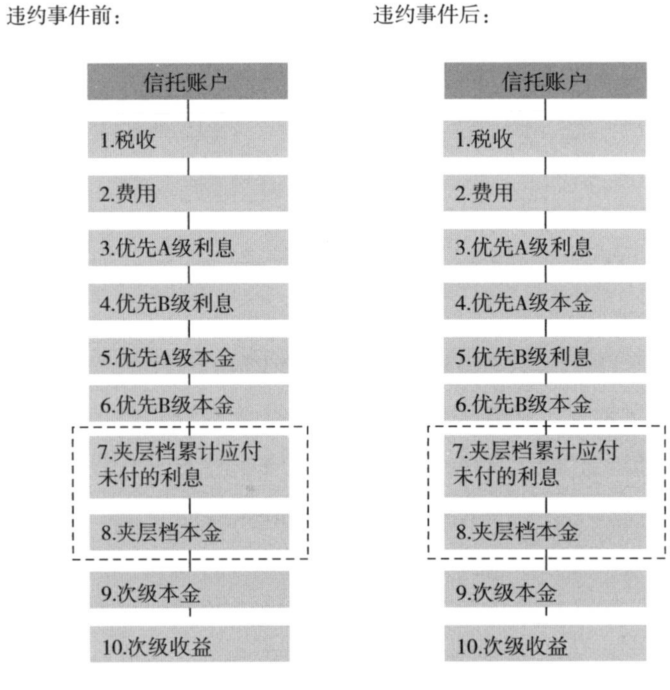

图 4-7 设置夹层档证券时的现金流分配顺序

（资料来源：作者整理）

2. 同一优先级内分为不同档

有些交易会将同一优先级的证券划分为不同档，比如将优先 A 级证券划分为预期到期日不同的优先 A-1 档和优先 A-2 档等。正常情况下，同顺序按比例支付不同档证券利息，同时按顺序支付不同档证券本金。如果发生加速清偿事件，则不同档证券本金改为同顺序按比例支付；更进一步地，违约事件发生后，不再区分收入账和本金账，按顺序支付不同优先级证券的利息和本金，同一优先级的不同档证券的利息和本金均为同顺序按比例支付，具体如图 4-8 所示。这一设计的优势在于分档可以将证券划分成不同期限的产品，满足不同投资人的期限偏好。

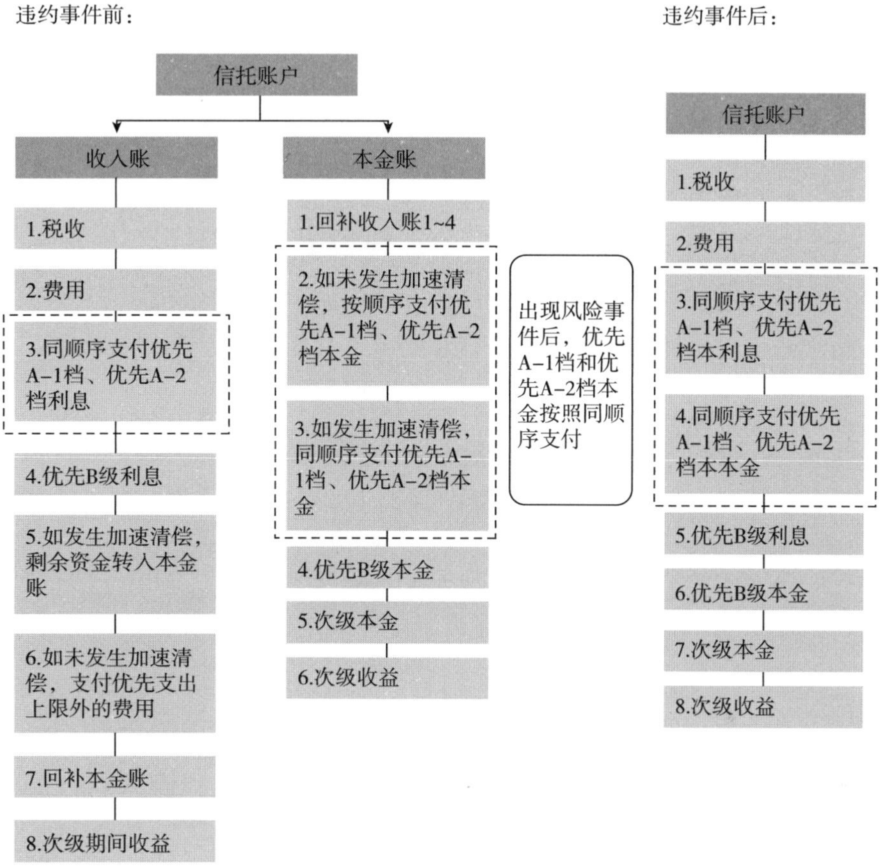

图 4-8　优先级分档情况下现金流分配顺序

3. 固定摊还或目标余额

同一优先级证券分成不同档的情况下，不同档证券除像上文给出的按顺序偿付外，还可以采用“固定摊还”或“目标余额”的分配机制，即未发生信用触发事件时，偿付顺序在前的一档或多档证券设有固定的摊还计划或者是未偿金额设有目标余额，所回收本金按照该计划或目标余额进行偿付后有剩余的，用于支付同优先级但偿付顺序靠后的证券，后者的兑付方式是过手摊还，从而可吸收早偿的现金流，缓解固定摊还或目标余额档证券投资人面临的早偿风险。但是，当早偿率过高导致过手摊还档证券本金先于固定摊还档或目标余额档证券偿付完毕时，应恢复为按优先级顺序分配。发生加速清偿事件后，相同优先级的各档证券改为按比例同顺序过手支付，不同优先级的证券按顺序支付。具体如图 4-9 所示。违约事件发生后的偿付顺序，与图 4-8 的顺序一致，此处不再赘述。

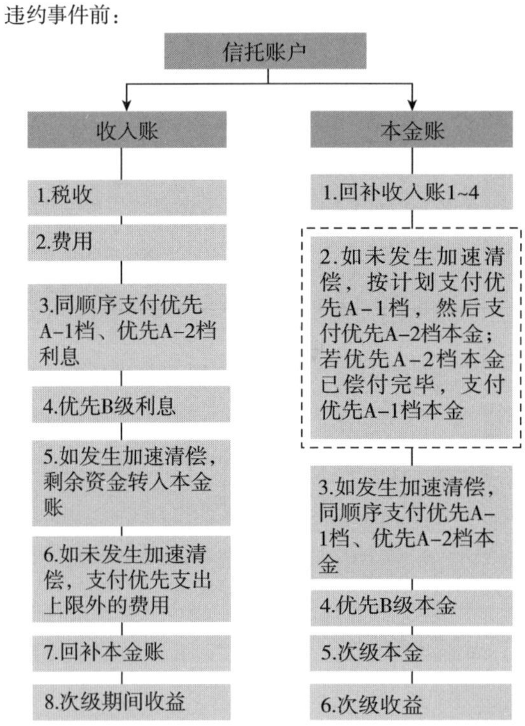

图 4-9　固定摊还或目标余额方式下的现金流分配顺序

近几年，我国越来越多的个人住房抵押贷款证券化产品采用了目标余额摊还分配机制。相较于传统的过手摊还方式，目标余额摊还方式通过设定各期间还款目标余额，使证券期限相对可控，避免因底层基础资产大量早偿给投资者带来早偿风险。同时，相较于固定摊还方式，即使可分配的金额不足以支付至目标余额也不会触发加速清偿事件，产品设计更为灵活。下文给出了一个例子。

建元 2021 年第十五期 RMBS 现金流支付机制[①]

违约事件发生前，收入分账户项下资金的分配

在违约事件发生前的每个信托分配日，受托机构应将前一个收款期间的收入回收款以及于该信托分配日分别按照《信托合同》的约定从本金分账户、信托（服务转移和通知）储备账户、信托（税收）储备账户转入收入分账户的资金的总金额按以下顺序进行分配（如同一顺序的多笔款项不足以同时足额分配，则按各笔款项应受偿金额的比例分配，而且除第（11）项以外的所差金额应按以下顺序在下一期分配）：

（1）按中国税法规定及《信托合同》约定，将受托机构合理估算的应由信托财产承担的税收和相关费用（如有）记入信托（税收）储备账户；

（2）同顺序、按相应比例支付应付未付的发行费用（如发行人垫付了发行费用中的发行登记服务费，则相应款项支付给发行人）；

（3）若发起机构丧失必备评级等级[②]之一，则将预计通知费用及预计转移费用之和记入信托（服务转移和通知）储备账户；

（4）同顺序、按相应比例（如收入回收款不足以支付本顺序所列各项金额）将应付未付的受托机构、资金保管机构、支付代理机构、审计师（如有）、后备贷款服务机构（如有）、评级机构的服务报酬（但不包括中债资信的初始和跟踪评级费用），以及上述相关主体和贷款服务机构、评级机构各自可报销的费用支出的总额（该总额以优先支出上限为限）转入信托分配（费用和开支）账户；

（5）将应付给贷款服务机构的证券化入池资产服务费总额的 50%转入信托分配（费用和开支）账户；

（6）同顺序将该信托分配日后第一个支付日应付的优先 A-1 档资产支持证券、优先 A-2 档资产支持证券、优先 A-3 档资产支持证券和优先 A-4 档资产支持证券的利息款项转入信托分配（证券利息）账户；

（7）将应付给贷款服务机构的证券化入池资产服务费总额的 50%转入信托分配（费用和开支）账户；

---

① 摘自建元 2021 年第十五期个人住房抵押贷款资产支持证券信用评级报告，读者可登录中国货币网下载完整版。

② 就中债资信的评级系统而言，是指 AA+级及更高的主体长期信用等级；就中诚信国际的评级系统而言，是指 AA 级及更高的主体长期信用等级。

（8）如果发生加速清偿事件，则将收入分账户项下所有剩余资金转入本金分账户；如果尚未发生加速清偿事件，则按照以下顺序继续分配；

（9）转入本金分账户相当于以下 a+b+c−d 的金额：（a）在最近一个收款期间内成为违约贷款的抵押贷款在成为违约贷款时的未偿本金余额，（b）在除最近一个收款期间外的以往收款期间内成为违约贷款的抵押贷款在成为违约贷款时的未偿本金余额，（c）在以往所有的信托分配日按照《信托合同》约定已从本金分账户转至收入分账户的金额，（d）在以往所有的信托分配日按本项由收入分账户转入本金分账户的金额；

（10）同顺序、按所差金额的相应比例（如收入回收款不足以支付本顺序所列各项金额）将应付未付的受托机构、贷款服务机构、资金保管机构、支付代理机构、评级机构、会计顾问、法律顾问、财务顾问、审计师（如有）以及后备贷款服务机构（如有）的超过优先支出上限的各自可报销的费用支出总额转入信托分配（费用和开支）账户；

（11）如果优先档资产支持证券的本金尚未全部清偿完毕，将该信托分配日后第一个支付日应付的次级档资产支持证券的期间收益（如有）转入信托分配（证券利息）账户；

（12）将收入分账户内的剩余资金转入本金分账户。

违约事件发生前，本金分账户项下资金的分配

在违约事件发生前的各信托分配日，受托机构应将前一个收款期间的本金回收款与在该信托分配日按照《信托合同》的约定从收入分账户转入本金分账户的款项之和（但下述第一项付款应在相关款项从收入分账户转入本金分账户之前作出）按下列顺序进行分配（如同一顺序的多笔款项不足以同时足额分配，则按各笔款项应受偿金额的比例分配，所差金额应按以下顺序在下一期分配）：

（1）转入收入分账户一定金额，以确保收入分账户的余额足以支付上述第（1）项至第（7）项的所有到期应付款项；

（2）如果尚未发生加速清偿事件，则按以下顺序继续分配：

（a）优先 A−1 档资产支持证券的本金尚未全部偿付完毕，而且优先 A−2 档资产支持证券和/或优先 A−3 档资产支持证券和/或优先 A−4 档资产支持证券的本金尚未全部偿付完毕，则首先转入信托分配（证券本金）账户一定金额，直至已转入款项在向优先 A−1 档资产支持证券持有人进行支付后使优先 A−1 档资产支持证券的未偿本金余额达到合同附件十约定的该信托分配日后第一个支付日对应的目标余额；其次转入信托分配（证券本金）账户一定金额，直至已转入款项可使优先A-2档资产支持证券的本金清偿完毕；再次转入信托分配（证券本金）账户一定金额，直至已转入款项可使优先A-3档资产支持证券的本金清偿完毕；最后转入信托分配（证券本金）账户一定金额，直至已转入款项可使优先A-4档资产支持证券的本金清偿完毕；

(b) 如果优先A-1档资产支持证券的本金已全部偿付完毕且优先A-2档资产支持证券和/或优先A-3档资产支持证券和/或优先A-4档资产支持证券的本金尚未全部偿付完毕，则首先转入信托分配（证券本金）账户一定金额，直至已转入款项可使优先A-2档资产支持证券的本金清偿完毕；其次转入信托分配（证券本金）账户一定金额，直至已转入款项可使优先A-3档资产支持证券的本金清偿完毕；最后转入信托分配（证券本金）账户一定金额，直至已转入款项可使优先A-4档资产支持证券的本金清偿完毕；

(c) 如果优先A-2档资产支持证券、优先A-3档资产支持证券和优先A-4档资产支持证券的本金均已全部偿付完毕而优先A-1档资产支持证券的本金尚未全部偿付完毕，则转入信托分配（证券本金）账户一定金额，直至已转入款项可使优先A-1档资产支持证券的本金全部清偿完毕；

(3) 如果发生加速清偿事件，则同顺序按优先A-1档资产支持证券、优先A-2档资产支持证券、优先A-3档资产支持证券和优先A-4档资产支持证券的未偿本金余额比例转入信托分配（证券本金）账户一定金额，直至已转入款项可使优先A-1档资产支持证券、优先A-2档资产支持证券、优先A-3档资产支持证券和优先A-4档资产支持证券的本金全部清偿完毕；

(4) 转入信托分配（证券本金）账户一定金额，直至已转入的该款项数额等于所有次级档资产支持证券在该信托分配日的未偿本金余额之和；

(5) 将所有余额作为次级档资产支持证券的收益，转入信托分配（证券利息）账户。

违约事件发生后的回收款分配

在违约事件发生时或之后，而且有控制权的资产支持证券持有人大会未依据《信托合同》发出信托执行通知时，在每个信托分配日，受托机构应将最近一个收款期间已存入收入分账户和本金分账户的回收款以及该信托分配日按照《信托合同》从信托（税收）储备账户和信托（服务转移和通知）储备账户转入信托收款账户的所有款项之和按以下顺序进行分配（如同一顺序的多笔款项不足以同时足额分配，则按各笔款项应受偿金额的比例分配，所差金额应按以下顺序在下一期分配）：

（1）按中国税法规定及《信托合同》约定，将受托机构合理估算的应由信托财产承担的税收和相关费用（如有）记入信托（税收）储备账户；

（2）同顺序、按相应比例支付应付未付的发行费用（如发行人垫付了发行费用中的发行登记服务费，则相应款项支付给发行人）；

（3）同顺序、按相应比例（如收入回收款不足以支付本顺序所列各项金额）将应付未付的受托机构、贷款服务机构、资金保管机构、支付代理机构、审计师（如有）、后备贷款服务机构（如有）、评级机构的服务报酬（但不包括中债资信的初始和跟踪评级费用）以及上述相关主体和评级机构各自可报销的费用支出的总额转入信托分配（费用和开支）账户；

（4）将该信托分配日后第一个支付日累计应付未付的优先 A-1 档资产支持证券、优先 A-2 档资产支持证券、优先 A-3 档资产支持证券和优先 A-4 档资产支持证券的利息款项转入信托分配（证券利息）账户；

（5）同顺序按优先 A-1 档资产支持证券、优先 A-2 档资产支持证券、优先 A-3 档资产支持证券和优先 A-4 档资产支持证券的未偿本金余额比例转入信托分配（证券本金）账户一定金额，直至已转入款项可使优先 A-1 档资产支持证券、优先 A-2 档资产支持证券、优先 A-3 档资产支持证券和优先 A-4 档资产支持证券的本金全部清偿完毕；

（6）转入信托分配（证券本金）账户一定金额，直至已转入的该款项数额等于所有次级档资产支持证券在该信托分配日的未偿本金余额之和；

（7）将所有余额作为次级档资产支持证券的收益，转入信托分配（证券利息）账户。

第三节　信用增进、信用触发与循环购买

信用增进机制、信用触发机制和循环购买机制是交易结构中常见的三类机制，它们或者影响证券化交易现金流的来源和规模，或者改变现金流的分配顺序，进而对不同层级的资产支持证券的信用支持水平产生影响。

一、信用增进机制

基础资产本身的信用有时不足以支持发行证券化产品所需的目标评级，在这种情况下，可通过信用增进措施提升证券的信用等级。信用增进措施可分为内部增信和外部增信两大类，内部增信是指由基础资产及产品证券化设计所提供的信用增进，外部增信是指第三方为证券化产品的偿付提供保障。

内部增信包括优先级/次级支付机制、超额利差、超额抵押、储备金等。（1）优先级/次级支付机制下，优先级高的投资人先于优先级低的投资人获得偿付，优先级低的投资人先承担基础资产的损失。我国发行的信贷资产支持证券大部分都设置了优先级/次级支付结构。（2）如果证券化交易资产端的利息收入超过需要向各层级证券支付的利息及在支付利息前需要支付的其他税费之和，或者基础资产的未偿本金余额之和超过证券的未偿本金余额，则认为存在因超额利差和超额抵押而形成的增信，二者都是以超额的基础资产利息或本金作为增信来源。我国的信用卡或消费类贷款、微小企业贷款等证券化产品通常存在一定的超额利差；超额抵押则常见于由汽车金融公司发起的个人汽车贷款证券化产品，这是因为这类产品的入池资产多是贴息贷款或零息贷款。（3）储备金机制则是指在信托设立时由发起机构或关联方将一笔资金存入特定账户，或者是信托设立后根据交易文件规定的分配顺序，受托机构指示资金保管机构将资金从信托收款账户转入特定账户。交易文件通常会对资金的规模和用途作出具体约定。常见的储备金包括流动性储备、混同储备、抵销储备，主要用途是缓解流动性风险、混同风险和抵销风险。有的项目不对用途做区分，统一叫作“必备储备金”。在我国，储备金机制多见于个人汽车贷款证券化产品以及不良资产证券化产品。

外部增信包括外部主体连带责任保证担保、差额补足承诺、流动性支持承诺，以及保险机构提供的履约保险和银行提供的信用证等。评估外部增信时，关键是对增信方的主体信用状况、增信的真实性与合规性进行判断。出于资产出表方面的考虑，我国发行的信贷资产证券化产品几乎不设置外部增信。但是，部分不良资产证券化产品会设置外部流动性支持机构，以缓解由于基础资产回收款不稳定带来的现金流风险。

二、信用触发机制

信用触发机制是指当出现不利于证券化产品偿付的情形（即触发条件）时，可以通过提高现金流归集频率、改变现金流分配顺序、加强基础资产独立性等措施，来保障证券化产品本息按时足额偿付。信用触发机制是缓解基础资产信用风险、流动性风险、抵销风险、混同风险等对产品本息偿付影响的重要手段。

信用触发机制的设计一般会根据特定的证券化产品交易风险来确定。目前主要分为三大类：一是根据重要参与机构经营状况变化所触发的机制；二是根据基础资产信用状况变化所触发的机制；三是根据优先级产品偿付情况所触发的机制。三类机制所引发后果的严重程度逐渐增强，相应地也需要更有力的救济措施。

第一，与重要参与机构经营状况变化有关的触发机制主要有权利完善事件①、丧失清偿能力事件、解任事件，以及调整归集转付频率等，具体定义可参见表 4-1。另外，作为增信措施之一的储备金账户的必备金额也常与重要参与机构的主体信用等级挂钩。

表 4-1　与重要参与机构经营状况变化有关的触发机制示例

事件	定义	风险与救济
权利完善事件	是指以下任一事件： （1）发生任一贷款服务机构解任事件，导致贷款服务机构被解任； （2）贷款服务机构不具备任一必备评级等级； （3）委托人不具备任一必备评级等级； （4）委托人发生任何一起丧失清偿能力事件。	抵销风险和混同风险增加。通知借款人、担保人、保险人（如有）将其应支付的款项直接支付至信托账户。

① 有的项目也称为个别通知事件。

续表

事件	定义	风险与救济
丧失清偿能力事件	就委托人、受托人、贷款服务机构、后备贷款服务机构及资金保管机构而言，是指以下任一事件： （1）经国务院金融监督管理机构（如银保监会，下同）同意，上述机构向人民法院提交破产申请，或国务院金融监督管理机构向人民法院提出对上述机构进行重整或破产清算的申请； （2）其债权人向人民法院申请宣布上述机构破产，而且该等申请未在120个工作日内被驳回或撤诉； （3）上述机构因分立、合并或出现公司章程规定的解散事由，向国务院金融监督管理机构申请解散； （4）国务院金融监督管理机构根据《金融机构撤销条例》的规定责令上述机构解散； （5）国务院金融监督管理机构公告将上述机构接管； （6）上述机构不能或宣布不能按期偿付债务；或根据应适用的中国法律被视为不能按期偿付债务； （7）上述机构停止或威胁停止继续经营其主营业务。	现金流的安全性、稳定性受到威胁。触发加速清偿事件，调整现金流分配顺序。
解任事件①	是指以下任一事件： （1）资金保管机构丧失担任信贷资产证券化交易中的资金保管机构的法定条件； （2）除《资金保管合同》另有约定外，资金保管机构没有根据《资金保管合同》的约定，按照受托人的指令转付信托账户中的资金，而且经受托人书面通知后3个工作日内，仍未纠正的； （3）资金保管机构实质性地违反了其在《资金保管合同》项下除资金拨付之外的任何其他义务，而且该等违约行为自发生之日起持续超过15个工作日； （4）资金保管机构在《资金保管合同》或其提交的其他文件中所作的任何陈述、证明或保证，被证明在作出时在任何重要方面是虚假或错误的； （5）资金保管机构不具备任一必备评级等级； （6）发生与资金保管机构有关的丧失清偿能力事件。	现金流的安全性、稳定性受到威胁。触发加速清偿事件，调整现金流分配顺序。

① 这里以“资金保管机构解任事件”为例，其他机构解任事件的定义可参见产品募集说明书。

续表

事件	定义	风险与救济
调整归集转付频率	贷款服务机构具备全部必备评级等级时，回收款转付日为每个计算日后的第5个工作日；当贷款服务机构不再具备任一必备评级等级，或委托人或受托机构根据《信托合同》的规定通知借款人、担保人、保险人（如有）将其应支付的款项支付至信托账户后，如借款人、担保人或保险人仍将回收款划付至贷款服务机构，则回收款转付日为贷款服务机构收到每笔回收款后5个工作日内的任一工作日。	混同风险增加。加快归集频率。

资料来源：作者整理。

第二，与基础资产信用状况变化有关触发的机制主要包括与拖欠率、累计违约率等定量指标相关联的事件。① 我国的信贷资产证券化产品通常会将累计违约率或严重拖欠率设为可能触发加速清偿事件的关键指标。比如工元安居2018年第五期个人住房抵押贷款资产支持证券规定，如果“在信托生效日后的相应周年年度内，某一收款期间结束时的累计违约率超过与之相对应的数值：第一年1.5%，第二年2%，第三年2.5%，第四年3%，第五年及以后3.5%”，或者“前三个连续收款期间的平均严重拖欠率超过2%”，则会触发加速清偿事件。

小知识

累计违约率和严重拖欠率

累计违约率考察违约资产的占比，是反映基础资产信用质量的常用指标。违约资产被定义为逾期超过特定天数的资产，这里的特定天数通常是90天、120天或者180天等，在项目的交易文件中进行具体约定。比如，根据《工元安居2018年第五期个人住房抵押贷款资产支持证券主定义表》的定义，违约贷款是指逾期超过180天的抵押贷款。通常，贷款被认定为违约资产后，即使之后恢复还款或结清，该笔贷款仍不能重新被认定为正常贷款。

通常，对于静态现金流证券化产品，累计违约率等于截至某个收款期

① 循环购买结构下基础资产信用状况变化或资金空置率达到一定水平，可能触发循环购买提前终止。具体可见下文的分析。

间期末，违约贷款违约时点未偿本金余额之和除以初始起算日资产池未偿本金余额。对于涉及循环购买结构的证券化产品，累计违约率的分子与静态现金流产品相同，即截至某个收款期间期末违约贷款违约时点的未偿本金余额之和，分母通常使用初始起算日资产池未偿本金余额，但有些项目的分母使用循环购买期结束时资产池未偿本金余额，或者是初始起算日资产池余额与截至该收款期间期末，各循环购买日购买的资产在循环购买基准日的未偿本金余额之和，也可以在循环购买期和非循环购买期采用不同的分母。例如，招银和智2020年第二期个人消费贷款资产支持证券的累计违约率计算公式分母为初始起算日资产池未偿本金余额；捷赢2018年第三期个人消费贷款资产支持证券的累计违约率计算公式的分母为初始资产池余额及截至该时点受托人累计持续购买的新增贷款债权在各自持续购买基准日零时的未偿本金余额之和。

有的资产证券化产品还会涉及严重拖欠率这个概念。严重拖欠资产是指逾期时间较长但没有达到被认定为违约所需的逾期天数的资产，具体在项目的交易文件中进行约定。比如，根据前述主定义表的定义，严重拖欠抵押贷款是指贷款合同项下本息的任何部分在支付日后逾期超过90日（不含90日）但不超过180日（含180日）的抵押贷款。通常，严重拖欠率计算公式的分子为截至某个收款期间期末，所有严重拖欠资产未偿本金余额之和，分母为该收款期末资产池未偿本金余额。

综上所述，不管是累计违约率还是严重拖欠率，都需要关注交易文件给出的定义、计算方法，只有当不同项目的计算口径相同时，得到的指标才具有可比性。

第三，与优先级产品偿付情况有关的触发机制主要指因为优先级利息和本金无法按时足额获得偿付而触发的事件。通常，支付日宽限期内①无法足额支付当时存在的最高级别的优先级资产支持证券应偿付但尚未清偿的利息，或者是法定到期日宽限期内未能支付应偿付但尚未清偿的资产支持证券本金，将触发违约事件；另外，部分交易设置了以下机制：如果某档优先级资产支持证券本金无法在预期到期日偿付完毕，则触发加速清偿事件。

① 通常为支付日后三天到五天，具体由交易文件规定。

如上所述，有些信用触发机制会导致现金流的分配顺序发生改变，常见的安排包括：加速清偿事件后，次级不再享有期间收益，资产服务机构不再享有后端服务报酬（如有），直接将分配完税、费、利息后收入账上的剩余资金转入本金账。违约事件后，不再区分本金账和收入账，同时也停止对各种储备金账户的划付，可用于分配的所有资金在支付必要的税、费后，按照各级证券的优先级采用先息后本的方式进行分配，即按照“A 息—A 本—B 息—B 本—次级”的顺序进行分配。更详细的介绍可以参见本章第二节的内容。

三、循环购买机制①

证券化产品可以采用循环购买机制解决基础资产与产品期限错配的问题，即在产品循环期内，现金流归集之后不偿付产品本金，而是在偿付完应付税、费、利息之后用剩余资金购买新的基础资产。循环购买机制增加了交易结构的复杂性，对于这类交易需要特别关注以下几点。

（1）是否存在充足的基础资产用于循环购买。缺少充足的可循环购买资产会影响资产池持续产生利息的能力。为了控制这项风险，一般情况下发起机构都会选择业务存量充足且增量稳定的资产进行循环购买机制设计，交易文件中也会约定发起机构在每次循环购买时需提供可购买金额一定倍数的资产以供选择。

（2）循环购买基础资产与初始基础资产的特征是否基本保持一致。如果新增基础资产的特征与初始基础资产的特征相偏离，会影响对资产池未来风险水平的评估。为了控制这项风险，一般情况下交易文件中会特别约定循环购买资产的筛选标准，这些标准一般从资产质量、收益水平、集中度和剩余期限四个方面对新增资产进行约束。

（3）循环购买资产的资金和定价，常见的方式包括以下三种：（a）本金回收款购买新资产的本金；（b）本金及利息回收款购买新资产的本金；（c）本金及利息回收款购买新资产的本金及利息，该种情况下，通常需要按照一定折现率对循环购买资产重新定价。

（4）提前结束循环购买的信用触发机制，该机制用于避免因循环购买导致资产池质量持续恶化。触发条件一般包括：（a）特定的连续时间内未购买资

---

① 有的项目称为持续购买机制。本书对二者不加区分。

产；（b）某一循环购买日，未用于循环购买的资金达到特定规模；（c）发生加速清偿事件；（d）发生违约事件；（e）发生服务机构解任事件等。

（5）由于循环购买结构可以实现基础资产的持续购买，因此一般来讲，与静态现金流证券化产品相比，此类产品的累计违约率相对较高，需要更加关注发起机构的风控能力。

循环购买结构在我国信用卡应收账款和消费类贷款的证券化交易中应用比较普遍，读者也可参见第七章相关内容的详细介绍。

第四节　小　结

交易结构是资产证券化交易得以完成的关键。交易结构设计并不唯一，基础资产的特征差异、参与机构的动机和偏好差异以及各国法律环境的差异，使得交易结构设计不断演变和创新。交易结构不能简单复制，也很难就什么是最优交易结构给出一个简单的答案。从信用分析的角度看，恰当的交易结构设计不仅要有助于降低交易成本，提高发起机构的融资效率，更重要的是要能够缓释各种风险，保护投资人利益。

本章选取了信贷资产证券化产品交易结构设计中的五个重要方面。需要强调的是，虽然这些通常是交易结构设计中的共性因素，但形式上包含以上因素并不意味着实质上具有信用风险缓释的效果。比如，不管是何种破产隔离方式，实际效应都取决于当地的法律环境。再如，作为一种内部增信方式，超额利差水平与基础资产有关，而且在资产支持证券存续期间可能会因为资产池利率结构变化、发起机构与借款人重新确定贷款条件、利率风险变化——特别是在没有对冲机制的情况下——等而变化，进而导致增信效果的变化。

交易结构分析是信贷资产支持证券信用分析框架的重要组成部分。具体而言，除本章提到的与交易结构有关的破产隔离风险与法律风险、混同风险与抵销风险、循环购买风险等以定性为主的分析之外，现金流归集与分配机制是编制第三章现金流入与流出模型进而得出量化分析结果的基础。同时，交易结构分析还需要考虑基础资产的特征，好的交易结构可以缓释与基础资产信用质量、发起机构和资产服务机构等有关的风险。简言之，交易结构分析是一种综合、全面的分析，贯穿信贷资产支持证券信用分析的全过程。对此，本书第五章至第十二章会有更具体的介绍。

第五章

个人住房贷款证券化产品信用分析

个人住房贷款证券化（RMBS）产品的基础资产是个人住房贷款，也可称为个人住房抵押贷款。个人住房贷款是指贷款人向借款人发放的用于购买自用普通住房的贷款。贷款人发放个人住房贷款时，借款人必须提供担保。借款人到期不能偿还本息的，贷款人有权依法处理其抵押物或质押物，或由保证人承担偿还本息的连带保证责任。

第一节　我国个人住房贷款市场概况

一、我国个人住房贷款市场的发展历程

我国个人住房贷款市场的发展与宏观经济和房地产市场的发展密不可分。2002—2021 年，我国国内生产总值从 12.17 万亿元增长至 114.37 万亿元，年均复合增长率为 11.85%，广义货币（M_2）供应量从 18.50 万亿元增长至 238.30 万亿元，年均复合增长率为 13.63%，整体保持快速增长（见图 5-1）。同期，我国房地产开发投资金额从 0.78 万亿元增长至 14.76 万亿元，年均复合增长率为 15.84%（见图 5-2）。由于房地产行业对于上下游产业具有很强的带动作用，同时对我国经济增长的贡献率较高，2003 年房地产行业被定位为我国经济发展的支柱性产业之一，房地产行业也迎来了快速发展阶段。2012 年之后房地产开发投资增速有所放缓，但房地产开发投资占全社会固定资产投资的比重仍保持在 20%以上。

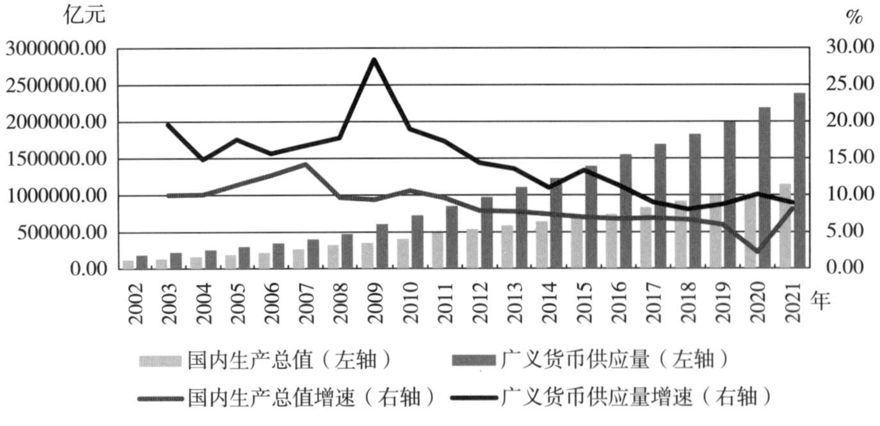

图 5-1　2002—2021 年我国国内生产总值和广义货币供应量

（资料来源：国家统计局，作者整理）

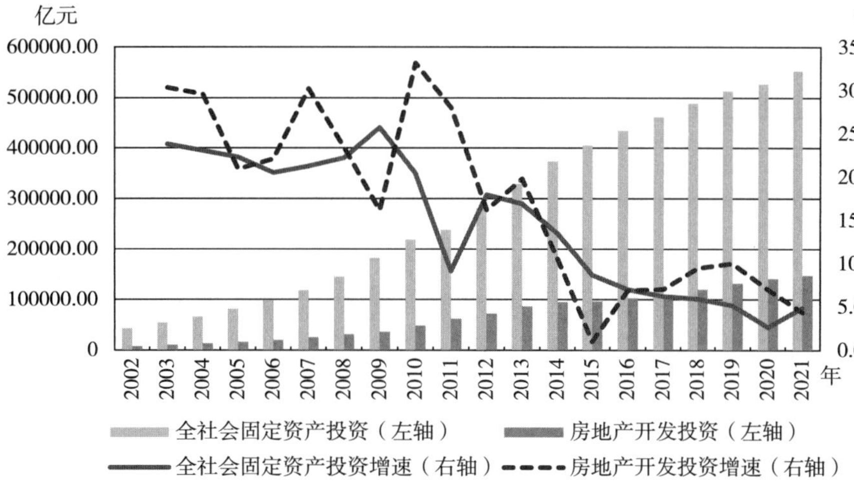

图 5-2 2002—2021 年我国全社会固定资产投资和房地产开发投资

（资料来源：国家统计局，作者整理）

随着宏观经济的发展和房地产行业的快速成长，我国住房消费需求逐步扩大，推动了个人住房贷款市场的发展。我国个人住房贷款的发展源自住房制度的改革，随着 1998 年我国福利分配住房制度逐步退出历史舞台，商品房开始进入大众视野。

根据贷款发放主体的不同，我国个人住房贷款可以分为商业性个人住房贷款和公积金个人住房贷款。其中，商业性个人住房贷款为商业银行以自有资金向借款人发放的用于购买住房的贷款；公积金个人住房贷款为公积金管理中心运用住房公积金，委托商业银行向申请且经审核符合条件的住房公积金缴存职工发放的用于购买住房的政策性贷款。个人住房贷款业务的发展初衷是加大信贷支持以促进住房消费，商业性个人住房贷款虽然不同于公积金个人住房贷款的保障属性，但随着我国宏观经济增长和房地产市场的扩张，二者都取得了较快的发展。

1. 商业性个人住房贷款的发展

第一阶段（1992—1996 年）：初期探索阶段

我国首笔商业性个人住房贷款于 1992 年发放，当时城镇居民住房仍以实物分配为主，个人住房贷款相关管理制度也尚未明确，因此个人住房贷款市场仍处于初期探索阶段。

第二阶段（1997—2004年）：制度完善阶段

1997年，中国人民银行颁布了《个人住房担保贷款管理试行办法》，为商业银行和住房储蓄银行开展个人住房贷款业务提供了依据。1998年6月，国务院召开全国住房制度改革与住宅建设工作会议并印发《关于进一步深化城镇住房制度改革加快住房建设的通知》，明确停止住房实物分配，逐步实行住房分配货币化，并且要发展住房金融，尤其是发展个人住房贷款。同年，中国人民银行对《个人住房担保贷款管理试行办法》进行修订并颁布了《个人住房贷款管理办法》，标志着我国个人住房贷款业务正式开始步入正轨。该办法首次正式明确了个人住房贷款业务的贷款对象和条件、贷款程序、贷款期限与利率以及担保方式等相关要求。

1999—2004年，随着住房制度改革的深化、实物分房的全面停止以及个人住房贷款业务的初步发展，监管机构对个人住房贷款业务的制度要求做了进一步优化，包括在贷款额度、贷款期限、利率等方面的放松，以鼓励居民对于个人商品住房的消费，同时规范了个人住房贷款的放款要求。中国人民银行在2001年发布的《关于规范住房金融业务的通知》中严格要求了落实抵押登记手续、评估抵押物价值、贷款额度不得超过抵押物价值的80%以及购买期房需满足多层住宅主体结构封顶、高层住宅完成总投资的三分之二等业务规范。2003年，中国人民银行在《关于进一步加强房地产信贷业务管理的通知》中提出对于购买第二套住房的应适当提高首付比例，以及将贷款优惠利率回归到同期贷款利率水平等要求。2004年，银监会在《商业银行房地产贷款风险管理指引》中从风险管理的角度要求将借款人个人住房贷款的月还款额控制在总收入的50%以下。

第三阶段（2005年至今）：快速发展阶段

2005年开始，在房地产业成为我国经济发展的支柱性产业之一以及宏观经济快速增长的背景下，除2008年受国际金融危机影响有短暂停滞以外，个人住房贷款业务各年度均实现了快速增长（见图5-3）。为促进房地产市场平稳健康发展，2017年房地产调控政策密集出台，个人住房贷款逐步收紧并发展成政策调控的重要工具。

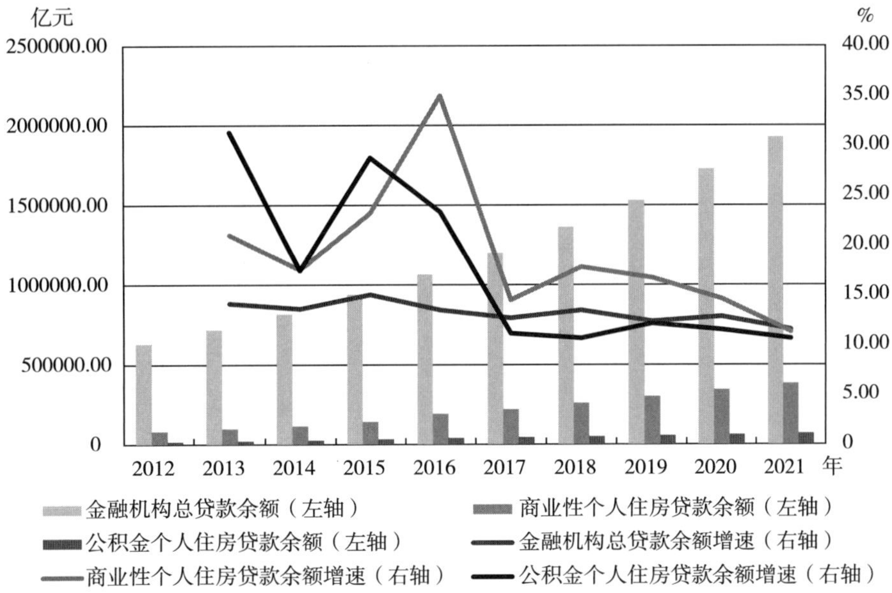

图 5-3　2012—2021 年我国金融机构总贷款余额、商业性个人住房贷款余额和公积金个人住房贷款余额情况

（资料来源：Wind，《金融机构贷款投向统计报告》，作者整理）

2. 公积金个人住房贷款的发展

第一阶段（1991—1994 年）：初期探索阶段

公积金个人住房贷款为公积金管理中心委托商业银行发放的政策性贷款，各地公积金管理中心一般为直属于当地人民政府的不以营利为目的的独立事业单位，政策的制定和发布机构主要为国务院和住房和城乡建设部。1991 年，上海市在新加坡中央公积金制度经验基础上结合自身情况率先建立了中国特色的住房公积金制度，为我国公积金制度的建设打下基础。随着住房制度改革的推进，1994 年，国务院在《关于深化城镇住房制度改革的决定》中提出全面推行住房公积金制度。同年，《建立住房公积金制度的暂行规定》发布，对住房公积金的缴存、支付、使用及管理作出了相关规定。

第二阶段（1995—2002 年）：制度完善阶段

1999 年，国务院发布了《住房公积金管理条例》（以下简称《条例》），标志着我国住房公积金制度体系的正式建立。《条例》要求直辖市和省、自治区人民政府所在地的市以及其他设区的市应当按照精减、效能的原则，设立公积金管理中心，负责住房公积金的管理运作。2002 年，《国务院关于修改〈住房公积金管理条例〉的决定》对《条例》进行了修订，其中扩大了住房公积金缴存的适用范围并明确了公积金管理中心的设立及管理等要求，首次提出了直辖市和省、自治区人民政府所在地的市以及其他设区的市（地、州、盟），应当设立公积金管理委员会，作为住房公积金管理的决策机构。公积金管理委员会的成员中，人民政府负责人和建设、财政、人民银行等有关部门负责人以及有关专家占1/3，工会代表和职工代表占1/3，单位代表占1/3。

第三阶段（2003年至今）：稳步发展阶段

随着住房公积金基本制度框架的建立，我国住房公积金体系实现了稳步发展。2019年，国务院就《条例》进行了第二次修订，对住房公积金的基本制度框架作出进一步完善。

在贷款方面，《条例》发布之前住房公积金归集资金主要用于支持住房建设发放贷款，《条例》发布之后住房公积金归集资金主要用于支持个人住房消费发放贷款。依据《条例》及其他相关规定，各地公积金管理委员会陆续发布了相应的住房公积金贷款办法，为各地公积金个人住房贷款的发放提供了依据。随着我国宏观经济的增长，公积金缴存覆盖面随之拓宽，职工薪资的提升带动公积金缴存额实现了同步增长，但随着住房消费需求的扩张，公积金个人住房贷款率①也显著提高，截至2021年末已经达到84.18%。由于住房公积金自身的保障属性，未来随着经济的发展或仍将对制度进行不断优化以匹配不同经济环境下职工的需求。

二、我国个人住房贷款市场的现状

随着房地产市场的发展，商业性个人住房贷款余额和公积金个人住房贷款余额也呈现出快速增长态势。如图5-3所示，2012—2021年，商业性个人住房贷款余额由8.10万亿元增长至38.32万亿元，年均复合增长率为16.81%，明显高于金融机构总贷款余额增速；2012—2020年，公积金个人住房贷款余额由1.66万亿元增长至6.23万亿元，年均复合增长率为15.87%。另外，商业性个人住房贷款余额和公积金个人住房贷款余额的增速受房地产调控及贷款政策影响波动相对较大，但二者的趋势大致相同，而且整体来看与我国30大中城市商品房成交面积的走势（见图5-4）基本保持同步。

① 指年度末公积金个人住房贷款余额占年度末住房公积金缴存余额的比率。

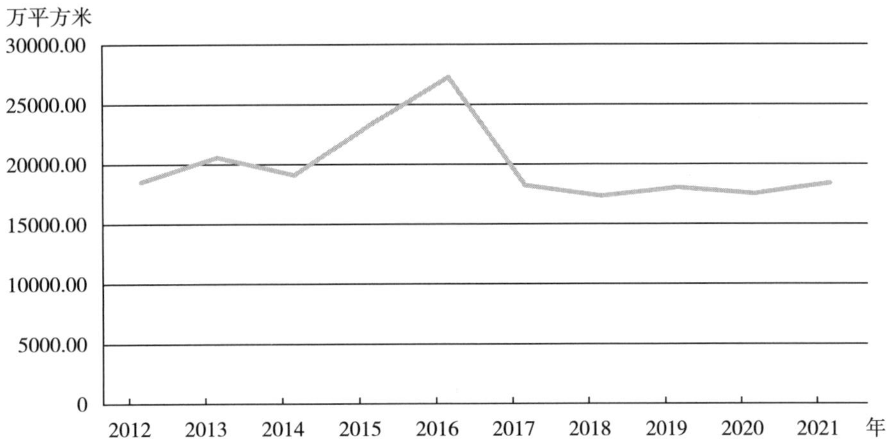

图 5-4　2012—2021 年我国 30 大中城市商品房成交面积

（资料来源：Wind，作者整理）

个人住房贷款利率的调整对房地产市场具有一定的调节作用，近年来我国贷款基准利率的持续下调也对居民住房消费及个人住房贷款产生了一定的推动作用。2012 年以来，经过多次调整，与个人住房贷款利率最为相关的 5 年以上中长期贷款基准利率由 6.80%下降至 4.90%。2019 年 8 月，为深化利率市场化改革，提高利率传导效率，推动降低实体经济融资成本，中国人民银行决定改革完善贷款市场报价利率（LPR）形成机制，个人住房贷款利率基准开始由贷款基准利率向 LPR 转换；根据规定，首套住房商业性个人住房贷款利率不得低于相应期限 LPR，二套住房商业性个人住房贷款利率不得低于相应期限贷款市场报价利率加 60 个基点。自推行 LPR 机制以来，截至 2022 年 5 月 20 日，与个人住房贷款利率最为相关的 5 年期以上 LPR 由 4.85%下调至 4.45%。为支持合理住房需求，2022 年 5 月 15 日，人民银行、银保监会发布《关于调整差别化住房信贷政策有关问题的通知》，将首套住房商业性个人住房贷款利率下限调整为不低于相应期限贷款市场报价利率减 20 个基点，同时，在全国统一的贷款利率下限基础上，人民银行、银保监会各派出机构按照“因城施策”的原则，指导各省级市场利率定价自律机制，根据辖区内各城市房地产市场形势变化及政府调控要求，自主确定辖区内各城市首套和二套商业性个人住房贷款利率加点下限。

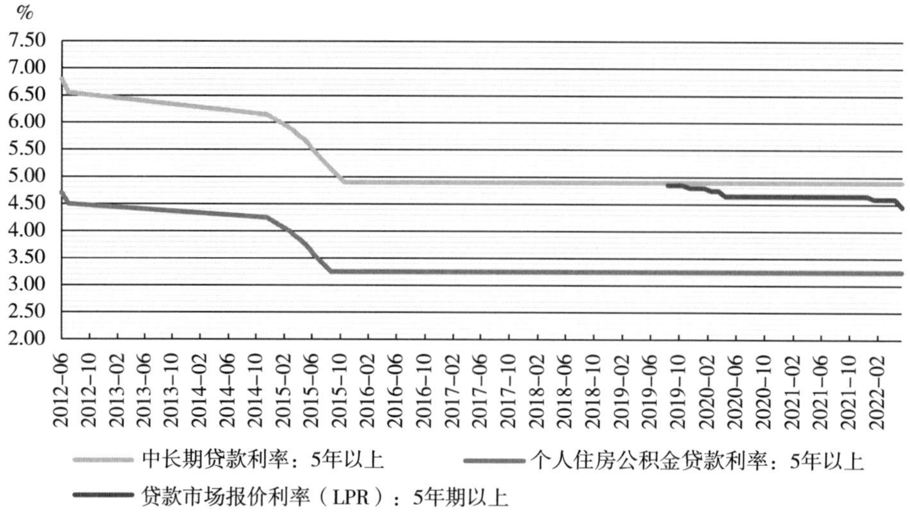

图 5-5　2012—2021 年我国贷款基准利率

（资料来源：Choice，作者整理）

个人住房贷款市场的发展促进了居民住房消费，与此同时，也加快了我国居民杠杆率的增长。2012—2021 年，我国居民杠杆率[①]由 29.87% 增长至 62.20%，居民债务压力较大。特别是考虑到城镇家庭与乡村家庭的信贷参与程度不同，实际有贷款的家庭所承担的债务压力可能比整体杠杆率水平更高。

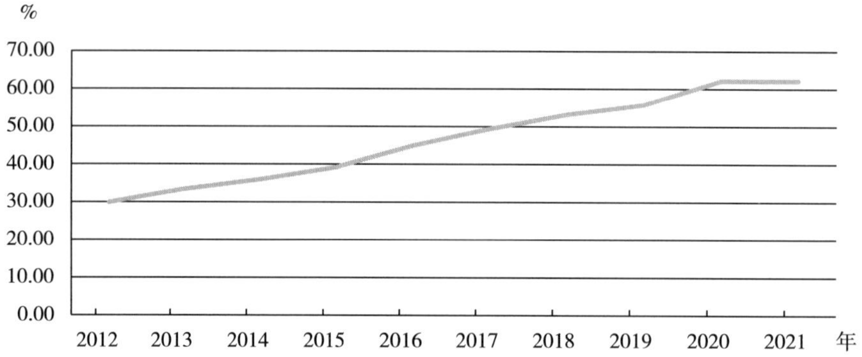

图 5-6　2012—2021 年我国居民杠杆率

（资料来源：Choice，作者整理）

鉴于近年来我国城市化进程已经取得阶段性成果、房价和居民杠杆率维持

① 以居民部门债务占 GDP 的比重计算。

高位、人口老龄化趋势加快等因素，在我国经济发展正在由高速发展向高质量发展转变的背景下，维持房地产市场平稳健康发展变得尤为重要。随着住房价格的提高，个人住房贷款已成为居民购房资金的重要组成部分，因此近年来个人住房贷款作为有效的金融调控工具在房地产市场调控中发挥着重要的作用。2015—2016 年，我国中大型城市的房价再次出现了快速的上涨，为了抑制房价不断上涨的势头，促进房地产市场平稳健康发展长效机制的建立，我国陆续出台了一系列调控政策，个人住房贷款增速有所放缓。

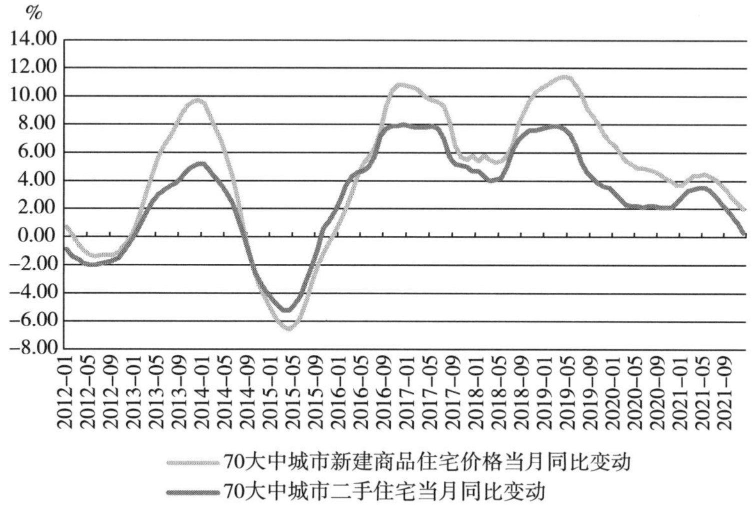

图 5-7　2012—2021 年我国 70 大中城市新建商品住宅和二手住宅价格当月同比变动

（资料来源：国家统计局，作者整理）

2016 年 12 月，中央经济工作会议强调要促进房地产市场平稳健康发展，并首次提出坚持“房子是用来住的，不是用来炒的”的定位，为之后的房地产调控定下了主基调。在此之后又陆续推出了多项调控措施，其中在房地产供给端鼓励发展租赁住房市场、限制房地产企业融资渠道、对房地产企业进行“三线四档”管理、在热点城市实施集中供地等，在贷款端限制违规进行“首付贷”、限制其他信贷资金流入房地产市场、建立银行业金融机构房地产贷款集中度管理制度等。2021 年，房地产调控政策成效显著，个人住房贷款增速继续放缓、房地产市场的过热表现得到抑制、居民杠杆率维持稳定。与此同时，在持续的政策施压下部分房地产企业发生了流动性风险。2021 年 9 月，人民银行及银保监会提出配合相关部门和地方政府共同维护房地产市场平稳健康发展，维护住房消费者合法权益以缓解政策过度收紧及市场快速遇冷造成的风险挤出加剧。由于房地产市场与金融市场密切相关，房地产市场与金融市场的联动使得房地产行业风险存在向金融领域传导的可能性。2021 年 12 月，中央经济工作会议提出“因城施策”促进房地产良性循环和健康发展，这也是当前房地产调控的根本目标。进入 2022 年以来，全国范围内多个城市推出了包括降低首付、降低利率、扩大公积金使用范围和贷款规模、调整二套房认定标准等在内的多项刺激性政策，这些政策对个人住房贷款市场的影响仍有待观察。

表 5-1　近年来我国房地产调控主要政策

时间	政策/会议	主要内容
2016 年 12 月	中央经济工作会议	强调要促进房地产市场平稳健康发展，坚持“房子是用来住的，不是用来炒的”的定位，综合运用金融、土地、财税、投资、立法等手段，加快研究建立符合国情、适应市场规律的基础性制度和长效机制，既抑制房地产泡沫，又防止出现大起大落。
2017 年 4 月	《关于提升银行业服务实体经济质效的指导意见》	因地因城施策，促进房地产市场长期稳健发展。严禁资金违规流入房地产市场，严厉打击“首付贷”等行为，切实抑制热点城市房地产泡沫。
2017 年 7 月	《关于在人口净流入的大中城市加快发展住房租赁市场的通知》	鼓励各地通过新增用地建设租赁住房，在新建商品住房项目中配建租赁住房等方式，多渠道增加新建租赁住房供应，优先面向公租房保障对象和新市民供应。
2017 年 8 月	《利用集体建设用地建设租赁住房试点方案》	通过改革试点，在试点城市成功运营一批集体租赁住房项目，完善利用集体建设用地建设租赁住房规则，形成一批可复制、可推广的改革成果，为构建城乡统一的建设用地市场提供支撑。
2017 年 11 月	《关于规范购房融资和加强反洗钱工作的通知》	禁止违规首付融资，遏制违规炒作资金。
2017 年 12 月	《关于规范银信类业务的通知》	商业银行和信托公司开展银信类业务，应贯彻落实国家宏观调控政策，遵守相关法律法规，不得将信托资金违规投向房地产、地方政府融资平台、股票市场、产能过剩等限制或禁止领域。

续表

时间	政策/会议	主要内容
2018年1月	《关于进一步深化整治银行业市场乱象的通知》	严查直接或变相为房地产企业支付土地购置费用提供各类表内外融资，或以自身信用提供支持或通道；向“四证”不全、资本金未足额到位的商业性房地产开发项目提供融资；发放首付不合规的个人住房贷款；以充当筹资渠道或放款通道等方式，直接或间接为各类机构发放“首付贷”等行为提供便利；综合消费贷款、个人经营性贷款、信用卡透支等资金用于购房等。
2018年5月	《关于进一步做好房地产市场调控工作有关问题的通知》	加强个人住房贷款规模管理，落实差别化住房信贷政策，强化对借款人还款能力的审查，严格管控消费贷款、经营贷款等资金挪用于购房加杠杆行为。严格落实企业购地只能用自有资金的规定，加强住房用地购地资金来源审查，严控购地加杠杆行为。
2018年12月	全国住房城乡建设工作会议	坚持因城施策、分类指导，夯实城市主体责任，加强市场监测和评价考核，切实把稳地价、稳房价、稳预期的责任落到实处。
2020年8月	重点房地产企业座谈会	首次提出“三道红线”：剔除预收款的资产负债率不得大于70%、净负债率不得大于100%、现金短债比不得小于1倍。根据“三道红线”踩线的条数，监管部门将房企分成“红、橙、黄、绿”四档进行管理，每降低一档，有息负债规模增速上限增加5%，即使是处于绿档位置的房企，有息负债年增幅也不得超过15%。
2020年11月	《关于保险资金财务性股权投资有关事项的通知》	保险资金开展财务性股权投资，所投资的标的企业不得直接从事房地产开发建设，包括开发或者销售商业住宅。
2020年12月	《关于建立银行业金融机构房地产贷款集中度管理制度的通知》	根据银行业金融机构资产规模及机构类型，分五档设定房地产贷款以及个人住房贷款占比上限。
2021年7月	银保监会召开全系统2021年年中工作座谈会暨纪检监察工作（电视电话）座谈会	严格执行“三线四档”和房地产贷款集中度要求，防止银行、保险资金绕道违规流入房地产市场。
2021年9月	中国人民银行货币政策委员会召开2021年第三季度例会	维护房地产市场的健康发展，维护住房消费者的合法权益。

续表

时间	政策/会议	主要内容
2021 年 12 月	中央经济工作会议	支持商品房市场更好地满足购房者的合理住房需求，促进房地产业健康发展和良性循环。

资料来源：作者整理。

三、我国 RMBS 发行概况

个人住房贷款证券化产品对我国信贷资产证券化市场具有特殊意义，它是我国首批获准发行的证券化产品，2018 年以来 RMBS 发行规模占当年新增发行的比例保持在 50%以上（见图 5-8），同时也是我国存量规模最大、二级市场交易最为活跃的信贷资产证券化产品。

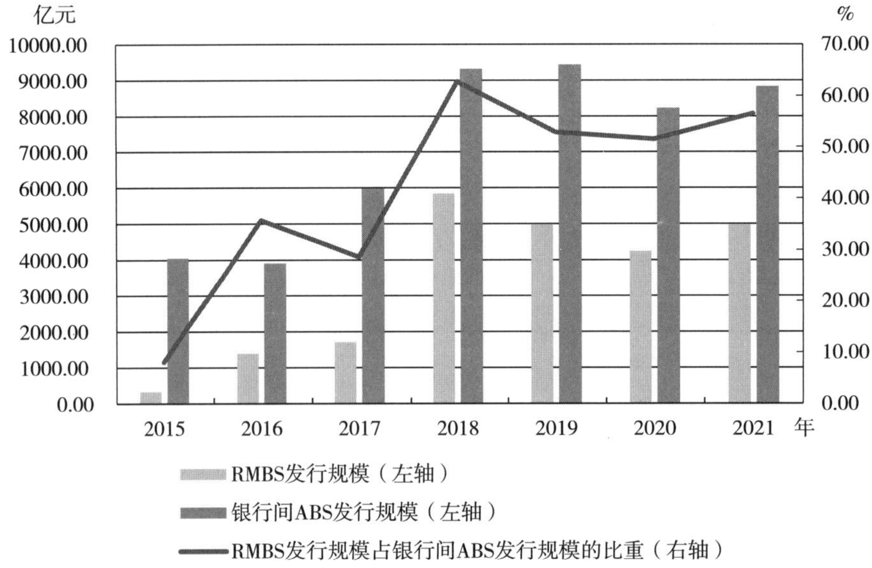

图 5-8　2015—2021 年我国 RMBS 产品发行情况

（资料来源：CNABS，作者整理）

随着《信贷资产证券化试点管理办法》的发布，2005 年我国开启了信贷资产证券化首批试点，并于 2005 年和 2007 年分别成功发行了两单 RMBS 产品“建元 2005-1 个人住房抵押贷款资产证券化”和“建元 2007-1 个人住房抵押贷款资产证券化”，为 RMBS 产品的发行积累了经验。2008 年受国际金融危机影响，RMBS 业务随之暂停。直到 2014 年，我国才重启 RMBS 试点，当年发行了“邮元 2014 年第一期个人住房贷款支持证券”。2015 年，信贷资产支持证券的发行开始实行注册制，为之后 RMBS 的快速发展提供了政策性支持。随着个人住房贷款规模的快速增长以及 2017 年之后房地产调控带来的个人住房贷款额收紧，RMBS 产品作为高效盘活存量资产、优化资金结构、置换房贷资金的重要工具，2018 年 RMBS 产品的发行规模迎来爆发式增长，并且达到了近年来的高点。2018—2021 年，RMBS 产品的发行量保持相对较高的水平，各年度发行规模在 4243.86 亿元与 5842.63 亿元之间，平均值为 5017.75 亿元，总体保持相对平稳态势。

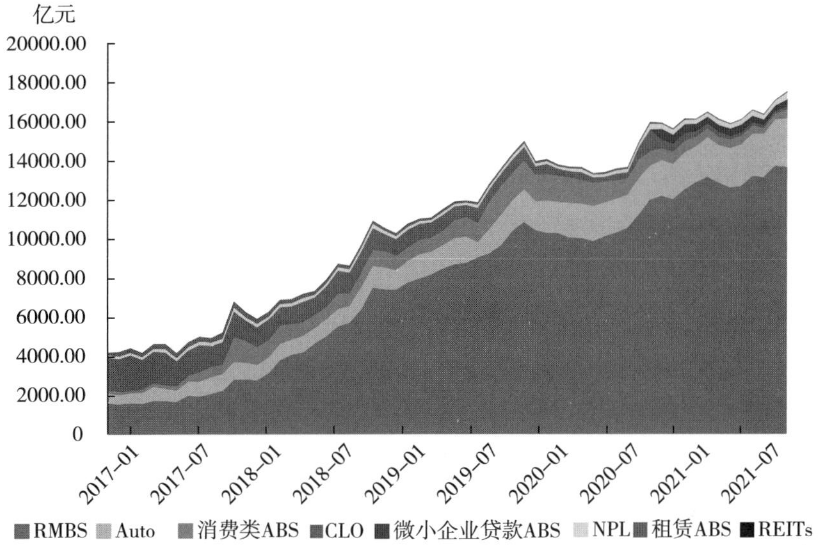

图 5-9　近年来信贷资产证券化产品存量统计（按产品类型）

（资料来源：Wind，作者整理）

截至 2021 年末，我国 RMBS 产品累计发行规模为 2.36 万亿元，存量 RMBS 产品规模为 1.36 万亿元，存量 RMBS 产品规模占个人住房贷款余额的比重约为 3.6%。同期末，美国存量全口径 MBS 产品规模为 12.20 万亿美元（包括机构类和非机构类），占其个人住房贷款余额的比重约为 67.6%，相比之下，我国 RMBS 产品规模占房贷存量规模的比重仍然相对较低。此外，随着市场对 RMBS 产品认可度的提高，未来我国 RMBS 产品的发展仍存在空间，RMBS 产品也将成为投资机构资产配置的重要组成部分。

RMBS 产品的发起机构从 2015 年开始逐年扩容，截至 2021 年末，已发行的 RMBS 产品发起机构含国有银行 6 家、股份制银行 9 家、区域性银行包括城商行和农商行 15 家、中外合资银行 1 家、公积金管理中心 4 家。

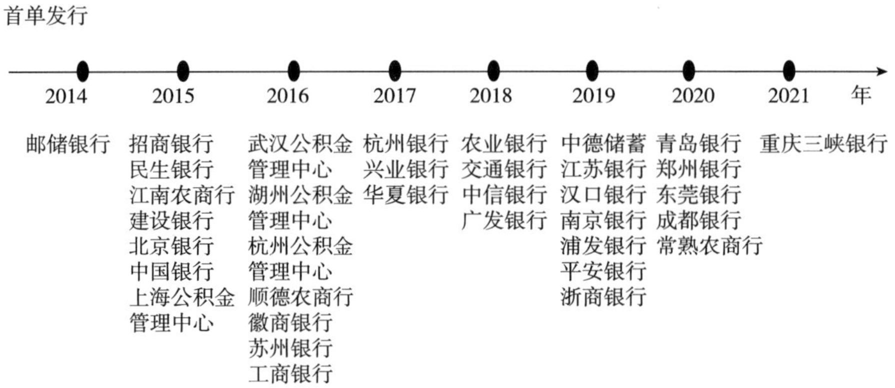

图 5-10　2014—2021 年我国 RMBS 产品发起机构首单发行时间

（资料来源：作者整理）

发起机构类型方面，国有银行是 RMBS 产品发起机构的主力军，这也与国有银行本身个人住房贷款规模较大有关。截至 2021 年末，建设银行和工商银行的个人住房贷款余额分别为 6. 39 万亿元和 6. 36 万亿元，合计占我国个人住房贷款余额的比例约为 33%。2021 年，建设银行和工商银行仍然是 RMBS 产品发行的绝对主力，发行规模合计 2759. 12 亿元，占全年 RMBS 发行总规模的 55. 26%。

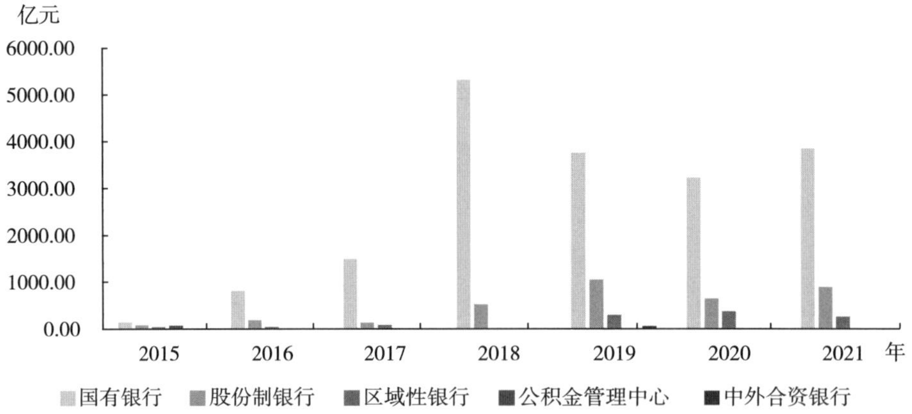

图 5-11　2015—2021 年我国 RMBS 产品发起机构类型

（资料来源：CNABS，作者整理）

第二节 个人住房贷款及其风险特征

一、个人住房贷款的特征

个人住房贷款的发展对于推进住房制度改革、促进住房消费和改善居民住房条件具有重要的意义，随着个人住房贷款规模的增长，其对金融系统的影响力也在逐步扩大。为保证个人住房贷款市场的健康发展，监管机构对于个人住房贷款的发放政策制定了较为明确的要求。在当前房地产调控趋严的背景下，商业性个人住房贷款采取“分类指导，因地施政”的原则，根据个人住房所在地的限购政策不同，发放政策也会有所差异；公积金个人住房贷款属于一种政策性贷款，发放标准更加严格，需要满足个人住房所在地公积金管理中心的相关规定。根据本书写作时的个人住房贷款发放政策，原则上个人住房贷款的基本要素需要满足如表 5-2 所示的相关要求。

表 5-2 个人住房贷款发放政策要求

贷款基本要素	商业性个人住房贷款	公积金个人住房贷款
贷款期限	最长期限为 30 年，各地根据调控政策或有更严格的要求，根据借款人的年龄和抵押物的房龄也会有额外的限制	
担保方式	以所购房产进行抵押，根据风险的不同可能还需要加入一种或多种额外担保措施，如质押、保证、阶段性保证等	
还款方式	以按月等额本金、等额本息为主	
利率类型	固定利率、浮动利率	按照公积金利率标准执行（不定期调整）
利率标准	LPR 加点形式，各地因城施策，首套下限不得低于 LPR-20BP，二套不得低于 LPR+60BP	按照现行标准，首套：五年以下（含五年）2.75%，五年以上 3.25%；二套：按相应期限的首套利率上浮 10%
首付比例	原则上首套最低首付款比例为 25%，各地可向下浮动 5 个百分点；二套最低首付款比例为不低于 30%。各地根据调控政策不同对首付比例的要求有所差异	原则上首套最低首付款比例为 20%；二套最低首付款比例为不低于 30%。各地根据调控政策不同对首付比例的要求有所差异
贷款额度	根据所购房产价值、借款人还款能力等综合测算，最高不能超过房屋价格的 80%，各地根据调控政策以及首套/二套等有所差异	根据借款人还款能力、公积金月缴存额综合测算，各地根据调控政策以及首套/二套等有明确限制

资料来源：作者整理。

基于各类个人住房贷款的发放政策，个人住房贷款已经发展成为一类标准化、有特定用途且无替代性的贷款产品。其中，对于商业性个人住房贷款而言，各地不同商业银行均在监管部门要求的贷款政策框架下制定了较为标准化的贷款流程，贷款发放较为审慎，贷款产品的同质化程度较高、利率市场化程度较低。近年来，随着住房价格的上涨，商业性个人住房贷款普遍具有贷款期限较长、贷款金额相对较高、适用人群范围较广的特点；公积金个人住房贷款因为是政策性贷款，适用人群范围相对局限，相比商业性个人住房贷款，其利率更低，贷款额度的限制也更多，但同样具有贷款期限较长的特点。具体来看，个人住房贷款具有以下几个特征。

1. 贷款期限较长

个人住房贷款目前是我国个人贷款中可贷期限最长的一种，原则上最长可以达到 30 年，房地产调控政策较为严格的地区贷款期限最长一般也能达到 25 年。较长的贷款期限可以减轻借款人每期的还款压力、更好地促进个人住房消费，但与此同时贷款发放机构也将面临贷款风险暴露时间较长、流动性差等问题。从已发行的 RMBS 产品来看，2015—2021 年各年度发行产品入池基础资产加权平均贷款期限的平均值为 12.79~18.34 年；加权平均剩余期限的平均值为 9.50~13.68 年，具体特征如表 5-3 和表 5-4 所示。

表 5-3 2015—2021 年各年度发行 RMBS 产品入池基础资产加权平均贷款期限

单位：年

时间	2015 年	2016 年	2017 年	2018 年	2019 年	2020 年	2021 年
范围	[8.05,21.14]	[10.56,22.08]	[10.32,21.60]	[7.93,17.83]	[9.03,25.11]	[12.95,25.85]	[11.55,27.95]
平均值	12.79	15.93	13.87	14.14	15.53	18.34	17.42

资料来源：作者整理。

表 5-4 2015—2021 年各年度发行 RMBS 产品入池基础资产加权平均剩余期限

单位：年

时间	2015 年	2016 年	2017 年	2018 年	2019 年	2020 年	2021 年
范围	[5.18,14.84]	[7.68,19.64]	[7.16,18.69]	[4.34,14.97]	[6.94,22.09]	[7.30,22.95]	[8.72,25.58]
平均值	9.50	12.02	10.67	10.82	11.33	13.68	13.17

资料来源：作者整理。

2. 贷款金额相对较高

随着住房价格的上涨，个人住房贷款金额也有增加趋势，尤其在能级较高的一二线城市表现得更为显著。对于商业性个人住房贷款，原则上在满足贷款发放要求的前提下贷款金额没有限制；对于公积金个人住房贷款，各地根据公积金管理中心的贷款发放政策会设置相应的贷款金额上限。

表 5-5　2015—2021 年各年度发行 RMBS 产品入池基础资产平均单笔本金余额

单位：万元

时间	2015 年	2016 年	2017 年	2018 年	2019 年	2020 年	2021 年
范围	[13.69,78.45]	[14.51,83.80]	[16.98,78.13]	[18.86,60.74]	[19.42,85.37]	[16.25,113.83]	[20.58,120.17]
平均值	34.67	38.49	31.35	27.71	32.68	39.64	40.67

资料来源：作者整理。

3. 标准化程度较高

由于个人住房贷款对房地产市场具有一定的调节功能，其本身也具备了一定的政策调节属性，因而从发放政策要求来看个人住房贷款的标准化程度较高，主要表现为贷款利率要求较为明确、还款方式选择少以及担保要求较为严格。

贷款利率方面，商业性个人住房贷款的利率类型包括固定利率和浮动利率，其中浮动利率占比较大，其利率基准自 2019 年起由相应期限的贷款基准利率调整为贷款市场报价利率（LPR）。截至 2021 年末，存量商业性个人住房贷款的利率已经基本完成 LPR 加点形式的转换，新发放的商业性个人住房贷款各地会根据调控政策设置明确的加点区间。公积金个人住房贷款利率按照国家规定的公积金利率执行。截至 2021 年末，公积金个人住房贷款的利率沿用 2015 年 8 月制定的标准。从已发行的 RMBS 产品来看（见表 5-6），2015—2021 年商业银行各年度发行产品入池基础资产加权平均利率的平均值为 4.55%~5.80%；公积金管理中心各年度发行产品入池基础资产加权平均利率的平均值为 3.27%~4.11%。

表 5-6　近年来已发行 RMBS 产品入池基础资产加权平均利率　单位:%

时间		2015 年	2016 年	2017 年	2018 年	2019 年	2020 年	2021 年
商业银行	范围	[4.31,6.88]	[4.02,5.70]	[4.22,4.99]	[4.50,4.98]	[4.24,5.50]	[3.83,5.65]	[4.17,5.39]
	平均值	5.80	4.55	4.71	4.84	4.77	4.74	4.90
公积金管理中心	范围	[3.81,4.27]	[3.26,3.28]	—	—	—	—	—
	平均值	4.11	3.27	—	—	—	—	—

资料来源：作者整理。

还款方式方面，个人住房贷款的还款方式以等额本金和等额本息为主，借款人对于还款方式的选择较少。其中等额本金由于前期的还款金额较高，对借款人的收入要求会更高。

担保方式方面，个人住房贷款的最低担保要求是以所购住房抵押，并且债权人享有第一顺位抵押权。从风险管理的角度看，一方面，贷款发放机构会限制贷款发放时的贷款价值比（LTV）；另一方面，贷款发放机构可能会要求借款人提供额外的担保措施。对于期房个人住房贷款，在取得所购住房不动产权证书之前需要办理抵押预告登记，通常商业性个人住房贷款会要求房地产开发企业提供阶段性保证；公积金个人住房贷款也要求有相应的担保公司提供阶段性保证，但根据各地政策不同，公积金个人住房贷款对期房的阶段性担保和反担保措施会有所差异。从已发行的 RMBS 产品来看（见表 5-7），2015—2021 年各年度发行产品入池基础资产加权平均初始起算日 LTV 的平均值为 48.72%～51.94%。

表 5-7　2015—2021 年各年度发行 RMBS 产品入池基础资产加权平均初始起算日 LTV

单位:%

时间	2015 年	2016 年	2017 年	2018 年	2019 年	2020 年	2021 年
范围	[39.66,64.15]	[38.36,67.17]	[43.15,64.71]	[33.52,63.63]	[36.09,63.36]	[35.04,64.89]	[42.16,63.41]
平均值	50.80	51.76	51.94	49.92	48.72	49.74	48.98

资料来源：作者整理。

二、个人住房贷款的风险特征

1. 信用风险

个人住房贷款的信用风险主要来自借款人违约，违约率主要与借款人的还款能力以及还款意愿有关。个人住房贷款由于具有期限较长的特点，其所面临的风险暴露时间也较长，其间借款人由于各种原因造成其还款能力下降的概率也会相对更高。

对于个人住房贷款的违约率的分析需要重点关注借款人的人群特征。由于目前我国的个人征信体系仍处于发展和完善阶段，缺乏全社会普遍适用的个人信用评分以衡量个人住房贷款的信用质量水平，因此分析时主要依赖借款人的年龄、职业、婚姻状况、债务支出占收入的比例等指标。个人住房贷款相当于将借款人未来的收入折现并以所购房产作为抵押担保而获得的贷款。一般而言，对于年龄过低或过高、工作性质不稳定、债务负担较重的借款人，其未来收入的不确定性更大，违约率也会偏高。此外，从还款意愿的角度看，一般而言当前 LTV 越低，借款人的还款意愿越强，如出现所购房屋价值下降造成 LTV 升高甚至不能覆盖个人住房贷款余额等极端情形，借款人的还款意愿将会显著下降，违约率也会随之显著增加。

我国个人住房贷款整体信用质量表现较好。2015 年以来，我国个人住房贷款的不良率在 0.3%上下波动。

从已发行的 RMBS 产品来看（见图 5-12），截至 2021 年末，RMBS 产品基础资产累计违约率[①]整体仍处于较低水平，多数产品的累计违约率仍在 1%以下，最高值为 1.74%。其中，“建元 2005-1 个人住房抵押贷款资产证券化” 和 “建元 2007-1 个人住房抵押贷款资产证券化” 均已完成了全部优先级证券的兑付，其在优先级证券到期时的资产池累计违约率分别为 0.75%和 0.98%。

---

① 累计违约率 = ∑各产品发行后各期的违约金额/∑各产品初始起算日的资产池余额。

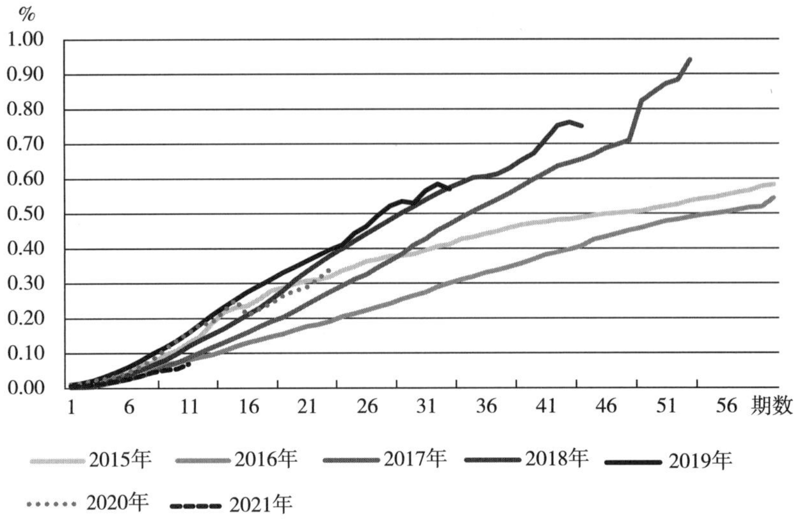

图 5-12　2015—2021 年各年度发行 RMBS 产品整体累计违约率表现

（资料来源：作者整理）

2. 回收风险

回收风险主要从抵押物的回收率与回收时间两个维度来考察。

根据个人住房贷款的发放政策，个人住房贷款的额度最高为抵押物价值的 80%，即贷款发放时的初始 LTV 最高为 80%，近年来各地根据调控政策初始 LTV 通常会更低，较低的初始 LTV 可以为抵押物价格下跌提供缓冲。此外，如果考虑抵押物价格保持稳定，随着个人住房贷款账龄的增长，LTV 会越来越低，个人住房贷款的回收率会随之升高；但如果房地产市场遇冷导致抵押物难以处置或价格大幅下跌，仍然会对个人住房贷款的回收率产生较大的负面影响。抵押物的处置回收主要考虑的是通过对抵押物的司法拍卖获得的现金回收，如果考虑快速变现的话，对于抵押物的拍卖价格还需要给予一定的折扣。抵押物的处置回收价值主要受抵押物所处地区房地产市场行情、区位因素、抵押物面积等因素影响，随着我国城镇化率的提高以及人口老龄化趋势的加快，人口净流出的低能级地区房地产市场或将面临比较大的压力。

个人住房贷款处置抵押物的回收时间主要与抵押物所在地区的经济环境和司法环境有关，如果抵押物所在地区出现法拍房数量增多、法院案件积压等问题，将会延长抵押物的回收时间。

3. 早偿风险

个人住房贷款的早偿可以分为部分早偿和全部早偿，其中部分早偿通常为借款人通过提前偿还部分本金以达到降低还款压力的目的，全部早偿通常为借款人为置换房产或解抵押再融资等而全部结清贷款。

从已发行的 RMBS 产品来看（见图 5-13），RMBS 产品基础资产的早偿率①近年来基本在 10%上下波动。RMBS 产品的早偿率表现与房地产市场的活跃程度具有一定的相关性。2016 年，在房地产市场活跃度较高的背景下，RMBS 产品基础资产的早偿率于当年 9 月达到近年来峰值 18.43%。2017 年之后，随着房地产市场调控政策的出台，房地产市场活跃度受到一定抑制，RMBS 产品基础资产的早偿率下降至 8%附近。2020 年，受到新冠肺炎疫情影响，RMBS 产品基础资产的早偿率于当年 2 月降至近年来低点 3.84%，之后随着疫情得到有效控制以及房地产市场回暖，RMBS 产品基础资产的早偿率也逐步回升至 10%以上区间。2021 年，RMBS 产品基础资产的早偿率呈前高后低走势，2021 年 5 月之后，受房地产行业调整等因素影响，早偿率波动下降。此外，公积金管理中心发起的产品基础资产早偿率具有更强的周期性，近年来其入池资产的早偿率通常在每年 4 月和 9 月各有一次峰值。

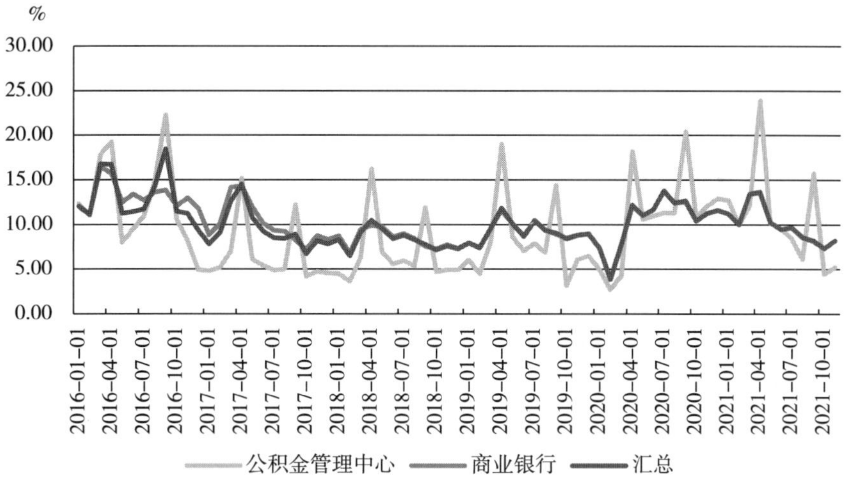

图 5-13　2016—2021 年 RMBS 产品基础资产早偿率

（资料来源：作者整理）

2021 年 10 月，全国银行间同业拆借中心正式发布 RMBS 条件早偿率指数。如图 5-14 所示，2020 年 4 月受新冠肺炎疫情影响指数降至低点，之后逐步回

① 早偿率=∑各产品存续期各月的早偿金额/∑各产品当月月初的资产池余额，已年化处理，其中存续期首期早偿率未计入早偿率统计范围。

升，2021 年 5 月之后受房地产行业调整等因素影响指数波动下降，2022 年随着房地产调控适当放松指数有了小幅回升。

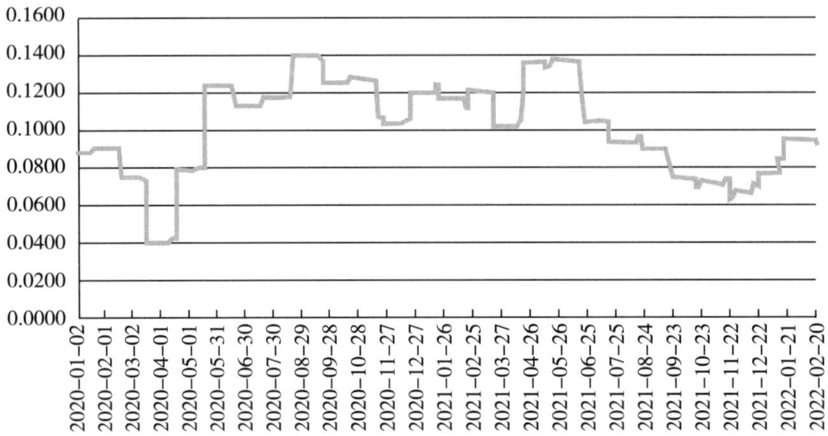

图 5-14 RMBS 条件早偿率指数

（资料来源：中国货币网）

4. 利率风险

个人住房贷款的利率以浮动利率为主。目前商业性个人住房贷款的浮动利率随 LPR 调整，调整周期通常为 1 年，调整日通常为调整年的对月对日或调整后下一年的 1 月 1 日；公积金个人住房贷款利率随国家规定的公积金利率标准调整，调整日通常为利率标准调整后下一年的 1 月 1 日。对于 RMBS 产品而言，证券端利率可能为固定利率或仍以 LPR 改革前的基准利率作为定价基准，若人民银行后续下调个人住房贷款的利率基准，RMBS 产品或将面临一定的利率调整时间错配风险和利差下降风险。

5. 预抵押风险

个人住房贷款的预抵押风险主要来自所购住房为期房的贷款。由于司法中对于抵押预告登记的效力未做明确规定，抵押权人能否通过预告登记主张行使抵押权存在一定的争议，如果借款人在尚未办理完成正式抵押登记期间发生违约，或借款人所购住房烂尾造成借款人无法居住以及无法取得不动产权证书，借款人的还款意愿或将受到一定影响。无论是哪种情况，贷款发放机构可能面临一定的贷款违约率增加以及抵押物无法处置的风险。

第三节　RMBS 尽调要点

一、资料收集

针对 RMBS 产品开展尽职调查时，需要收集的资料主要包括以下内容。

● 发起机构及个人住房贷款业务相关资料：个人住房贷款的发放机构主要为商业银行。针对发起机构，所需资料可以参考银行业企业信用分析资料清单；针对个人住房贷款业务，通常需要发起机构提供其个人住房贷款部门的内部组织结构及分工情况、个人住房贷款业务的发展情况、个人住房贷款业务受理、调查、审批及贷后管理的相关制度、逾期本息的催收程序以及合同样本等资料。

● 资产池清单：通常由发起机构提供，涵盖每笔拟入池个人住房贷款的相关信息，包括贷款相关信息字段（如合同金额、未偿本金余额、担保方式、利率类型、当前执行利率、合同期限、账龄、剩余期限、还本方式、五级分类、历史逾期情况等）、借款人相关信息字段（如性别、年龄、职业、地区、年收入、信用评分等）、抵押物相关信息字段（如抵押物类型（如住宅类型、新房/二手房等）、抵押登记状态、抵押物所处地区、房产面积、房产最新估值、贷款价值比等）。

● 历史数据：主要包括发起机构发放的、与入池资产同类型的所有个人住房贷款的静态池数据和动态池数据。

● 交易相关资料：主要包括主定义表、信托合同、贷款服务合同、资金保管合同等交易文件，以及法律意见书等。

● 测算相关资料：主要包括分层结构、分配顺序、各项费用等参数假设，以及资产池现金流归集表等。

二、访谈关注要点

个人住房贷款业务的主管部门主要为商业银行个人金融板块的个人住房金融业务部门。需要访谈的人员主要包括高级管理人员、业务管理负责人、贷前审批负责人、风险管理负责人、贷后管理负责人、逾期催收负责人、资金管理及财务负责人等。访谈时，主要关注以下几个方面。

1. 业务运营相关

- 个人住房贷款业务、宏观经济与房地产市场的整体情况：考察个人住房贷款业务的发展历程、规模增速，了解当前的宏观经济与房地产市场情况以及相关房地产调控政策，了解当前个人住房市场的供需关系、房价走势、个人住房贷款业务发展中遇到的主要问题。
- 个人住房贷款的具体展业情况：考察个人住房贷款的发放程序、各类业务占比以及市场份额，了解市场发展方向以及竞争力。其中，对于抵押物为期房的，还需要关注其对合作开发企业是否有准入标准，以及预抵押阶段的担保要求等。
- 发放标准：考察个人住房贷款的审批标准以及借款人的评分模型，了解发放个人住房贷款的主要评估指标、批复通过率以及贷款期限、额度的批复上限。
- 房产评估：由于抵押房产的价值对 LTV 有直接影响，因此还需要关注对抵押房产的评估程序、评估周期以及是否要求购买房产保险。

2. 风险管理及贷后催收相关

- 风险管理制度：考察个人住房贷款的扣款程序、宽限期及逾期罚息制度、贷后监测、风控制度、核销制度以及提前还款制度。
- 重要数据表现：了解其个人住房贷款的五级分类情况以及不良率和早偿率的表现。需关注其表现数据与历史表现数据观测值是否相符以及逾期贷款是否允许回迁。
- 逾期催收及违约处置：考察个人住房贷款的逾期催收方式、违约处置程序及处置方式，了解其个人住房贷款不同逾期阶段的回收率以及违约后不同处置方式的回收率。对于违约后通过处置抵押物实现回收的，还需要了解当前的司法环境以及对于唯一住房、预抵押登记等或有争议事项的处理办法。

3. 证券化业务相关

- 发行计划：关注发起机构开展本次证券化交易的动机、发行计划、本次入池资产筛选标准、本次交易是否有特殊设计等，便于更全面地了解本次交易。

三、资料分析关注要点

进行资料分析时，主要关注以下几个方面。

1. 制度文件

- 关注相关业务流程是否配备了完善的制度文件，业务实操是否与制度保持一致。

2. 历史数据

- 数据质量：需要核验历史表现数据中的勾稽关系是否准确、是否有回迁的情况以及与访谈中了解到的数据是否一致等影响数据质量的问题。

- 数据有效性与观测周期：需要核验每组历史数据是否高度分散并可以有效地反映基础资产的历史表现特征，通常对于 RMBS 产品需要分析至少 10 年逐月的静态池表现和动态池表现，如观测周期不满足要求，则需要根据发起机构的贷款发放政策、宏观经济及房地产市场表现、资产池特征以及同类资产表现等因素进行调整。

3. 基础资产

- 合格标准：依据资产池清单判断入池基础资产的关键字段信息是否完整准确，包括借款人信息、贷款信息、抵押物信息、借款表现信息等，同时需要核验入池基础资产是否符合合格标准要求。

- 资产池特征：依据入池基础资产信息分析其分布特征，需要重点关注借款人年龄、收入债务比、贷款已偿还期限和剩余期限、LTV、抵押物所在地区、抵押登记状态等分布特征。

- 抵押物地区经济：依据入池基础资产抵押物主要所处地区的宏观经济及房地产市场表现，分析其可能对回收造成的影响。

4. 交易结构

- 基础资产：关注基础资产的真实性、合法性、权利归属和权利负担；关注基础资产转让的合法性及有效性；关注基础资产的定义、范围及合格标准。

- 交易机制：一般需关注账户设置及回收款转付机制、现金流分配机制、循环购买机制、信用增进机制、信用触发机制的设定是否合理、完备、有效，评估这些机制设置是否会带来一定的交易风险，或者是否可以缓释交易风险。对于 RMBS 产品，特别需要关注预抵押风险、未办理抵押权登记转移风险等是否得到有效缓释。

- 其他机制安排：对于 RMBS 产品，可重点关注流动性储备、封包期利息是否入池、清仓回购等机制安排，评估其对产品风险的影响。

5. 法律意见

- 关注法律意见书中对本交易主要当事方的主体资格，交易文件的合法性，基础资产的真实性、合法性、有效性、权利归属及权利负担，基础资产转让的合法性，信托财产风险隔离的有效性等方面是否合法合规的专业意见，识别是否存在相关法律风险的提示。

第四节 RMBS 信用分析案例

本节以某单个人住房贷款资产支持证券（以下简称本交易）为例，说明如何从基础资产、交易结构、模型分析、主要风险和重要参与方等方面对 RMBS 产品进行信用分析。

表 5-8 证券概况

资产支持证券	预计发行金额（万元）	利率类型	偿还方式	偿付频率	预期到期日	法定到期日
优先 A-1 档	230000.00	浮动	固定摊还	按月	2023-04-26	2053-02-26
优先 A-2 档	330000.00	浮动	过手	按月	2024-05-26	2053-02-26
优先 A-3 档	270000.00	浮动	过手	按月	2026-03-26	2053-02-26
优先 A-4 档	269000.00	浮动	过手	按月	2028-05-26	2053-02-26
次级档	121346.85	—	过手	按月	2050-02-26	2053-02-26
合计	1220346.85	—	—	—	—	—

资料来源：评级报告，作者整理。

本交易的发起机构是中国建设银行，中国建设银行将其合法拥有、依法可以转让并且符合合格标准的个人住房贷款信托给建信信托，建信信托以该信托财产为基础发行优先级资产支持证券。中国建设银行同时为本交易的资产服务机构，杭州银行为本交易的资金保管机构。具体结构如图 5-15 所示。

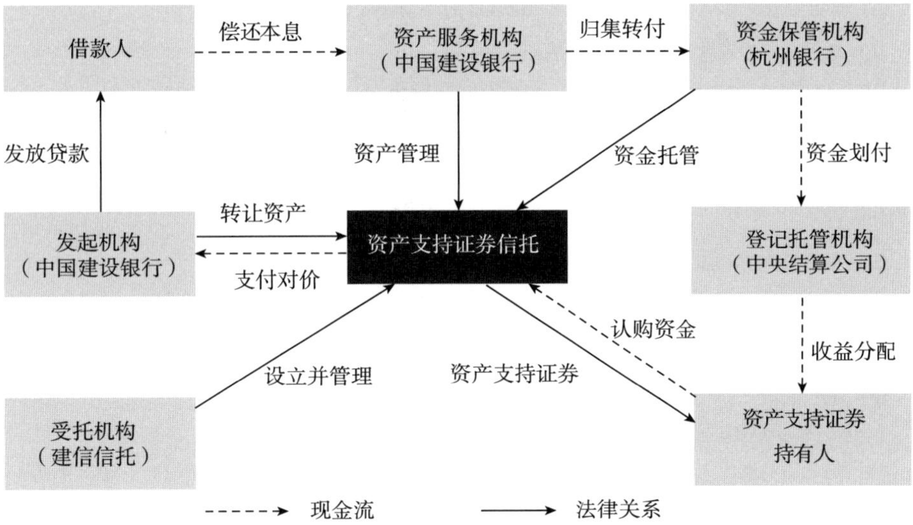

图 5-15　交易结构概况

（资料来源：评级报告，作者整理）

一、基础资产分析

1. 基础资产的审查

本交易的基础资产为中国建设银行根据《信托合同》信托予受托机构的个人住房贷款。《主定义表》中约定基础资产的合格标准如下。

基础资产合格标准
就每一笔抵押贷款及其相关附属担保权益而言，是指在初始起算日和信托生效日（以下对时间另有约定的从其约定）需满足的以下标准： **A. 关于借款人的标准** 抵押贷款发放时，借款人（含共同借款人）至少有一人为中国公民或永久居民，而且年满 18 周岁。 **B. 关于抵押贷款的标准** （a）抵押贷款已经存在并由发起机构管理； （b）抵押贷款以人民币为单位； （c）抵押贷款未根据发起机构的标准程序予以核销； （d）《贷款合同》《抵押合同》和抵押权、抵押权预告登记权益合法有效，并构成相关借款人、抵押人合法有效和有约束力的义务，债权人和抵押权人可根据其条款向借款人、抵押人主张权利； （e）于初始起算日，抵押贷款按照发起机构的五级分类属于正常类；

(f) 抵押贷款的到期日均不晚于资产支持证券的法定到期日前36个月；

(g) 抵押贷款的发放日不晚于2021年3月31日；

(h) 抵押贷款发放时，其本金金额至少为人民币10万元且不超过人民币1000万元；

(i) 抵押贷款的初始起算日本金余额至少为人民币5万元且不超过人民币1000万元；

(j) 抵押贷款发放时，其初始抵押率不超过80%（初始抵押率=《贷款合同》金额/抵押房产价值×100%）；

(k) 抵押贷款为有息贷款；

(l) 抵押贷款的初始贷款期限至少为1年且不超过30年；

(m) 抵押贷款于初始起算日的剩余期限至少为1年且不超过30年；

(n) 于初始起算日，抵押贷款为每月还本付息，而且还款方式为等额本金、等额本息或《贷款合同》明确约定的其他方式；

(o) 除非相关借款人（或其代表）全部提前偿还了所有的应付款项（包括现时的和将来的、已有的和或有的），任何借款人均无权选择终止《贷款合同》；

(p) 针对该抵押贷款或抵押权而言，发起机构和相关的借款人、担保人之间不存在尚未解决的诉讼、仲裁或执行程序。

C. 关于抵押房产的标准

(a) 于初始起算日，如果该抵押贷款已经以抵押房产作为抵押物办理抵押担保，该抵押担保已在中国相关的房地产登记机关办理完第一顺位抵押权登记手续，登记的第一顺位抵押权人为中国建设银行；于初始起算日，如果《贷款合同》《抵押合同》约定为抵押贷款设立抵押权预告登记权益的，中国建设银行为登记的抵押权预告登记权利人；

(b) 抵押房产均位于中国境内。

D. 关于发放和筛选抵押贷款的标准

(a) 在初始起算日，每份贷款合同、抵押合同的文本在所有重要方面与标准协议文本之一相同；

(b) 该抵押贷款由发起机构按照合格标准选取，然后进一步选入资产池中，整个筛选过程，没有不合理使用对信托不利的任何筛选程序；

(c) 每笔抵押贷款项下债权及抵押权（如已办理抵押权设立登记）、抵押权预告登记权益（如有）均可进行合法有效的转让；每份贷款合同、抵押合同中均无禁止转让或转让须征得借款人、抵押人同意的约定。

根据个人住房贷款及其风险特征，结合尽职调查环节对基础资产的审查，可以看出本交易基础资产合格标准的设置合理有效，符合监管要求，能够合理保证入池资产的信用质量。律师事务所出具的专业意见认为，入池基础资产是真实的，不存在权利负担，基础资产的转让合法有效。

2. 基础资产的特征

本交易入池资产具有的特征如表 5-9 所示。

表 5-9　入池资产特征

指标	数值
资产池本金余额	12203468522.22 元
资产池合同金额	15498278476.00 元
借款人数目	31085 户
贷款笔数	31134 笔
单笔贷款最高本金余额	8039103.10 元
单笔贷款平均本金余额	391965.97 元
贷款最低/最高利率	3.18%/6.71%
贷款加权平均利率	5.13%
贷款最短/最长合同期限	2.00 年/30.00 年
贷款加权平均合同期限	17.98 年
贷款最短/最长已偿还期限	0.00/22.25 年
贷款加权平均已偿还期限	3.98 年
贷款最短/最长剩余期限	1.08 年/28.67 年
贷款加权平均剩余期限	14.00 年
前 50 大借款人未偿本金余额占比	1.91%
借款人年龄分布	18.41~83.27 岁
贷款抵押物所在地区分布	分布于广东省、福建省、浙江省等 20 个省、自治区和直辖市
加权平均初始起算日 LTV	50.84%

资料来源：评级报告，作者整理。

本交易其他主要特征分布如表 5-10 所示。

表 5-10　其他主要特征分布

其他主要特征分布		余额占比	笔数占比
贷款发放日 LTV	40%以下（含 40%）	8.84%	9.28%
	40%~50%（含 50%）	10.90%	10.58%
	50%~60%（含 60%）	19.64%	19.55%
	60%~70%（含 70%）	51.86%	50.83%
	70%以上（不含 70%）	8.77%	9.76%

续表

其他主要特征分布		余额占比	笔数占比
初始起算日 LTV	40%以下（含 40%）	18.51%	24.45%
	40%～50%（含 50%）	22.43%	23.96%
	50%～60%（含 60%）	34.97%	33.42%
	60%～70%（含 70%）	21.61%	16.19%
	70%以上（不含 70%）	2.48%	1.98%
抵押登记状态	已登记	61.24%	63.58%
	预告（备案）登记	38.76%	36.42%
贷款利率类型	固定利率	4.54%	5.10%
	浮动利率	95.46%	94.90%
抵押物类型	个人一手住房	75.25%	76.95%
	个人二手住房	24.75%	23.05%

资料来源：评级报告，作者整理。

与同类产品相比，本交易入池资产加权平均剩余期限相对较长，具体特征对比如表 5-11 所示。

表 5-11　同类产品比较

项目	本产品	可比产品 1	可比产品 2
发起机构	建设银行	建设银行	工商银行
资产池本金余额（万元）	1220346.85	1190049.25	1254047.80
贷款笔数（笔）	31134	53374	29559
借款人户数（户）	31085	53365	29547
单笔平均未偿本金余额（万元）	39.20	22.30	42.43
加权平均合同期限（年）	17.98	15.77	15.54
加权平均已偿还期限（年）	3.98	5.78	2.69
加权平均剩余期限（年）	14.00	10.00	12.85
加权平均利率（%）	5.13	4.68	5.11
加权平均年龄（岁）	41.75	43.18	41.46
加权平均贷款发放日 LTV（%）	61.78	62.89	59.44
加权平均初始起算日 LTV（%）	50.84	43.21	50.63
地区分布	分布于 20 个省、自治区和直辖市	分布于 31 个省、自治区和直辖市	分布于 18 个省、自治区和直辖市
抵押物占比前三（%）			

续表

项目	本产品	可比产品 1	可比产品 2
地区 1	广东省（15.39）	广东省（20.40）	广东省（24.78）
地区 2	福建省（11.44）	河南省（12.29）	山东省（12.22）
地区 3	浙江省（9.85）	福建省（10.39）	江苏省（11.29）

资料来源：评级报告，作者整理。

二、交易结构分析

1. 账户设置与资金转付

（1）账户设置

本交易信托账户划分为四个一级分账户，即信托收款账户、信托付款账户、信托（服务转移和通知）储备账户以及信托（税收）储备账户。信托收款账户用于接收回收款，并进一步划分为收入分账户和本金分账户两个二级分账户；信托付款账户用于储备和分配回收款的应付款项，并进一步划分为信托分配（证券利息）账户、信托分配（证券本金）账户以及信托分配（费用和开支）账户三个二级分账户；信托（服务转移和通知）储备账户用于支付因更换贷款服务机构而发生的特定费用以及发送权利完善通知的费用；信托（税收）储备账户用于支付信托财产应承担的税收。

（2）转付机制

根据交易安排，受托人应授权并要求贷款服务机构按照《服务合同》的相关约定，于每个回收款转付日下午 16：00 前，将上一收款期间的所有回收款扣除执行费用（如有）后转付至信托账户内。如任何借款人就发起机构对其所欠的款项（抵销金额），与发起机构根据《信托合同》信托予受托机构的任何财产、权利、所有权、利益或收益行使抵销权，发起机构应立即将相当于该等抵销金额的款项支付入信托账户。

根据回收款转付日的定义，当贷款服务机构满足中诚信国际授予的 AA 级及更高且满足中债资信授予的 AA^+级及更高的主体长期信用等级时，回收款转付日为每个计算日后的第 5 个工作日；当贷款服务机构不满足中诚信国际授予的 AA 级及更高或中债资信授予的 AA^+级及更高的主体长期信用等级时，或委托人或受托机构根据《信托合同》的规定通知借款人、担保人、保险人（如有）将其应支付的款项支付至信托账户后，如借款人、担保人或保险人仍将回收款划付至贷款服务机构，则回收款转付日为贷款服务机构收到每笔回收款后5个工作日内的任一工作日。

同类产品的资金转付频率通常为按月，本交易提高转付频率的触发机制设置较为严格，当贷款服务机构不满足中诚信国际授予的AA级及更高或中债资信授予的AA^+级及更高的主体长期信用等级时，回收款转付频率将加快，该机制可以有效缓解本交易的混同风险。

2. 现金流分配机制

在违约事件、加速清偿事件发生前，收入分账户同顺序偿付优先A-1档、优先A-2档、优先A-3档和优先A-4档证券利息，本金分账户按照目标余额摊还方式偿付优先A-1档证券本金直至目标余额，剩余资金过手偿付优先A-2档、优先A-3档和优先A-4档证券本金直至优先档证券清偿完毕。

在加速清偿事件发生后，在偿付完优先档证券利息后将收入分账户项下所有剩余资金转入本金分账户，同顺序按未偿本金余额的比例支付优先A-1档、优先A-2档、优先A-3档和优先A-4档证券本金，直至优先档证券的本金全部清偿完毕。

在违约事件发生后，支付优先档证券利息、本金直至优先档证券清偿完毕后再偿付次级证券本金。

3. 信用触发机制

本交易设置的信用触发机制主要包括加速清偿事件、违约事件、个别通知事件等（见表5-12）。

当发生发起机构丧失清偿能力事件、贷款服务机构解任事件、累计违约率超过一定监测值等情况时，将触发加速清偿事件。

当发生受托机构未能在支付日后10个工作日内（或在有控制权的资产支持证券持有人大会允许的宽限期内）对当时应偿付但尚未清偿的最优先档的优先档资产支持证券付息，或者受托机构未能在法定到期日后10个工作日内（或在有控制权的资产支持证券持有人大会允许的宽限期内）对当时应偿付但尚未清偿的资产支持证券还本等情况时，将触发违约事件。

当发生贷款服务机构解任事件、发起机构或贷款服务机构丧失必备评级等级、发起机构丧失清偿能力事件等情况时，将触发个别通知事件。

发生加速清偿事件或违约事件后，按照《信托合同》的约定改变现金流分配顺序。

发生个别通知事件后，按照《信托合同》的约定发出权利完善通知，同时办理抵押权的转移登记手续。

可以看出，本交易的增信机制与信用触发机制设置得较为完备。

表 5-12　主要信用触发机制设置

信用事件	主要条款	触发机制
加速清偿事件	• 发起机构丧失清偿能力事件 • 贷款服务机构解任事件 • 累计违约率超过：第一年 2%，第二年 3.3%，第三年 4.5%，第四年 5.8%，第五年 7%，第六年及以后 8%	违约事件发生前、加速清偿事件发生后的现金流分配顺序
违约事件	• 最优先档的优先档证券的利息未能及时足额获得分配 • 资产支持证券的本金未能及时足额获得全部偿还	违约事件发生后的现金流分配顺序
个别通知事件	• 贷款服务机构解任事件 • 发起机构或贷款服务机构丧失必备评级等级 • 发起机构丧失清偿能力事件	发出权利完善通知，办理抵押权的转移登记手续

资料来源：评级报告，作者整理。

4. 信用支持

本交易采用优先级/次级支付机制。按照交易文件约定的现金流分配顺序，优先级证券本金先于次级证券本金获得偿付，优先级证券可以获得 9.94%的信用支持。

三、模型分析

1. 信用分析

依据个人住房贷款的主要风险特征，一般采用历史数据静态池法来推测基础资产未来的违约及损失表现，对基础资产的违约、回收以及早偿特征进行分析。信用分析依据的是建设银行提供的自 2010 年 3 月至 2020 年 3 月发放的个人住房贷款的静态池及动态池数据。

（1）违约分析

对基础资产违约特征的分析主要依据发起机构提供的静态池数据。考虑到个人住房贷款的抵押物特征和催收特征，同时为保证与市场同类交易的违约表现可比，可选用 91~120 天逾期率作为违约率的特征值来分析基础资产违约特征。根据建设银行提供的静态池数据可观察到（见图 5-16），建设银行不同月份发放的个人住房贷款累计逾期率曲线走势相对集中，反映出其对个人住房贷款产品的管理能力已较为成熟。由于个人住房贷款期限较长，目前，建设银行提供的静态池数据并不能覆盖整个产品周期，各累计逾期率曲线仍在上升。

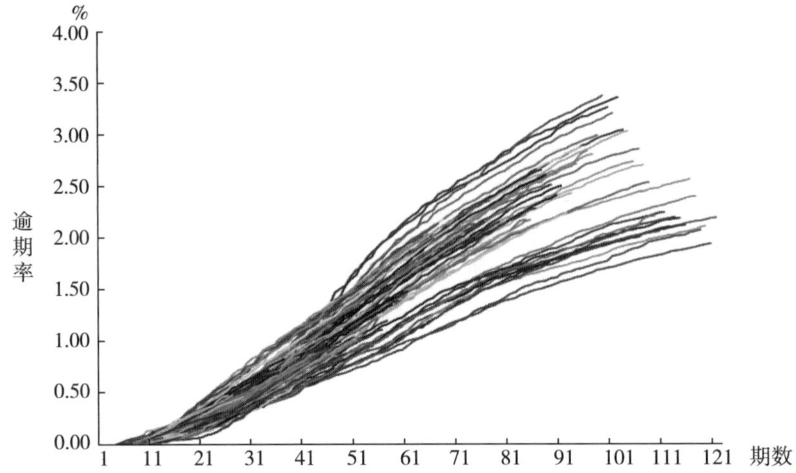

注：逾期率=91~120 天以上逾期贷款本金余额（OPB）/贷款发放月份期初本金余额（OPB）。

图 5-16　中国建设银行静态池 91~120 天历史逾期表现

（资料来源：评级报告）

在静态池数据和历史项目数据的基础上，一般会结合基础资产的账龄和剩余期限、借款人分布特征、抵押物分布特征及发起机构信贷政策和宏观经济及行业政策等因素，对上述数据进行调整，以便获得更加能反映基础资产违约特征及趋势的违约分布。

（2）回收分析

对于个人住房贷款的回收分析包括回收率分析和回收时间分析。

回收率分析：对于个人住房贷款的回收率分析主要通过逐笔考察基础资产抵押房产的评估价值、抵押权的优先顺序、抵押房产的位置、初始起算日抵押房产的抵押登记状态、初始贷款价值比、贷款发放时间等因素，同时会结合发起机构催收政策和历史、房地产行业和不良市场环境等因素设置一定的回收率上限。

回收时间分析：估计回收时间主要考虑借款人配合程度、抵押物变现的难易程度以及司法环境等因素的影响。同时，也会结合发起机构催收政策、催收历史和不良市场环境一般处置情况调整预计回收时间。

（3）早偿分析

考虑到入池资产具有不同的账龄，通常使用动态池历史数据来估计基础资产的年化早偿率。如图 5-17 所示，根据中国建设银行提供的动态池数据，该行个人住房贷款的年化早偿率主要分布在5%与10%之间。

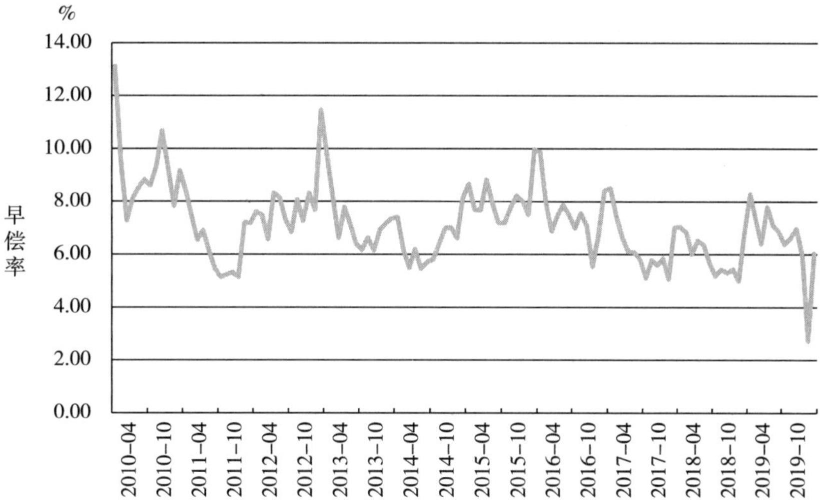

图 5-17　动态池早偿率表现

（资料来源：评级报告）

2. 现金流模型与压力测试

本部分以损失率法来评估各级证券的信用质量。现金流模型的主要参数设定如下。

（1）基础资产违约分布

根据对基础资产的违约分析，本交易适用的基础资产累计违约率分布如图5-18所示。

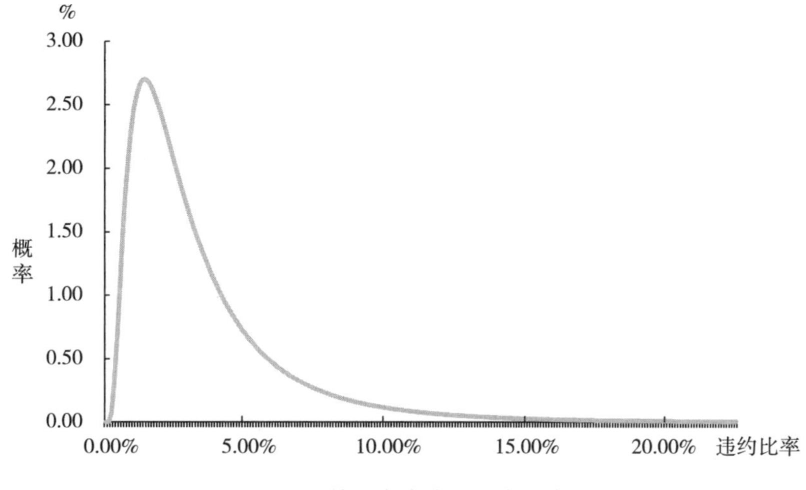

图 5-18　基础资产违约分布示意图

（资料来源：评级报告）

（2）基准违约时间分布

通过静态池历史数据可以获得基础资产违约时间分布，如图 5-19 所示。

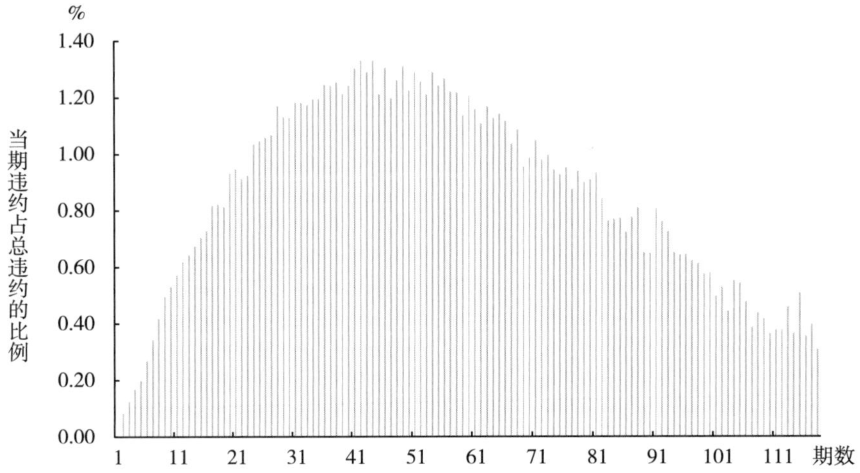

图 5-19　基础资产基准违约时间分布

（资料来源：评级报告）

（3）静态现金流入

根据基础资产还本付息计划，本交易基础资产在无违约、无早偿情况下的现金流入情况如图 5-20 所示。

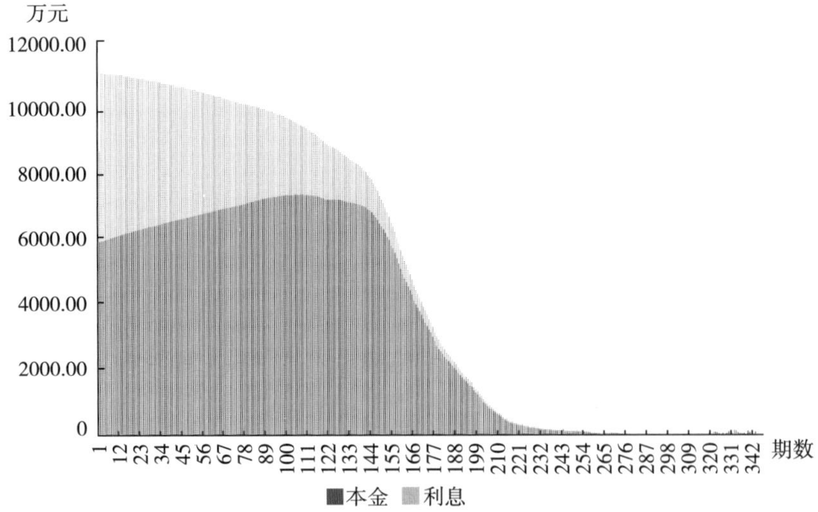

图 5-20　无违约、无早偿情况下的现金流入情况

（资料来源：评级报告）

（4）其他压力测试条件

在结合目标评级进行压力景况测试时，主要考虑回收率下降、回收时间延长、违约时间分布前置、利差下降等压力景况组合。

一般景况和严格压力景况下的模型参数如表 5-13 所示。

表 5-13　各景况下的模型参数

条件	一般景况	严格压力景况
回收率	50%~70%	30%~50%
回收时间	18 个月	24 个月
违约分布	历史分布	前置分布
早偿率	10.00%	
优先 A-1 档预期发行利率	3.06%	+50BP
优先 A-2 档预期发行利率	3.45%	+50BP
优先 A-3 档预期发行利率	3.90%	+50BP
优先 A-4 档预期发行利率	4.20%	+50BP

资料来源：评级报告。

（5）模型结果

基于现金流模型和上述参数假设，可以计算出在严格压力景况下，受评证券在不同的基础资产违约率情景下的损失程度和期限。然后结合基础资产违约分布中各违约率情景的概率，获得受评证券的期望损失率和期望期限。最后，根据预先设定的目标评级同期限的损失率要求，可获得受评证券的模型等级。

四、主要风险分析

本交易存在未办理抵押权变更登记风险、混同风险、抵销风险、流动性风险、利率错配风险。通过归集转付频率调整、信用触发事件等交易结构设计，同时考虑发起机构和资产服务机构中国建设银行所具备的良好资信水平，上述风险可以得到有效缓释。

五、主要参与方分析

北京市金杜律师事务所出具的专业意见认为，本交易发起机构中国建设银行、受托机构建信信托及其他主要参与方是依据中国法律有效存续的法律主体，具有完全的民事权利能力和民事行为能力签署、交付和履行其作为一方的交易文件。

通过尽职调查环节的访谈与审查，可以看出，建设银行作为本交易的发起机构和资产服务机构，证券化经验丰富，具备履行其相应职责的能力；本交易的资金保管机构、受托机构等参与机构具备履行其相应职责的能力。

第五节　Q&A

Q：对于 RMBS 产品，组合贷款是否可以入池？

A：目前监管机构对于组合贷款是否可以入池无明确要求，从已发行的 RMBS 产品来看，通常商业银行发起的 RMBS 产品会在入池资产合格标准中明确约定抵押贷款不属于组合贷款，而公积金管理中心发起的 RMBS 产品通常没有相关限制。

Q：发起机构历史数据尚不足 10 年，是否可以发行 RMBS 产品？

A：目前监管机构对于历史数据的观测期无明确要求，但历史数据静态池及动态池是分析入池资产信用表现的主要依据，由于个人住房贷款的期限较长，同时考虑风险暴露以及经济周期等因素，在分析个人住房贷款历史信用表现时，至少需要观测 10 年的历史数据。如果发起机构历史数据尚不足 10 年，通常会更审慎地考虑发起机构的贷款发放政策、宏观经济以及行业表现特征等因素对信用质量的影响，并在参数假设上进行一定调整。

Q：近几年新冠肺炎疫情以及房地产市场调控对 RMBS 产品的表现是否有影响？

A：从已发行的 RMBS 产品来看，2020 年疫情暴发期间 RMBS 产品基础资产的逾期率确实有显著提高，但 2021 年以来逾期率已基本回落至疫情前的水平；从基础资产的违约率来看，截至 2021 年末，RMBS 产品基础资产累计违约率整体来看仍处于较低水平。房地产市场调控造成房地产市场风险挤出显现，部分房企发生流动性风险，房地产市场活跃度受到抑制，目前对于 RMBS 产品的冲击有限，但仍需要持续关注房地产市场与金融市场联动导致的风险。

Q：预抵押登记贷款入池对 RMBS 产品有什么影响？

A：预抵押登记贷款的风险主要来自所购住房为期房的贷款，如果借款人在尚未办理完成正式抵押登记期间发生违约，或借款人所购住房烂尾造成借款人无法居住以及无法取得不动产权证书，借款人的还款意愿或将受到一定影响。无论是哪种情况，贷款发放机构可能面临一定的贷款违约率抬升以及抵押物无法处置的风险。虽然目前监管机构对于预抵押登记贷款入池没有明确的比例限制，但在信用分析过程中仍需综合考虑贷款发放机构对于合作楼盘及开发企业的准入标准、预抵押登记贷款所处城市能级以及本金余额占比情况，并酌情进行压力测试。

第六章

个人汽车贷款证券化产品信用分析

个人汽车贷款证券化产品（以下简称个人汽车贷款 ABS 或车贷 ABS）的基础资产是个人汽车贷款。个人汽车贷款是汽车金融的重要组成部分，是指贷款人——在我国主要为商业银行、农村合作银行、农村信用社以及汽车金融公司、汽车集团财务公司等获准经营汽车贷款业务的非银行金融机构——向个人借款人发放的用于购买汽车（含二手车）的贷款。从形式看，既包括个人在购车时专门向贷款人申请的贷款，也包括使用信用卡分期购车而形成的应收款。

第一节　我国个人汽车贷款行业概况

一、我国汽车行业的发展历程

个人汽车贷款作为促进家庭消费、多元化商业银行业务收入来源的一种工具，是伴随我国汽车行业的发展而发展起来的。我国汽车产业起源于 20 世纪 50 年代，经过 70 多年的发展，目前已形成多品种、全系列的各类整车和零部件生产及配套体系，连续十多年位居世界第一汽车生产国。随着工业技术水平的提高和汽车产业集群效应的显现，汽车行业已成为我国国民经济的重要支柱产业之一。

初创阶段（1950—1965 年）：实现中国汽车工业零的突破

我国在新中国成立初期便决定发展自己的汽车工业。1953 年，第一汽车制造厂（以下简称一汽）在长春动工兴建，这是中国有史以来第一次建设自己的汽车厂。1956 年，第一辆国产汽车——“解放牌”载货汽车驶下总装配生产线，结束了中国不能批量制造汽车的历史。1958 年，中国第一辆自行研制生产的轿车——“东风牌”和第一辆高级轿车——“红旗牌”先后在一汽诞生，开启了我国民族轿车工业的新篇章。之后，我国陆续在南京、上海、济南、北京等地成立了汽车生产基地。

成长阶段（1966—1978 年）：重型汽车为主的产品体系初现

20 世纪 60 年代后期，为满足重型载货汽车的需求，第二汽车制造厂（以下简称二汽）、四川汽车制造厂、陕西汽车制造厂以及相关配套厂先后兴建投产。经过十余年的发展，我国汽车年产量达到近 20 万辆，逐渐形成了以重型载货汽车和越野汽车为主体的汽车产品体系。

转型阶段（1979—2000年）：合资企业入场，明确以发展乘用车为主

20世纪70年代末，中国汽车工业发展进入瓶颈期，不但在产量上提升较慢，产品结构也以重型载货汽车为主，小型轿车的发展相对滞后。改革开放后，在党和国家领导人的推动下，“中外合资”成为中国汽车工业发展的新途径之一。20世纪80年代中期，中美合资的北京吉普、中德合资的上海大众、中法合资的广州标致及引进日本技术的天津夏利相继成立。

决定大力发展乘用车是这一阶段的另一个突出特征。1987年国务院北戴河会议专门讨论发展乘用车工业问题，确定了一汽、二汽（东风汽车）、上汽三个大型乘用车生产基地。这次会议回答了我国要不要发展乘用车工业这个争论，对之后乘用车国产化、提升轿车工业的地位具有深远的战略意义。1994年发布的《汽车工业产业政策》则首次提出鼓励汽车消费，允许私人购车。在一系列政策的推动下，到20世纪90年代末，我国汽车产量几乎达到了70年代末的10倍。

全面发展阶段（2001年至今）：产销规模大幅增长，新能源汽车与自主品牌兴起

进入21世纪，随着我国经济持续快速增长与居民收入水平提高，我国汽车工业的市场规模和生产规模迅速扩大，向汽车产销大国迈进。2009年，我国汽车全年产销量首次超过美国，跃居世界第一（见图6-1）。特别是随着我国汽车产业的整体提升与进步，自主品牌不断发展壮大，近十年平均市场占有率保持在四成左右（见图6-2）。

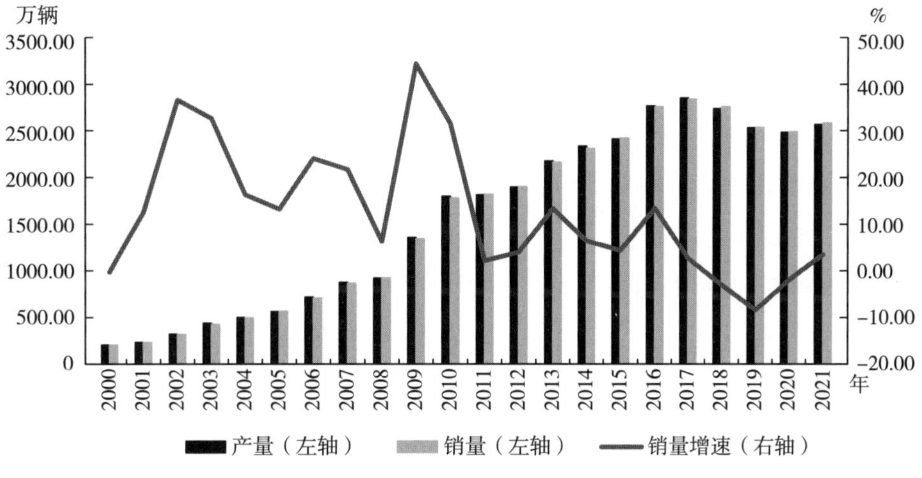

图6-1　近年来我国汽车产销量及销量增速情况

（资料来源：Wind）

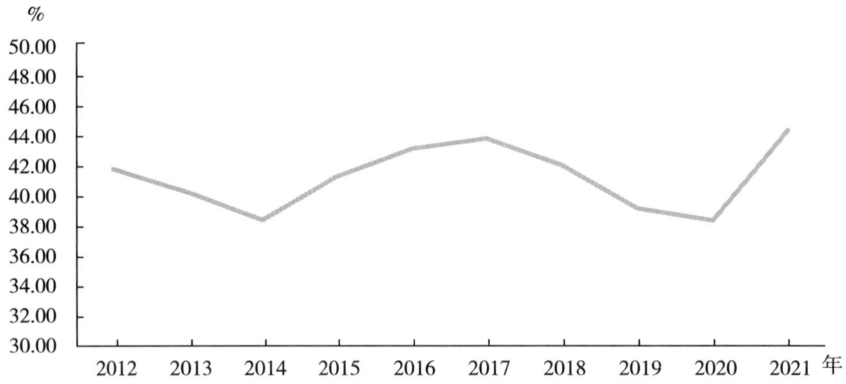

图 6-2　近十年我国自主品牌乘用车市占率

（资料来源：盖世汽车）

2009 年发布的《汽车产业调整和振兴规划》提出“启动国家节能和新能源汽车示范工程，由中央财政安排资金给予补贴”。之后，国家出台了一系列鼓励新能源汽车推广应用的政策。针对新能源汽车生产企业的补贴政策从试点城市推广到试点地区并在 2015 年面向全国推广，2013 年适用车辆类型从乘用车推广到商用车。需求端，通过减免车辆购置税、发放购车补助或奖励、放宽购车资格等，鼓励购置新能源汽车。

多措并举之下，经过多年持续努力，我国新能源汽车产业技术水平显著提升、产业体系日趋完善、企业竞争力大幅增强，产业进入叠加交汇、融合发展新阶段。2021 年我国新能源汽车保有量达到 784 万辆（见图 6-3），占我国汽车总量的 2.6%，占全球新能源汽车保有量的一半左右，是全球最大的新能源汽车市场。更重要的是，以蔚来、理想、小鹏为代表的国产造车新势力品牌脱颖而出。随着国产造车新势力品牌的崛起，自主品牌在新能源市场中的优势更为凸显，2021 年新能源汽车销量前 10 的厂商中，自主品牌独占 9 个名额（其中新势力品牌占 3 个名额），占市场近七成的份额，有望通过新能源实现“弯道超车”。图 6-4 给出了 2021 年新能源汽车销量前 10 的厂商及其市场份额。

整体来看，进入 21 世纪以来，我国宏观经济总体呈现持续快速增长局面，居民收入水平稳步提高，汽车的普及率明显提高，对我国汽车行业快速发展起到了推动作用。受多重因素影响，过去几年我国汽车销售增速有所放缓。2021 年以来，新冠肺炎疫情后经济复苏叠加持续的促消费政策的带动，国内汽车市场需求不断释放，尽管芯片短缺一度造成汽车阶段性供应紧张，但全年产销量仍小幅增长。财务状况方面，2020 年以来汽车行业重点企业债务规模有所上升，杠杆比例和偿债能力存在分化现象，国有大型汽车集团杠杆水平较低，偿债能力强，部分自主品牌和新能源车企偿债压力偏大。未来，需要关注新能源汽车推广应用补贴退坡以及疫情等不可控因素对汽车市场的影响。

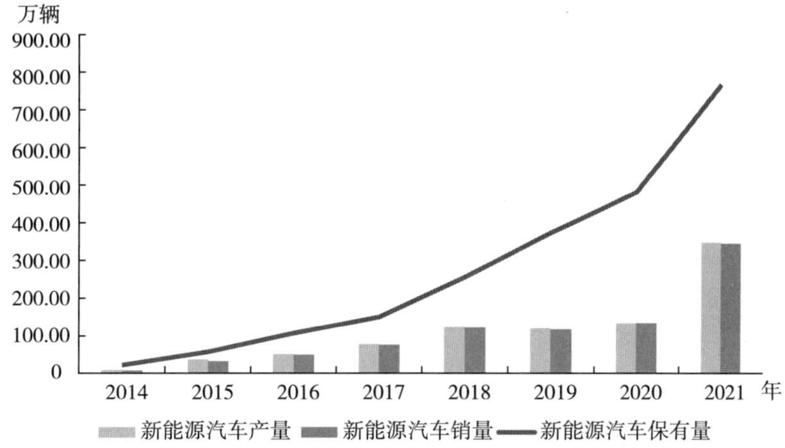

图 6-3　近年来我国新能源汽车产销量及保有量

（资料来源：Wind、Choice、中国汽车工业协会）

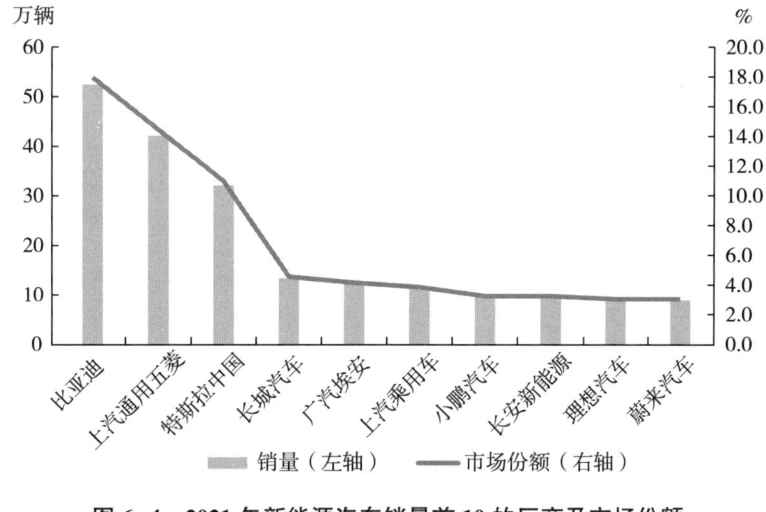

图 6-4　2021 年新能源汽车销量前 10 的厂商及市场份额

（资料来源：大搜车智云）

二、我国个人汽车消费金融行业概况

广义的汽车金融是指以汽车主机厂为核心，向产业链的上下游直至终端消费者衍生出来的针对企业、个人等主体的各类金融产品，是贯穿汽车的生产、流通、销售、使用、回收等各个环节的金融服务，主要包括汽车批发金融、汽车消费金融（即汽车零售金融）和汽车保险。狭义的汽车金融是指汽车消费金融，更多地关注汽车销售环节，为终端消费者提供融资性金融服务，隶属于消费金融的分支。本书使用狭义的汽车金融概念，即个人汽车消费金融，主要包括汽车贷款和汽车融资租赁两种形式。在我国，个人汽车贷款业务起步早、发展相对成熟，汽车融资租赁业务则相对滞后。

根据《中国汽车工业年鉴》披露的汽车信贷数据，21 世纪初期，我国个人汽车消费金融规模基数小、增速快，年均复合增长率高达 164%；2003—2007 年，由于坏账率高企，各大银行一度暂停汽车消费信贷业务，汽车消费信贷规模年均复合增长率为-12%，截至 2007 年末，个人汽车消费金融规模仅余 1107 亿元；之后，伴随消费理念的改善和政策法规的指引，车贷年均复合增长率回升至 20%左右，整体增长态势渐趋稳定（见图 6-5）。

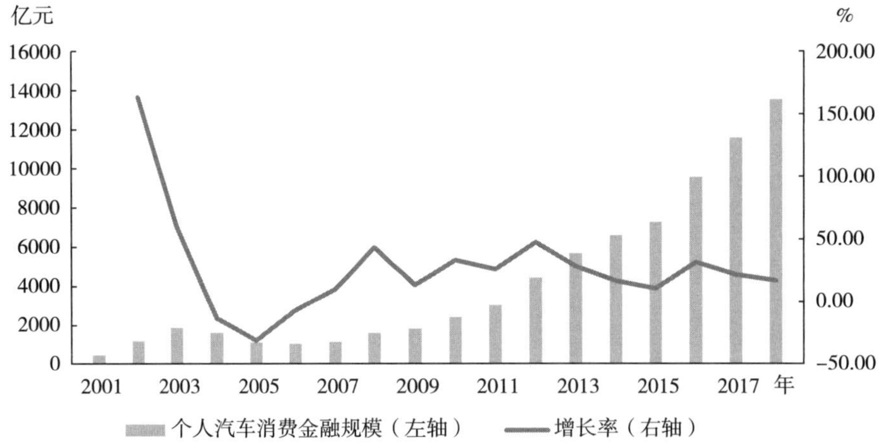

图 6-5　2001 年以来我国个人汽车消费金融规模及增速

（资料来源：2001—2015 年数据引自《中国汽车工业年鉴》，2016—2018 年数据引自中研普华产业研究院）

萌芽阶段（1993—1996 年）：汽车金融概念初现，市场规模较小

汽车金融行业在国外已经有近百年的发展历史，而在中国仍是一个新兴的行业。我国汽车消费金融诞生于20世纪90年代。1993年，北方兵工汽车贸易有限公司提出分期付款购车的概念，汽车消费金融开始萌芽。1995年，金融机构入场，各大汽车生产厂商联合部分国有商业银行尝试性开展汽车消费金融业务，后因相关参与机构缺乏经验和有效的风险控制手段，加上我国个人信用体系未建设完备等因素，该类业务在1996年被中国人民银行叫停。

这一时期，受金融市场环境以及居民消费观念等因素影响，汽车消费金融尚未被消费者所广泛接受和认可，因此总体规模十分有限。

爆发阶段（1997—2002年）：首次在政策层面得到认可，汽车金融高速发展

20世纪90年代后期，我国汽车工业进入高速增长阶段，助推个人汽车消费金融发展。中国人民银行于1998年和1999年先后发布《汽车消费贷款管理办法（试点办法）》和《关于开展个人消费信贷的指导意见》，汽车消费金融得到监管部门的认可，个人汽车消费信贷正式起步。2000年，中国人民银行发布《企业集团财务公司管理办法》，允许汽车财务公司开展汽车消费信贷。同时期，各大保险公司陆续推出车贷险业务。在多种因素的共同驱动下，我国汽车消费金融出现了前所未有的繁荣景象。

转型调整阶段（2003—2007年）：监管机构规范市场，汽车金融公司入场

随着汽车消费金融业务的快速发展与扩张，竞争也逐渐加剧，商业银行不断放宽贷款条件和范围，风险控制环节趋于弱化，潜在风险持续积累。2003年下半年开始风险逐渐暴露，大量坏账出现，银行转而加大风控力度，提高放贷门槛，车贷险赔付压力猛增，汽车消费金融业务急剧萎缩。为规范市场，监管部门陆续出台相关政策，汽车消费金融业务开始了转型调整期。

根据中国加入世界贸易组织（WTO）的承诺，银监会于2003年10月和11月先后颁布了《汽车金融公司管理办法》和《汽车金融公司管理办法实施细则》，正式开放国内汽车消费信贷及相关业务，允许国内外符合条件的机构在国内开办汽车金融公司，汽车金融公司这一新兴的资金渠道开始受到关注。鉴于国内消费金融的环境尚不成熟，2003年颁布的《汽车金融公司管理办法》和《汽车金融公司管理办法实施细则》较为审慎，对汽车金融公司的业务经营做了较多限制，特别是仅允许汽车金融公司通过股东存款以及银行借款进行融资，严格限制汽车金融公司的融资渠道，使融资问题成为长期阻碍汽车金融公司快速发展的“瓶颈”。与此同时，国外通行的汽车租赁业务也没能纳入汽车金融公司的业务范围。2004 年 3 月，中国保险监督管理委员会叫停车贷险业务。2004 年 8 月，中国人民银行、银监会联合发布《汽车贷款管理办法》，进一步规范汽车消费金融业务。同月，中国第一家汽车金融公司——上汽通用汽车金融有限责任公司成立，汽车金融公司正式入场。2005 年，商务部发布《外商投资租赁业管理办法》，正式明确融资租赁标的物包括汽车。

在这一时期，中国汽车消费金融开始向专业化、规模化转型，保险公司的车贷险业务在整个汽车消费金融市场的作用逐渐淡化，更为专业的汽车金融服务商初现，商业银行与汽车金融公司开始进行全面竞争。

全面发展阶段（2008 年至今）：多元化竞争格局形成

上汽通用汽车金融有限责任公司成立后，大众汽车金融、丰田汽车金融、福特汽车金融、梅赛德斯-奔驰汽车金融等活跃于国际市场的汽车金融公司陆续进入中国，引入了先进的业务模式和风控技术。随着汽车金融公司在中国的快速发展，为了促进汽车金融行业健康发展和完善监管，2008 年 1 月，新版《汽车金融公司管理办法》（以下简称《办法》）发布。《办法》提高了准入门槛，拓宽了业务范围和融资渠道，设置了更科学的风险监管指标，对外包业务提出了监管要求，为汽车金融公司的发展提供了相对宽松的政策环境。《办法》允许汽车金融公司开展汽车融资租赁业务，为汽车金融公司提供了一个新的利润增长点，使得汽车金融公司有望与国际接轨，形成零售贷款、批发贷款和融资租赁三大核心业务。2009 年，国务院发布《汽车产业调整和振兴规划》，支持骨干汽车生产企业加快建立汽车金融公司，开展汽车消费信贷等业务。自此，我国汽车消费金融业务快速发展，汽车金融公司逐渐成为市场重要参与方之一（见图 6-6），渗透率不断提高。2013 年，互联网金融兴起，互联网汽车金融公司和汽车租赁公司作为新兴力量进入市场，商业银行、汽车金融公司、汽车租赁公司、互联网汽车金融公司多元主体并存的局面逐渐形成。

2016 年，中国人民银行和银监会联合发布《关于加大对新消费领域金融支持的指导意见》，提出要加快推进消费信贷管理模式和产品创新，拓宽消费金融机构多元化融资渠道，大力发展个人汽车等零售类贷款信贷资产证券化业务，强有力地推动了汽车消费金融的增长。2016 年 7 月，交通运输部、工业和信息化部等七部门联合发布《网络预约出租汽车经营服务管理暂行办法》，网约车运营合法化，带动汽车租赁行业发展。

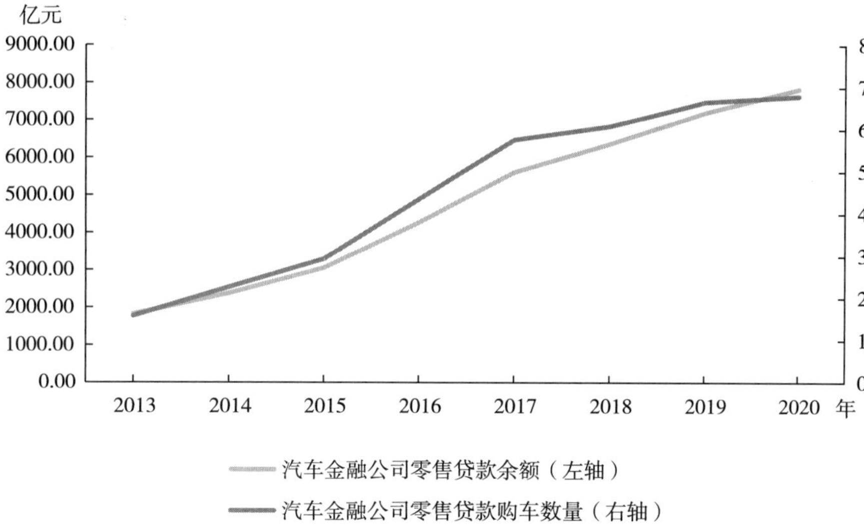

图 6-6　2013—2020 年汽车金融公司零售贷款余额及零售贷款购车数量

（资料来源：中国银行业协会，历年《中国汽车金融公司行业发展报告》）

2017 年 4 月，商务部发布《汽车销售管理办法》，打破汽车销售品牌授权单一体制，促进汽车流通渠道多元化，市场导向作用更加明显；鼓励发展共享型、节约型、社会化的汽车销售和售后服务网络，并助力汽车流通网络向三四线城市和农村地区下沉。2017 年 10 月，中国人民银行、银监会联合发布修订后的《汽车贷款管理办法》，降低二手车的门槛、增加新能源汽车的定义，同时还取消了汽车贷款中的强制担保要求，汽车贷款准入门槛进一步降低。11 月，中国人民银行和银监会联合发布《关于调整汽车贷款有关政策的通知》，进一步明确了各类型汽车贷款最高发放比例要求，其中二手车贷款比例由 50% 提高到 70%，新能源汽车贷款比例为 85%，较传统动力汽车贷款比例提高 5 个百分点。该通知有助于进一步释放社会多元化消费潜力，推动绿色环保产业经济发展，提升汽车消费信贷市场供给质效。2018 年 9 月，中共中央、国务院印发《关于完善促进消费体制机制进一步激发居民消费潜力的若干意见》，明确提出促进汽车消费优化升级，严格汽车产品质量监管，全面取消二手车限迁政策，同时鼓励农村地区的汽车消费。

2018 年以来，受宏观经济增速回落等因素影响，我国汽车市场景气度持续低迷。2020 年初的新冠肺炎疫情更是对汽车行业产生了冲击。2020 年 3 月以来，随着疫情在国内得到有效控制以及在中央及地方出台促进汽车消费政策的带动下，汽车企业生产经营状况逐渐恢复并持续好转，行业产销加速回暖。总体来看，得益于复工复产的有序推进以及系列促消费政策的出台，国内汽车消费需求逐渐释放，为汽车金融行业发展迎来利好。

表 6-1　中国汽车金融行业相关产业政策及法规

时间	发布部门	文件/政策	内容或影响
1998 年	中国人民银行	《汽车消费贷款管理办法（试点办法）》	四家国有商业银行开展汽车消费贷款试点。规范汽车消费贷款管理，维护借贷双方的合法权益。规定了贷款条件、贷款期限、利率和限额、贷款程序、汽车消费贷款担保等要素。
1999 年	中国人民银行	《关于开展个人消费信贷的指导意见》	促进和规范个人消费信贷业务的健康有序发展。
2000 年	中国人民银行	《企业集团财务公司管理办法》	允许汽车财务公司开展汽车消费信贷业务。
2003 年	银监会	《汽车金融公司管理办法》《汽车金融公司管理办法实施细则》	明确汽车金融公司为中国境内的汽车购买者及销售者提供贷款的非银行金融企业法人。规定了设立汽车金融公司应具备的条件，汽车金融公司的业务范围和监督管理等。
2004 年	中国人民银行、银监会	《汽车贷款管理办法》	允许商业银行、城乡信用社及持牌非银行金融机构开展汽车贷款业务。汽车贷款期限不得超过 5 年，其中，二手车贷款期限不得超过 3 年，经销商汽车贷款期限不得超过 1 年。自用车、商用车贷款首付比例分别不低于 20%、30%，二手车贷款首付比例不低于 50%。
2005 年	商务部	《外商投资租赁业管理办法》	正式明确融资租赁标的物包括汽车。
2008 年	银监会	《汽车金融公司管理办法》	拓宽汽车金融公司的业务范围、融资渠道等。从准入条件、业务范围、风险管理指标等方面进行修改。允许汽车金融公司发行金融债券、从事同业拆借、提供购车贷款、提供汽车融资租赁业务（售后回租业务除外）、从事与汽车金融业务相关的金融机构股权投资业务等。
2009 年	国务院	《汽车产业调整和振兴规划》	支持符合条件的国内骨干汽车生产企业建立汽车金融公司。促进汽车消费信贷模式多元化，推动信贷资产证券化规范发展，支持汽车金融公司发行金融债券。

续表

时间	发布部门	文件/政策	内容或影响
2016年	中国人民银行、银监会	《关于加大对新消费领域金融支持的指导意见》	鼓励汽车金融公司业务产品创新。新能源汽车和二手车贷款业务可分别在15%和30%最低要求基础上，自主决定首付款比例。鼓励汽车金融公司等发行金融债券，简化债券发行核准程序。鼓励符合条件的汽车金融公司通过同业拆借市场补充流动性。大力发展个人汽车、消费、信用卡等零售类贷款信贷资产证券化，盘活信贷存量，扩大消费信贷规模，提升消费信贷供给能力。
2016年	交通运输部等七部门	《网络预约出租汽车经营服务管理暂行办法》	网约车运营合法化，带动汽车租赁行业发展。
2017年	商务部	《汽车销售管理办法》	打破汽车销售品牌授权单一体制，促进汽车流通渠道多元化，市场导向作用更加明显；鼓励发展共享型、节约型、社会化的汽车销售和售后服务网络，并助力汽车流通网络向三四线城市和农村地区下沉。
2017年	中国人民银行、银监会	《汽车贷款管理办法》	降低二手车的门槛、增加新能源汽车的定义。取消了汽车贷款中的强制担保要求，汽车贷款准入门槛进一步降低。
2017年	中国人民银行、银监会	《关于调整汽车贷款有关政策的通知》	自用、商用传统动力汽车贷款最高发放比例分别为80%、70%；自用、商用新能源汽车贷款最高发放比例分别为85%、75%；二手车贷款最高发放比例为70%。
2018年	中共中央、国务院	《关于完善促进消费体制机制进一步激发居民消费潜力的若干意见》	促进汽车消费优化升级。严格汽车产品质量监管。鼓励发展共享型、节约型、社会化的汽车流通体系，全面取消二手车限迁政策。实施好新能源汽车免征车辆购置税、购置补贴等财税优惠政策。加强城市停车场和新能源汽车充电设施建设。丰富新能源汽车等绿色消费品生产。鼓励和引导农村居民增加汽车等消费。
2019年	国家发展改革委、生态环境部、商务部	《推动重点消费品更新升级畅通资源循环利用实施方案（2019—2020年）》	鼓励银行等金融机构优化资源配置和业务布局，增加地级及以下城市和农村地区汽车金融服务的有效供给。针对细分市场提供特色金融服务，适应多样化汽车消费需求。利用金融科技手段优化产品定价、简化抵押贷款等业务办理流程，提高风险控制能力。积极创新汽车金融消费信贷产品，规范汽车金融服务费收取标准，切实保障消费者权益。

续表

时间	发布部门	文件/政策	内容或影响
2019 年	国务院	《关于加快发展流通促进商业消费的意见》	鼓励金融机构对居民购买新能源汽车等绿色智能产品提供信贷支持，加大对新消费领域的金融支持力度。
2020 年	国家发展改革委等 11 个部门	《关于稳定和扩大汽车消费若干措施的通知》	鼓励金融机构积极开展汽车消费信贷等金融业务，通过适当下调首付比例和贷款利率、延长还款期限等方式，加大对汽车个人消费信贷支持力度，持续释放汽车消费潜力。
2020 年	银保监会	《关于促进消费金融公司和汽车金融公司增强可持续发展能力、提升金融服务质效的通知》	适当降低拨备监管要求。支持汽车金融公司通过银行业信贷资产登记流转中心开展正常类信贷资产收益权转让业务，进一步盘活信贷存量。支持符合许可条件的汽车金融公司在银行间市场发行二级资本债券，拓宽资本补充渠道，增强抵御风险能力。

资料来源：作者整理。

由于政策的推动，再加上消费者观念的升级转变以及消费新模式的不断涌现，近年来我国汽车金融渗透率呈上升态势。2020 年我国汽车金融渗透率约为 51%，而国外发达的汽车金融市场上平均渗透率超过 70%，我国汽车金融渗透率和发达国家相比仍存在差距。随着我国经济不断发展、汽车金融市场发展越发成熟、信用体系建设越发完备，未来我国汽车金融行业仍有较大发展潜力，汽车金融渗透率有较大提升空间。

图 6-7　近年来我国汽车金融渗透率

（资料来源：Wind，作者整理）

三、我国个人汽车消费金融市场的竞争格局

我国个人汽车消费金融市场的参与方主要包括银行系机构和厂商系机构，厂商系机构即汽车金融公司以及汽车集团财务公司。

商业银行作为汽车金融市场最早的参与方，经过近 20 年的发展，目前仍活跃于汽车金融市场。其业务模式主要分为汽车贷款和信用卡分期，获客渠道分为直客式和间客式，由于在购车场景中并不占优，商业银行更多地采取与经销商等合作的间客式来获客并开展业务。商业银行的优势主要在于资金实力强、产品利率低、网点分布广泛及客户信任度较高等，而劣势主要在于准入门槛高、贷款审批相对严格且耗时较长、与整车厂缺乏直接联系等。近年来，商业银行也在不断寻求转型和突破，零售汽车金融正成为包括大型商业银行在内的更多银行零售转型的重点发力方向。目前，大型商业银行与股份制银行在同类机构零售汽车金融业务中占主导地位。在政策倾斜之下，未来或许会有更多商业银行开设汽车金融专营机构。

以汽车金融公司和汽车集团财务公司为主的厂商系机构进入个人汽车消费金融市场的时间相对较晚。目前国内已设立的厂商系机构大多受股东的直接控制，为股东的汽车厂商提供与汽车消费相关的融资支持以促进车辆销售；有少数汽车金融公司进行开放式（非专属）经营，向所有汽车品牌提供融资服务。虽然厂商系机构发放的贷款利率较商业银行更高，但前者在贷款审批环节相对灵活且所需时间较短，同时，在整车厂贴息促销等政策的支持下，其贷款产品较商业银行有更大的竞争力。整体来看，厂商系机构具备较强的专业性，受整车厂支持力度较大，渠道资源广泛，在汽车产业链上具有较强优势，近年来在国内市场发展迅速。

除上述传统金融机构外，融资租赁公司也逐渐参与到个人汽车消费金融业务中。融资租赁公司主要包括商业银行体系下的金融租赁公司、汽车厂商体系下或经销商体系下的融资租赁公司以及其他商业融资租赁公司等。从整体运行情况来看，汽车融资租赁公司的经营模式与汽车金融公司相似，具备相对灵活的审批流程且耗时相对较短，但目前，汽车融资租赁公司参与市场时间较短，市场份额相较于传统的两类金融机构仍有明显差距。

表 6-2　截至 2021 年末已获批成立的汽车金融公司

公司名称	成立时间	股东性质
上汽通用汽车金融有限责任公司	2004 年 8 月	中外合资
大众汽车金融（中国）有限公司	2004 年 8 月	外商独资
丰田汽车金融（中国）有限公司	2005 年 1 月	外商独资
福特汽车金融（中国）有限公司	2005 年 6 月	外商独资
梅赛德斯-奔驰汽车金融有限公司	2005 年 9 月	外商独资
东风标致雪铁龙汽车金融有限公司	2006 年 5 月	中外合资
沃尔沃汽车金融（中国）有限公司	2006 年 7 月	外商独资
东风日产汽车金融有限公司	2007 年 10 月	中外合资
菲亚特克莱斯勒汽车金融有限责任公司	2007 年 12 月	外商独资
奇瑞徽银汽车金融股份有限公司	2009 年 4 月	国有控股
广汽汇理汽车金融有限公司	2010 年 5 月	中外合资
宝马汽车金融（中国）有限公司	2010 年 9 月	中外合资
三一汽车金融有限公司	2010 年 10 月	国有控股
一汽汽车金融有限公司	2012 年 1 月	国有控股
北京现代汽车金融有限公司	2012 年 6 月	中外合资
长安汽车金融有限公司	2012 年 8 月	国有控股
瑞福德汽车金融有限公司	2013 年 1 月	中外合资
天津长城滨银汽车金融有限公司	2014 年 5 月	国有控股
华泰汽车金融有限公司	2015 年 2 月	国有控股
比亚迪汽车金融有限公司	2015 年 2 月	中外合资
华晨东亚汽车金融有限公司	2015 年 4 月	中外合资
上海东正汽车金融有限责任公司	2015 年 3 月	中外合资
吉致汽车金融有限公司	2015 年 8 月	中外合资
山东豪沃汽车金融有限公司	2015 年 9 月	中外合资
裕隆汽车金融（中国）有限公司	2016 年 2 月	台港澳合资

资料来源：作者整理。

四、我国车贷 ABS 市场概况

个人汽车贷款具有扎实的消费场景、较强的合规性、有抵押担保等特点，是较好的证券化基础资产。车贷 ABS 的资产池同质性强、分散度高，整体违约风险相对较低。2008 年，上汽通用汽车金融有限责任公司成功发起设立国内首单车贷 ABS——“通元 2008 年第一期个人汽车抵押贷款资产支持证券”。2012

年以来，车贷 ABS 产品的发行单数与发行规模稳步增长（见图 6-8），2012—2021 年发行规模年均复合增长率超过 64%。2021 年，车贷 ABS 产品在银行间市场信贷资产证券化中发行规模占比连续第三年创新高，占同年银行间市场信贷资产证券化发行总规模的 27.23%，是仅次于个人住房抵押贷款证券化（RMBS）的规模第二大信贷资产证券化产品类型（见图 6-9）。

图 6-8 2012—2021 年银行间市场个人汽车贷款 ABS 产品发行情况

（资料来源：CNABS，作者整理）

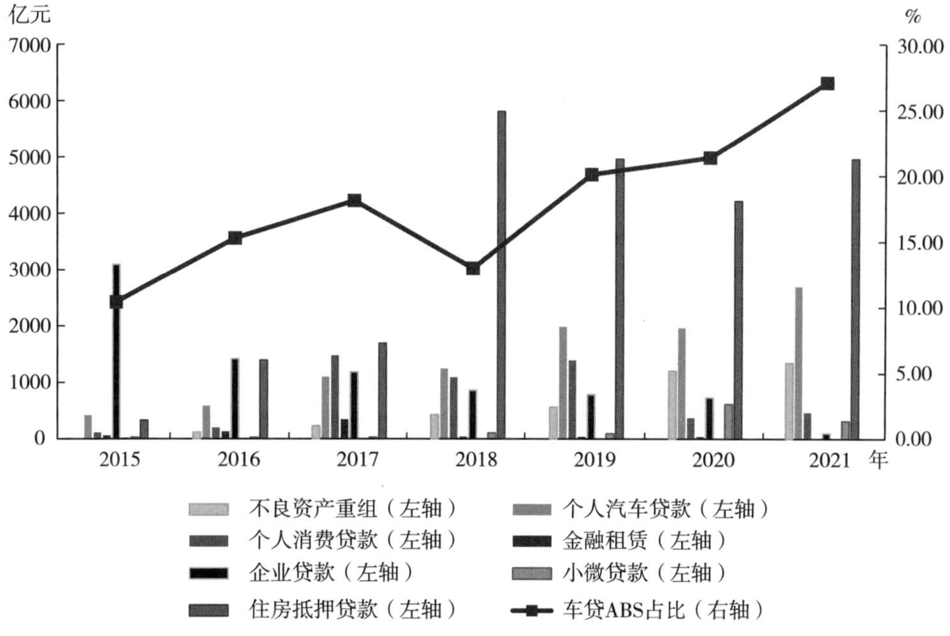

图 6-9 2015—2021 年银行间市场个人汽车贷款 ABS 产品发行占比情况

（资料来源：CNABS，作者整理）

从发起机构看，车贷 ABS 市场呈现两个特征：一是厂商系发起机构在发行单数和发行规模上继续保持着绝对优势。截至 2021 年末，银行间市场发行的车贷 ABS 产品中，由厂商系发起机构发起设立的车贷 ABS 产品累计 215 单，累计发行规模为 9038.32 亿元，发行单数和发行规模占比分别为 90.72% 和 89.73%。其中，2021 年，由厂商系发起机构发起的车贷 ABS 产品共 48 单、规模 2382.66 亿元，占当年车贷 ABS 产品总单数和总规模的比例分别为 92.31% 和 90.42%（见图 6-10）。

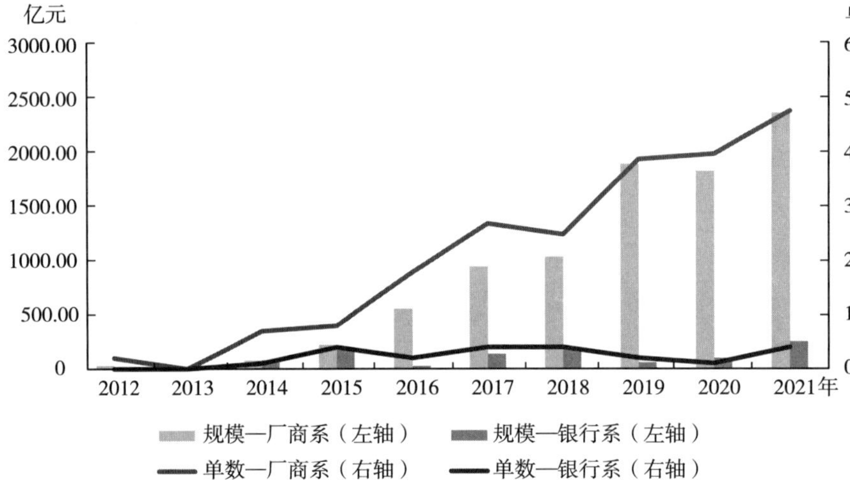

图 6-10　2012—2021 年厂商系、银行系车贷 ABS 产品发行情况

（资料来源：作者整理）

二是在厂商系发起机构中，有外资参与的汽车金融公司表现活跃，由中外合资和外商独资汽车金融公司发起设立的车贷 ABS 产品规模占比超过 76%，这类公司具备国际属性，其外资股东在国际证券化市场积累了先进的车贷 ABS 产品设计理念与丰富的经验，并将它们引入国内市场。近年来，自主品牌整车厂旗下的汽车金融公司和汽车集团财务公司的车贷 ABS 产品发行单数及规模均稳步提升，在车贷 ABS 市场中扮演着越来越重要的角色（见图 6-11 和图 6-12）。

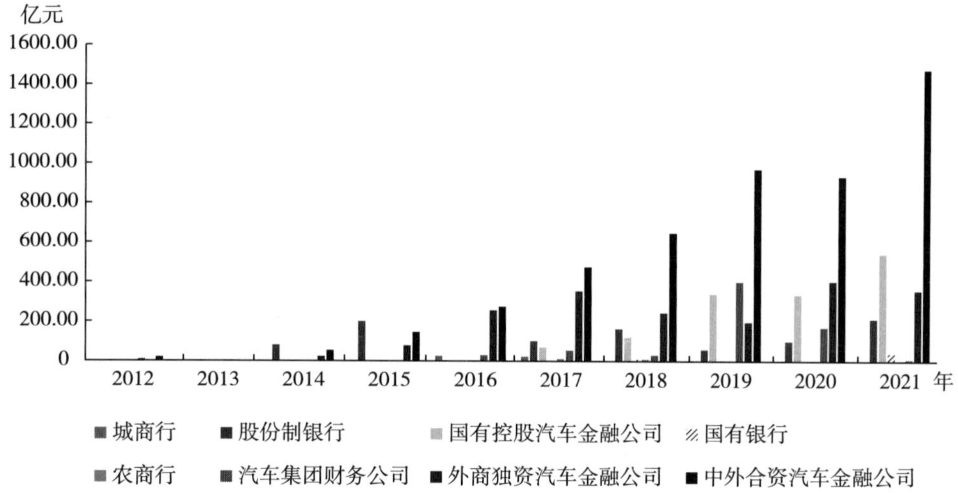

图 6-11　2012—2021 年各类型发起机构个人汽车贷款 ABS 产品发行规模情况

（资料来源：作者整理）

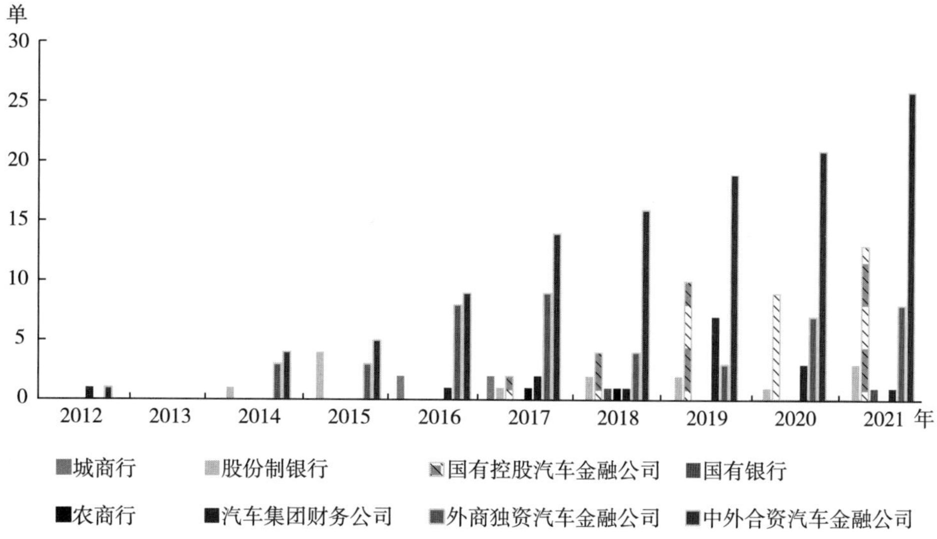

图 6-12　2012—2021 年各类型发起机构个人汽车贷款 ABS 产品发行单数情况

（资料来源：作者整理）

第二节　个人汽车贷款及其风险特征

一、个人汽车贷款的特征

1. 单笔贷款金额适中

不同类型发起机构的汽车贷款因车辆定位高低而使得贷款金额存在差异。在车贷 ABS 产品中平均单笔贷款未偿本金余额主要集中在 10 万元以下，金额较为适中（见表 6-3）。

表 6-3　2015—2021 年已发行的车贷 ABS 产品基础资产特征统计

基础资产特征		产品概况		
		汽车金融公司	商业银行	汽车集团财务公司
贷款笔数（笔）	范围	11663~245959	1050~216100	15498~226097
	均值	71585	59562	93849
单笔贷款平均本金余额（万元）	范围	1.50~25.15	4.72~53.48	3.14~7.32
	均值	7.09	10.65	5.32
加权平均贷款利率	范围	0.20%~15.92%	0.01%~14.29%	0.01%~11.06%
	均值	5.60%	7.48%	3.79%
初始 LTV	范围	41.62%~75.62%	51.41%~76.92%	52.40%~66.41%
	均值	62.93%	63.48%	60.76%
加权平均账龄（年）	范围	0.30~1.49	0.22~1.81	0.35~1.07
	均值	0.71	0.57	0.67
加权平均剩余期限（年）	范围	1.48~2.84	1.18~3.76	1.23~2.47
	均值	2.01	2.22	1.89

资料来源：作者整理。

2. 期限较短，还款金额平滑

根据监管要求（见表 6-4），我国个人汽车贷款期限多为 3~5 年，已发行的车贷 ABS 产品入池资产加权平均剩余期限一般为 1.5~2.5 年。入池资产多采用等额本息的还款方式，现金流较为平滑，降低了大额尾款带来的风险。同时，等额本息的还款方式还款压力均衡，适宜大多数家庭的开支计划，还款可计划性较强。另外，部分厂商系发起机构引入了“轻松购车”等更为灵活的还款方式，将一部分本金偿还后置，借款人在后期可能面临一定的还款压力。

表 6-4　法规对车贷首付比例和期限的要求

监管文件	分类	贷款金额不超过购车价格的比例	最长期限不超过
《汽车消费贷款管理办法》（1998 年）	质押，或银行、担保公司提供连带责任保证	80%	5 年
	所购车辆或其他不动产抵押	70%	
	第三方保证	60%	
《汽车贷款管理办法》（2004 年）	自用	80%	5 年
	商用	70%	3 年
	二手	50%	—
《关于调整汽车贷款有关政策的通知》（2017 年）	自用	传统 80%，新能源 85%	—
	商用	传统 70%，新能源 75%	—
	二手	70%	—

资料来源：作者整理。

3. 利率差异明显

自 2014 年以来，由于汽车销售市场竞争日趋激烈，厂商系发起机构为获取更多的客户，通过贴息及免息贷款等方式进行促销，个人汽车贷款利率整体来看呈下降趋势。已发行车贷 ABS 产品资产池加权平均利率的变化也可以证明这一点（见图 6-13）。但我们也注意到，不同发起机构发起的车贷 ABS 产品入池资产利率差异较为明显。其中，外资及合资厂商系发起机构车贷业务开展较早，更多地采用贴息及免息贷款提高市场竞争力，整体资产池利率水平较低，

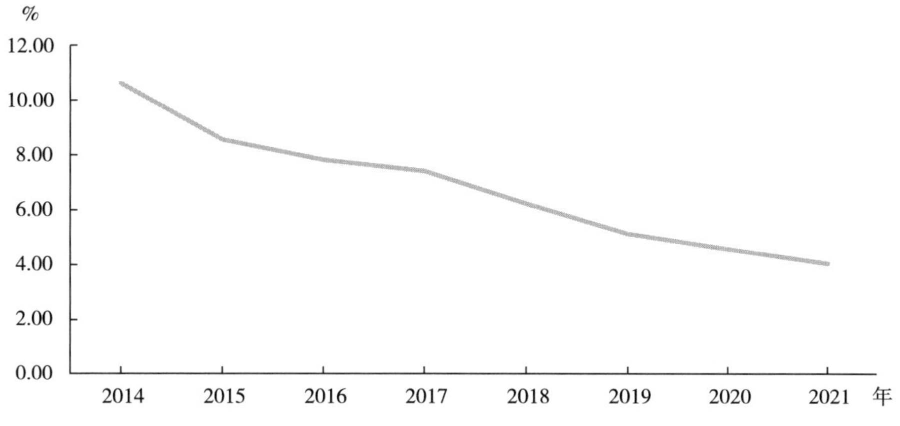

图 6-13　2014 年以来车贷 ABS 产品平均资产池加权平均利率

（资料来源：作者整理）

而且随着补贴促销力度的加大，资产池加权平均利率呈逐年下降趋势；内资厂商系发起机构由于车贷业务起步较晚，整体资产池利率处于相对较高水平，但近年来由于采用贴息及免息政策，资产池加权平均利率整体也呈逐年下降趋势。部分由商业银行发起设立的车贷 ABS 产品入池资产为信用卡分期债权，年化手续费率较低，进而导致整体资产池利率水平相对较低。

4. 抵押物具有一定回收价值

由于汽车贷款的首付比例在监管层面受到约束（见表 6-4），而且目前我国个人汽车贷款业务主要针对新车市场，因此在借款人违约后抵押车辆存在部分处置价值，能够在一定程度上减少借款人违约之后的资产池损失。从已发行产品看，不同车贷 ABS 产品间入池资产的加权平均 LTV 差异较小，基本处在 50%与 70%之间，抵押车辆以新车为主。

二、个人汽车贷款的风险特征

1. 信用风险

个人汽车贷款的偿付主要依赖借款人自身的信用，具有一定的信用风险。为降低个人汽车贷款的信用风险，个人汽车贷款通常需要借款人先支付一定比例的首付款，而且多以汽车作为抵押物为贷款提供担保。与住房抵押贷款相比，个人汽车贷款单笔金额较小，期限较短，而且车辆多为借款人生活所用，还款意愿也较强；与消费类贷款相比，个人汽车贷款有抵押担保，一定的首付比例和相对平滑的还款安排，增加了贷款的安全性。

对于车贷 ABS 而言，入池资产笔数通常较多，少则几千笔，多则几万笔甚至几十万笔，资产池分散度很高，单笔贷款的违约对证券端的不利影响很小。此外，汽车贷款的借款人大多遍布全国各地，职业类型也较为多元，这种多维度的高分散性有效地保证了资产池的整体质量。整体来看，个人汽车贷款的违约风险相对较低。已发行车贷 ABS 的表现也可以证明这一点（见图 6-14），2015—2021 年在银行间市场发行的 226 单车贷 ABS 产品的累计违约率整体处于较低水平。

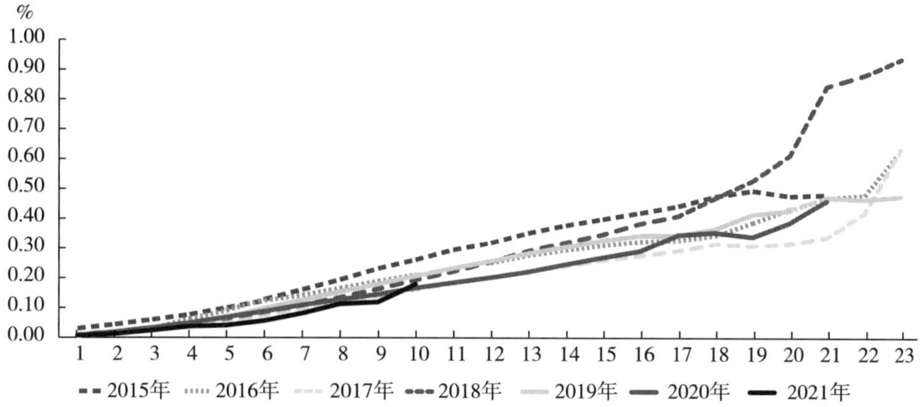

图 6-14　截至 2021 年末车贷 ABS 产品累计违约率表现（按发行年份）

（资料来源：作者整理）

2. 欺诈风险

欺诈风险即恶意欺骗的风险，是操作风险的一种。发起机构在对贷款进行审批时，可能无法有效判断借款人融资需求的真实性，如果内控制度不完善、不充分，就容易被不法分子钻空子，导致骗贷事件的发生。欺诈的形式有多重身份伪冒、中介黑产、内外勾结、套现等。为了在保证审核效率的同时尽量降低该风险，发起机构通常寻求与征信或数据服务商合作，通过大数据进行客户画像，同时不断完善自身的风控模型和内控制度，以达到反欺诈的目的。

3. 回收风险

由于个人汽车贷款通常要求借款人以所购车辆对其还本付息义务提供抵押担保，因此具备一定的回收率。在汽车贷款逾期后，根据逾期严重程度，发起机构或其委托的外部催收机构将介入开展催收工作。2020 年以来，不良资产处置行业的政策法规不断完善，严禁暴力催收，强调信息安全。2021 年 8 月，《中华人民共和国个人信息保护法》正式发布，从立法层面对个人信息权益提供了保障，短期内或将进一步加大催收的难度，但长期来看，规范性的提高有利于整个行业的可持续性发展。整体来看，考虑到抵押物的处置过程复杂多变，结果易受到执行困难、抵押物贬值等多种因素的影响，回收具有一定的不确定性。

4. 早偿风险

汽车贷款借款人由于某些原因会将未偿还的本金部分或全额提前偿付。虽然基础资产的早偿会降低违约风险，但同时也会导致资产池整体收益率下降，减少超额利差；此外，基础资产的早偿会影响现金流的稳定性，增加现金流预测的难度，带来一定的现金流风险。

从已发行产品来看，车贷 ABS 产品基础资产的早偿情况比较普遍，早偿率在一定范围内波动，波动程度相对稳定（见图 6-15）。由于厂商系发起机构发起车贷 ABS 产品单数较多、规模较大，其早偿情况基本与车贷 ABS 产品整体早偿情况趋同。与之相对应的是，银行系发起机构发起的车贷 ABS 产品早偿率波动比较大，但由于样本量较小，故不太具有代表性。

5. 整车厂商经营风险

厂商系发起机构大多为其股东厂商旗下的汽车品牌执行专属性服务，依托于整车厂商，服务于厂商的销售增长，推动汽车消费增长并促进厂商资金尽快回笼。作为产业链条的核心，整车厂商的业务表现起着至关重要的作用。需要关注整车厂商的销量、销售额、利润等关键业务指标和财务指标，并评估对相应的厂商系发起机构可能产生的影响。

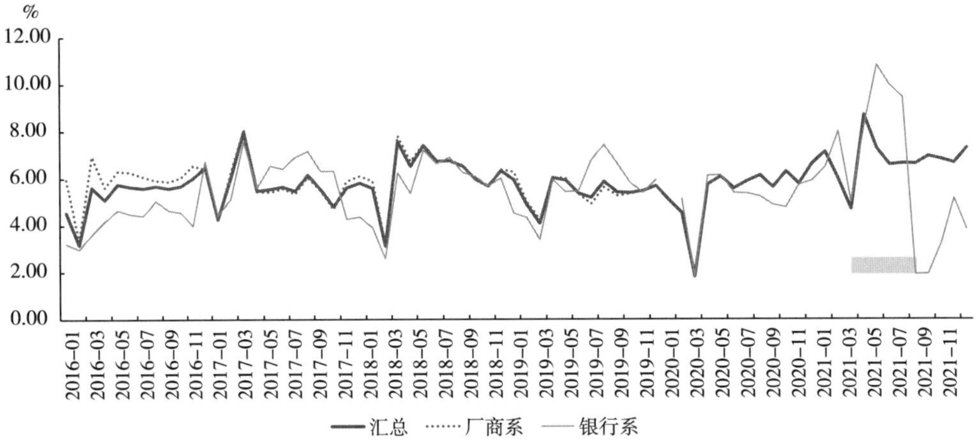

图 6-15　2016—2021 年已发行的车贷 ABS 产品早偿率表现[①]

（资料来源：作者整理）

6. 行业及宏观风险

我国汽车金融行业起步相对较晚。随着居民收入水平的提高以及一系列促进汽车消费政策的出台，叠加金融监管逐渐完善，汽车消费群体逐步年轻化，

① 对早偿率的统计从各单产品第二期开始，并已年化处理。

居民对汽车贷款的接受程度不断提升，为个人汽车消费金融市场的发展提供了良好的环境。但近年来汽车销量增速放缓，汽车行业扩张和竞争加剧，可能会导致汽车金融行业降低客户准入门槛，客户资质逐步下沉。此外，在居民杠杆率高企的背景下，伴随新冠肺炎疫情冲击、宏观经济下行压力加大，部分行业景气度下滑，居民收入稳定性变差、收入增速放缓，可能会影响个人汽车贷款的信用表现。

第三节 个人汽车贷款 ABS 尽调要点

一、资料收集

针对个人汽车贷款 ABS 产品开展尽职调查时，需要收集的资料主要包括以下内容。

- 发起机构及个人汽车贷款业务相关资料：个人汽车贷款 ABS 产品的发起机构主要包括商业银行和厂商系机构，发起机构需提供最新股权结构和组织架构、公司章程、风险管理制度、业务介绍、财务报告等资料。针对个人汽车贷款业务，需提供个人汽车信贷业务的相关制度以及借款合同样本等。
- 资产池清单：每笔拟入池个人汽车贷款的相关信息，包括贷款相关信息字段（如合同金额、未偿本金余额、担保方式、利率类型、当前执行利率、合同期限、账龄、剩余期限、还本方式、五级分类、历史逾期情况等）、借款人相关信息字段（如性别、年龄、职业、地区、年收入、信用评分等）、车辆相关信息字段（如汽车类型（一手车/二手车）、抵押登记状态、车辆品牌、车辆价值、贷款价值比等）。
- 历史数据：主要包括发起机构发放的、与入池资产同类型的全部个人汽车贷款的静态池数据和动态池数据。
- 交易相关资料：主要包括主定义表、信托合同、贷款服务合同、资金保管合同等交易文件，以及法律意见书等。若为循环购买结构，还需要提供资产持续购买合同。
- 测算相关资料：主要包括分层结构、分配顺序、各项费用等参数假设，以及资产池现金流归集表等。对于资产池利率较低的个人汽车贷款 ABS 产品，需关注超额抵押情况。对于循环购买结构，还需关注循环购买资产的定价方式和相关特殊安排。

二、访谈关注要点

个人汽车信贷业务的主管部门主要为商业银行零售部门或信用卡中心，需要访谈的人员主要包括车贷业务管理负责人、贷前审批负责人、风险管理负责人、贷后管理负责人等。汽车金融公司通常会设置业务管理部、风险管理部、贷后管理部、财务部和信息部等职能部门，负责个人汽车贷款信贷业务的贷前、贷中和贷后管理。访谈时，主要关注以下几个方面。

1. 股东背景和支持力度

● 根据监管规定，母公司需要对汽车金融子公司提供支持，同时，主要股东应在必要时向汽车金融公司补充资本。股东背景对汽车金融公司在战略定位、业务模式、资金支持等方面都存在重要影响，因此对于厂商系发起机构而言，需关注其股东背景和支持力度。

2. 业务模式和运营情况

● 业务模式：(1) 多数厂商系发起机构属于专属性服务模式，其业务目标主要为促进股东旗下各品牌汽车的销量，在经营管理和资金上会获得股东的强力支持。也有部分厂商系发起机构并不专属服务主机厂，而是与其他汽车品牌或经销商合作，获客渠道广泛。两种经营模式下，产品和风险策略有所差异。(2) 商业银行通常并不会为单一主机厂商提供专属性金融服务，因此需了解其具体的业务模式，关注获客渠道、与汽车品牌合作情况等方面。

● 运营情况：关注业务发展情况，如个人汽车贷款业务规模及其增速、区域分布、竞争优势等。近年来，随着汽车销量增速下滑，汽车行业竞争加剧，展业区域也不断下沉，逐渐向三四线城市以及县域延伸。需关注个人汽车贷款业务未来经营策略、授信策略的调整及客户群体下沉对资产质量可能带来的影响。

● 渗透率：个人汽车金融业务的增长一方面来自市场容量的增加，另一方面来自市场渗透率的提高。渗透率是指消费者通过汽车贷款购买的汽车占汽车销售量的比率，这是反映汽车金融服务对汽车销售促进情况的重要指标，在实际操作中应予以关注。

3. 产品特征

● 基本要素：了解个人汽车贷款的额度、利率、还款方式、还款频率等基本要素信息。

• 客户画像：个人汽车贷款天然就是一种“场景”贷款。个人客户购车多为生活所需，还款意愿较强，受宏观经济影响较小。在实际操作中应重点关注贷款对象的资信状况，如借款人的职业、年收入、债务收入比、历史还款记录中是否出现过逾期等，或参考更为综合全面的指标，如借款人在发起机构中的内部评分。

• 担保方式：个人汽车贷款大多需以借款人所购买车辆提供抵押，并根据借款人的资信情况判断是否需要追加担保人担保。可以通过抵押率等指标判断抵押物是否充足。随着业务的不断发展，部分机构逐渐开始尝试无须车辆抵押的贷款模式，需关注此类业务的准入门槛和利率水平。

• 还款方式：个人汽车贷款的还款方式主要分为等额本金和等额本息，其中等额本金贷款需借款人按月偿还固定本金，利息逐月递减；等额本息贷款需要借款人每月按相等的金额偿还贷款本息，每月贷款利息按月初剩余贷款本金计算并逐月结清。上述两类还款方式每月产生的现金流较为平滑，借款人所承受的还款压力也相对较小。同时，个人汽车贷款机构也在不断加强零售产品创新，尝试推出还款更为灵活、弹性的还款方式以推进零售贷款业务的发展，需要关注这类还款方式可能带来的支付大额尾款的压力和风险。此外，在政策的鼓励下，发起机构陆续推出了延保贷款和保险贷款等附加产品，虽然采取了最高价格控制等措施控制风险，但仍需关注借款人因此承受的更大的还款压力。

4. 风险管理

• 风险管理架构：发起机构的可持续发展有赖于完备的风险管理系统，应本着机制化、系统化、安全性的原则着力构建起一套自上而下、多部门协同参与的风险管理体系，并同外部审计的监督相辅相成。完备的风险管理系统应贯穿贷前、贷中、贷后各环节，在实际操作中需关注发起机构是否围绕其核心信贷业务系统，制定了职责清晰、环节明确的贷款业务流程，并基于后台支持能力，评估其贷款审批效率。董事会作为发起机构的最高权力机构，负责重大事务的决策和监督，并决定各职能部门的设置。风险管理部门主要负责识别、计量、监测并控制风险，制定并实施相关风险管理政策等。各风险主责部门通过相应的委员会反映和报告各自部门的风险情况以及相关管控措施、处理结果。

• 风险管理流程：发起机构的风险管理流程一般可归纳并实施于贷前、贷中、贷后三部分。贷前调查是通过借款人相关信息的获得，给予发起机构决策提供依据的过程。相关部门将对尽调报告、贷款资料、借款人资质等因素进行综合审查，评估判断贷款风险，确定是否放贷、贷款金额、期限、还款方式、利率等。在贷款放款后，发起机构将开展存续期管理工作，包括但不限于定期评估借款人的资质、更新贷款信息、在临近还款日时提醒还款等。在贷款出现逾期或被计为不良后，根据情况的严重程度，发起机构将以不同形式进行催收。

● 重点关注指标：关注发起机构对客户的打分模型，如模型中权重较大的指标、打分情况、打分分布等。关注发起机构的贷款拒绝条件和贷款拒绝率，可按照线上拒绝率与线下拒绝率分别研究。

5. 贷后催收

● 若借款人未在约定的时间还款，贷款将进入逾期状态，贷后相关部门将介入开展催收工作。催收工作大多遵循渐进的原则，根据逾期的严重程度，采取短信、电话、上门、司法诉讼的催收方式，催收人员配置往往也会逐步升级。从历史经验来看，贷款的逾期时间越短、已偿还期限越长，贷款回收率越高。在实际操作中需要关注发起机构的催收流程、催收手段、回收表现等。

● 关注发起机构的各项不良指标，如五级分类的分布、不同时段的逾期率、不良率等。

6. 证券化业务相关

● 信息系统建设：发起机构需要搭建完善的信息系统对证券化入池资产进行管理。首先，信息系统的数据积累与提取功能需满足评级机构对于静态池分析的数据要求。其次，部分车贷 ABS 中设有循环购买机制，该设置要求发起机构（作为资产服务机构）的信息系统能够对入池基础资产和其他资产的现金流进行有效标记和区分，以缓释资金混同风险。同时，信息系统还需具备实时监控资产质量、按照合格标准自动筛选资产、监控特定触发阈值（如资产池的累计逾期率）、监控资产池现金流回收情况等功能。此外，发起机构还应建立有效的灾备系统进行数据备份，用于紧急情况下的风险应对。在实际操作中需要对发起机构信息系统建设情况进行考察。

● 发行计划：关注发起机构开展本次证券化项目的动机、发行计划、本次入池资产筛选标准、本次项目是否有特殊设计等，便于更为全面地了解本次项目。

三、资料分析关注要点

进行资料分析时，主要关注以下几个方面。

1. 制度文件

● 关注相关业务流程是否配备了完善的制度文件，业务实操是否与制度保持一致。

2. 历史数据

● 数据数量：数据数量一方面指历史数据的长度，也就是发起机构个人汽车贷款业务的展业时间长度；另一方面指每个静态池所包含的贷款数量，即发起机构每个月发放的个人汽车贷款笔数。若数量较少，可能导致分析结果波动性大，高估或低估逾期情况，进而影响对于相关风险的把控。

● 数据质量：在分析历史数据的质量时，我们首先需要对历史数据的基本逻辑、勾稽关系进行核对，检验发起机构是否提取了满足评级公司要求的历史数据，比如月末贷款余额是否等于正常贷款余额和各项逾期金额之和、逾期贷款是否发生回迁等，逻辑和勾稽关系正确的历史数据才能用于之后的处理和分析。

● 数据一致性：对于历史数据的分析也是对访谈内容的交叉核验，高质量的历史数据可以与公司的业务发展、不同时期的贷款表现相互印证。在实际操作中，假如对历史数据的处理结果和访谈内容、公司实际展业情况区别较大或存在多个异常情况，需要与发起机构做进一步沟通和核实。

● 数据合理性：我们还应对历史数据的处理结果在横向和纵向上分别做比较。横向是指和同期、同业的可比性，纵向是指和历史上发起机构自身的可比性。

3. 资产池

● 样本合同：阅读样本合同，关注合同对各相关方权利义务的规定、偿付方式、利息费用的收取、违约责任等条款。一般来说，标准化程度更高、更为制式的合同可以使资产池的同质化程度更高，更便于在分析时把控风险。

● 合格标准：筛查入池资产是否符合交易文件中约定的合格标准。

● 资产池特征：需关注资产池的各项关键指标，如分散程度、利率水平、账龄、剩余期限、LTV 等。

4. 交易结构

● 基础资产：关注基础资产的真实性、合法性、权利归属和权利负担；关注基础资产转让的合法性及有效性；关注基础资产的定义、范围及合格标准。

● 交易相关机制：需关注账户设置及回收款转付机制、现金流分配机制、循环购买机制、信用增进机制、信用触发机制的设定是否合理、完备、有效，评估这些机制设置是否会带来一定的风险，或者是否可以缓释相关风险。对于个人汽车贷款 ABS 产品，还需关注超额抵押安排、循环购买安排及循环购买定价机制等设置。

● 其他机制安排：对于个人汽车贷款 ABS 产品，可重点关注流动性储备、封包期利息是否入池、清仓回购等机制安排，评估其对产品风险的影响。

5. 法律风险

● 关注法律意见书中对本交易主要当事方的主体资格，交易文件的合法性，基础资产的真实性、合法性、有效性、权利归属及权利负担，基础资产转让的合法性，信托财产风险隔离的有效性等方面是否合法合规的专业意见，识别是否存在相关法律风险的提示。

第四节　个人汽车贷款 ABS 信用分析案例

本节以某单车贷 ABS 产品（以下简称本交易）为例，说明如何从基础资产、交易结构、模型分析、主要风险和重要参与方等方面对车贷 ABS 产品进行信用分析。

表 6-5　证券概况

资产支持证券	预计发行金额（万元）	利率类型	偿还方式	偿付频率	预期到期日	法定到期日
优先级	682400.00	固定	循环期结束后过手	按月	2024-12-26	2028-09-26
次级	117600.01	—	—	—	2024-12-26	2028-09-26
合计	800000.01	—	—	—	—	—

资料来源：评级报告。

本交易的发起机构为宝马汽车金融，宝马汽车金融将个人汽车贷款债权信托给外贸信托，由外贸信托向投资者发行资产支持证券，并以该信托财产所产生的现金流为支持，偿付资产支持证券的本息。受外贸信托的委托，宝马汽车金融同时担任本交易的资产服务机构，建设银行辽宁省分行担任本交易的资金保管机构。具体结构如图 6-16 所示。

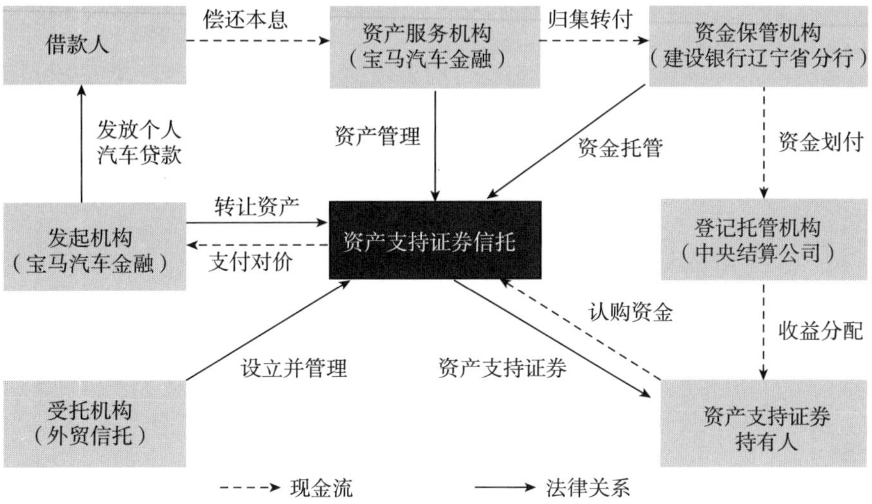

图 6-16 交易结构概况

（资料来源：评级报告）

一、基础资产分析

1. 基础资产的审查

车贷 ABS 中，为了把控资产池的整体质量，发起机构会以设置合格标准的形式对资产作出保证。同时，项目相关参与方根据合格标准对初始基础资产和循环购买新增的基础资产（如有）做筛选。合格标准涉及借款人资质、汽车贷款及相关合同的合法合规性、基础资产资质（如五级分类、利率、抵押率、期限等）、发起机构资质等方面。

交易文件中约定基础资产的合格标准如下。

基础资产合格标准（主要）
（1）抵押车辆品牌为宝马（BMW）和 MINI； （2）为所有权和相关贷款担保的目的，汽车贷款在任何时候均是可以分离且可确定的； （3）所有汽车贷款均受中国法律管辖； （4）在相关起算日已经就每一贷款合同进行了至少一次贷款付款（无论是本金还是利息）； （5）合同的剩余期限（包括任何延期）在相关起算日时不超过 60 个月；

(6) 信托合同项下转让的、源自同一借款人的贷款合同的已转让贷款总额不超过人民币5000000.00元；

(7) 根据银保监会的贷款五级分类体系，已转让贷款属于正常贷款，从未出现逾期连续超过60天的情况，而且均不涉及任何诉讼、仲裁、破产或执行程序；

(8) 在贷款合同约定的期限内，对已转让贷款不存在任何抗辩（无论是优先权或其他性质），尤其是借款人无抵销主张；

(9) 在根据每一借款人为其一方的贷款合同发放相关贷款时，该等借款人已经支付了符合适用的中国法律法规以及相关贷款合同要求的首付款；

(10) 每一贷款合同均要求其项下借款人对相关的抵押车辆进行投保；

(11) 已转让贷款由抵押车辆上所设立的抵押进行担保，而且该等抵押已在中国的相关登记机关进行登记，发起机构为登记的第一顺位抵押权人；

(12) 针对各额外转让日由发起机构根据《信托合同》信托、转让和让与给受托机构的额外已转让贷款：

a) 该等额外已转让贷款于相关起算日的加权平均利率不低于每年3.51%；

b) 于相关起算日，该等额外已转让贷款的剩余期限不超过36个月；

c) 于相关起算日，根据相关抵押车辆的经销商所在地分类，在该等额外已转让贷款中，来自同一省或直辖市的额外已转让贷款未偿本金余额占比不超过20%；

d) 于相关起算日，弹性贷款比率不超过25%。

根据个人汽车贷款及其风险特征，结合尽职调查环节对基础资产的审查，可以看出本交易基础资产合格标准的设定及不合格资产赎回机制的设置合理有效，符合监管要求，能够合理保证入池资产的信用质量。律师事务所出具的专业意见认为，入池基础资产是真实的，不存在权利负担，基础资产的转让合法有效。

2. 本交易入池资产特征

本交易入池基础资产具有的特征如表6-6所示。

表6-6 初始起算日资产池概况

指标	数值	分析
贷款笔数	45444笔	入池资产笔数和借款人户数较多，余额最大的前50笔资产OPB占比为0.53%，资产池分散程度很高，单笔贷款的违约对证券端的不利影响很小。
借款人数目	45441户	

续表

指标	数值	分析
资产池总本金余额	800000.01 万元	基础资产均为持牌非银行金融机构宝马汽车金融所发放的正常类汽车贷款，在合格标准的约束下，资产池同质化程度高。同时，由于宝马和 MINI 品牌的汽车售价整体更高，平均单笔 OPB 余额在车贷 ABS 中较高。
单笔贷款最低/最高本金余额	0.92 万元/112.37 万元	
单笔贷款平均本金余额	17.60 万元	
贷款最低/最高利率	0.00%/11.99%	存在部分贴息资产，资产池加权平均贷款利率为 5.51%，本交易优先级资产支持证券实际发行利率为 2.90%，资产端和证券端之间形成的超额利差有利于优先级证券的兑付；入池资产中有 1 笔资产为浮动利率贷款，其余均为固定利率贷款，产品的利率风险较小。
贷款加权平均利率	5.51%	
合同期限	12.00 个月/60.00 个月	加权平均合同期限在 3 年左右，比较符合汽车贷款的一般特征，而且远低于车辆的正常使用年限。
加权平均合同期限	36.73 个月	
已偿还期限	1.00 个月/45.00 个月	加权平均已偿还期限为 7.44 个月，入池贷款已偿还合同总金额的 18.29%，借款人的违约成本较高，在一定程度上保障了资产池整体质量。
加权平均已偿还期限	7.44 个月	
贷款剩余期限	3.00 个月/59.00 个月	加权平均贷款剩余期限不到两年半，长度适中，和证券端期限较为匹配。
加权平均贷款剩余期限	29.28 个月	
加权平均发放时贷款抵押率	61.30%	—
加权平均初始起算日贷款抵押率	52.35%	基础资产在初始起算日的加权平均抵押率为 52.35%，整体较低的初始起算日抵押率为抵御抵押物价值下跌提供了较大的缓冲。
借款人从事职业	30 个行业	借款人从事职业和入池贷款所属地区高度分散，资产池受个别行业和地区影响带来的冲击较小。
借款人地区分布	分布于 31 个省、自治区和直辖市	
借款人年龄分布	18.00~81.00 岁	借款人年龄主要分布在 20 岁与 50 岁之间，年龄结构较为合理，在一定程度上保障了还款来源。
车辆购入价格	113000.00~2088900.00 元	—

续表

指标	数值	分析
还款方式	78.08%的资产采用等额本息的还款方式	资产池产生的现金流整体较为平滑。

资料来源：评级报告。

与同类产品相比，本交易入池资产特征值无明显差异。

表 6-7　同类产品比较

项目	本产品	可比产品 1	可比产品 2
发起机构	宝马汽车金融	宝马汽车金融	宝马汽车金融
资产池本金余额（万元）	800000.01	800004.49	800000.00
贷款笔数（笔）	45444	50096	44499
借款人户数（户）	45441	50078	44492
单笔平均未偿本金余额（万元）	17.60	15.97	17.98
加权平均合同期限（年）	3.06	2.89	2.90
加权平均已偿还期限（年）	0.62	0.73	0.50
加权平均剩余期限（年）	2.44	2.16	2.39
加权平均利率（%）	5.51	5.79	5.29
加权平均年龄（岁）	36.33	36.69	36.75
加权平均贷款发放日 LTV（%）	61.30	67.12	61.46
加权平均初始起算日 LTV（%）	52.35	52.39	53.51
地区分布	分布于 31 个省、自治区和直辖市	分布于 31 个省、自治区和直辖市	分布于 31 个省、自治区和直辖市
贷款所属区域占比前三（%）			
地区 1	浙江省（13.74）	广东省（14.39）	浙江省（14.87）
地区 2	广东省（11.22）	浙江省（14.00）	广东省（11.25）
地区 3	山东省（8.38）	四川省（6.86）	山东省（8.30）

资料来源：评级报告，作者整理。

二、交易结构分析

1. 账户设置与资金转付

（1）账户设置

从账户设置来看，车贷 ABS 通常设有收款账户和信托账户。收款账户是由发起机构开立的，对于其汽车贷款的原始收款账户。信托账户是由受托机构在资金保管机构开立的独立人民币账户。在实际操作中，可能会在信托账户下设若干个子账户，其功能包括但不限于用于接收和分配回收款、支付信托财产应承担的税收、支付循环购买新增基础资产对价、存放流动性储备金、混同和抵销储备金、支付因更换贷款服务机构而发生的特定费用等。

本交易的信托账户下设现金储备分账户、混同储备分账户、分配分账户和持续购买分账户。在实际操作中，合理地设置子账户可以优化对回收款流向的分类和监管，实现专款专用，在一定程度上降低资金混同风险。

（2）现金流归集与转付

由于基础资产（个人汽车贷款）多为按月还款，车贷 ABS 项目回收款的转付频率通常为按月。此外，转付频率与支付路径通常与资产服务机构的主体资信水平及信用触发事件挂钩，若其主体资信状况恶化或车贷 ABS 发生特定的信用触发事件，则现金流转付频率需相应加快。在资产服务机构主体资信水平进一步恶化时，或将触发权利完善事件，受托机构将通知借款人、担保人（如有）将回收款直接支付至信托账户。

在本交易中，正常景况下，回收款转付频率为按月，若贷款服务机构资信状况恶化，则触发贷款服务机构终止事件（本交易未设置权利完善事件），将进一步通知所有借款人（和/或保证人）将其应支付款项支付给发行人或发行人任命的后继贷款服务机构。

总体而言，现金流转付频率的设计涉及基础资产回款规模与频率、新增基础资产循环购买（如有）频率、证券端还本付息频率、资产服务机构等重要参与机构主体资信水平等问题。在进行现金流转付设计时，需要注意的是如何实现现金流转付与收益分配之间的频率匹配，在保障资产支持证券本息支付的前提下，尽量避免资金沉淀。

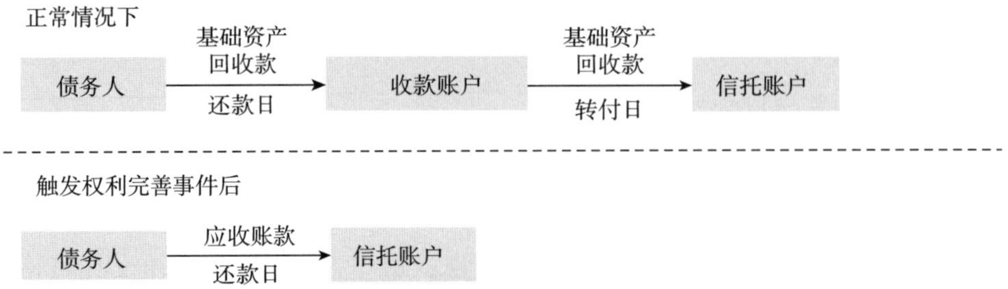

图 6-17　现金流转付流程示例

（资料来源：评级报告，作者整理）

2. 现金流分配机制

车贷 ABS 的收益分配通常体现为按交易文件约定的顺序支付。资产收益在不同情景下的分配顺序应当与产品结构分层设计相匹配。正常情景下或未发生信用触发事件时，基础资产回收款将按既定顺序，即产品涉及的相关税费、当期优先级资产支持证券预期收益、当期优先级资产支持证券本金的顺序进行分配。如有剩余资金，再考虑分配给次级资产支持证券持有人。

出于缓释基础资产早偿风险的考虑，该类产品的分配方式通常设置为过手摊还，若产品存续期间存在次级收益分配，则需严格要求信托账户将本金和收益分账核算，严禁使用本金账户资金分配次级期间收益，同时还需要对次级期间收益分配设置一定的条件，例如，次级期间收益分配不仅要劣后于税费及优先级利息，还需劣后于本金账户的回补；设置次级期间收益分配的收益率上限；设置停止分配次级期间收益的信用触发事件，如加速清偿事件、违约事件等，或当基础资产累计违约率达到某一阈值时则停止分配次级期间收益等。

本交易的分配顺序如下。

（1）在强制执行事件发生前

按顺序支付税费、支付优先级证券利息、补充现金储备分账户直至余额等于必备现金储备，而且如在循环期内，则进行持续购买、支付次级证券的超额收益；如循环期结束，则支付优先级证券本金、向发起机构支付全部剩余余额。

（2）在强制执行事件发生后

按顺序支付税费、支付优先级证券利息、支付优先级证券本金、向发起机构支付全部剩余余额。

3. 循环购买机制

（1）循环期

本交易中，循环期是指从交割日开始并止于 2022 年 12 月中的支付日（含该日）和发生提前摊还事件之日中较早一日的期间。

（2）循环购买流程

本交易的循环购买流程为：在循环期内的各支付日，可分配额在分配完当个计息期应付的税费、相关参与机构费用、优先级证券的利息及补充现金储备后，将向持续购买分账户支付，直至该账户中的余额等于持续购买剩余金额，如有剩余则作为次级证券的收益支付予次级证券持有人。持续购买分账户的贷方余额用于购买额外汽车贷款。在相关支付日，若持续购买分账户中贷方余额超出额外汽车贷款的额外转让对价，持续购买分账户在支付该等额外转让对价后的余额将继续存于持续购买分账户，直至下一支付日，并将在下一支付日作为可分配额的一部分进行分配。图 6-18 给出了循环购买流程的一个例子。

大多数车贷 ABS 的循环购买流程为在分配完税费和相关利息后，将全部回收款余额用作循环购买。而在本交易中，只将部分回收款余额用作循环购买，保证循环购买后的资产池余额和初始资产池余额相近，剩余回收款将分配给次级证券持有人。这主要是由于基础资产利率相对较高，可以和证券端形成一定的超额利差，在这种机制下，资产池规模会被控制在更为合理的范围，也能满足次级证券持有人希望获得期间收益的投资偏好。

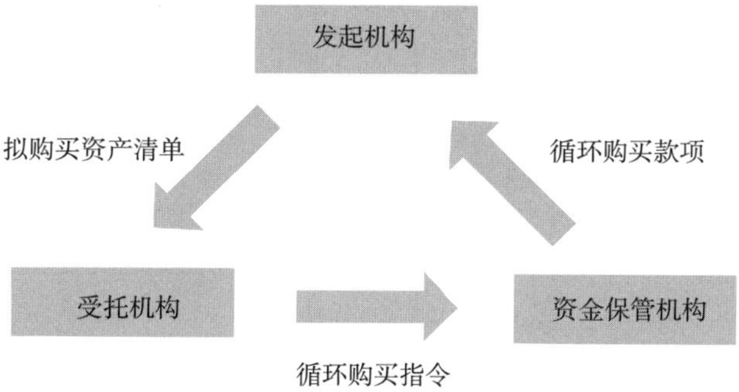

Step1：在循环购买日前，发起机构通过其IT系统筛选符合合格标准的标的资产，并向受托机构发送该次拟购买标的资产的清单，受托机构对清单进行回复和确认；
Step2：在循环购买日，受托机构向资金保管机构发送循环购买指令；
Step3：资金保管机构向发起机构划付循环购买款项，完成基础资产交割。

图 6-18　循环购买流程示例

（资料来源：评级报告，作者整理）

（3）相关触发机制

本交易设有以下循环购买终止机制：①在循环期终止后，不再持续购买。②在发生提前摊还事件后，持续购买分账户将被关闭，持续购买分账户中的任何贷方余额将于下一支付日根据适用的付款优先顺序进行分配。

4. 信用触发机制

本交易设置了较为完备的信用触发机制，包括以下内容。

（1）混同风险缓解事件（只要发起机构仍然作为贷款服务机构，级别下降到一定程度），触发后，会加快回收款转付频率或留存部分混同储备资金用于保障兑付。

（2）强制执行事件（优先级证券本息发生违约或发行人不履约），触发后改变分配顺序。

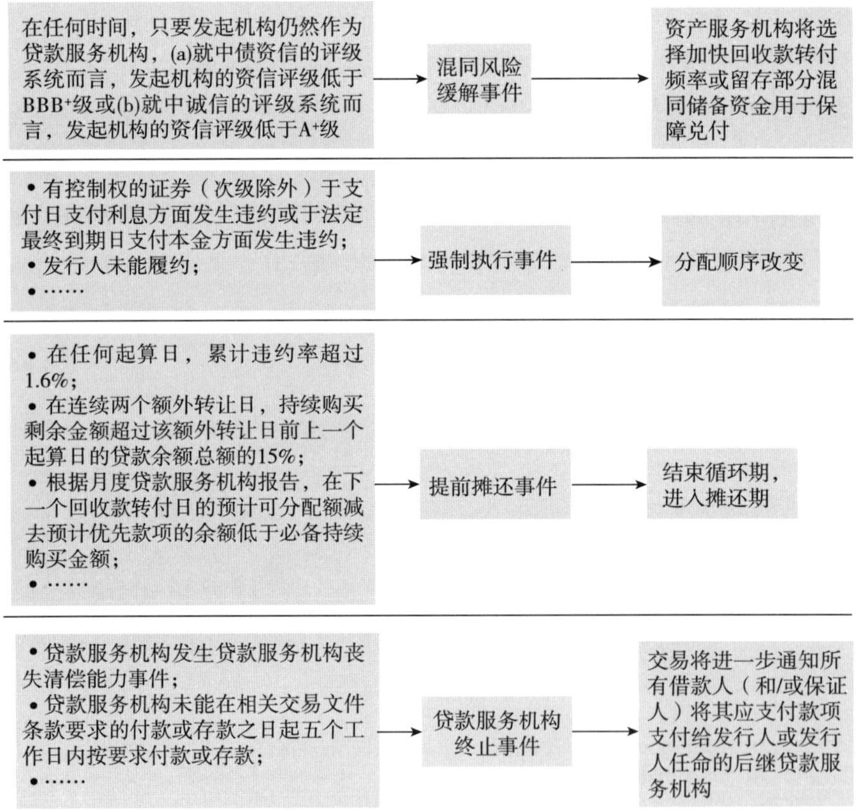

图 6-19 主要信用触发机制设置

（资料来源：评级报告，作者整理）

（3）提前摊还事件（累计违约率超过阈值、发生其他信用事件等），触发后结束循环期，进入摊还期。

（4）贷款服务机构终止事件（贷款服务机构资信状况恶化或不履约等），触发后改变资金划转路径，更换贷款服务机构。

5. 信用支持

在本交易中，主要运用了优先级/次级结构和设置现金储备账户的信用支持措施。根据交易文件规定的现金流支付顺序，确定的优先级/次级支付机制，优先级资产支持证券可以获得14.70%的信用支持。

此外，该产品设置了现金储备账户，发起机构应当于交割日向现金储备分账户存入现金储备，金额为初始资产池未偿本金余额的1.00%。于任一支付日，现金储备分账户中的贷方余额将划入分配分账户构成可分配额的一部分，并于该等支付日根据强制执行前付款优先顺序使用。同时，根据强制执行前付款优先顺序向现金储备分账户补充资金，直至现金储备分账户中的贷方余额等于必备现金储备。现金储备账户的设置为优先级证券提供了一定的流动性支持。

三、信用分析、现金流模型及压力测试

1. 信用分析

依据个人汽车贷款证券化产品的主要风险特征，一般采用历史数据静态池法来推测基础资产未来的违约及损失表现，对基础资产的违约、回收以及早偿特征进行分析。信用分析依据的是宝马汽车金融提供的自2014年1月至2021年8月发放的个人汽车贷款的静态池及动态池数据。

（1）违约分析

对基础资产违约特征的分析主要依据发起机构提供的静态池数据。考虑到个人汽车贷款的抵押物特征和催收特征，同时为保证与市场同类交易的违约表现可比，可选用91~120天逾期率作为违约率的特征值来分析基础资产违约特征。根据宝马汽车金融提供的静态池数据观察到，宝马汽车金融不同月份发放的个人汽车贷款累计逾期率曲线走势相对集中且整体处于较低水平，反映出其对个人汽车贷款产品的管理能力已较为成熟（见图6-20）。其中，表现期较长的累计逾期率均处于1.20%以下。

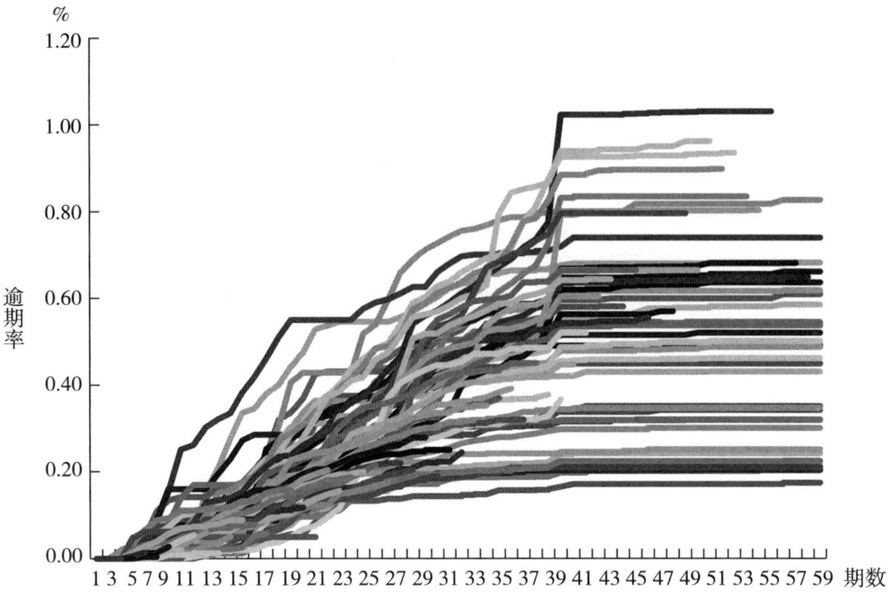

注：逾期率=91~120 天以上逾期贷款本金余额（OPB）/贷款发放月份期初本金余额（OPB）。

图 6-20　2014 年 1 月至 2021 年 8 月宝马汽车金融各个贷款发放月份累计违约率表现

（资料来源：评级报告）

发起机构提供的静态池数据虽然可以覆盖其整个产品周期，但并未经历完整的经济周期，因此，在静态池数据的基础上，结合基础资产的账龄和剩余期限、借款人分布特征、抵押物分布特征及发起机构信贷政策和宏观经济及行业政策等因素，并参考公开发行产品的数据表现，拟定适合本交易基础资产未来违约特征的违约假设作为模型参数。

（2）回收分析

对个人汽车贷款的回收分析包括回收率分析和回收时间分析。

回收率分析：本交易中，全部基础资产是以车辆提供抵押担保，抵押车辆可以为违约资产提供一定的回收保障。在针对抵押车辆进行回收分析时，通常会在静态池数据迁移表现的基础上，综合考虑车辆价值、初始贷款价值比、发起机构的贷后管理政策和宏观经济及行业政策等因素的影响。由于汽车的价值通常会随着时间的推移而不断下降，抵押车辆可以提供的回收保障较为有限。

回收时间分析：对回收时间的估计主要考虑抵押车辆回收及变现的难易程

度，同时也会结合发起机构催收政策、催收历史和不良市场环境一般处置情况调整预计回收时间。

表 6-8　影响基础资产回收的因素

指 标	数 值
加权平均初始抵押率	61.30%
车辆购入价格	113000.00~2088900.00 元

资料来源：评级报告。

（3）早偿分析

考虑到入池资产具有不同的账龄，可以通过动态池历史数据来估计基础资产年化早偿率（CPR）。根据宝马汽车金融提供的动态池数据，宝马汽车金融 CPR 基本保持在 3%与 7%之间（见图 6-21）。

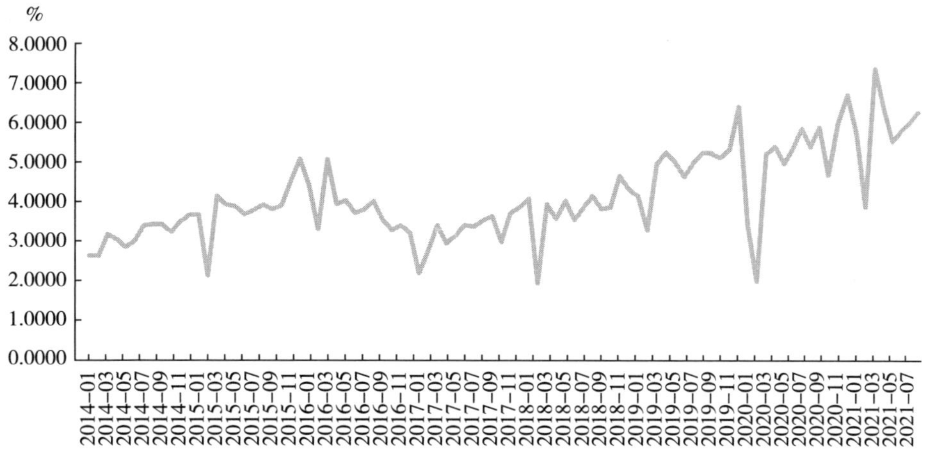

图 6-21　宝马汽车金融动态池早偿率表现

（资料来源：评级报告）

2. 现金流模型与压力测试

本部分以损失率法来评估各级证券的信用质量。现金流模型的主要参数设定如下。

（1）基础资产违约分布

根据对基础资产的违约分析，本交易适用的基础资产累计违约率分布如图 6-22 所示。

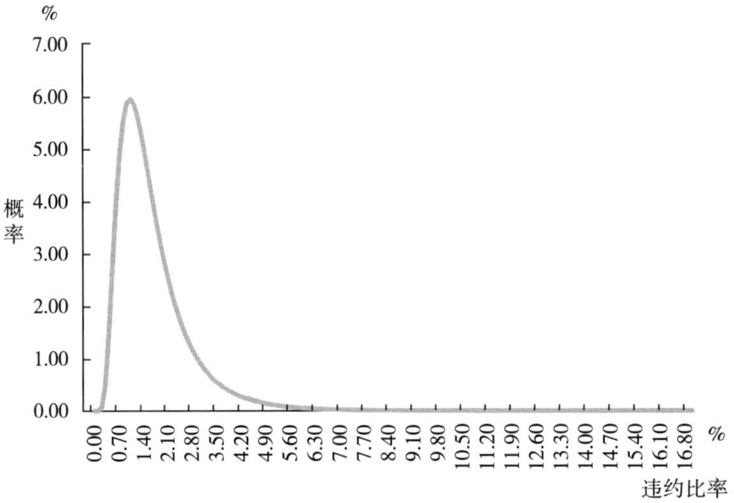

图 6-22　基础资产违约分布示意图

（资料来源：评级报告）

（2）基准违约时间分布

通过静态池历史数据可以获得基础资产违约时间分布，按照基础资产账龄调整后的基础资产基准违约时间分布如图 6-23 所示。

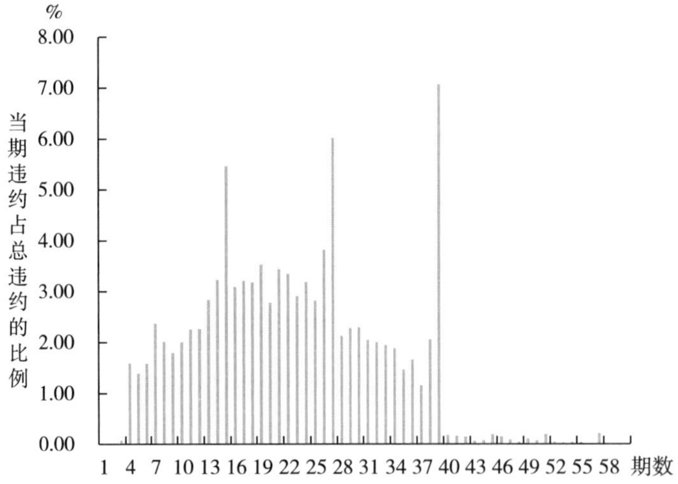

图 6-23　基础资产基准违约时间分布

（资料来源：评级报告）

（3）静态现金流入

根据基础资产还本计划，本交易基础资产在无违约、无早偿、无持续购买情况下的现金流入情况如图 6-24 所示。

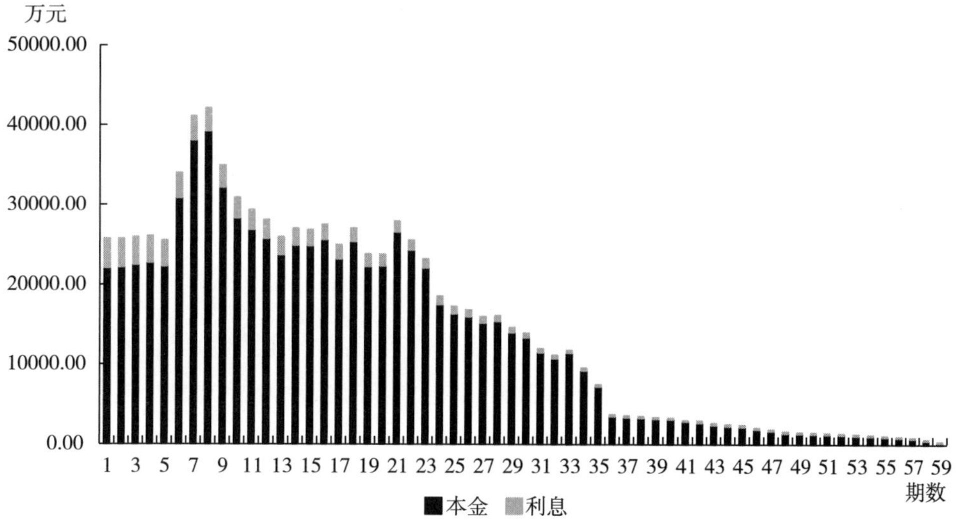

图 6-24　无违约、无早偿、无持续购买情况下的现金流入情况

（资料来源：评级报告）

（4）其他压力测试条件

在结合目标评级进行压力测试时，主要考虑回收率下降、回收时间延长、违约时间分布前置、利差下降等压力景况组合。一般景况和严格压力景况下的模型参数如表 6-9 所示。

表 6-9　各景况下的模型参数

压力条件	一般景况	严格压力景况
回收率	20. 00%	10%或 0%
违约分布	历史分布	前置分布
早偿率	5. 00%	
优先级证券预期发行利率	3. 25%	+30BP/+50BP

资料来源：评级报告。

（5）模型结果

基于现金流模型和上述参数假设，可以计算出在严格压力景况下，受评证券在不同的基础资产违约率情景下的损失程度和期限。然后结合基础资产违约分布中各违约率情景的概率，获得受评证券的期望损失率和期望期限。最后，根据预先设定的目标评级同期限的损失率要求，可获得受评证券的模型等级。

四、主要风险分析

本交易存在循环购买风险、资金混同风险、抵销风险、流动性风险、利率错配风险。通过归集转付频率调整、信用触发事件等交易结构设计，同时考虑发起机构和资产服务机构宝马汽车金融所具备的资信水平，上述风险可以得到有效缓释。

五、重要参与方分析

通过尽职调查环节的访谈与审查，宝马汽车金融的业务流程、风险控制和信息系统能够提供符合要求的贷款服务；外贸信托作为本信托的受托机构，能够提供本交易要求的信托资产管理和信托事务处理的服务；建设银行辽宁省分行作为本交易的资金保管机构，依托其总行丰富的托管经验，能够提供符合要求的资金保管服务。

第五节　Q&A

Q：通常需要发起机构提供多长时间的历史数据？

A：一般我们建议发起机构提供的历史数据长度超过一个完整的基础资产产品类型生命周期。例如，若基础资产（汽车贷款）的平均期限为 3 年，则建议有 3 年以上的历史数据表现。为了能更准确地识别和把控风险，我们建议最好能提供 5 年以上的历史数据表现。

为满足证券化业务的需求，发起机构应拥有较为完善的 IT 系统。在基础资产管理方面，需要其 IT 系统可以实现对入池基础资产的标识、对循环购买资产的筛选等。在历史数据提取方面，需要其 IT 系统具备能够提取满足要求的动态池、静态池数据的能力。这些是识别、把控风险的必要因素，也是投资人重点关注的公司运营能力之一。

Q：能否仅通过动态池、静态池数据测算出分层？

A：在进行基础资产风险特征量化分析和分层测算前，我们会与发起机构和相关机构进行沟通，明确入池资产的产品种类、特点、收益率、期限、客群等，对入池资产进行初步判断。此外，我们还会对发起机构进行访谈，了解其展业模式、商业逻辑、获客来源、资产质量、历史表现、风控侧重点等。同时，确认本次产品的设计需求，包括期限、规模、交易结构、有无特殊设置等。在处理和分析历史数据后，如出现问题，我们会与相关机构进行积极沟通。最后，根据前期收集的多重维度信息进行基础资产风险特征的量化分析和分层测算。

Q：车贷 ABS 回收款转付频率通常是什么？

A：如果回收款转付频率过低，则会造成资金沉淀，同时混同风险也会增加。如果回收款转付频率过高，则会造成资产服务机构人力、物力上的浪费，效率较低。原则上回收款转付频率应与基础资产产生回收款的频率相匹配。由于基础资产（个人汽车贷款）多为按月还款，车贷 ABS 项目中回收款的转付频率通常为按月。

Q：如何理解华驭系列产品的“红黑池”结构？

A：由于汽车贷款主要采用按月等额本息或等额本金的还款方式，如果初始起算日距离信托设立日时间较长，则会产生较多资金沉淀。为了减少资金沉淀，华驭系列产品在交易结构中引入“红池”和“黑池”的概念，同时还采用折现机制将资产未来现金流调整为折后本息余额。具体来说，“红池”是在产品测算、申报监管和推介营销时使用的资产池，“黑池”是产品发行时使用的资产池。“黑池”资产的选取采用与“红池”相同的合格标准，使得两版资产池在分散度、期限等重要特征参数上保持高度一致。因为两版资产池总体特征的相似度极高，根据两版资产池测算得出的分层结果通常保持一致。与此同时，在测算时会根据“红池”的底层基础资产在各期的现金流入情况通过预计发行利率和各项费用折现确定发行规模，在实际发行时，根据实际发行利率反推出“黑池”的资产规模，“红池”和“黑池”中未偿本金余额不同，但折后本息余额相同。这种通过折现机制确定发行规模的设置可以缓解由于测算假设利率与实际发行利率有较大差异而带来的市场风险。

Q：如何理解“非完全分配顺序”机制？

A：华驭系列产品还引入了非完全分配顺序的设置。按照优先级/次级的完全分配顺序（完全偿付优先 A 级本金之后再偿付优先 B 级本金，最后偿付次级本金），发行利率较高的优先 B 级证券存续期更长，需支付的利息较多。而非完全分配顺序是指每期回收款在支付完各项税费和利息之后，不全部用于支付优先 A 级证券的本金，而是按一定比例支付优先 A 级、优先 B 级和次级证券的本金，该比例由超额担保目标比例确定。同时以资产池的累计损失率为衡量标准设置了一级、二级增信条件。如果资产池质量下降、累计违约率升高，将调整现金流支付顺序至完全分配顺序。非完全分配顺序的设置在保障优先级证券偿付的同时，也加快了优先 B 级和次级证券的偿付，在一定程度上还减少了需要支付的利息总额。

第七章

信用卡应收款证券化产品信用分析

信用卡应收款证券化产品（以下简称信用卡 ABS）的基础资产是信用卡应收款，即银行信用卡中心基于持卡人在信用卡账户项下的消费透支或信用卡分期行为而享有的要求持卡人偿付相应本金、利息、分期手续费以及因提前终止分期而产生的违约金的债权。已发行的信用卡 ABS 的基础资产或同时包含消费透支和信用卡分期，或仅包含分期应收款；前者也常被称为信用卡全账户 ABS。

第一节　我国信用卡市场概况

一、我国信用卡市场的发展历程

信用卡是一种非现金结算的支付工具，由银行发行，专供消费者购买商品、支付相应费用。得益于经济持续快速增长带来的居民消费能力提升与消费观念转变，我国信用卡市场在过去 20 年间快速发展。我国信用卡市场的发展可分为以下几个阶段。

第一阶段（1979—1985 年）：起步阶段，主要承担收单功能

1979 年 8 月广交会期间，为方便参会外商开展交易，中国银行广东省分行与香港的东亚银行签订了代理东美信用卡取现协议，信用卡业务开始进入中国。这不仅方便了境外机构、企业、个人的消费和支付，也让国人开始接触到这种新型的消费支付方式。但这一阶段境内银行没有自主发行信用卡，只承担境外银行信用卡收单功能。

第二阶段（1985—2002 年）：萌芽阶段，尝试自主发卡

1985 年 6 月，中国银行珠海分行发行了中国第一张具有购物消费、存取现金和透支功能的准贷记卡，实现了中国信用卡市场从 0 到 1 的突破。此后国有大型银行纷纷发行了准贷记卡，这种准贷记卡为我国信用卡市场发展奠定了基础。1995 年，广东发展银行发行了国内首张符合国际标准的信用卡，开启了中国信用卡市场发展的新时代，我国的信用卡逐渐开始与国际接轨。但是这一阶段受限于我国经济发展水平较低、大部分居民消费能力有限、量入为出是生活常态，信用卡交易额很小，给发卡行创造的收入几乎可以忽略。

第三阶段（2002 年至今）：发展阶段，信用卡市场驶入“快车道”

2002 年 3 月，中国银联正式成立并搭建了跨行交易清算系统，使得银行卡可以跨银行、跨地区和跨境使用，为我国信用卡产业规模化发展创造了有利条件。国内银行开始大规模进入信用卡市场，并通过积极改善产品和服务满足国际标准。2002 年 5 月，中国工商银行成立牡丹信用卡中心，之后其他商业银行也陆续成立信用卡中心，集中运营、清算、发卡、催收的机制推动了信用卡业务更加高效地开展。信用卡中心的陆续成立标志着信用卡这个“舶来品”真正在中国开花结果，因此 2003 年也被称为中国信用卡元年。同年，人民银行征信管理局开始推进全国集中统一的企业和个人征信系统建设，在一定程度上优化了征信体系。截至 2003 年底，中国信用卡发卡行已经达到 11 家，共发行贷记卡 400 多万张，信用卡交易额和贷款余额也有了显著增长。

居民收入水平和消费能力的提升，加上金融基础设施与征信系统的逐渐建立与完善，推动我国信用卡市场进入上升期。从 2003 年开始，国有大型银行凭借网点和品牌优势发展规模不断扩大，以招商银行为代表的股份制银行则另辟蹊径，选择不同的营销风格、客群定位、经营模式从而实现了快速发展。截至 2022 年 6 月末，信用卡应偿信贷余额为 8.66 万亿元。随着信用卡市场竞争的加剧，各家银行开始由“跑马圈地”转为“精耕细作”，采用精细化、智能化管理手段，更加注重开发存量客户的分期需求，同时在移动互联网技术的引领下，各银行信用卡中心也纷纷开始建立线上 APP，并将获客渠道拓展到线上。

二、我国信用卡市场的现状

经过近 40 年的发展，我国信用卡市场发展已趋于成熟。当前，我国信用卡市场总体呈现出总量保持增长但增速放缓、授信使用率缓慢下降、不同银行贷款质量差异较大等特征。

1. 授信总额和应偿信贷余额仍保持增长，但增速下降

随着银行信用卡业务的逐步开展，信用卡授信总额及应偿信贷余额呈逐年增长态势。截至 2021 年末，信用卡授信总额及应偿信贷余额分别为 21.02 万亿元和 8.62 万亿元，同比分别增长 10.86%和 8.9%，增速较 2020 年明显回升（见图 7-1）。同时，从 2018 年开始，信用卡授信总额及应偿信贷余额增速逐年下降，近三年信用卡授信总额增长率和应偿信贷余额增长率的平均值分别为 10.94%和 8.00%，而且应偿信贷余额的增长率小于授信总额的增长率，信用卡的用信滞后于信用卡的授信，这可能与信用卡市场逐渐趋于饱和的背景下，居民收入增速放缓和居民杠杆率增加等原因有关。

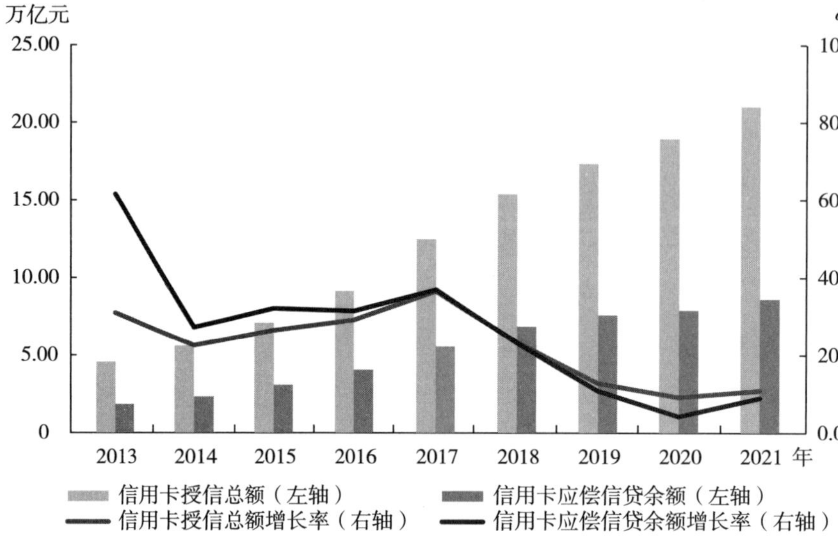

图 7-1　2013—2021 年信用卡授信总额和应偿信贷余额

（资料来源：东方财富 Choice 数据）

具体来看，截至 2021 年末，国有大型银行的信用卡应偿信贷余额为 3. 39 万亿元，股份制银行的信用卡应偿信贷余额为 3. 95 万亿元，占比分别为 39. 33%和 45. 88%（见图 7-2）。国有大型银行中，中国建设银行信用卡贷款余额为 8962. 22 亿元，同比增长 8. 54%，较上年增速降低 2. 86 个百分点；中国工商银行信用卡应收账款为 6923. 39 亿元，同比增长 1. 57%，较上年增速提高 1. 03 个百分点。股份制银行中，招商银行遥遥领先，截至 2021 年末信用卡应收账款为 8403. 71 亿元，同比增长 12. 55%，较上年增速下降 1. 28 个百分点。整体来看，国有大型银行和股份制银行的信用卡未偿信贷余额都呈现出波动增长趋势（见图 7-3）。

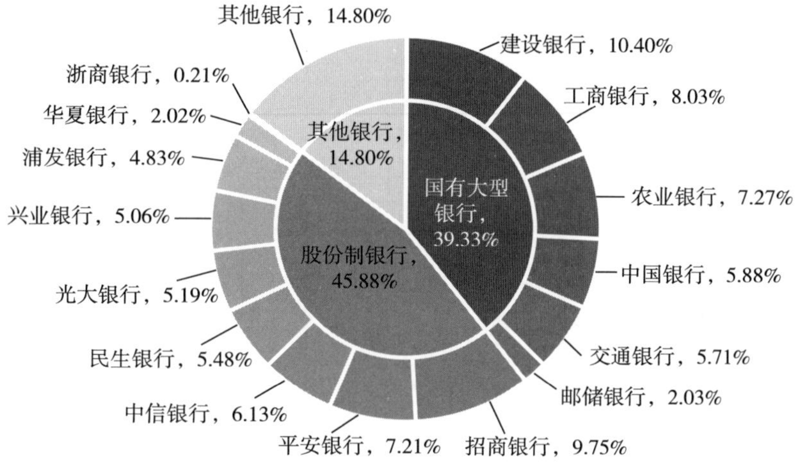

图 7-2　截至 2021 年末各银行信用卡贷款规模占比

（资料来源：各上市公司年报，作者整理）

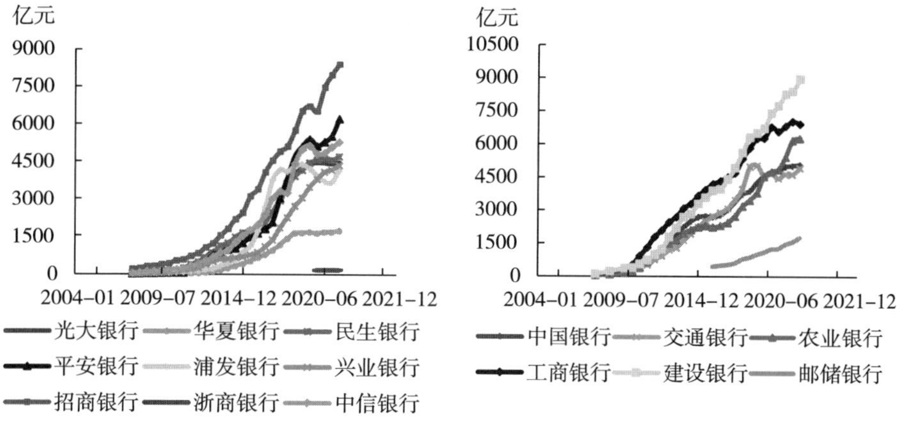

图 7-3　2004—2021 年国有大型银行和部分股份制银行信用卡未偿信贷余额

（资料来源：各上市公司年报，Wind）

2. 人均持卡量和卡均授信缓慢增长，授信使用率逐年下降

截至 2021 年末，在用信用卡数量和信用卡人均持卡量分别为 8.00 亿张和 0.57 张，信用卡卡均授信额度为 2.63 万元，信用卡授信使用率为 40.99%（见图 7-4 和图 7-5）。近三年，信用卡数量增速和授信使用率均有所下降，这与信用卡授信总额、应偿信贷余额的变化趋势相近。

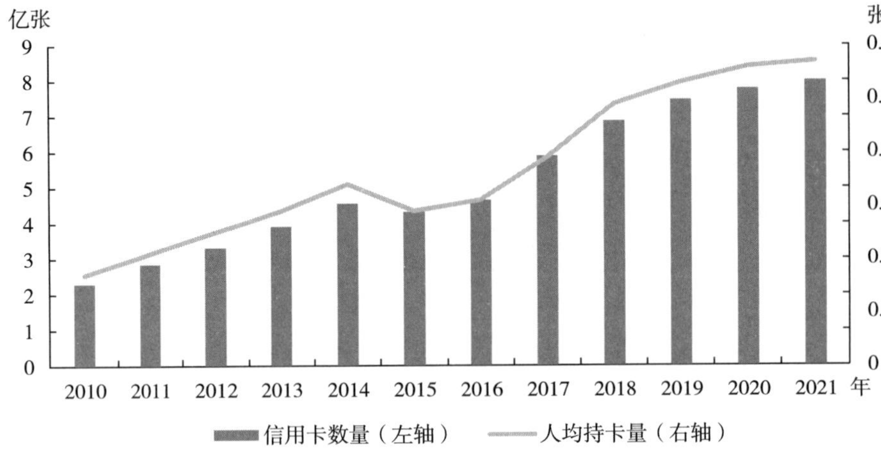

图 7-4　2010—2021 年信用卡发卡量与人均持卡量

（资料来源：东方财富 Choice 数据）

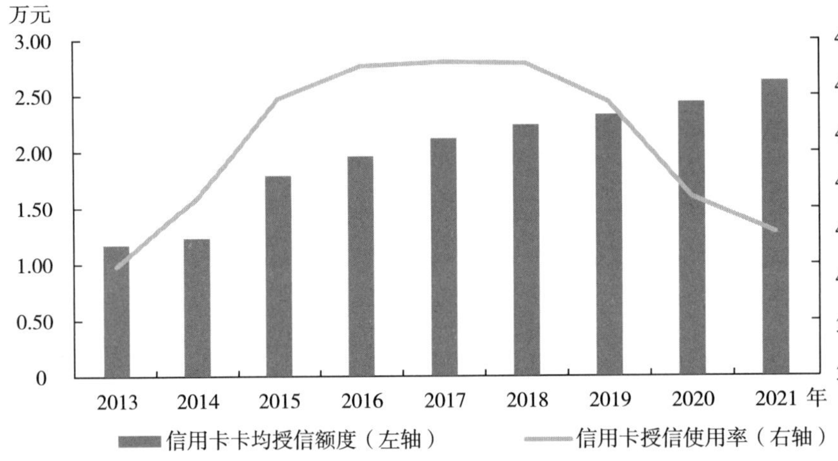

图 7-5　2013—2021 年信用卡卡均授信额度与授信使用率

（资料来源：东方财富 Choice 数据）

从公布数据的银行看，如图 7-6 所示，截至 2021 年底，全国性银行中，中国工商银行累计发卡量达 1.63 亿张，居于首位，中信银行累计发卡量首次破亿，达 1.01 亿张，同比增长 9%。区域性银行整体信用卡发卡数量偏少，但增长势头强劲。比如，宁波银行和中原银行同比分别增长 28%和 25%。目前，全国已有 8 家银行累计发卡量破亿，分别是工商银行、建设银行、中国银行、农业银行、交通银行、招商银行、中信银行、广发银行。

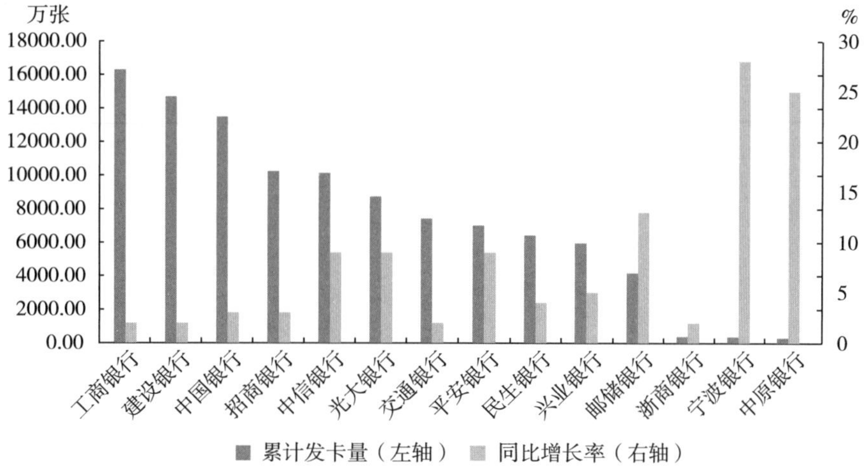

注：仅统计信用卡累计发卡量 300 万张以上的银行数据。其中，招商银行、平安银行的累计发卡量为流通卡量；交通银行的累计发卡量为在册卡量。

图 7-6　截至 2021 年末部分银行累计发卡量及增速

（资料来源：银联数据，各上市公司年报）

3. 逾期半年未偿信贷总额占比略有下降，不同银行质量差异较大

在市场规模逐渐扩张的同时，逾期半年未偿信贷总额也逐年增加。但是得益于未偿信贷总额更快速度的增长，以及商业银行加大对不良资产的处置力度，逾期半年未偿信贷总额占信用卡总应偿信贷余额的比例不高且有所下降。如图 7-7 所示，截至 2021 年末，信用卡逾期半年未偿信贷总额为 860.39 亿元，占信用卡总应偿信贷余额的比例为 1.00%。

图 7-7　2013—2021 年信用卡逾期半年未偿信贷总额及占比

（资料来源：东方财富 Choice 数据）

从不良贷款率来看，已公布 2021 年年报的商业银行分布在 0.49%与 1.85%之间，差异较大（见图 7-8）。其中，6 家国有大型银行的平均值为 1.32%，9 家股份制银行的平均值为 1.37%，17 家城市商业银行的平均值为 1.23%，10 家农村商业银行的平均值为 1.17%。整体来看，2021 年多数银行信用卡不良贷款率较 2020 年有所下降。

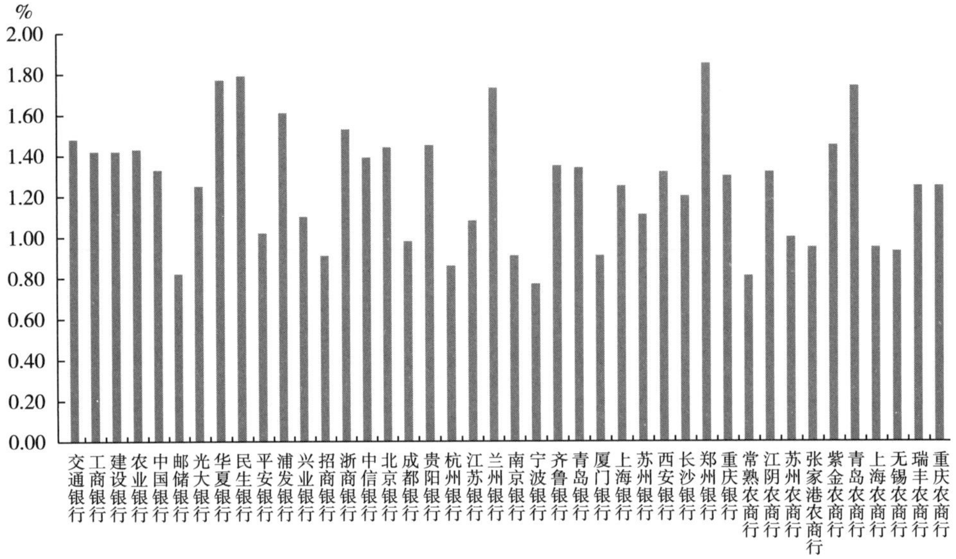

图 7-8　部分银行信用卡不良贷款率

（资料来源：各上市公司年报）

4. 信用卡业务成为银行重要收入来源

随着竞争的加剧，各商业银行普遍存在获客难、获客贵的问题。相比于传统的银行网点通过营销银行卡获取客户，信用卡的基础性普惠金融产品的定位清晰，获客优势显著。对股份制银行来说，信用卡业务为其贡献了超过 50%的零售客户，有些银行甚至达到了 70%，已经成为股份制银行零售业务获客的主要渠道。

同时，随着信用卡利率定价的市场化，信用卡利息收入在银行零售收入的占比也日益提高。以招商银行为例，根据 2021 年年报，该行信用卡流通户达 6973.94 万户，较上年末增长 4.54%；信用卡贷款余额为 8403.71 亿元，较上年末增长 12.55%，占零售贷款总额的 28.57%；信用卡循环余额占比达 20.90%，信用卡实现总收入 867.54 亿元，占零售金融总收入的 48.46%，其中，信用卡利息收入为 596.45 亿元，同比增长 5.87%，信用卡非利息收入为 271.09 亿元，同比增长 3.57%。

另外，虽然目前信用卡产品设计存在同质化、增值服务贡献低等问题，但随着还款保险、还款券包、会员费等创新服务的推出，以及对客户财富管理、贷款、保险等需求挖掘的不断深入，预计信用卡的非利息收入、综合收益也会进一步提高，从而实现信用卡业务收入的增长。

三、我国信用卡市场的发展趋势

1. 数据精细化，信息安全化

2021 年，针对金融数据安全的重视程度不断加大，全国人大常委会先后通过《中华人民共和国数据安全法》及《中华人民共和国个人信息保护法》，对信息采集和数据使用等环节进行了法律层面的规范和约束，助力信用卡行业整体精细化发展。同年，人民银行发布《金融业数据能力建设指引》和《金融数据安全　数据生命周期安全规范》，前者要求建立数据规范共享机制，在保障原始数据可用不可见的前提下，规范开展数据共享与融合应用，保证跨行业、跨机构的数据使用合规、范围可控；后者提及“APP、WEB 等客户端相关业务完成后不应留存三级及以上数据，并及时对缓存进行清理”。针对 APP 收集个人信息行为，国家互联网信息办公室（以下简称网信办）印发《常见类型移动互联网应用程序必要个人信息范围规定》，强调各类 APP 不得因用户不提供非必要个人信息，就拒绝用户使用其基本功能服务。此外，网信办对《网络数据安全管理条例》公开征求意见，工业和信息化部还印发了《关于开展信息通信服务感知提升行动的通知》，建立了个人信息保护的“双清单”。针对信用卡催收业务，中国银行业协会印发《信用卡催收工作指引（试行）》，规定严禁对与债务无关的第三人进行催收，可与第三人进行联系，但联系第三人时不得透露债务人具体的欠款信息和欠款金额。多项文件都对个人信息作出严格保护，信息安全关注度不断提高，数据监管趋向精细。

2. 透支利率市场化，利息收入重分类

2020 年，人民银行下发《关于推进信用卡透支利率市场化改革的通知》，取消了信用卡透支利率上限和下限管理机制，同时要求发卡机构应在信用卡协议中以显著方式提示信用卡透支利率和计结息方式。此后，银行可以通过更为精细化的用户定价来提升信用卡业务收入。2021 年，人民银行再次发布公告，

要求所有从事贷款业务的机构，在网站、移动端应用程序等多种渠道进行营销时，应当以明显的方式向借款人说明年化利率。2021 年，财政部、国务院国有资产监督管理委员会、银保监会和证监会联合印发《关于严格执行企业会计准则切实加强企业 2020 年年报工作的通知》，明确“银行从事信用卡分期还款业务形成的金融资产，企业不得将其按实际利率法计算的利息收入记入‘手续费及佣金收入’科目或在利润表中的‘手续费及佣金收入’项目列示”，要求银行将信用卡分期收入计入利息收入，同时对“手续费及佣金收入”项目进行新的分类调整。

3. 优化移动互联、加快数字转型

新冠肺炎疫情暴发后，银行 APP 成为零售金融战略实施的关键一环。出于精细化运营和成本控制等方面的考虑，部分银行对旗下多个 APP 进行整合，如邮储银行宣布下线“邮储生活” APP，后续金融服务和权益由邮储银行手机 APP 提供。同时，多家银行都对 APP 迭代思路进行了更新，开始围绕自身的业务重心重构 APP 的产品功能，APP 与银行战略和业务重点联系更为紧密，移动端的使用便捷程度提高将使信用卡的应用场景更为广泛，进而提升客户黏性。

2020 年，中国银联联合多家商业银行，发布首款数字银行卡“银联无界卡”，实现全流程数字化申卡及快速领卡，首批试点包括全国性商业银行、部分区域性银行及互联网银行等 17 家金融机构。多家银行陆续推出相关信用卡产品，如交通银行推出山姆优逸白金无界信用卡，民生银行推出长三角畅卡银联无界信用卡。在其他数字化产品方面，郑州银行和日照银行也相继推出数字信用卡。此外，数字人民币近年来受到广泛关注，信用卡业务具有消费场景多、交易高频小额、用户黏性高等特点，可以通过开展数字人民币还款优惠等活动，实现数字人民币业务与信用卡业务的双向驱动。

4. 定位年轻用户，升级零售业务

近年来，多家银行将零售业务作为转型升级的发展战略。信用卡用户年轻化特征显著，年轻客群成为重点拓展方向。银行通过与年轻群体中颇具人气的动画、漫画或游戏领域的 IP 进行深度合作，实现拓展年轻用户群体的目标。部分代表性产品有交通银行的纪念版高达主题信用卡及鬼灭之刃主题信用卡，邮储银行的大闹天宫及葫芦兄弟主题信用卡，浦发银行、宁波银行的 Bilibili 主题信用卡，中信银行的和平精英联名卡及部落冲突、皇室战争联名信用卡等。

同时银行也尝试借助明星效应和粉丝经济进一步扩展年轻市场，如交通银行和中信银行分别邀请王一博和杨紫作为代言人并推出主题信用卡。

5. 账户及交易管控趋严

人民银行、银保监会、证监会联合发布的《金融机构客户尽职调查和客户身份资料及交易记录保存管理办法》中提到，金融机构在办理规定业务和业务关系存续期间，或者怀疑客户及其交易涉嫌洗钱或者恐怖融资的，或者对先前获得的客户身份资料的真实性和完整性存疑的，应当开展客户尽职调查。人民银行发布的《中华人民共和国反洗钱法（修订草案公开征求意见稿）》中提及，金融机构应履行客户尽职调查、客户身份资料和交易记录保存、大额交易和可疑交易报告、反洗钱特别预防措施等反洗钱义务。业务管理中，中国银行升级了信用卡账户的风险管控措施，浦发银行要求信用卡客户更新身份证件有效期，建设银行、农业银行、邮储银行、中信银行等发布了清理长期不动个人银行账户的公告。近年来对信贷资金流向的监控也逐步趋严，多家银行针对特定类型的信用卡交易进行了限制，尤其是对房地产行业、烟草行业、彩票行业、建材行业等领域规定尤为严格。表 7-1 总结了我国信用卡业务相关的部分政策及法律法规。

表 7-1　我国信用卡业务相关政策及法律法规

时间	文件/政策	内容或影响
1992-12	中国建设银行《信用卡业务管理暂行办法》	人民币信用卡透支利息自银行记账日起 15 日内按日息 0.05%计算，超过 15 日按日息 0.1%计算，超过 30 日或透支超过规定限额的，按日息 0.2%计算。透支计息不分段，按最后期限或最高透支额的最高利率档次计息。
1996-04	《信用卡业务管理办法》	将超过 30 日或透支超过规定限额的那一档，由日息 0.2%调整为日息 0.15%。
1999-01	中国人民银行《银行卡业务管理办法》	明确将信用卡划分为贷记卡和准贷记卡两种，并扩大了信用卡的消费信贷功能。(1) 放松对透支限额的限制，个人卡账户月透支额提高到 5 万元；(2) 大幅度降低透支利率，最高日息由 0.15%统一改为 0.05%，准贷记卡计收单利，贷记卡计收复利。

续表

时间	文件/政策	内容或影响
2005-04	中国人民银行、国家发展改革委、公安部、财政部等多部门《关于促进银行卡产业发展的若干意见》	在有效防范信用卡风险的前提下，稳妥发展信用卡。
2005-10	中国人民银行《个人信用信息基础数据库管理暂行办法》	规范了商业银行报送、查询和使用个人信用信息的行为，促使各商业银行升级技术系统。
2006-03	中国人民银行、银监会《关于防范信用卡风险有关问题的通知》	鼓励各商业银行利用中国银联建立的“银行卡风险信息共享系统”和其他相关信息系统，提高风险识别和防控能力。
2009-04	中国人民银行、银监会、公安部、国家工商总局《关于加强银行卡安全管理、预防和打击银行卡犯罪的通知》	对信用卡的发卡流程和业务边界做了更明确的规范，如信用卡发卡三亲原则，构建了一套清晰的信用卡业务监管框架，对中国信用卡行业发展产生了最深远的影响。
2011-01	银监会《商业银行信用卡业务监督管理办法》	市场准入方面，对中资银行、合作金融机构、外资金融机构等相关机构开办发卡或收单业务、设立信用卡中心等专营机构、市场退出等事项实施审批制；对新增信用卡产品种类、增加信用卡功能、增设受理渠道、授权分支机构开办业务等其他业务实施报告制。
2013-07	中国人民银行《银行卡收单业务管理办法》	明确了商业银行和支付机构两类收单主体及其与特约商户、发卡银行、银行卡清算机构等参与主体之间的责权利关系。
2014-01	中国人民银行办公厅《关于加强信用卡业务管理的通知》	加强对特约商户信用卡受理功能的管理。对于从事资金借贷、理财服务等投融资经营活动的特约商户，收单机构不得为其开通信用卡受理功能；对以个人银行结算账户作为收单银行结算账户的特约商户，应当审慎开通信用卡受理功能，还要限制单笔和日累计交易金额等。
2016-04	中国人民银行《关于信用卡业务有关事项的通知》	1. 对信用卡透支利率实行上限和下限管理，上限为日利率的0.05%，下限为日利率0.05%的0.7倍。 2. 持卡人通过ATM等自助机具办理现金提取业务，每卡每日累计不得超过人民币1万元。
2020-12	中国人民银行《关于推进信用卡透支利率市场化改革的通知》	信用卡透支利率进入市场化阶段。自2021年1月1日起，信用卡透支利率由发卡机构与持卡人自主协商确定，取消信用卡透支利率上限和下限管理。
2021-11	中国银行业协会《关于印发〈中国银行业协会信用卡催收工作指引（试行）〉的通知》	进一步规范催收行为。催收行为要严格遵守国家对个人信息保护的规定，严禁对与债务无关的第三人进行催收，联系第三人只能以获得债务人信息为理由。

续表

时间	文件/政策	内容或影响
2021-12	银保监会《关于进一步促进信用卡业务规范健康发展的通知（征求意见稿）》	1. 严格规范信用卡息费收取。应当明确分期业务最低起始金额和最高金额上限。 2. 要求银行合理设置单一客户信用卡总授信额度上限。在授信审批和调整授信额度时，应当扣减客户累计已获其他机构信用卡授信额度，防范跨行不合理叠加授信。

资料来源：作者整理。

四、我国信用卡 ABS 发行概况

2015 年，交通银行发行了第一单信用卡 ABS 产品“交元 2015 年第一期信用卡分期资产支持证券”。随着信贷 ABS 市场的整体扩张，信用卡 ABS 产品发行规模也有所增加。2017—2019 年，信用卡 ABS 产品的发行量保持相对较高的水平，各年度发行规模分别为 1310. 36 亿元、787. 86 亿元和 1171. 42 亿元。新冠肺炎疫情暴发后，居民消费水平受到冲击，加上银行信贷政策收紧等多重影响，2020 年和 2021 年信用卡 ABS 产品的发行规模分别仅为 193. 77 亿元和 228. 20 亿元。信用卡资产的单笔规模与其他信贷资产相比较小，因此信用卡 ABS 产品的发行规模占信贷 ABS 产品总发行规模的比重较低，仅在 2017 年和 2019 年发行规模占比超过 10%，2020 年之后发行规模占比仅为 2%左右（见图 7-9）。截至 2021 年末，我国信用卡 ABS 产品累计发行规模为 3881. 75 亿元，发行单数为 43 单，其中 39 单已完成清算。

发起机构类型方面，信用卡 ABS 产品的发起机构均为股份制银行。其中以零售业务为特点的招商银行发行规模和发行单数均为最多，自 2016 年起招商银行每年均有信用卡 ABS 产品发行，累计发行规模和发行单数分别为 2162. 33 亿元和 20 单，发行规模占信用卡 ABS 产品累计规模的比例约为 55. 71%。交通银行和中信银行的发行规模紧随其后，截至 2021 年末，累计发行规模分别为 1029. 72 亿元和 399. 89 亿元，累计发行单数分别为 10 单和 5 单（见图 7-10）。

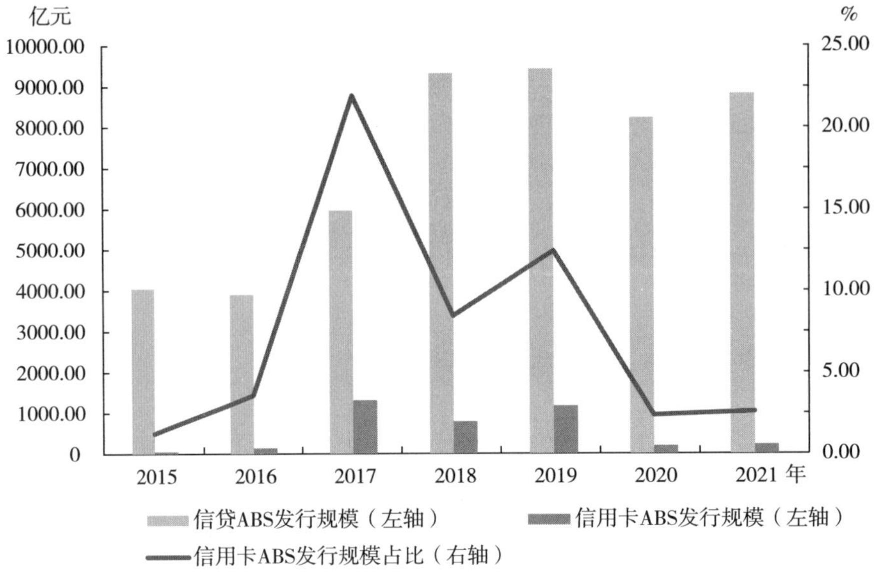

图 7-9　2015—2021 年我国信用卡 ABS 产品发行情况

（资料来源：CNABS）

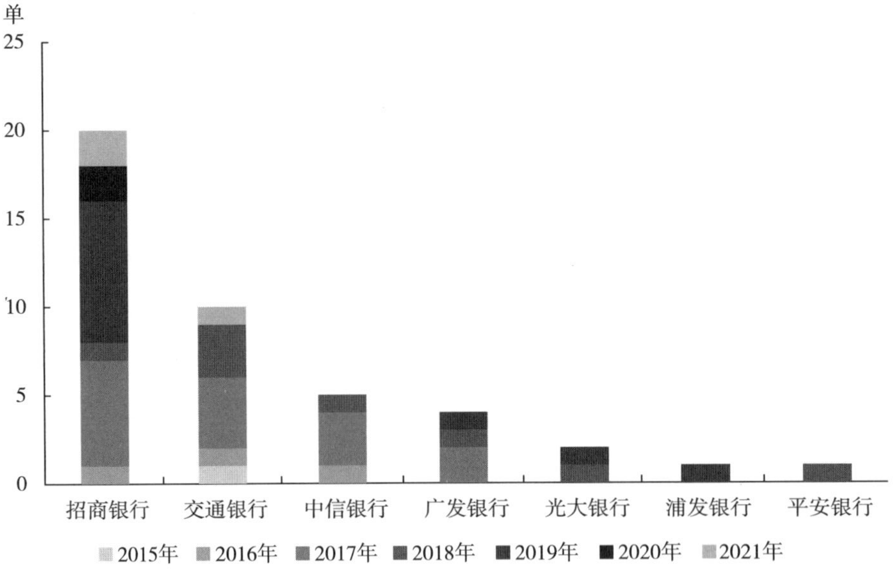

图 7-10　2015—2021 年我国信用卡 ABS 产品各发起机构发行单数

（资料来源：CNABS）

第二节 信用卡应收款及其风险特征

一、信用卡应收款的特征

本书中信用卡是指商业银行发行的具有消费支付、信用贷款、存取现金等全部或部分功能的电子支付卡，给予持卡人一定的信用额度，持卡人可在信用额度内先消费后还款。与一次性消费类贷款不同，信用卡应收款具有透支性、免息还款性、循环信用性等特性；同时，与其他消费类贷款类似，信用卡应收款具有利率较高、期限多样、单笔金额较小等特征。

1. 透支性

持卡人获得银行机构发行的信用卡后，无须向信用卡中存入现金，即可在信用卡的合作商户进行透支消费，每个月会自动生成账单，而且在还款日之前可以随时还款。上述过程即为持卡人先消费后还款的用信过程。

2. 免息还款性

对于普通的透支消费行为，持卡人可以选择在账单日与还款日之间的任一天进行还款且不收取任何手续费或利息，账单日与还款日之间的时间即为免息期，一般信用卡的免息期为20~50天。

3. 循环信用性

在信用卡账单生成之后，持卡人可以选择一次性结清账单，也可以选择对账单进行分期付款。信用卡的可用额度会在还款后恢复相应的还款金额，即持卡人结清多少资金，额度就会相应恢复多少。在授信额度范围内，持卡人根据可用额度循环使用信用卡进行消费。

4. 单笔金额较小

根据持卡人的信用资质和还款表现，银行会将信用卡分为普卡、金卡、白金卡、钻石卡等多种卡片类型，不同卡片类型的信用额度范围分化明显。通常，普卡的信用额度在2000元与5000元之间，金卡的信用额度在5000元与2万元之间，白金卡的信用额度在2万元与5万元之间，钻石卡的信用额度在5万元以上，有的钻石卡信用额度甚至在10万元以上。持卡人中只有极少数优质人群可以获得钻石卡，因此信用卡的平均授信水平为2万元到5万元，相应地，信用卡ABS入池资产的平均单笔金额通常也不会超过5万元，但也有少量资产单笔金额可以达到几十万元。

5. 期限多样

对于信用卡透支消费，若能在还款日前结清，只存在一定天数的免息期，并没有设定贷款期限；对于无力全额还款的持卡人，可以将信用卡账单的部分或全部金额进行分期还款，这通常被称为账单分期；同时银行还与特定商户合作，当持卡人在这些商户进行大额消费时，可直接选择对单笔交易进行分期还款，即通常所说的交易分期或消费分期。账单分期和交易分期的期数均包含有3期、6期、9期、12期、18期、24期或36期，持卡人可以根据自身需求进行选择。

6. 利率较高

对于信用卡的生息资产所需支付的利息，披露口径通常表述为手续费，年化手续费率通常在8%左右，但若以内部收益率来看，信用卡年化利率通常在15%以上，相较于房贷和车贷产品，利率水平较高。对于消费透支类资产，免息期后日利率为0.05%，对分期类资产，不同期限对应的手续费率会有所不同。同时，银行对信用卡的审批较为严格，客户资质优于消费金融公司，因此信用卡的利率水平通常低于消费金融公司的消费类贷款。

7. 还款方式多样

每月信用卡在生成账单之后，持卡人有全额还款、分期还款和最低还款额还款三种还款方式可选。全额还款与分期还款分别对应前文所述的透支和账单分期。最低还款额是指银行在账单生成后会设置最低还款额度（通常为当期账单的10%），结清最低还款额后即可不被列为逾期资产，对于最低还款额以外未结清的部分采取按日计息的形式收取罚息（通常为日利率万五），也有银行会对全部账单金额采用这样的方式收取罚息。无论是哪种还款方式或是交易分期，还款频率均为按月。

二、信用卡应收款的风险特征

1. 信用风险

持卡人可能会因为主观原因或是客观原因延期偿还或不偿还到期应偿还的本金、手续费和利息，导致信用卡应收款的现金流无法按照还款计划足额回收，进而可能影响资产支持证券的还本付息。但是，银行在选择入池资产时制定了严格的基础资产合格标准，同时银行有义务按赎回价格进行不合格资产赎回，这在一定程度上缓释了信用卡应收款的信用风险。

2. 回收风险

银行审核和发放信用卡的主要依据是借款人的信用资质。信用卡应收款的贷款性质均为无抵押担保的信用贷款，在持卡人违约的情况下，银行缺少通过处置抵押物获得第二回收款来源的机会，由此可能导致相对较高的现金流回收风险。通常，银行制定了较为严格的信用卡发放和审批流程、完善的信用卡后续管理流程和违约信用卡债权的催收流程，有效的业务流程在一定程度上缓释了信用卡应收款的现金流回收风险。

3. 集中度风险

虽然信用卡持卡人的分布地区相对较分散，地域集中度风险相对较小，但区域经济发展情况、持卡人职业发展稳定性以及其他不利因素均可能影响持卡人的还款能力和意愿，增加持卡人拖欠还款等违约行为发生的可能性，由此对信用卡应收款的现金流回款造成不利影响。资产证券化交易约定的基础资产合格标准在五级分类情况、持卡人评分、个人信用卡账户授信额度、行业集中度、城市集中度等方面进行了限制。

4. 早偿风险

持卡人提前还款会造成资产的现金流失衡，从而与设计的现金流规划不同。除受持卡人自身的财务状况影响外，市场利率的变化、其他融资成本的变化等因素都将影响持卡人提前还款。由于影响因素多且不确定，持卡人提前还款的时间和金额都很难准确预计。但考虑到按照银行信用卡业务的相关约定，持卡人即便提前还款依然需要支付合同手续费（包括原本分摊到提前期间的手续费），因此持卡人提前还款的主观意愿小于其他类别的信贷资产。对于循环购买结构，若可供持续购买的资产存量不足，则将导致提前摊还事件发生，从而使得投资者面临早偿风险。另外，根据历史数据预测的现金流与实际现金流不可能完全相同，投资者不可避免地要承担一定的早偿风险。

5. 循环风险

信用卡具有循环信用的特征，因此账户余额、收益率和剩余期限均存在一定的波动性。但由于循环购买结构以可用金额为限，根据合同约定的合格标准和持续购买投资效率最大化原则综合挑选持续购买的新资产，因此在循环期内，资产未偿本金余额波动幅度很小，而且基础资产规模不超过初始起算日基础资产未偿本金余额。同时，信用卡资产数量众多、单笔金额较小、分散度较好、历史违约数据具有明显的统计特征，循环购买新增资产与初始资产的同质性较强。通常交易文件中制定了严格的合格标准和持续购买标准，对新增信用卡资产的收益率和剩余期限作出限定，使得基础资产的收益率相对稳定，有助于降低循环风险。

第三节　信用卡 ABS 尽调要点

一、资料收集

针对信用卡 ABS 产品开展尽职调查时，需要收集的资料主要包括以下内容。

- 发起机构及信用卡业务相关资料：信用卡的发放机构主要为商业银行。针对发起机构，所需资料可以参考银行业企业信用分析资料清单。针对信用卡业务，通常需要发起机构提供信用卡中心发展情况介绍和信用卡业务相关制度文件，包括信用卡中心章程、各类型业务细则、风控管理办法、五级分类管理办法、息费调整管理办法、催收主流程说明、呆账核销管理办法等。

- 资产池清单：通常由发起机构信用卡中心提供，涵盖每笔拟入池信用卡应收款的相关信息，具体包括额度、卡片种类、五级分类、逾期状态等账户字段信息；金额、手续费率、账龄、剩余期限、月还款额等贷款字段信息；性别、年龄、行业、地区、年收入、婚姻状态、信用评分等持卡人字段信息。对于全账户类基础资产，还需要提供账户过去三个月的收益率字段信息。

- 历史数据：主要包括发起机构与入池资产同类型信用卡应收款历史表现的静态池数据和动态池数据。若为全账户项目，历史数据需根据不同资产类型单独提供静态池数据和动态池数据，包括但不限于透支类资产和分期类资产。针对透支类资产，由于没有明确的还款安排，评级机构会根据历史数据中的回款分布推算资产池中透支类资产的预期现金流入。

- 交易相关资料：主要包括主定义表、信托合同、贷款服务合同、资金保管合同等交易文件，以及法律意见书等。若为循环购买结构，还需要提供资产持续购买合同。

- 测算相关资料：主要包括分层结构、分配顺序、各项费用等参数假设，以及资产池现金流归集表等；对于循环购买结构，还需关注循环购买资产的定价方式及循环购买的期限。

二、访谈关注要点

商业银行通常会针对信用卡业务单独设立有别于传统分支行的直属经营机构，即信用卡中心。信用卡中心通常会设置独立的业务管理部、风险管理部、贷后管理部、资产负债部和财务部等部门，负责信用卡信贷业务的贷前、贷中和贷后管理，信用卡信贷业务的相关推广、审批和核算均由信用卡中心独立进行。访谈时，主要关注以下几个方面。

1. 行业背景及发展战略

- 信用卡中心战略布局和目标定位：关注信用卡中心在商业银行内部的重要性，营业收入及利润对全行的贡献度以及近期的重要经营战略。

- 信用卡业务经营情况：了解信用卡中心的历史沿革，近年来信用卡发卡数量、授信规模及卡片活跃度和相应指标的增速。

- 信用卡业务竞争优势及竞争格局：关注发起机构信用卡中心所处的发展阶段及其在信用卡行业的竞争地位，不同行业地位的信用卡中心在规模与效益上的侧重点不同，同时关注与竞争对手相比的优势点能否为未来资产规模的增长提供支撑。

- 信用卡业务对宏观经济和消费环境的敏感性：近年来新冠肺炎疫情多点频发，国际形势复杂严峻，宏观经济面临三重压力，社会整体信用风险加大。与此同时，消费金融行业政策逐步完善，监管不断趋严。关注信用卡中心是否调整客户授信策略以控制风险，如客户准入标准及额度控制情况。

2. 业务运营及产品特征

- 业务种类及推广重点：关注交易分期、账单分期、透支和取现等各类型信用卡业务规模的变化情况。同时关注不同类型业务在推广合作模式方面的更新情况，多种类型业务的额度是否共享，针对存量客户的业务推广计划等。

- 拓展模式和获客渠道：为保持卡片的活跃使用，发起机构是否采取了有效的刺激措施，开展了怎样的推广活动来实施活跃经营战略，对存量客户使用活跃度的监测频率，都可作为关注的重点。

- 客户画像：关注信用卡中心的目标客群是否发生了变化，不同客群的持卡人数占比，不同客群的特征分布情况，包括但不限于行业分布、区域分布、年龄分布、信用额度分布、信用评分分布等。

- 产品特征：对于透支类业务，关注还款时间、最低还款比例、罚息费率等；对于分期类业务，关注还款方式、分期期数、手续费率等。

- 利息和手续费收取方式：关注是否针对逾期或早偿资产收取罚息或违约金以及收取方式，具体的费率是否与逾期期限或早偿期数相关；关注息费减免政策及行业政策对信用卡业务手续费率定价的影响。

- 业务类型分布：关注各类型业务规模的占比及变化趋势。

- 业务转化规则：关注取现和交易分期的资产是否能再进行账单分期或进行最低还款额还款。若近年信用卡中心对业务类型设置了转化门槛，资产表现方面是否有变化，比如逾期率是否升高。

3. 风控流程及风控要素

- 用户准入：关注准入政策、额度限制、定价规则等方面；关注信用卡在初始授信和用信申请等环节的审核重点是否变化；关注对于不同营销渠道的客户是否区分审批规则，多头共贷对于授信用信的影响，以及平均授信额度的变化趋势，分期手续费率是否根据风险程度差异化定价。

- 审批流程：关注发起机构审核流程的用时在同行业中是否有竞争力；同时关注发起机构审核申请的通过率，特别是近年来通过率的变化情况及原因；关注审批权限的设置。

- 审核指标及获取来源：关注对借款人进行信用评分的审核指标的内容及变化，采用的资料来源有哪些，对于不同业务类型的审批关注点是否有区别，分期业务是否会关注过往的还款行为及逾期行为；关注“白户”的审核重点及数据来源。

- 提前还款：关注提前还款的原因；关注通常提前还款发生在贷款发放后的多长时间；关注历史业务中提前还款的比例，若近期发生较为明显的变化，需对现金流回款分布作出调整。

- 扣款顺序：关注正常情况下还款的冲账顺序及逾期后冲账顺序的变化，以及回款不足时，在同一持卡人不同笔业务之间如何分配。

- 额度调整：关注初始审批额度之后多久会进行额度调整以及调整前关注哪些方面，除固定额度以外是否会对特殊分期业务单独设置额度，该等专项额度的申请范围及审核标准。

- 五级分类：关注借款人的逾期次数和单笔贷款的逾期天数是否会影响五级分类以及五级分类标准变化前后对逾期率和不良率的影响。

4. 贷中监控及贷后催收

- 资金流向：近年来对消费贷的资金用途进行强监管，需关注发起机构对信用卡用信的资金流向如何监控，特别是对于现金分期业务，是否需要客户上传交易凭证以及交易分期的合作机构是否涉及监管禁止的行业。

- 贷中监控：关注是否对借款人信息进行检查更新以及通常的监控频率，对于逾期贷款的预警情况等；对于高风险客户的风险等级是否进行分级，是否进行风险客户额度的管控以及管控之后对于不良率及不良规模的影响。

- 逾期贷款：关注逾期贷款的发生是否有显著的时间点以及产生的原因，特别是近几年疫情影响下逾期率是否升高及逾期后的回收情况变化。

- 风险监控的同步：关注当某种信用卡业务类型发生逾期时，对于其他业务类型的五级分类如何处理，客户的风险等级是否会调整。

- 不良率：关注不同信用卡业务类型的历史不良率；关注受访人员披露的不良率与根据动态池、静态池数据推导的不良率是否具有一致性，若有所差异，进一步分析差异来源。

- 催收机制：关注整个催收流程中的时间节点、合作机构的遴选政策和派单机制、激励机制的设置、历史回收表现等。

5. 证券化业务相关

- 信息系统建设：对于设有循环购买的交易结构，需要关注信用卡中心的信息系统建设能否满足循环购买的需求，能否对入池资产进行有效标记，能否对入池资产的回款与其他信用卡资产的回款进行及时区分。对于全账户循环购买结构，还需关注信息系统如何对账户进行管理，能否对账户及资产是否满足合格标准进行高效筛选。

- 发行计划：关注发起机构开展本次信用卡资产证券化业务的初衷、发行计划、本次入池资产筛选标准、本次项目是否有特殊设计等。

三、资料分析关注要点

进行资料分析时，主要关注以下几个方面。

1. 制度文件

- 关注相关业务流程是否配备了完善的制度文件，业务实操是否与制度要求保持一致。

2. 历史数据

- 数量和质量：关注历史数据的时间长度及资产笔数是否充足；回迁情况；数量关系是否符合逻辑；业务规模及增长趋势是否与访谈所了解的一致。
- 数据合理性：资产表现与访谈所了解的逾期率、不良率等指标是否一致，与其他同业机构的指标是否一致；关注透支类资产与分期类资产的金额占比是否合理。
- 衍生信息：关注透支类资产的回款分布规律。

3. 资产池

- 合格标准：筛查是否有不符合合格标准的资产。
- 资产池特征：主要包括资产池的分散程度，是否在借款人行业、地区等维度过于集中；还款方式、合同期数、手续费率、合同金额等资产特征是否与访谈所获取的整体特征一致。

4. 交易结构

- 基础资产：关注基础资产的真实性、合法性、权利归属和权利负担；关注基础资产转让的合法性及有效性；关注基础资产的定义、范围及合格标准。
- 交易机制：一般需关注账户设置及回收款转付机制、现金流分配机制、循环购买机制、信用增进机制、信用触发机制的设定是否合理、完备、有效，评估这些机制设置是否会带来一定的交易风险，或者是否可以缓释交易风险。对于信用卡 ABS 产品，需重点关注服务报酬的分配顺序和比例；按照是否在优先级本金兑付前分配，通常可分为前端服务报酬和后端服务报酬。
- 其他机制安排：对于信用卡 ABS 产品，可重点关注封包期利息是否入池、封包期本金是否无风险、清仓回购等机制安排，评估其对产品风险的影响。

5. 法律风险

- 关注法律意见书中对交易主要当事方的主体资格，交易文件的合法性，基础资产的真实性、合法性、有效性、权利归属及权利负担，基础资产转让的合法性，信托财产风险隔离的有效性等方面是否合法合规的专业意见，识别是否存在相关法律风险的提示。

第四节　信用卡 ABS 信用分析案例

本节以某单信用卡全账户资产支持证券（以下简称本交易）为例，说明如何从基础资产、交易结构、模型分析、主要风险和重要参与方等方面对信用卡 ABS 产品进行信用分析。

表 7-2　证券概况

资产支持证券	预计发行金额（万元）	利率类型	偿还方式	偿付频率	预期到期日	法定到期日
优先 A-1 档	300000. 00	固定	过手	按月	2021-12-19	2026-11-19
优先 A-2 档	435000. 00	固定	过手	按月	2022-08-19	2026-11-19
优先 B 档	54600. 00	固定	过手	按月	2022-09-19	2026-11-19
优先 C 档	49000. 00	固定	过手	按月	2022-11-19	2026-11-19
次级档	131650. 00	—	过手	按月	2024-11-19	2026-11-19
合计	970250. 00	—	—	—	—	—
初始超额抵押	6654. 95	—	—	—	—	—

资料来源：评级报告。

本交易的发起机构为招商银行，招商银行将其合法拥有、依法可以转让并且符合合格标准的信用卡账户项下的消费透支或信用卡分期债权信托给华能信托，华能信托以该信托财产为基础发行资产支持证券。招商银行同时担任本交易的资产服务机构，兴业银行担任本交易的资金保管机构。具体如图 7-11 所示。

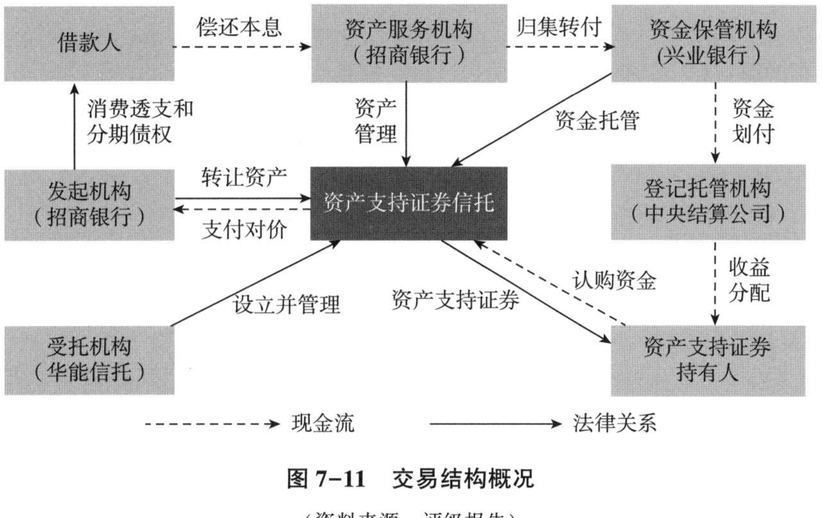

图 7-11　交易结构概况

（资料来源：评级报告）

一、基础资产分析

1. 基础资产的审查

本交易的基础资产为招商银行基于持卡人在信用卡账户项下的消费透支或信用卡分期债权。

《主定义表》中约定基础资产的合格标准如下。

基础资产合格标准
A. 关于相关持卡人的标准
（1）持卡人在申请信用卡账户时为中国公民或永久居民，而且年满 18 周岁；
（2）在初始起算日或持续购买基准日，持卡人的年龄小于 65 岁；
（3）根据招商银行内部信用评分标准，资产池中第 1 组评分持卡人占比不低于 40%；
B. 关于相关信用卡账户的标准
（4）在初始起算日（仅就初始纳入资产池的信用卡账户而言）或持续购买基准日（仅就通过持续购买纳入资产池的信用卡账户而言），持卡人在信用卡账户项下本息和手续费不存在正在进行的逾期，而且最近两年内不存在历史连续逾期超过 30 天、历史连续逾期次数超过 2 次或历史累计连续逾期超过 60 天的情况，在信托生效日（仅就初始纳入资产池的信用卡账户而言）不存在逾期超过 30 天的情况；
（5）在其被纳入资产池的初始起算日或持续购买基准日，信用卡账户已开通至少 6 个月；
（6）信用卡账户项下的业务类型为持卡人的消费透支或信用卡分期；
（7）持卡人的信用卡账户为纯信用账户，不涉及任何抵押、质押、保证等担保；
（8）信用卡账户均为人民币账户；
（9）信用卡账户的最大固定授信额度不超过 100 万元；
（10）在其被纳入资产池的初始起算日或持续购买基准日，根据招商银行的贷款五级分类结果，信用卡账户项下应收账款全部为正常类；
（11）该信用卡账户未被销户或冻结使用；
（12）招商银行和相关的持卡人之间在信用卡账户项下均无尚未解决的争议，信用卡账户不涉及任何诉讼、仲裁、破产或执行程序；
C. 关于资产的标准
（13）在其被纳入资产池的初始起算日或持续购买基准日，分期类应收账款的到期日均不晚于次级档资产支持证券的预期到期日；
（14）在初始起算日，资产池的加权平均资产池收益率①不高于 24%；

① 加权平均资产池收益率：就资产池而言，是指资产池中全部信用卡账户每连续三个自然月的收益率以当月月末的全部信用卡账户的本金余额为权数计算的平均收益率；每个月的收益率＝全部信用卡账户项下当月累计收到的除本金以外的其他还款÷当月月末全部信用卡账户的本金余额÷当月的实际天数×365。

（15）在初始起算日，资产池中单个省、自治区、直辖市涉及的应收账款未偿本金余额之和不超过资产池全部应收账款未偿本金余额的50%；

（16）相关信用卡文件适用中国法律，在中国法律项下合法有效，并构成相关持卡人合法有效和有约束力的义务，债权人可根据其条款向持卡人主张权利；

（17）招商银行合法拥有信用卡账户项下每笔应收账款，而且未在信用卡账户及其项下资产上设定质押或其他权利负担；

（18）信用卡账户项下的应收账款可以进行合法有效的转让，无须取得持卡人或任何第三方的同意；

（19）除法定抵销权以外，相关持卡人不对该信用卡账户项下应收账款享有任何主张扣减或减免应付款项的权利。

《信托合同》还对招商银行向华能信托交付的每一笔资产对应的信用卡账户进行了资产保证的相关约定，对基础资产的合法性和有效性作出了明确要求。如某一信用卡账户项下的一笔应收账款不符合资产保证，则该信用卡账户项下已入池的全部应收账款均属于不合格资产。如华能信托提出赎回相应的不合格资产的书面要求，招商银行应于发出该书面要求所在的收款期间后的第一个回收款转付日之前，将等同于待赎回全部不合格资产的赎回价格的款项一次性划付到信托账户。赎回价格等于被赎回的该等信用卡账户项下全部应收账款在回购起算日零时的未偿本金余额。

根据信用卡应收款及其风险特征，结合尽职调查环节对基础资产的审查，可以看出本交易基础资产合格标准的设定及不合格资产赎回机制的设置合理有效，符合监管要求，能够合理保证入池资产的信用质量。律师事务所出具的专业意见认为，抽样资产均为招商银行合法所有，可以作为本交易的信托财产，抽样资产信用卡账户项下应收账款的形成不违反中国法律、行政法规和部门规章的强制性规定；基础资产的转让合法有效，信托一经生效，招商银行对信用卡债权的转让即在招商银行和华能信托之间发生法律效力；对于华能信托在信托生效后依据《资产持续购买合同》向招商银行持续购买的资产而言，在《资产持续购买合同》已生效且该合同约定的转让条件全部满足后，招商银行对信用卡账户项下应收账款债权的转让将于持续购买日起在招商银行和华能信托之间发生法律效力。

2. 本交易入池资产特征

本交易入池资产的资产类型包括消费透支类资产和信用卡分期类资产，均为招商银行信用卡中心五级分类中的正常类资产。信用卡账户卡片类型包括普卡、白金卡和金卡，其中金卡的金额占比最大。截至初始起算日所有信用卡账户已开通至少

6个月，入池的信用卡账户中历史无逾期记录的信用卡账户数占比为91.75%。单户平均未偿本金余额为1.70万元，信用卡账户加权平均最大可用额度为4.79万元，过去3个月全部入池账户收益率均值为7.03%。信用卡账户未偿本金余额占比前三的省份分别为广东省、山东省和江苏省。借款人以20~40岁的中青年为主，职业主要集中在建筑行业、制造行业和贸易行业、商业、事务所行业，信用评分主要集中在第1组。资产池于初始基准日的资产特征如表7-3所示。

表7-3　初始资产池特征

指标	数值
资产池未偿本金余额	9769049521.78元
资产池交易余额	6786657557.78元
资产池小额分期余额	87954668.69元
资产池账单分期余额	2894437295.31元
信用卡账户数目	573605户
单户借款人最高本金余额	199013.20元
单户借款人平均本金余额	17030.97元
信用卡最早/最晚开卡时间	2002年11月/2019年11月
分期类资产加权平均账龄	5.19个月
分期类资产加权平均剩余期限	10.98个月
加权平均资产池收益率	8.60%
入池账户过去3个月收益率均值	7.03%
借款人年龄分布	20~64岁
借款人地区分布	借款人广泛分布于31个省、自治区和直辖市

资料来源：评级报告。

与同类产品相比，本交易入池资产单户未偿本金余额较大，收益率水平较高，剩余期限较短，借款人收入债务比较低。

表7-4　同类产品比较

项目	本产品	可比产品1	可比产品2
发起机构	招商银行	招商银行	招商银行
借款人户数（户）	573605	573453	265261
资产池未偿本金余额（万元）	976904.95	974400.26	300077.76
资产池合同金额（万元）	1193882.97	1189840.88	361934.93

续表

项目	本产品	可比产品 1	可比产品 2
单户借款人最高未偿本金金额（万元）	19.90	18.87	19.74
单户借款人平均本金金额（万元）	1.70	1.70	1.13
前 10 大账户金额占比（%）	0.02	0.02	0.06
前 20 大账户金额占比（%）	0.04	0.04	0.11
入池账户过去 3 个月收益率均值（%）	7.03	7.03	6.85
加权平均资产收益率（%）	8.60	8.59	7.86
分期类资产加权平均合同期限（月）	16.18	16.19	17.20
分期类资产加权平均账龄（月）	5.19	5.19	5.93
分期类资产加权平均剩余期限（月）	10.98	11.00	11.27
加权平均年龄（岁）	33.88	33.87	34.96
加权平均借款人收入债务比（倍）	5.90	5.90	8.41

资料来源：评级报告，作者整理。

二、交易结构分析

1. 账户设置与资金转付

（1）账户设置

本交易信托账户下设立信托收款账户、信托付款账户两个分账户。信托收款账户下设收入分账户、本金分账户两个子账户。信托付款账户下设信托分配（税收）账户、信托分配（费用和开支）账户、信托分配（证券）账户三个子账户，用于核算收入回收款、本金回收款以及税收、费用和证券本息款项的提取和支付情况。

（2）转付机制

根据交易安排，受托人应授权并要求贷款服务机构按照《服务合同》的相关约定转付回收款，贷款服务机构应于每个回收款转付日将全部回收款转入信托账户；在贷款服务机构于每个回收款转付日转付回收款以前，贷款服务机构不得将回收款用于任何投资，而且回收款在贷款服务机构的账户中不计任何利息。

持续购买期内，回收款转付日为该期间内的每一个工作日，如最后一个持续购买日不是工作日，则该持续购买日后第一个工作日也为回收款转付日；在摊还期内，回收款转付日按照以下规则确定：当权利完善事件“（a）发生任何一起贷款服务机构解任事件，导致贷款服务机构被解任”“（b）贷款服务机构丧失任一必备评级等级”均未发生时，回收款转付日为每个自然月的最后一日后的第4个工作日内的任一工作日；当发生权利完善事件（a）或（b）时，招商银行或信托应通知持卡人将其应支付的款项支付至信托账户。如发生前述权利完善事件后，招商银行仍收到回收款的，则回收款转付日为招商银行收到每笔回收款后的次一工作日。

其他消费类产品的资金转付频率通常为按月，本交易持续购买期间的转付频率为按日，资金在贷款服务机构账户的沉淀时间至多为一日，转付至信托账户后再持续购买新的资产，极大地提高了资金使用效率。摊还期内，存在混同风险；当贷款服务机构的信用等级低于必备评级时加快转付频率，可以有效缓解这一风险。

2. 现金流分配机制

在违约事件发生前，收入分账户按顺序偿付前端服务报酬、优先A-1档、优先A-2档、优先B档、优先C档证券利息和次级证券期间收益，本金分账户按照过手摊还的方式偿付优先A-1档、优先A-2档、优先B档、优先C档证券本金和后端服务报酬。

在加速清偿事件发生后，将收入分账户全部余额记入本金分账户，同顺序按未偿本金余额的比例支付优先A-1档和优先A-2档证券的本金，直至优先A档证券的本金全部清偿完毕，再按顺序偿付优先B档、优先C档证券本金和后端服务报酬。

在违约事件发生后，按顺序偿付服务报酬（如果违约事件不是贷款服务机构直接或间接引致的）、优先A档证券利息、优先A档证券本金、优先B档证券利息、优先B档证券本金、优先C档证券利息、优先C档证券本金和服务报酬（如果违约事件是贷款服务机构直接或间接引致的）。

虽然本交易在分配顺序上依然保留了前端服务报酬和后端服务报酬的分配机制，但由于全账户中有一定比例的免息资产，整个资产池的收益水平不及纯分期的资产池，相应地，贷款服务机构的后端服务报酬相比只包含分期资产的信用卡ABS也有所下降。

3. 持续购买机制

根据交易安排，本交易设有持续购买机制，持续购买期为9个月，摊还期为15个月，循环购买频率为按日，购买方式为本金买本金。

持续购买操作流程如图 7-12 所示。

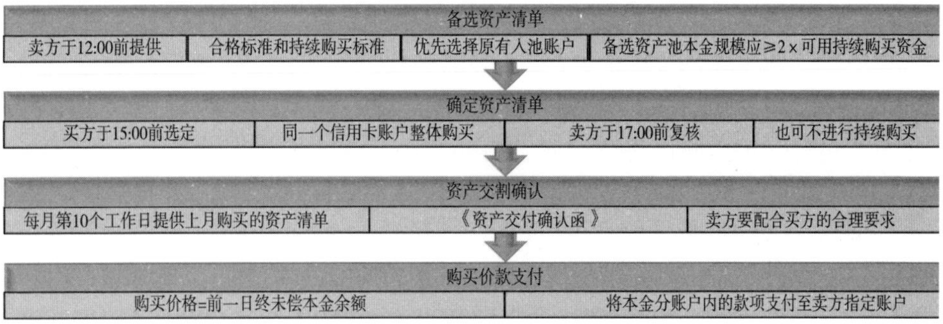

图 7-12　持续购买操作流程

（资料来源：评级报告，作者整理）

持续购买过程中，通过对备选资产清单的规模及筛选资产的标准进行约定，保证了持续购买新增资产的数量和质量。备选资产方面，备选资产池本金规模应不少于当日可用持续购买资金的 2 倍，同时优先选择已入池的信用卡账户下的新增资产，如果已入池资产对应的信用卡账户项下新产生的应收账款总额少于可用持续购买资金，也可新增购买其他信用卡账户项下应收账款。筛选标准方面，除与初始入池标准一致的内容外，对持卡人信用评分、账户收益率、省市集中度、行业集中度等方面进行了限制，能有效保证入池基础资产的信用质量。

持续购买资产的筛选标准如图 7-13 所示。

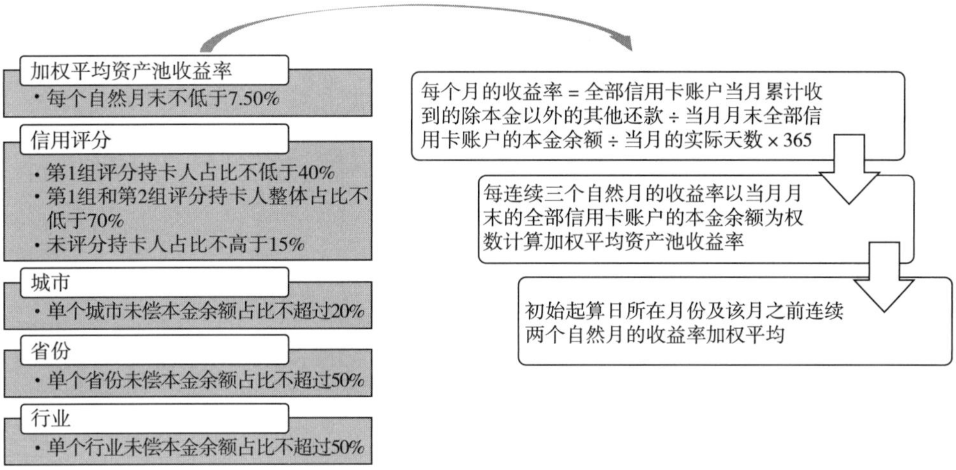

图 7-13　持续购买资产筛选标准

（资料来源：评级报告，作者整理）

4. 信用触发机制

本交易设置的信用触发机制主要包括加速清偿事件、违约事件、权利完善事件和提前摊还事件等。

当发生与发起机构有关的丧失清偿能力事件、贷款服务机构解任事件、累计违约率超过一定监测值等情况时，将触发加速清偿事件。

当发生最高级别的优先档证券的利息未能足额获得分配，或者资产支持证券的本金在法定到期日后 10 个工作日内未能足额获得全部偿还等情况时，将触发违约事件。

当发生资产池收益率水平、优质持卡人数量和闲置资金比例低于或超过一定监测值等情况时，将触发提前摊还事件。

发生加速清偿事件或违约事件后，按照《信托合同》的约定改变现金流分配顺序。

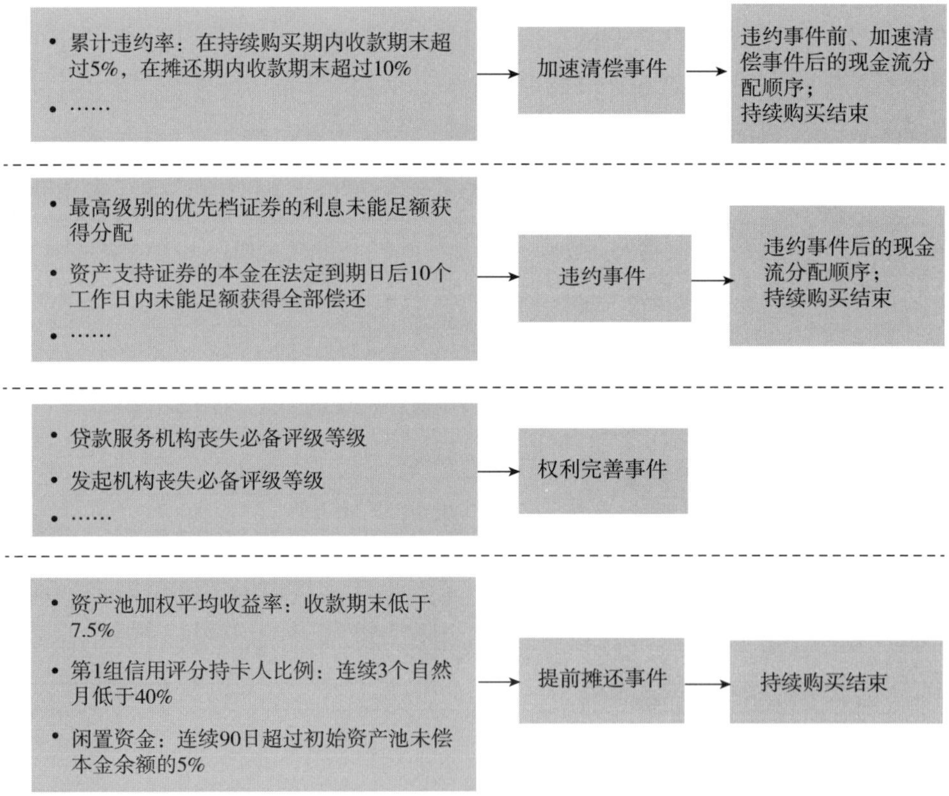

图 7-14 信用触发机制设置

（资料来源：评级报告，作者整理）

发生加速清偿事件、提前摊还事件或违约事件后，循环购买将提前终止，这一设计可以防止后续因循环购买不足或基础资产质量恶化而带来的风险。

发生权利完善事件后，招商银行或信托应通知持卡人将其应支付的款项支付至信托账户。

本交易信用触发机制的设置较为完备。

5. 信用支持

本交易采用优先级/次级支付机制。按照交易文件约定的现金流分配顺序，优先级证券本金先于次级证券本金获得偿付，优先 A 档资产支持证券获得优先 B 档、优先 C 档、次级证券和超额抵押提供的 24.76%的信用支持；优先 B 档资产支持证券获得优先 C 档、次级证券和超额抵押提供的 19.17%的信用支持；优先 C 档资产支持证券获得次级证券和超额抵押提供的 14.16%的信用支持。

三、模型分析

1. 信用分析

依据信用卡应收款证券化产品的主要风险特征，一般采用历史数据静态池法来推测基础资产未来的违约及损失表现，对基础资产的违约、回收以及早偿特征进行分析。信用分析依据的是招商银行提供的自 2011 年 9 月至 2020 年 3 月发放的信用卡贷款的静态池及动态池数据。

（1）违约分析

对基础资产违约特征的分析主要依据发起机构提供的静态池数据。考虑到个人消费类贷款的催收特征，同时为保证与市场同类交易的违约表现可比，可选用 31~60 天逾期率作为违约率的特征值来分析基础资产违约特征。根据招商银行提供的静态池数据观察到，招商银行不同月份发放的信用卡贷款消费透支类资产累计逾期率曲线走势相对集中，反映出其对信用卡产品的管理能力已较为成熟。其中，消费透支类资产表现期较长的累计逾期率大部分处在 0.50%与 1.00%之间，表现期较短的几条曲线累计逾期率较之前有所攀升，主要是受 2020 年新冠肺炎疫情暴发期间全国停工停产的影响。分期类资产表现期较长的累计逾期率不同发放月份之间差异较大，大部分处在 1.00%与 2.50%之间。

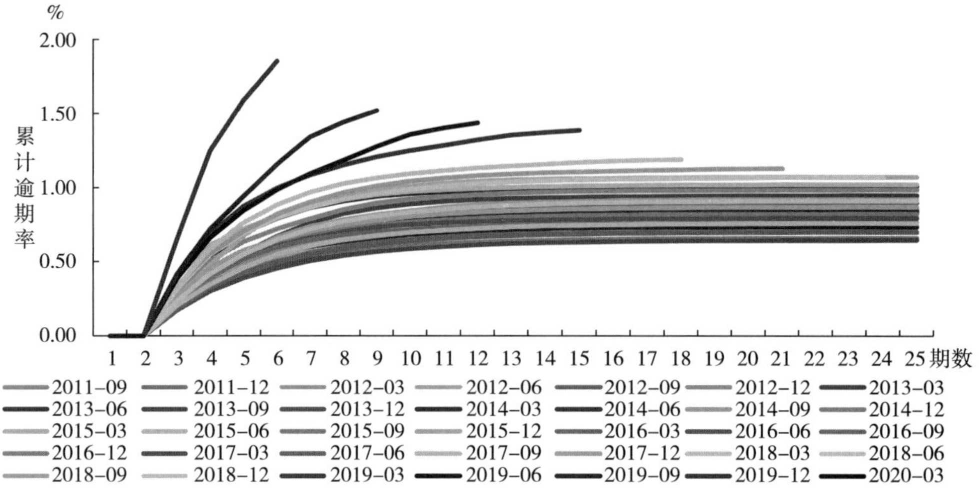

图 7-15　招商银行消费透支类资产静态池 31~60 天历史逾期表现

（资料来源：评级报告）

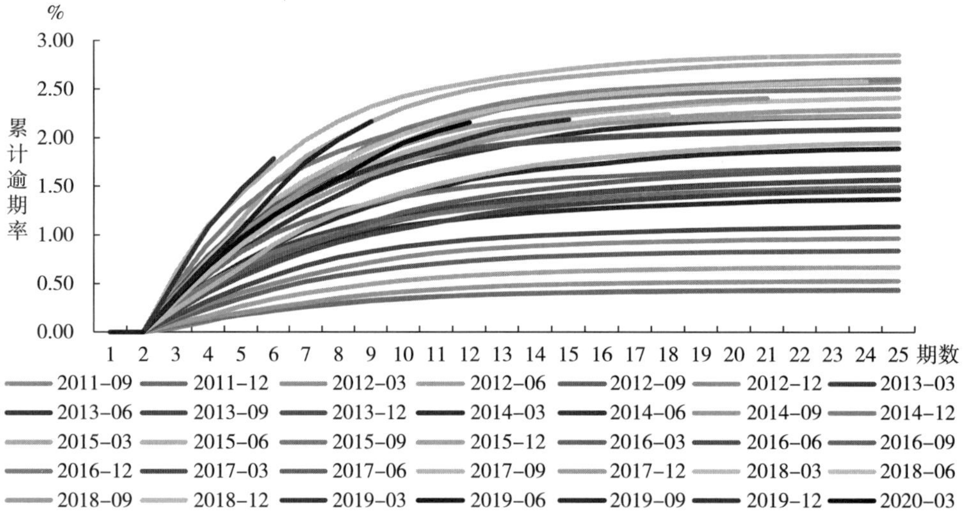

注：逾期率 = 31~60 天以上逾期贷款本金余额（OPB）/贷款发放月份期初本金余额（OPB）。

图 7-16　招商银行分期类资产静态池 31~60 天历史逾期表现

（资料来源：评级报告）

通常在静态池数据的基础上，结合基础资产的账龄和剩余期限、借款人分布特征及发起机构信贷政策和宏观经济及行业政策等因素，并参考公开发行产品的数据表现，拟定适合本交易基础资产未来违约特征的违约假设作为模型参数。

（2）回收分析

本交易中，基础资产全部为信用类贷款，违约资产的回收主要依赖于借款人的自行偿付，回收分析主要依据静态池数据和动态池数据的迁移表现。由于缺乏充足的抵押物，信用卡应收款违约后的回收表现极易受到不利经济环境的影响。

（3）早偿分析

根据动态池数据计算，基础资产年化早偿率约为 3.00%。

2. 现金流模型与压力测试

本部分以损失率法来评估各级证券的信用质量。现金流模型的主要参数设定如下。

（1）基础资产违约分布

根据对基础资产的违约分析，本交易适用的基础资产累计违约率分布如图 7-17 所示。

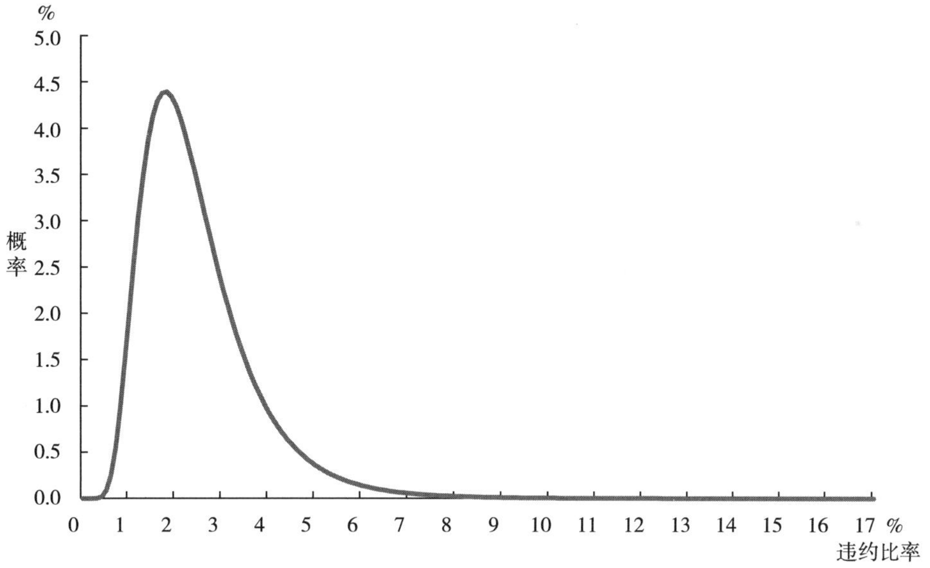

图 7-17 基础资产违约分布示意图

（资料来源：评级报告）

（2）基准违约时间分布

通过静态池历史数据可以获得基础资产违约时间分布，按照基础资产账龄调整后的基础资产基准违约时间分布如图 7-18 所示。

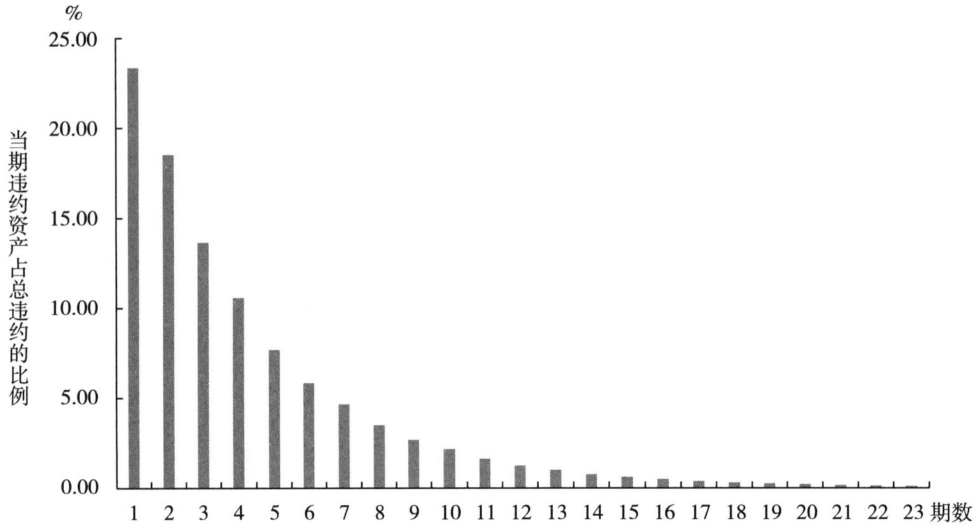

图 7-18 基础资产基准违约时间分布

（资料来源：评级报告）

（3）静态现金流入

根据基础资产还本计划，本交易基础资产在无违约、无早偿、无持续购买景况下的现金流入情况如图 7-19、图 7-20 和图 7-21 所示。

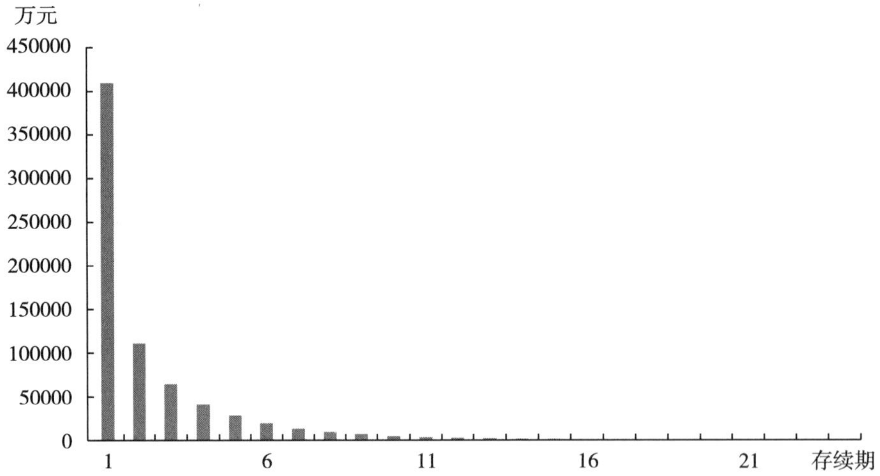

图 7-19 消费透支类资产无违约、无早偿、无持续购买景况下静态现金流回收分布

（资料来源：评级报告）

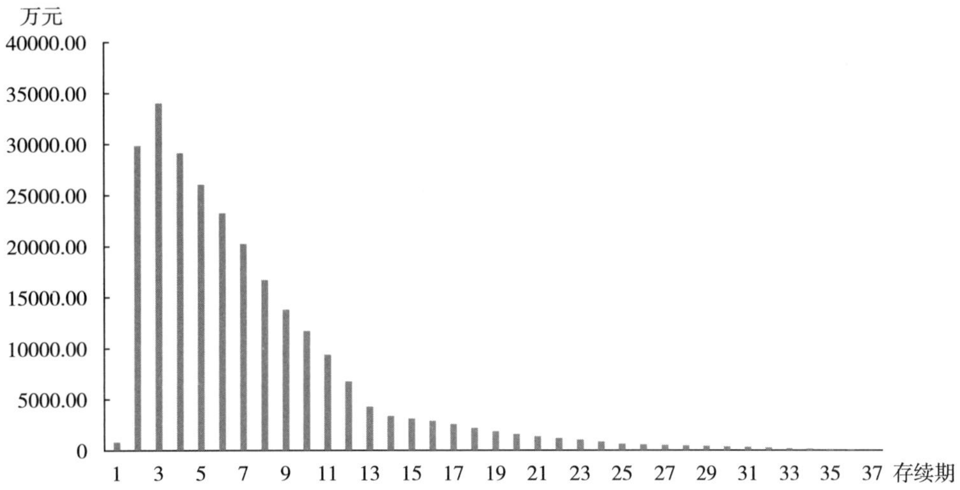

图 7-20 分期类资产无违约、无早偿、无持续购买景况下静态现金流回收分布

（资料来源：招商银行）

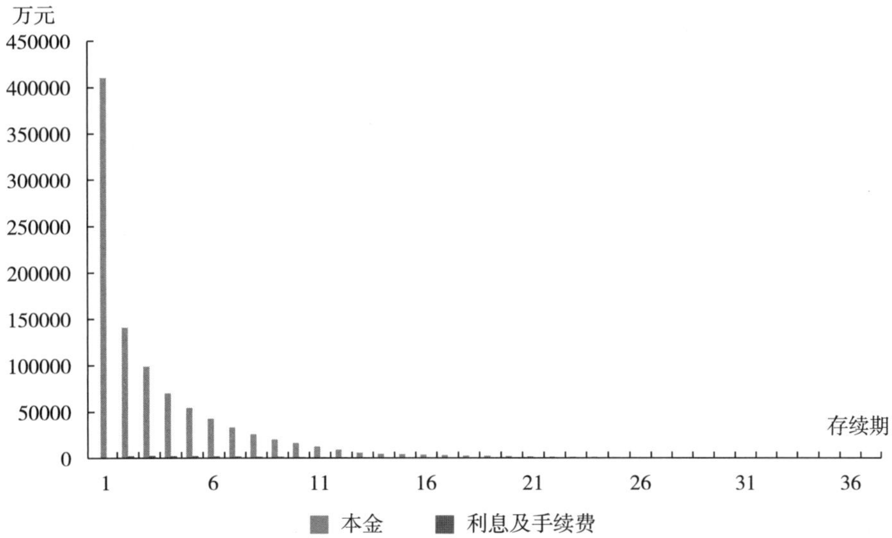

图 7-21 全部资产无违约、无早偿、无持续购买景况下静态现金流回收分布

（资料来源：评级报告）

（4）其他压力测试条件

在结合目标评级进行压力测试时，主要考虑回收率下降、回收时间延长、违约时间分布前置、利差下降等压力景况组合。一般景况和严格压力景况下的模型参数如表 7-5 所示。

表 7-5　各景况下的模型参数

条件	一般景况	严格压力景况
回收率	10.00%	0.00%
回收时间	12 个月	18 个月
违约分布	历史分布	前置分布
早偿率	3.00%	
优先 A-1 档预期收益率	3.20%	+50BP
优先 A-2 档预期收益率	3.40%	+50BP
优先 B 档预期收益率	3.60%	+50BP
优先 C 档预期收益率	4.90%	+50BP

资料来源：评级报告。

（5）模型结果

基于现金流模型和上述参数假设，可以计算出在严格压力景况下，受评证券在不同的基础资产违约率情景下的损失程度和期限。然后结合基础资产违约分布中各违约率情景的概率，获得受评证券的期望损失率和期望期限。最后，根据预先设定的目标评级同期限的损失率要求，可获得受评证券的模型等级。

四、主要风险分析

本交易存在持续购买风险、资金混同风险、抵销风险、流动性风险等风险。通过归集转付频率调整、信用触发事件等交易结构设计，同时考虑发起机构和资产服务机构招商银行所具备的良好资信水平，上述风险可以得到有效缓释。

五、重要参与方分析

律师事务所出具的专业意见认为，本交易中招商银行、华能信托及拟签署交易文件的其他各方均合法存续，具有完全的民事权利能力、民事行为能力和合法资格签署、交付和履行其作为一方的交易文件。

通过尽职调查环节的访谈与审查，招商银行作为本交易的发起机构和资产服务机构，证券化经验丰富，具备履行其相应职责的能力。本交易的资金保管机构、受托机构等参与机构具备履行其相应职责的能力。

第五节　Q&A

Q：信用卡应收款的利率较高，超出优先级证券本息的收益如何分配？

A：超额收益通常会分配给次级投资人。此外，资产服务机构也会通过收取较高的浮动报酬来获得部分超额收益。这样，发起机构通过发行信用卡ABS，在实现资产流转进行融资的同时也保障了盈利水平，还创造了一些中间业务收入。

Q：信用卡ABS交易结构中，资产服务机构的服务报酬是怎样支付的？

A：在信贷资产证券化产品中，资产服务机构的服务报酬可以在优先级利息偿付之前、优先级利息偿付之后或是优先级本金偿付之后甚至次级固定资金成本之后进行分配，分配的形式和时间点较为多样。资产服务机构的服务报酬可以分为固定和浮动两部分，通常固定服务报酬会占收入回收款的一定比例，比例的具体数值与资产池收益率及ABS发行利率相关。以某信用卡账单分期ABS产品为例，优先级本金兑付完毕之前不向资产服务机构支付服务报酬，优先级本金兑付完毕之后支付资产服务机构固定服务报酬，次级证券的本金和固定资金成本兑付完毕之后，再将剩余资金的80%作为资产服务机构的浮动报酬进行支付。也有部分产品会在优先级利息之前支付资产服务机构的前端服务报酬，在优先级本金兑付完毕之后，再向资产服务机构支付后端服务报酬。

Q：如何估计透支类资产的现金流回款分布？

A：相较于分期类资产，透支类资产的现金流回款分布较难预测。这是由于消费透支类资产到期后可能演变为生息类消费透支资产或者分期类资产，而这个比例并不确定，因此其未来还款的现金流难以被估计。评级机构一般根据发起机构提供的消费透支类资产历史数据模拟透支类资产现金流回款，然后结合分期类资产信息及资产池收益率情况来预测资产池的现金流回款分布。

Q：信用卡ABS为何要设置循环购买机制？

A：循环购买机制作为缓解基础资产与产品期限不匹配、解决基础资产现金流入较随机、基础资产早偿等问题的有效手段被广泛应用于零售类ABS产品中。采用循环购买结构通常可以延长优先级证券的期限，但不会使利差明显扩大，可以在一定程度上提高融资效率。由于信用卡应收款通常期限较短，因此信用卡ABS需要通过设计循环购买结构来延长产品期限，提高发起机构的融资效率。

Q：循环购买结构中的循环期限通常设置为多久？

A：发起机构可根据资产数量、融资安排和发行成本等因素，选择适当长度的循环购买期限。常见的循环购买期为12个月以内。

Q：循环购买资产的筛选标准是统一的吗？

A：各项筛选标准的具体阈值根据市场利率、资产状况、历史表现等进行动态调整，各单产品最终在发行文件中的约定也有所差异。

Q：如何保障循环购买新增资产的质量？

A：交易文件对资产累计违约率、资产收益率、持卡人信用资质和持卡人集中度等方面的约束保证了新增入池资产的信用质量，对资产支持证券持有人的利益提供了良好的保障。但同时按日持续购买的机制对发起机构信息系统建设提出了更高的要求，需要发起机构匹配相应的科技支持。

第八章

个人消费贷证券化产品信用分析

个人消费贷证券化产品（以下简称个人消费贷 ABS）的基础资产是个人消费贷款，即具有放贷资质的商业银行、信托公司、消费金融公司等金融机构和小贷/互联网小贷公司等对个人发放的用于购买耐用消费品（住房、汽车除外）或一般性消费的信用贷款。个人消费贷款的用途广泛，通常包含日常消费、装修、购买耐用消费品、教育、旅游、医疗、支付账单等。

第一节　我国个人消费贷款市场概况

一、我国消费金融行业概况

广义的消费金融包括住房抵押贷款、汽车贷款以及消费贷款，狭义的消费金融则特指个人消费贷款。本章所说的消费金融特指狭义的消费金融。

我国的消费金融行业起步较晚，始于 20 世纪 80 年代中后期商业银行推出的信用卡和耐用消费品贷款，但是直到 2010 年前后，在政策引导、消费观念转变、互联网普及与信息技术进步等多重因素共同作用下，消费金融行业才开始进入快速发展阶段，呈现出贷款余额与渗透率不断提高、参与主体和业务模式多元化等特征。

第一阶段（1985—2009 年）：商业银行主导

发展初期，国内从事消费信贷服务的机构以商业银行为主，提供的金融产品主要是信用卡及耐用品消费贷款。产品的申请门槛较高，往往需要申请人提供较多的包括自身资产状况及信用资质证明在内的材料。

第二阶段（2009—2015 年）：消费金融公司入场

为释放消费潜力、充分激发消费在拉动经济增长中的作用，2009 年，银监会发布《消费金融公司试点管理办法》，批准北京、上海、成都和天津 4 个城市试点成立消费金融公司。消费金融公司是由银监会发放牌照并进行监管的、不吸收公众存款、为个人提供以消费为目的的贷款的非银行金融机构。2010 年首批成立的四家消费金融公司分别为北银消费金融公司、中银消费金融有限公司、四川锦程消费金融有限责任公司和捷信消费金融有限公司。2013 年，银监会将试点范围扩大至全国 16 个城市，并颁布新的管理办法，在股东资质、业务范围、资金来源等方面放宽对消费金融公司的限制。2015 年 6 月，李克强总理在国务院常务会议上宣布，放开消费金融市场准入，将前述消费金融公司试点范围扩大至全国，审批权下放到省级部门，鼓励符合条件的民间资本、国内外银行业机构和互联网企业发起设立消费金融公司，特别提及“鼓励符合条件的互联网企业”发起设立消费金融公司。政策上的明确支持进一步激发了线上消费金融的发展热情，海尔消费金融、兴业消费金融等消费金融公司纷纷成立。

第三阶段（2015 年至今）：互联网消费金融兴起

随着互联网业态的蓬勃发展，以此为依托开展的电商消费金融逐步兴起，国内主流的互联网电商平台通过旗下小贷公司推出消费信贷产品。具体模式为，当用户通过互联网电商平台进行购物消费时，可选择贷款消费，后续再按照一定的利率分期或者到期一次性归还贷款金额。互联网消费金融模式的兴起得益于我国电子商务业务的快速增长，同时为消费者提供了丰富的消费场景并刺激了消费支出。随着参与主体和业务模式逐渐多元化，消费金融规模显著增加，我国消费金融渗透率稳步提升。

从金融机构口径下个人贷款余额来看，2017 年以来，短期个人消费贷款（包括信用卡及消费信贷）加速增长，2017 年末金融机构短期个人消费贷款余额为 6.81 万亿元，相较 2016 年末大幅增加 37.88%。2018 年，短期个人消费贷款增速仍保持在 30%左右。2019 年以来，受规范消费信贷资金用途等政策因素影响，短期个人消费贷款同比增速逐渐回落，2019 年末短期个人消费贷款余额为 9.93 万亿元，相较 2018 年末增加 12.75%。2020 年，受新冠肺炎疫情冲击，短期内经济活动放缓削弱了居民消费信贷需求，叠加金融机构为稳定资产质量而提高信贷标准造成消费信贷供给减少，我国金融机构短期个人消费贷款余额同比增速首次出现负增长。截至 2020 年末，金融机构短期个人消费贷款余额为 8.78 万亿元，同比增速下降至-11.58%。2021 年，我国经济持续修复，但疫情局地散发，加上宏观经济下行压力依然较大，短期个人消费贷款余额规模虽逐步回升，但增速仍未恢复至疫情前的水平。截至 2021 年末，短期个人消费贷款余额为 9.36 万亿元，较 2020 年末增长 6.59%。

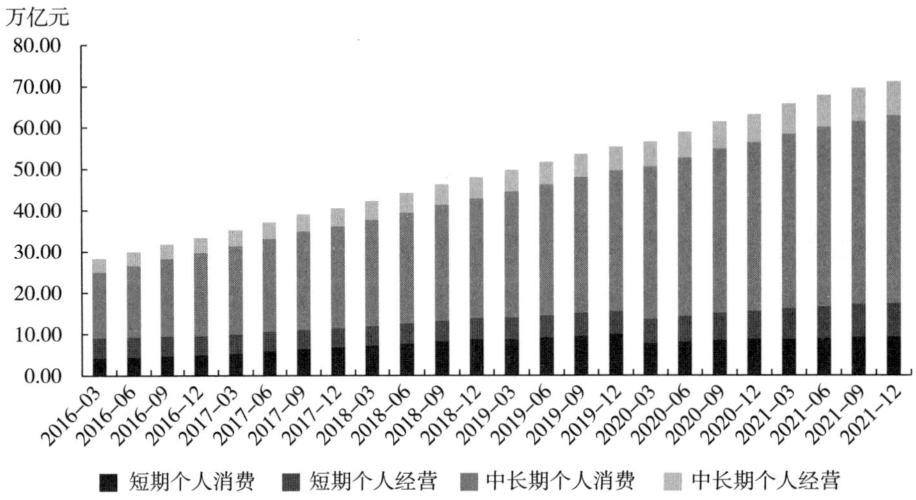

图 8-1　近年来金融机构各类个人贷款余额

（资料来源：Wind）

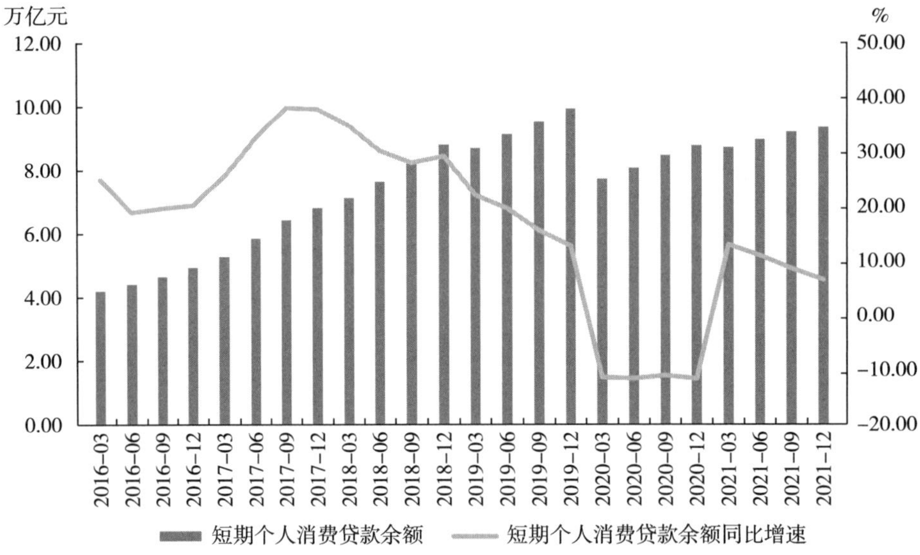

图 8-2　近年来金融机构短期个人消费贷款余额及同比增速情况

（资料来源：Wind）

二、我国消费金融市场的竞争格局

目前，我国消费金融行业的参与者主要包括商业银行、消费金融公司、互联网小贷平台等。

从市场规模来看，商业银行依然是消费金融的主力军，其消费贷款产品以信用卡贷款为主。此外，商业银行的消费金融业务还包含自有渠道开展的消费贷业务，以及与互联网机构合作开展的联合贷或助贷业务。商业银行参与消费金融的核心优势在于其庞大的零售客户基础及大量物理网点的分布，其风控体系较为成熟，客户质量相对优质，同时依托其稳定、低成本的资金实力，在消费金融行业占据着绝对的优势。

消费金融公司方面，在政策鼓励下，消费金融公司牌照获批加速，市场扩容，从2010年首家消费金融公司获批至2021年末，已有30家消费金融公司获批成立。根据主要出资人的不同类型，消费金融公司可分为银行系和非银行系。截至2021年末，银行系消费金融公司共18家，如中银消费金融、兴业消费金融、中邮消费金融等；非银行系消费金融公司以产业机构、电商等为主要出资人，可以细分为产业系和电商系，产业系如海尔消费金融，电商系如蚂蚁消费金融等。银行系消费金融公司由银行主导或参与设立，资金规模较大且风控经验丰富，但在客户体验和场景拓展方面缺乏竞争力；产业系消费金融公司由零售企业主导设立，在线下场景具备规模优势，获客成本较低，同时通常选择与银行或其他金融机构合作，实现优势互补；电商系消费金融公司以蚂蚁消费金融等为代表，依托自身庞大的平台业务所建立起的大数据体系，通过技术的升级，实现业务由赊购向消费信贷（线上/线下）延伸。

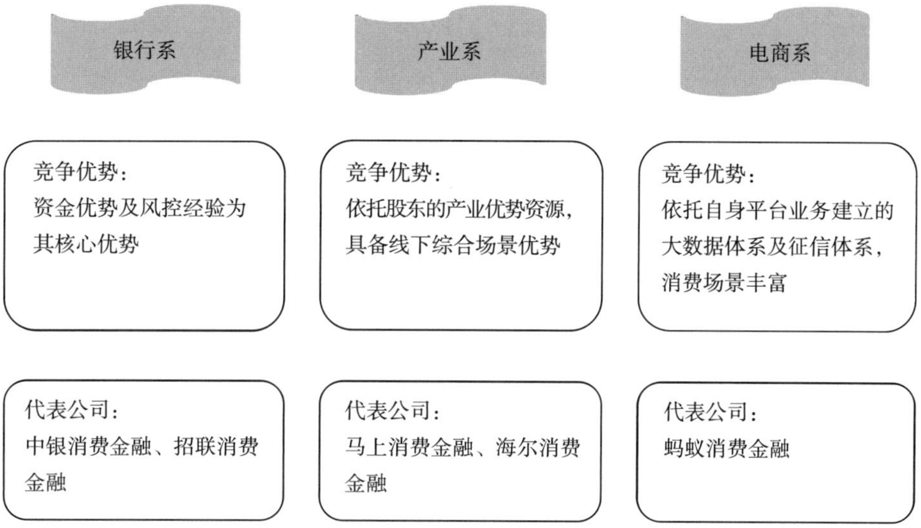

图8-3　消费金融市场竞争格局

另一类参与机构是基于互联网的非持牌小贷平台，其发放的产品基于用户于互联网消费产生的商品赊销，包括电商平台（如蚂蚁集团消费信贷板块发放的蚂蚁花呗等）、基于互联网平台用户的网络小贷（如小米小贷、蚂蚁小贷等）等。此类公司依据确定的线上消费场景及流量场景和大数据风控能力，主动对客户进行授信，跟传统的消费贷款授信方式相比更具扩张性，业务创新能力强，解决了长尾客群的信贷需求。然而，随着互联网行业快速发展，金融科技概念盛行，监管机构对互联网小贷平台的金融信贷业务实施了严格和审慎的监管，包括对网络借贷信息中介机构及现金贷业务监管的持续加码①，《征信业务管理办法》② 的落地，旨在避免杠杆率快速上升，规范业务流程，防范系统性金融风险，众多互联网小贷平台面临注资或整改。

表 8-1 消费金融主要参与机构类型

项目	商业银行	消费金融公司	互联网小贷平台
属性	银行业金融机构	非银行金融机构	非金融机构
牌照	商业银行牌照	消费金融公司牌照	网络小贷牌照
股东	国资、民企、外资等	银行、科技、其他产业和金融股东	科技、互联网公司等民企系
产品	个人消费贷款、信用卡分期、现金分期	个人信用借款、分期付款	分期付款、小额信用消费贷款
目标客户群体	央行征信覆盖群体、有稳定职业的中高收入人群为主	央行征信+长尾客户	互联网长尾客户
消费场景	相对较少，主要集中于线下	相对较少，线下线上都有	场景丰富
核心优势	客户优质，资金充足，成本低	持牌合规	场景、流量、大数据风控
资金来源	公众存款、同业拆借、债券融资	金融债、自有资金、同业、借款、ABS	自有资金、借款、信托贷款、ABS
定价水平	利率相对较低，6%~9%	利率水平高于银行，在10%~15%	除头部机构以外，利率水平偏高

资料来源：作者整理。

① 2016 年 8 月发布的《网络借贷信息中介机构业务活动管理暂行办法》，以及 2017 年末国家对于“现金贷”业务的专项整治，规定网络借贷金额应当以小额为主，并对借款上限、场景、利率以及杠杆率等方面做了严格限制。

② 人民银行于 2021 年 9 月 30 日发布《征信业务管理办法》，通过明确信用信息定义和规范业务全流程助推征信市场健康有序发展，《征信管理办法》已于 2022 年 1 月 1 日起施行，过渡期自施行起至 2023 年 6 月底。

三、我国消费金融市场的发展趋势

1. 监管政策趋于严格，社会征信体系趋于完善，行业发展更加规范

随着消费金融行业的快速发展，不同参与主体不断涌入，行业发展过程中的问题也逐渐凸显。出于防范行业风险、优化消费金融管理模式的需要，自2016年以来，监管机构陆续出台了多项政策，就监管范围、监管尺度等提出较为详细和严格的要求，以此规范、促进消费金融产品创新，推进消费金融重点领域持续发展。

综观近年主要行业政策，监管主线可大致归纳为“促进与规范”。一方面，消费金融公司试点从4个省市扩大至全国，提升了消费金融满足居民消费需求的能力，促进了消费金融行业快速发展。另一方面，面对行业快速发展过程中暴露出的种种弊病，比如校园贷、无指定用途的现金贷、变相高利贷等，监管部门持续予以规范，尤其是2017年开始对于现金贷的整治，继而细化到大数据风控、催收、获客渠道和联合贷款模式等方面，专项整治网贷行业，推动大多数机构良性退出，打击退出机构的逃废债行为等。监管部门陆续出台了多项政策，涉及大数据风控、产品定价、催收管理、消费者权益保护等方面，进一步对消费金融业务开展加以规范。监管政策的逐步完善，为消费金融行业未来的规范、健康发展奠定了良好基础。

整体来看，监管层面对消费金融领域的监管既非一味地盲目促进，也非单一地加压限制，而是疏堵结合、不断趋严和细化，在支持消费金融行业稳健经营发展的同时，严格防控系统性风险。

表8-2　近年来我国消费金融行业主要政策

时间	政策	内容或影响
2009-07	银监会《消费金融公司试点管理办法》	设立首批试点城市，随后2010年银监会相继批准设立首批四家消费金融公司
2013-11	银监会《消费金融公司试点管理办法（修订稿）》	扩大试点范围，增设消费金融公司
2015-06	银监会《非银行金融机构行政许可事项实施办法》	扩大融资渠道，允许消费金融公司发行金融债、资产证券化
2015-06	李克强召开国务院常务会议	提出发展消费金融，决定放开市场准入，将此前在16个城市开展的消费金融公司试点扩大至全国

续表

时间	政策	内容或影响
2015-11	国务院《关于积极发挥新消费引领作用加快培育形成新供给新动力的指导意见》	推动金融产品和服务创新。支持互联网金融创新发展，强化普惠金融服务，打造集消费、理财、融资、投资等业务于一体的金融服务平台。支持发展消费信贷、鼓励符合条件的市场主体成立消费金融公司，将消费金融公司试点范围推广至全国
2015-12	《推进普惠金融发展规划（2016—2020年）》	首次从国家层面确立普惠金融的实施战略，明确指出要促进消费金融公司发展
2016-03	中国人民银行、银监会《关于加大对新消费领域金融支持的指导意见》	创新金融支持和服务方式，促进大力发展消费金融
2017-04	《中国银监会关于银行业风险防控工作的指导意见》	做好现金贷业务活动的清理整顿工作，进一步规范网络借贷信息中介机构业务活动
2017-11	《互联网金融信息披露互联网消费金融》	在经营许可范围内，以互联网为渠道，提供消费相关的信贷服务及信用消费服务
2017-12	《关于规范整顿“现金贷”业务的通知》	统筹监管，规范整顿“现金贷”业务，开展对网络小额贷款的清理整顿工作，进一步规范银行业金融机构参与“现金贷”业务
2018-09	中共中央、国务院《关于完善促进消费体制机制　进一步激发居民消费潜力的若干意见》	提出应提升居民消费能力，增强消费对经济发展的基础性作用
2019-01	中国银行保险监督管理委员会浙江监管局《关于加强互联网助贷和联合贷款风险防控监管提示的函》	不得将授信审查、风险控制等核心环节外包，不能异化为单纯的放贷资金提供方
2019-03	中国互联网金融协会《关于开展高息现金贷等业务自查整改的通知》	针对高息现金贷、收取“砍头息”、暴力催收等违规业务开展全面自查工作
2019-08	国务院办公厅《关于加快发展流通促进商业消费的意见》	鼓励金融机构创新消费信贷产品和服务，推动专业化消费金融组织发展
2020-07	银保监会《商业银行互联网贷款管理暂行办法》	从商业银行互联网贷款的风险管理体系、风险数据和风险模型管理、信息科技风险管理、贷款合作管理、监督管理等方面补齐制度短板，促进业务规范发展
2020-11	中国人民银行、银保监会《网络小额贷款业务管理暂行办法（征求意见稿）》	明确网络小额贷款公司业务准入、业务范围、业务规则、经营管理、监督管理和法律责任等方面的监管方向，或将改善“监管洼地”

续表

时间	政策	内容或影响
2021-02	银保监会《关于进一步规范商业银行互联网贷款业务的通知》	进一步强化独立风控要求，督促商业银行落实风险控制主体责任，自主完成对贷款风险评估和风险控制具有重要影响的风控环节，并对商业银行与合作机构共同出资发放贷款的出资比例、集中度、跨地域开展业务等事项，细化提出监管标准，引导商业银行进一步规范互联网贷款行为，促进业务健康发展
2021-09	中国人民银行《征信业务管理办法》	明确信用信息的定义及征信管理的边界；对征信业务的各个环节进行了明确规定；强调信用信息安全和依法合规跨境使用；提高征信业务公开透明度

资料来源：作者整理。

2. 行业集中度向拥有优质客群、核心风控技术及资金成本优势的机构靠拢

结合消费金融行业发展现状及主要行业政策来看，随着消费模式和消费场景的多样化，消费金融产品日趋成熟丰富，行业竞争也逐渐加剧。同时，受到行业监管政策的影响，无指定用途的“现金贷”类产品逐渐退出市场，自带天然消费场景、拥有多维度自动化风控能力的机构竞争优势将逐渐凸显，行业资源将向拥有优质客群、核心风控技术及资金成本优势的机构倾斜。

消费金融行业中的头部机构依托其自身的商业模式和消费场景充分结合，已经具备一定规模和市场占有率，而且由于产品具有很高的客户黏性，自带天然消费场景的机构未来将继续保持竞争优势。目前从场景端来看，我国消费金融产品大致分为有场景、类场景和无场景三种①，其中，有场景的消费金融产品存在线上场景与线下场景之分。线上场景的参与机构主要为电商购物平台。线下场景则更趋向于体验式消费且呈现多样性，具体场景涉及汽车、旅游、饮食、教育、医疗、家装等领域，参与机构也更加多元。随着居民消费从线下向线上持续迁徙，未来线下场景也存在逐步向线上转移的趋势。此外，行业中的头部机构在资金成本和规模效应上也具备一定优势，如持牌机构相比互联网小贷平台没有融资杠杆的限制，更易形成低成本加高周转的良性循环。同时，在监管引导消费金融产品定价下行的背景下，部分机构客群有所收缩，这对机构在客户筛选及自主风控能力方面提出了更高的要求，其中低成本获得优质客户

① 类场景主要是指从交易链条中代垫代付衍生出的消费金融产品，例如信用卡代偿产品。无场景类主要是指现金贷，可细分为小额、大额现金贷，或者短期、长期现金贷。

的能力/拥有核心风控技术/拥有资金成本优势的机构将继续扩大其竞争优势。

3. 行业发展与风险并存，风控手段将更多元化

消费金融行业在迅速发展的同时也面临一定的风险。诸如逾期率攀升、家庭部门杠杆率过高等问题已逐渐暴露，因此未来需要持续关注社会过度授信和个人多头借贷等问题可能带来的风险。消费金融参与主体应在授信政策的制定过程中充分评估该类风险。随着社会数据资源共享程度提高和消费金融参与主体风控手段不断多元化，消费金融参与主体应有效利用社会资源，在授信审批中应用立体金融画像技术，进一步控制信用风险。

四、我国个人消费贷 ABS 发行概况

资产证券化是消费金融市场参与主体的重要融资渠道之一。自 2014 年平安银行发行首单个人消费贷 ABS 以来，截至 2021 年末，个人消费贷 ABS 累计发行 58 单，累计发行规模达到 1300.42 亿元。2020 年，受新冠肺炎疫情冲击，经济发展增速放缓，个人信用风险暴露，商业银行和消费金融公司出于谨慎考虑，风控策略收紧，导致银行间市场个人消费贷 ABS 发行动力下降，发行规模锐减。2020 年全年银行间市场个人消费贷 ABS 产品共发行 8 单，发行规模为 183.65 亿元，较 2019 年下降 20.31%。2021 年，随着疫情防控进入常态化阶段，我国经济持续修复，居民消费信贷需求逐步回升。在此背景下，2021 年个人消费贷 ABS 产品共发行 13 单，发行规模为 243.68 亿元，较 2020 年增加了 32.69%（见图 8-4）。

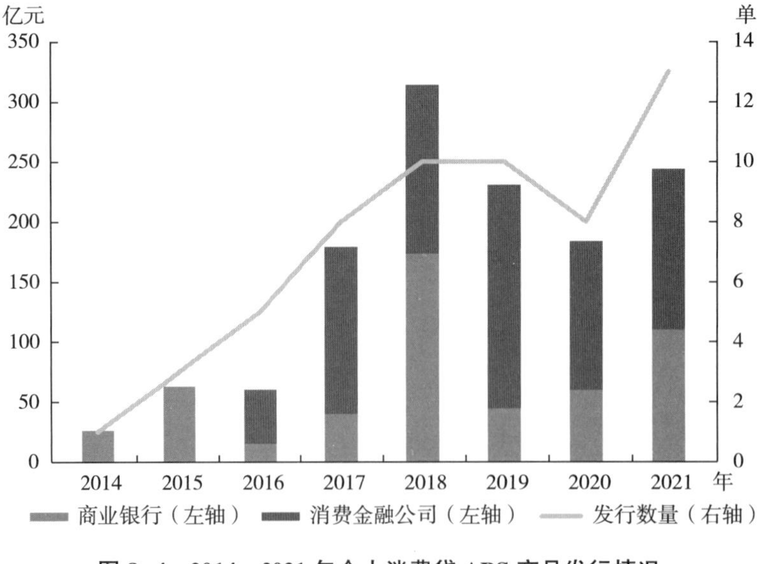

图 8-4　2014—2021 年个人消费贷 ABS 产品发行情况

（资料来源：CNABS，作者整理）

从发起机构看，截至2021年底，共有6家商业银行以及9家消费金融公司通过银行间信贷ABS市场融资（见图8-5）。在银保监会批准成立的30家持牌消费金融公司中，已有15家消费金融公司获得开展资产证券化业务资格的批复，其中有9家在银行间市场成功发起了个人消费贷ABS产品。随着越来越多的消费金融公司成立满三年，符合申请资产证券化业务资格的监管要求，未来将有更多的消费金融公司参与到资产证券化市场中来。

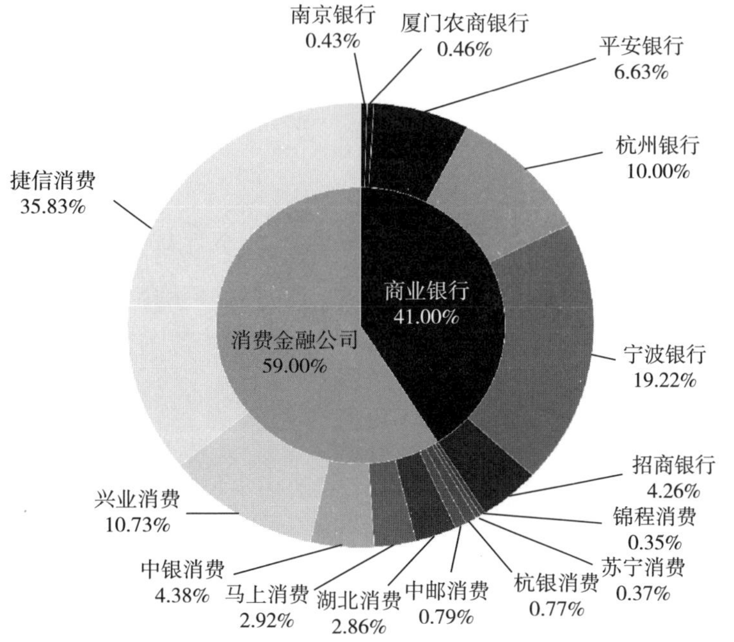

图8-5　2014—2021年个人消费贷ABS产品发行规模构成（按发起机构）

（资料来源：CNABS，作者整理）

第二节　个人消费贷款及其风险特征

一、个人消费贷款的特征

虽然个人消费贷款品种较多，不同产品在目标客群、额度、期限、利率（费率）、还款方式等方面存在一定差异，但总体来看，个人消费贷款具有单户金额较小、分散度较高、期限较短、合同利率/手续费率较高等特征。

1. 单笔贷款金额较小，入池资产分散度较高

不同类型的消费类贷款在贷款金额方面具有一定差异，但整体上存在单笔金额较小的特征，通常单笔金额在几百元与50万元之间，大部分金额都在10万元以下。商业银行发放的个人消费信用贷款额度较高，但这类贷款条件相对较为苛刻，如借款人职业集中于行政、文教卫体等相对稳定的职业，需有明确的借款用途并提供相应的证明等。而消费金融公司发放的产品（如商品贷、消费现金贷等）与商业银行的产品相比单笔金额相对较高，大多在5万元与10万元之间。入池资产分散度方面，个人消费贷ABS产品的基础资产笔数通常为几万笔到几十万笔，有的甚至达到上百万笔，单笔金额较低，平均未偿本金余额往往在5万元以下，资产池分散度极高。

2. 期限较短

个人消费贷款的合同期限一般为12个月、24个月和36个月，大多集中在12个月至24个月，较传统的车贷、房贷等零售类贷款期限更短。截至2021年末，已发行个人消费贷ABS产品加权平均合同期限均值为20.22个月，已发行产品的加权平均剩余期限均值为14.46个月，整体来看产品期限相对较短。

3. 还款方式以等额本息为主

还本付息方面，不同个人消费贷款产品的还本付息方式有所不同，如商业银行发放的个人消费信用贷款通常采用按月/按季度付息，到期一次性还本的方式；消费金融公司发放的个人消费信用贷款通常采用等额本息/等额本金的方式，也有部分产品采用等本等息的方式。整体来看，个人消费贷款的还本付息方式以等额本息为主。

4. 客群资质分化，合同利率/手续费率较高

个人消费贷款的收益率一般高于车贷、房贷，这主要是由于这类贷款通常为无担保的信用贷款，具有更高的风险溢价。如果将各产品的名义收益率换算成年化内部收益率（IRR），各类个人消费贷款的收益率基本都在15%以上。其中，消费金融公司发放的商品贷、消费现金贷年化IRR最高，通常在20%以上；其次是商业银行发放的信用卡账单分期，年化IRR一般为16%~18%；商业银行发放的个人消费贷款由于风控比较严格，虽然额度通常较大，但收益率属于最低的一类。另外，从客户资质来看，消费金融公司的目标客群较商业银行存在一定程度的下沉，多为非银行信用卡持卡用户，如大学生群体、初入职场的白领群体、蓝领群体等。该部分客户群体还款能力有限，而且属于征信“小白户”。因此，消费金融公司的消费贷款收益率要略高于商业银行的贷款产品。

以 2021 年发行的个人消费贷 ABS 产品为例，如表 8-3 所示，入池资产加权平均合同利率为 15. 19%，继续保持在较高水平。其中，商业银行发起的产品基础资产加权平均合同利率在 6%与 17%之间，消费金融公司发起的产品基础资产加权平均合同利率在 11%与 24%之间。

表 8-3 2021 年个人消费类贷款 ABS 产品基础资产特征统计

基础资产特征		产品概况		
		商业银行	消费金融公司	总体
户数	范围	17068. 00～1265391. 00	5809. 00～503351. 00	5809. 00～1265391. 00
	平均值	367457. 17	76208. 50	185426. 75
单户平均本金余额（万元）	范围	0. 88～17. 58	0. 36～14. 77	0. 36～17. 58
	平均值	6. 82	8. 50	7. 87
加权平均合同利率（%）	范围	6. 28～16. 79	11. 79～23. 22	6. 28～23. 22
	平均值	9. 40	18. 67	15. 19
加权平均账龄（月）	范围	2. 25～14. 48	3. 57～10. 50	2. 25～14. 48
	平均值	7. 36	7. 43	7. 40
加权平均剩余期限（月）	范围	5. 40～26. 65	7. 59～28. 29	5. 40～28. 29
	平均值	11. 73	18. 46	15. 94

资料来源：作者整理。

5. 多以线上审批为主

为保证客户体验，同时提高贷款审批效率，大部分放贷机构一般采用线上审批的方式。通常情况下，线上审批要求客户提供身份证明资料、手机号码等基础信息并核查其真实性。相较于传统小贷、银行授信而言，线上审批形式在一定程度上更加高效。

二、个人消费贷款的风险特征

1. 信用风险

个人消费贷款是放款机构根据借款人的信用记录和财务实力向其发放的消费类贷款，以信用类贷款为主，一旦发生违约，并没有抵质押物或第三方担保可以追索。因此个人消费贷款信用风险较高，坏账率一般比有抵押的零售类贷款高，而且受经济周期的影响相对较大。同时，受市场下沉、客户资质相对更差、风控技术不成熟等影响，消费金融公司的贷款质量弱于商业银行。

已发行个人消费贷 ABS 产品的表现也证明了这一点。如图 8-6 和图 8-7 所示，个人消费贷 ABS 产品累计违约率[①]明显高于房贷、车贷等产品，而且消费金融公司发起的个人消费贷 ABS 产品累计违约率高于银行发起的产品。

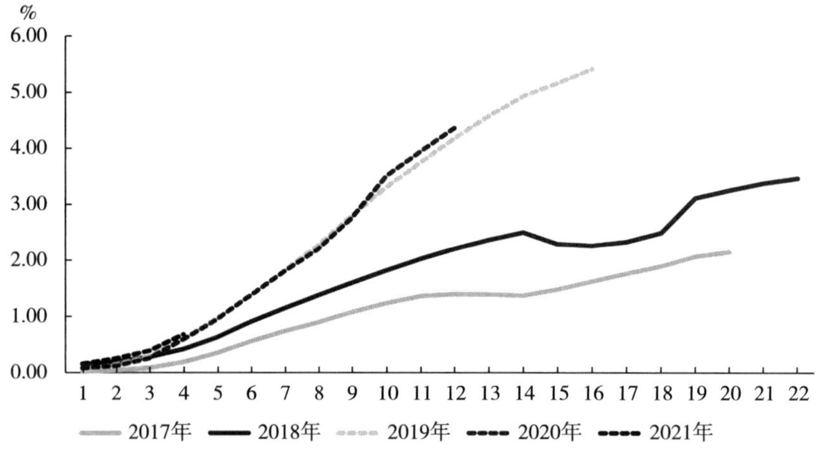

图 8-6　截至 2021 年末各年度发行的个人消费贷 ABS 产品累计违约率

（资料来源：各产品受托报告，作者整理）

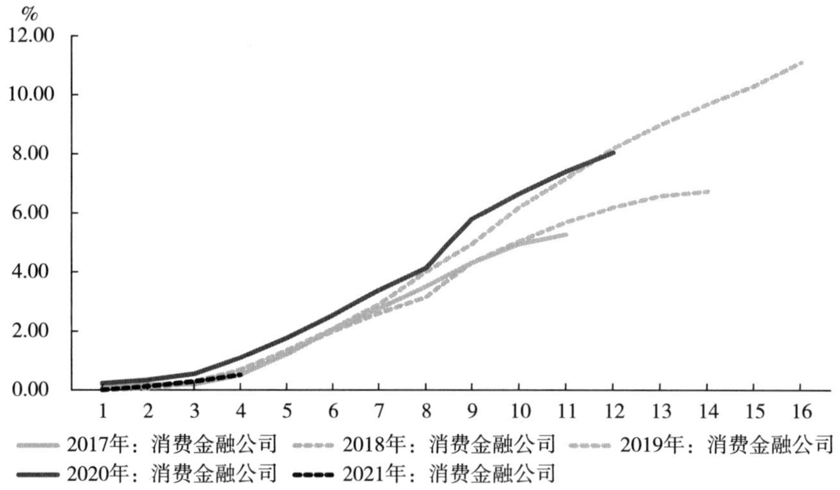

图 8-7　截至 2021 年末个人消费贷 ABS 产品累计违约率（按发起机构类型）

（资料来源：各产品受托报告，作者整理）

① 目前银行间市场个人消费贷 ABS 产品对累计违约率的定义普遍为逾期超过 90 天的贷款金额/资产池初始规模。累计违约率=各产品发行后各期的违约金额/各产品初始起算日的资产池余额，本文仅选取表现期超过 6 期（含）的产品统计累计违约率。

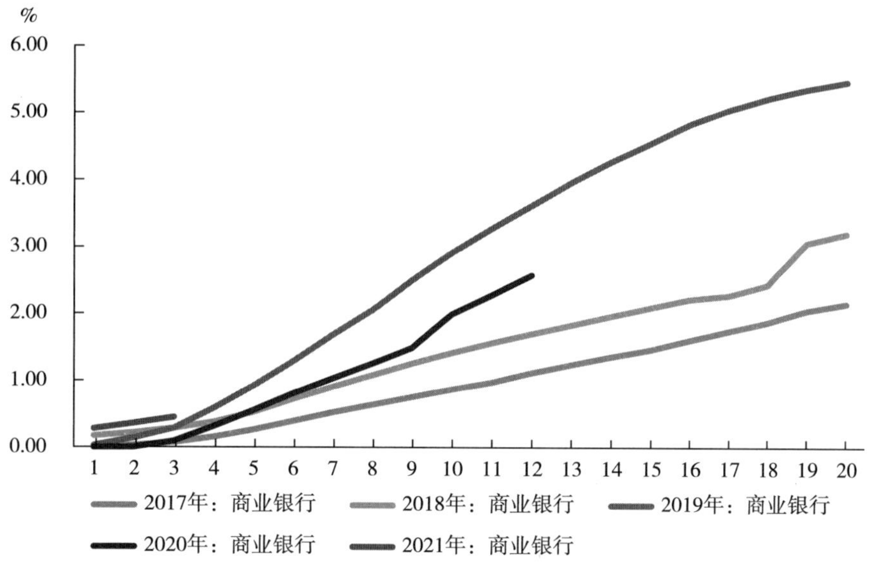

图 8-7　截至 2021 年末个人消费贷 ABS 产品累计违约率（按发起机构类型）（续）

（资料来源：各产品受托报告，作者整理）

2. 欺诈风险

欺诈风险即恶意欺骗的风险。发起机构在对贷款进行审批时，可能无法有效判断借款人融资需求的真实性，如果内控制度不完善、不充分，就容易被不法分子钻空子，导致骗贷事件的发生。欺诈的形式有多重身份伪冒、中介黑产、内外勾结、套现等。为了在保证审核效率的同时尽量降低该风险，发起机构通常寻求与征信或数据服务商合作，通过大数据进行客户画像，同时不断提高和完善自身的风控模型和内控制度，以达到反欺诈的目的。

3. 回收风险

由于缺乏抵质押物或者第三方担保，其回收基本依赖于对借款人的催收，与个人汽车贷款、个人住房抵押贷款相比，个人消费贷款的回收率一般较低。此外，不良资产催收处置过程复杂多变，结果易受到系统性风险和偶然因素的影响，回收具有较大不确定性。

4. 早偿风险

由于借款人可能因短期流动性问题得到缓解、可以获得更低利率的融资、个人投资或消费计划取消等原因而提前还款，早偿行为较为普遍地存在于消费借贷行为中。除借款人自身财务状况影响外，发起机构的提前还款政策对借款人早偿意愿会产生较大影响。对于贷款利率较高的产品，借款人在经济能力允许的条件下更有动力早偿。

5. 行业政策风险和宏观经济风险

我国消费金融行业起步较晚，行业监管政策随着市场发展而逐步规范。行业监管趋严或将对个人消费贷款的信用表现产生一定影响，消费金融参与方在展业过程中应特别注重合规风险，从社会消费生态出发，制定合理、健康的发展战略。此外，我国个人征信体系尚不完善，而且缺乏互联互通，信息孤岛的存在使得对于借款人的风险识别变得困难，过度授信和多头借贷等问题都将影响个人消费贷款的信用表现。

在居民杠杆率高企的背景下，随着疫情冲击、宏观经济下行压力加大，部分行业景气度下滑，居民收入稳定性变差、收入增速放缓，可能导致个人消费贷款面临一定的系统性风险。

第三节　个人消费贷 ABS 尽调要点

一、资料收集

针对个人消费贷 ABS 产品开展尽职调查时，需要收集的资料主要包括以下内容。

- 发起机构及个人消费贷款业务相关资料：在信贷资产证券化市场，个人消费贷款的发放机构主要为银行和消费金融公司。若发起机构为银行，所需资料可以参考银行业企业信用分析资料清单。若发起机构是消费金融公司，需收集公司最新股权结构和组织架构、公司章程、风险管理制度、业务介绍、财务报告等资料。针对个人消费贷款业务，通常需要发起机构提供业务相关制度文件、借款合同样本等。
- 资产池清单：通常由发起机构提供，涵盖每笔入池个人消费贷款的相关信息，具体包括产品种类、额度、五级分类、逾期状态等账户字段信息；金额、利率/手续费率、合同期限、账龄、剩余期限、还款方式、月还款额等贷款字段信息；性别、年龄、行业、地区、年收入、婚姻状态、信用评分等持卡人字段信息。
- 历史数据：主要包括发起机构提供的与入池资产同类型个人消费贷款历

史表现的静态池数据和动态池数据。

- 交易相关资料：主要包括主定义表、信托合同、贷款服务合同、资金保管合同等交易文件，以及法律意见书等。

- 测算相关资料：主要包括分层结构、分配顺序、各项费用等参数假设，以及资产池现金流归集表等；对于循环购买结构，还需关注循环购买资产的定价方式及循环购买的期限。

二、访谈关注要点

目前银行间市场参与发行个人消费贷 ABS 产品的发起机构主要为商业银行和消费金融公司。商业银行个人消费贷款业务的主管部门主要为零售信贷部门。消费金融公司通常会设置业务管理部、风险管理部、贷后管理部、财务部和信息部等职能部门，负责个人消费贷款信贷业务的贷前、贷中和贷后管理。访谈时，主要关注以下几个方面。

1. 股东支持和治理结构

- 股东背景和支持力度：消费金融公司的股东通常包括银行、电商、国有企业或金融集团等。对于消费金融公司而言，股东背景和支持力度对公司在战略定位、业务模式、资金支持等方面都存在重要影响，访谈时需关注公司成立的背景和历史，了解股东构成、股东背景、资本实力和资信状况等。

- 公司治理结构：了解董事会、监事会及管理层的建设情况，股东方对公司业务运营是否存在重大影响等情况。从中长期来看，具备丰富行业经验的股东可向发起机构委派专业管理团队，并提供更好的技术支持，发起机构的经营管理团队将对其贷款资产质量产生重要影响，具备消费金融行业相关从业经验的高管人员对于运营主体的经营效率会起到正向作用。

2. 业务经营

- 业务模式及发展历程：消费金融公司的股东通常对其获客、产品设计和资源获取等业务模式具有重要影响，通过对公司高管的访谈，了解公司的业务模式和发展历程，关注股东对其业务推广的支持，以及各类业务规模的构成和变化、经营模式的可持续性、客户群体的稳定性、市场竞争情况等。

- 产品种类及特征：消费金融产品种类众多。例如，按照有无担保，可将消费金融产品分为信用类和担保类。按照是否有场景，可以分为场景贷和现金贷；按照消费场景的不同，又可以细分为装修贷、医美贷、教育贷等。尽调时，需了解公司有哪些消费金融产品，关注不同的消费金融产品的发生场景、目标客群（如职业、区域、年龄、性别、学历、年收入、信用评分等）、产品特征（如额度、利率/手续费率、期数、还款方式等）及其近年来规模增长情况等。

• 利息和手续费收取方式：关注是否针对逾期或早偿资产收取罚息或违约金以及罚息违约金的收取方式，具体的费率是否与逾期期限或早偿期数相关。

• 贷款用途：按照有无直接对应的消费行为、资金是否经过借款人账户等特征，可以将消费金融业务分为消费分期型业务和消费借款型业务。消费借款型业务的典型代表为消费金融公司发放的大额消费贷款，借款人申请借贷后，放款方通常将资金打到借款人账户进行自行使用。值得注意的是，消费借款型业务不一定“没有特定用途”，通常而言，银行要求借款人在借款时填写相应用途，监管部门也要求银行对消费用途进行跟踪监督（如上传对应购物发票），但放贷机构对贷款用途的监管能力较消费分期型产品更弱。由于该类型大额消费贷款并不具备特定消费场景，资金用途较为广泛，客群的差异性往往较高，也存在更高的骗贷风险。因此尽调时需关注放款机构对贷款用途的监督情况。

3. 风险管理

消费金融行业风控的主要目标可总结为：（1）控制欺诈风险，大规模的欺诈可能使得整体资产质量出现迅速、超预期的恶化；（2）选定目标客群，进行合理定价，稳定且足够庞大的客群最终具有相对稳定的不良率水平。完备的风险管理系统应贯穿于贷前、贷中、贷后各环节，因此在尽职调查时，我们需重点对发起机构的风控模式、贷前审批（授信政策）、贷中管理、贷后管理（回收、催收政策）等方面进行详细了解。

• 风控模式：我国消费金融机构的风控模式主要分为传统风控模式和大数据风控模式。传统风控模式通常是线下的，以资产、现金流、职业属性等为风控核心。例如，特定职业（如公务员）、拥有住房、车辆、大额理财产品或月工资收入较高的借款人能获得更高额度的贷款。目前商业银行、银行系消费金融公司多采用传统风控模式。大数据风控模式主要是线上的，从消费、出行、关系网络、行为、个人征信等多个维度判断借款人资信。因此，信息暴露程度高、行为稳定的借款人可能获得更高的贷款额度。目前，部分产业系、电商系消费金融公司多采取该类风控模式。

两种风控模式都有其优势和劣势，传统风控模式牢牢地把握了还款能力的判断，也通过面签等形式在一定程度上控制了欺诈风险。大数据风控模式采用多维度、长期限的数据分析，从借款人的日常行为来推导出其信用水平，在部分评分元素上是一种间接的信用推断，但其针对借款人的反欺诈难度较高、单客成本相对更低、效率相对更高。目前来看，两种风控模式和采用不同风控手段的机构都在逐渐走向融合，进行优势互补，以期获得更好的风控效果。

● 贷前审批：主要关注公司授信评审的审批流程、权限划分；客户的准入标准；公司内部对个人消费贷款借款人信用风险的评定，客户信用风险评价体系和方法（包括在评分时重点考虑的指标和权重）；个人消费贷款审批通过率以及目前借款人的评分分布。

● 贷中管理：需要关注发起机构对借款人信用风险的持续跟踪及识别，是否定期维护及更新借款人内部评分，以及借款人出现信用风险后的预警机制。

● 贷后管理：主要关注发起机构的历史回收情况及催收政策。包括公司对贷款逾期和违约的处置流程、损失冲销政策；公司如何实施有效的贷后监控和保障措施以减少不良贷款的发生；如果发现逾期及不良资产，采取何种保障措施；公司对于逾期贷款的催收情况，包括但不限于催收时间、催收方式、催收费率、回收率情况等方面。

● 资产表现：了解公司个人消费贷款业务近三年资产质量情况，从行业分布、业务类型、客户分类等方面了解公司近年来资产质量的状况和趋势以及资产分类的标准。了解个人消费贷款业务提前还款趋势，是否有特殊原因导致该趋势。

4. 证券化业务相关

● 信息系统建设：对于设有循环购买的交易，需要关注发起机构信息系统建设能否满足循环购买的需求，能否对入池资产进行有效标记，能否将入池资产的回款与其他自有资产的回款进行及时区分。

● 发行计划：关注发起机构进行本次个人消费贷款证券化业务的初衷、发行计划、本次入池资产筛选标准、本次项目是否有特殊设计等。

三、资料分析关注要点

进行资料分析时，主要关注以下几个方面。

1. 制度文件

● 关注相关业务流程是否配备了完善的制度文件，业务实操是否与制度保持一致。

2. 历史数据

我国消费金融行业目前处于快速发展时期，很多主体展业及存续期不长，历史数据未能覆盖完整的经济周期，甚至部分发起机构的历史数据不能完整覆盖产品的信贷周期，因此历史数据对预测资产未来表现的帮助有限。尽职调查中，需要关注发起机构所提供的历史数据的数量、质量及合理性。

● 数量和质量：关注历史数据的时间长度及资产笔数是否充足；回迁情况；数量关系是否符合逻辑；业务规模是否与访谈所了解的增长趋势一致。

● 数据合理性：资产表现与访谈所了解的逾期率、不良率等指标是否一致，与其他同业机构的指标是否一致。

3. 资产池

● 样本合同：阅读样本合同，关注合同各相关方对于权利义务的规定、偿付方式和利息费用的收取、违约责任等条款。

● 合格标准：筛查入池资产是否符合交易文件中约定的合格标准。

● 资产池特征：主要包括资产池的分散程度，是否在借款人行业、地区等维度过于集中；还款方式、合同期数、利率/手续费率、金额等资产特征。

4. 交易结构

● 基础资产：关注基础资产的真实性、合法性、权利归属和权利负担；关注基础资产转让的合法性及有效性；关注基础资产的定义、范围及合格标准。

● 交易机制：一般需关注账户设置及回收款转付机制、现金流分配机制、循环购买机制、信用增进机制、信用触发机制的设定是否合理、完备、有效，评估这些机制设置是否会带来一定的交易风险，或者是否可以缓释交易风险。对于个人消费贷 ABS 产品，还需关注循环购买安排及循环购买定价机制等设置。

● 其他机制安排：对于个人消费贷 ABS 产品，可重点关注封包期利息是否入池、封包期本金是否无风险等机制安排，评估其对产品风险的影响。

5. 法律风险

● 关注法律意见书中对本交易主要当事方的主体资格，交易文件的合法性，基础资产的真实性、合法性、有效性、权利归属及权利负担，基础资产转让的合法性，信托财产风险隔离的有效性等方面是否合法合规的专业意见，识别是否存在相关法律风险的提示。

第四节 个人消费贷 ABS 信用分析案例

本节以某单个人消费贷款资产支持证券（以下简称本交易）为例，说明如何从基础资产、交易结构、模型分析、主要风险和重要参与方等方面对个人消费贷 ABS 产品进行信用分析。

表 8-4 证券概况

资产支持证券	预计发行金额（万元）	利率类型	偿还方式	偿付频率	预期到期日	法定到期日
优先级	82100.00	固定	过手	按季度	2022-10-28	2027-07-28
次级	30809.19	—	过手	按季度	2024-07-28	2027-07-28
合计	112909.19	—	—	—	—	—

资料来源：评级报告。

本交易的发起机构为湖北消费金融，湖北消费金融将其合法拥有、依法可以转让并且符合合格标准的信贷资产信托给交银国信，交银国信以该信托财产为基础发行资产支持证券。湖北消费金融同时为本交易的资产服务机构，招商银行武汉分行为本交易的资金保管机构。具体结构如图 8-8 所示。

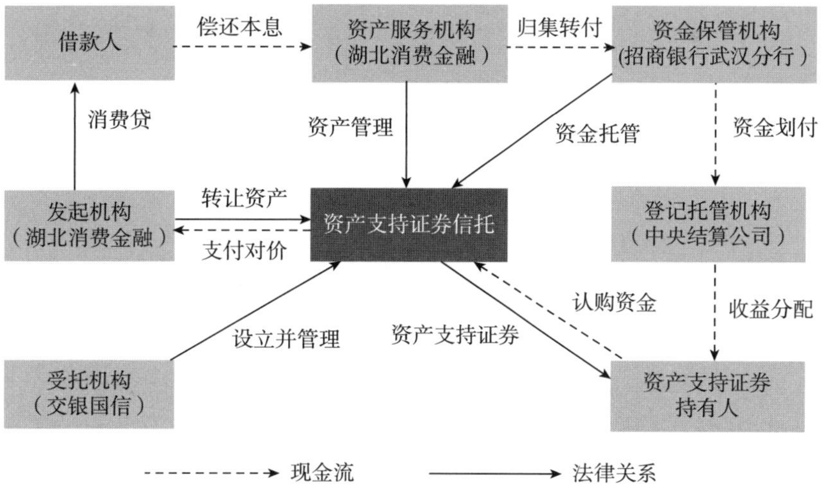

图 8-8 交易结构概况

（资料来源：评级报告）

一、基础资产分析

1. 基础资产的审查

本交易的基础资产为湖北消费金融发放并根据《信托合同》被信托予受托人的个人消费贷款。《主定义表》中约定基础资产的合格标准如下。

基础资产合格标准
A. 关于借款人的标准（就每一笔贷款而言）
（1）借款人为中国公民或永久居民，在借款合同签署时年满18周岁且在初始起算日为21~59周岁的自然人；
（2）各借款人的全部贷款的未偿本金余额均不超过20万元人民币；
（3）贷款发放时，借款人不是与发起机构签订劳动合同的雇员，也不是劳务派遣单位派遣到发起机构工作的人员；
B. 关于贷款的标准
（4）贷款为发起机构合法所有的人民币信用贷款，而且均为发起机构已经全部自行放款完毕的人民币贷款，不存在抵押、质押、保证等担保情形；
（5）发起机构可将贷款设立信托及/或进行合法有效的转让，贷款的借款合同文本均无限制或禁止发起机构将贷款设立信托及/或转让贷款，而且发起机构将贷款设立信托及/或转让贷款无须征得借款人的同意；
（6）贷款未根据发起机构的标准程序予以核销；
（7）除非借款人全部提前清偿了所有应付款项，借款人无权选择单方面终止或解除借款合同；
（8）贷款及借款合同的最后还款日和到期日均不迟于2024年6月1日；
（9）针对贷款而言，发起机构和相关的借款人之间无尚未解决的争议；贷款不涉及任何诉讼、仲裁或执行程序；
（10）截至初始起算日，贷款的当前逾期天数为0天，而且历史最长逾期天数不超过23天；
（11）截至初始起算日，根据银保监会《贷款风险分类指引》贷款五级分类结果，贷款全部为正常类贷款；
（12）贷款的借款合同适用法律为中国法律，而且在中国法律项下合法有效；
（13）贷款有确定的还款计划；
（14）贷款均为有息贷款，而且利率类型为固定利率；
（15）截至初始起算日，贷款的剩余期限不超过35期，而且贷款的初始贷款期限在5个月（含）与37个月（含）之间；
（16）除法定抵销权外，借款人对贷款不享有任何主张扣减或减免应付款项的权利；
（17）发起机构未曾放弃其在借款合同项下的任何重要权利，发起机构已经履行并遵守了相关的借款合同的条款（如有发起机构需承担的其他义务）。

交易文件中还对湖北消费金融向交银国信交付的每一笔个人消费贷款资产进行了资产保证的相关约定，对基础资产的合法性和有效性作出了明确要求。如在信托期限内，委托人、受托人或者贷款服务机构发现不合格资产，则发现

该情形的一方应立即书面通知前述其他方。委托人应将出现上述情形的原因（如果委托人知道该原因）提供给受托人和评级机构，并应在重大方面纠正该等情形，如该情形在通知后30日内不能被纠正，委托人应在通知之后按《信托合同》的约定向受托人赎回相应的不合格资产。如受托人提出赎回相应的不合格资产的书面要求，委托人应于发出该书面要求所在的收款期间后的第一个回收款转付日，将等同于待赎回全部不合格资产的赎回价格的款项一次性划付到信托账户。赎回价格即在回购起算日24：00时，以下三项数额之和：（1）该等不合格资产的未偿本金余额；（2）截至相关回购起算日有关该笔贷款的所有已经被核销的本金；（3）该等不合格资产的未偿本金余额从信托生效日（含该日）至相关回购起算日的全部应付却未偿付的利息以及已经被核销的本金从信托生效日（含该日）至相关回购起算日的全部应付却未偿付的利息。

根据个人消费贷款的风险特征，结合尽职调查环节对基础资产的审查，可以看出本交易基础资产合格标准的设定及不合格资产赎回机制的设置合理有效，符合监管要求，能够合理保证入池资产的信用质量。律师事务所出具的专业意见认为，抽样资产均为湖北消费金融合法所有，可以作为本交易的信托财产，抽样资产的形成不违反中国法律、行政法规和部门规章的强制性规定；基础资产的转让合法有效，信托一经生效，湖北消费金融对贷款债权的转让即在湖北消费金融和交银国信之间发生法律效力。

2. 本交易入池资产特征

基础资产为借款合同项下由湖北消费金融发放并根据《信托合同》被信托予受托人的个人消费贷款债权，均为信用类贷款。基础资产均为正常类贷款，而且截至初始起算日，贷款的当前逾期天数为0天，而且历史最长逾期天数不超过23天。截至初始起算日，贷款的剩余期限不超过35期，而且贷款的初始贷款期限在5个月（含）与37个月（含）之间。入池贷款单户平均未偿本金余额为14.77万元，加权平均贷款年利率为14.50%，最高年利率为24.00%。入池个人消费贷款未偿本金余额占比前三的省份分别为河北省、湖北省和四川省。借款人以30~50岁的中青年为主力人群，职业主要集中在制造业，农、林、牧、渔业及批发和零售业。

资产池于初始基准日的资产特征如表8-5所示。

表 8-5 初始资产池特征

指标	数值
贷款笔数	7645 笔
借款人数目	7645 户
资产池总本金余额	112909.19 万元
单户贷款平均本金余额	14.77 万元
贷款最低/最高年利率	9.00%/24.00%
加权平均贷款年利率	14.50%
贷款最短/最长期限	5.00 个月/37.00 个月
加权平均贷款期限	24.80 个月
贷款最短/最长已偿还期限	0.00 个月/18.00 个月
加权平均已偿还期限	5.37 个月
贷款最短/最长剩余期限	0.00 个月/35.00 个月
加权平均贷款剩余期限	19.43 个月

资料来源：评级报告。

与同类产品相比，因基础资产均为信用类个人消费贷款，本交易入池资产单户未偿本金余额较大，收益率水平较高。

表 8-6 同类产品比较

项目	本产品	可比产品 1	可比产品 2
发起机构	湖北消费金融	湖北消费金融	湖北消费金融
资产池本金余额（万元）	112909.19	76639.14	75451.29
贷款笔数（笔）	7645	4654	7368
借款人户数（户）	7645	4654	7361
单笔平均未偿本金余额（万元）	14.77	16.47	10.24
加权平均合同期限（月）	24.80	17.68	32.15
加权平均已偿还期限（月）	5.37	4.67	12.68
加权平均剩余期限（月）	19.43	13.01	19.47
加权平均利率（%）	14.50	14.30	19.40
加权平均年龄（岁）	43.83	42.17	42.70
地区分布	19 个省、自治区和直辖市	30 个省、自治区和直辖市	24 个省、自治区和直辖市

资料来源：评级报告，作者整理。

二、交易结构分析

1. 账户设置与资金转付

（1）账户设置

本交易信托账户为受托人专门在资金保管机构为信托而开立的独立人民币账户，用于归集、存放信托资金，向资产支持证券持有人支付相应的信托利益，以及支付信托相关税收、费用。信托账户下设立本金分账户、收入分账户和信托储备账户三个分账户。

（2）转付机制

根据交易安排，湖北消费金融将担任贷款服务机构。受托人应授权并要求贷款服务机构按照《服务合同》的相关约定，于每个回收款转付日下午两点（14：00）前将上一个回收款转付期间扣除执行费用和根据交易文件的约定由信托财产承担的税后的全部回收款转入信托账户。在每个回收款转付日贷款服务机构转付回收款以前，回收款在贷款服务机构的账户产生的任何利息归属于贷款服务机构。受托人应授权并要求资金保管机构按照《资金保管合同》的相关约定于收到划付款项的当日根据贷款服务机构或受托人的资金汇划附言或相关通知，将信托账户收到的回收款分别记入收入分账户和本金分账户。

根据回收款转付日的定义，当中诚信给予贷款服务机构的主体长期信用等级高于或等于AA级且中债资信给予贷款服务机构的主体长期信用等级高于或等于A级时，回收款转付日为每个计算日后第7个工作日；当中诚信给予贷款服务机构的主体长期信用等级等于AA^-级且中债资信给予贷款服务机构的主体长期信用等级等于A^-级时，回收款转付日为每个月第7个工作日；当中诚信给予贷款服务机构的主体长期信用等级低于AA^-级或中债资信给予贷款服务机构的主体长期信用等级低于或等于BBB^+级，或者发生贷款服务机构解任事件的，委托人和/或受托人将通知相关主体直接将回收款付至信托账户；如届时借款人仍将回收款划付至贷款服务机构的，则回收款转付日为贷款服务机构收到每笔回收款后的次一个工作日。

由于个人消费贷款的还款频率通常为按月，为降低混同风险，产品设计时证券端的归集转付频率通常也为按月。但是，本交易证券端回收款转付频率为按季度，基础资产产生的回收款在贷款服务机构停留时间较长，因此其资金混同风险相较于其他个人消费贷ABS产品而言较高。根据交易结构安排，本交易设置了不同频率的回收款转付机制，如果贷款服务机构的财务状况或信用状况恶化，回收款转付频率会加快，该机制可以在一定程度上缓解本交易的资金混同风险。

2. 现金流分配机制

在违约事件发生前，收入分账户项下资金按顺序偿付相关税收和规费、发行垫付的费用、承销报酬、优先级证券利息、服务报酬、次级证券期间收益和转入本金分账户，本金分账户首先回补收入分账户用于支付优先级证券收益及之前需要支付的各项费用，然后偿付优先级证券本金，如有剩余则作为次级证券的收益分配。

在加速清偿事件发生后，将收入分账户全部余额记入本金分账户，优先支付优先级证券的本金，直至优先级证券的本金全部清偿完毕，再偿付次级证券本金，如有剩余则作为次级证券的收益分配。

在违约事件发生后，按顺序偿付相关税收和规费、发行垫付的费用、承销报酬、服务报酬（如果违约事件不是贷款服务机构直接或间接引致的）、优先级证券利息、优先级证券本金和服务报酬（如果违约事件是贷款服务机构直接或间接引致的），最后分配次级证券本金，如有剩余则作为次级证券的收益分配。

3. 信用触发机制

本交易设置的信用触发机制主要包括加速清偿事件、违约事件和权利完善事件等。

当发生与发起机构有关的丧失清偿能力事件、贷款服务机构解任事件、累计违约率超过一定监测值等情况时，将触发加速清偿事件。

当发生在支付日后 5 个工作日内优先级证券的利息未能足额获得分配，或者优先级资产支持证券的本金在法定到期日后 5 个工作日内未能足额获得全部偿还等情况时，将触发违约事件。

发生加速清偿事件或违约事件后，按照《信托合同》的约定改变现金流分配顺序。

当发生任何一起贷款服务机构解任事件、贷款服务机构或委托人丧失必备评级等级或委托人发生任何一起丧失清偿能力事件时，将触发权利完善事件。当权利完善事件发生后，委托人应以挂号信的方式将相关信贷资产已设立信托的事实，通知每一个借款人；告知借款人自收到权利完善通知之日起，将其应支付的款项支付至信托账户。

本交易信用触发机制的设置较为完备。

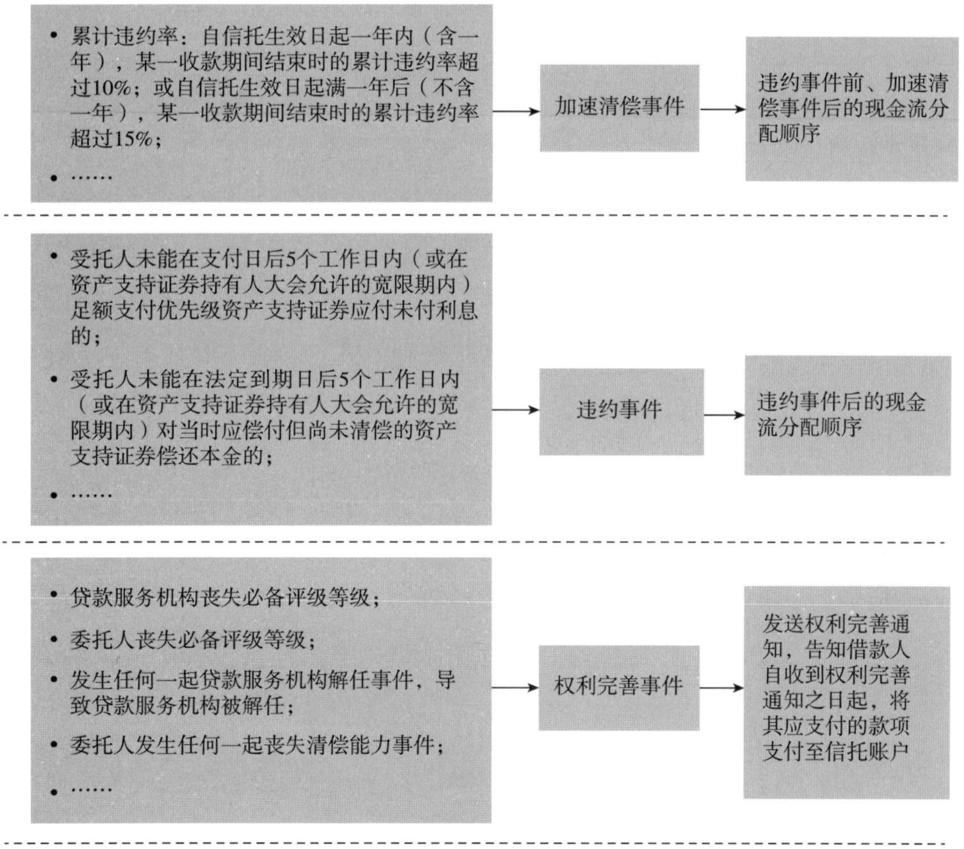

图 8-9　信用触发机制设置

（资料来源：评级报告）

4. 信用支持

本交易采用优先级/次级支付机制。按照交易文件约定的现金流分配顺序，优先级证券本金先于次级证券本金获得偿付，优先级证券可以获得 27.29%的信用支持。

三、模型分析

1. 信用分析

依据个人消费贷款证券化产品的主要风险特征，一般采用历史数据静态池法来推测基础资产未来的违约及损失表现，对基础资产的违约、回收以及早偿特征进行分析。信用分析依据的是湖北消费金融提供的自 2016 年 10 月至 2021

年 6 月发放的个人消费贷款的静态池及动态池数据。

（1）违约分析

对基础资产违约特征的分析主要依据发起机构提供的静态池数据。考虑到个人消费贷款的催收特征，同时为保证与市场同类交易的违约表现可比，可选用 31～60 天逾期率作为违约率的特征值来分析基础资产违约特征。根据湖北消费金融提供的静态池数据，湖北消费金融不同月份发放的个人消费贷款累计逾期率曲线走势有一定差异，部分发放月份累计逾期率上升较快。其中，如图 8-10 所示，表现期较长的累计逾期率大部分处在 3.00%与 15.00%之间。

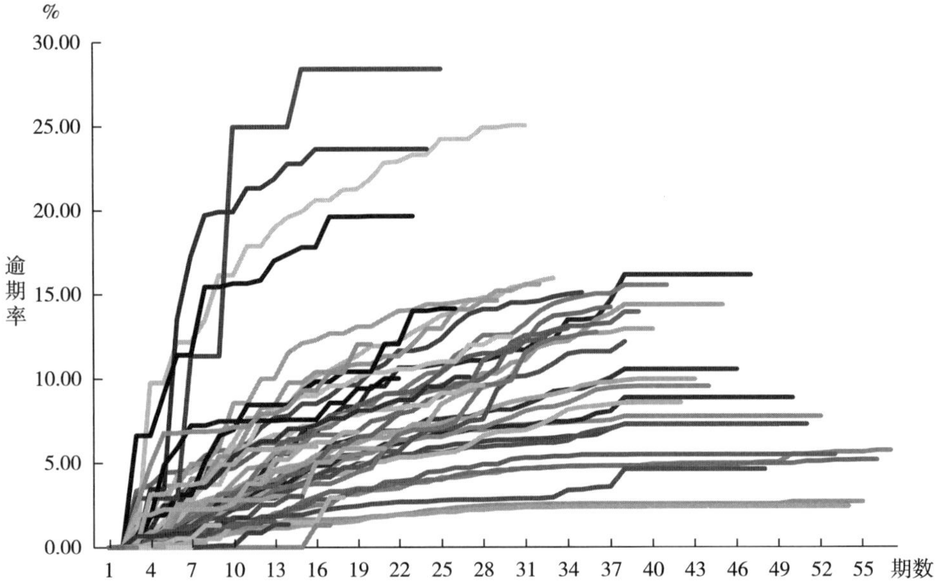

注：违约率=31～60 天以上逾期贷款本金余额（OPB）/贷款发放月份期初本金余额（OPB）。

图 8-10　湖北消费金融静态池 31～60 天历史逾期表现

（资料来源：评级报告）

通常，在静态池数据的基础上，结合基础资产的账龄和剩余期限、借款人分布特征、抵押物分布特征及发起机构信贷政策和宏观经济及行业政策等因素，并参考公开发行产品的数据表现，可以拟定出适合本交易基础资产未来违约特征的违约假设。

（2）回收分析

本交易中，基础资产全部为信用类贷款，违约资产的回收主要依赖于借款人的自行偿付。回收分析主要依据静态池数据和动态池数据的迁移表现。由于缺乏充足的抵押物，个人消费贷款违约后的回收表现极易受到不利经济环境的影响。

（3）早偿分析

考虑到入池资产具有不同的账龄，通常通过动态池历史数据来估计基础资产年化早偿率（CPR）。根据湖北消费金融提供的动态池数据，湖北消费金融CPR在进入2021年后上升较快，基本保持在15%与45%之间。

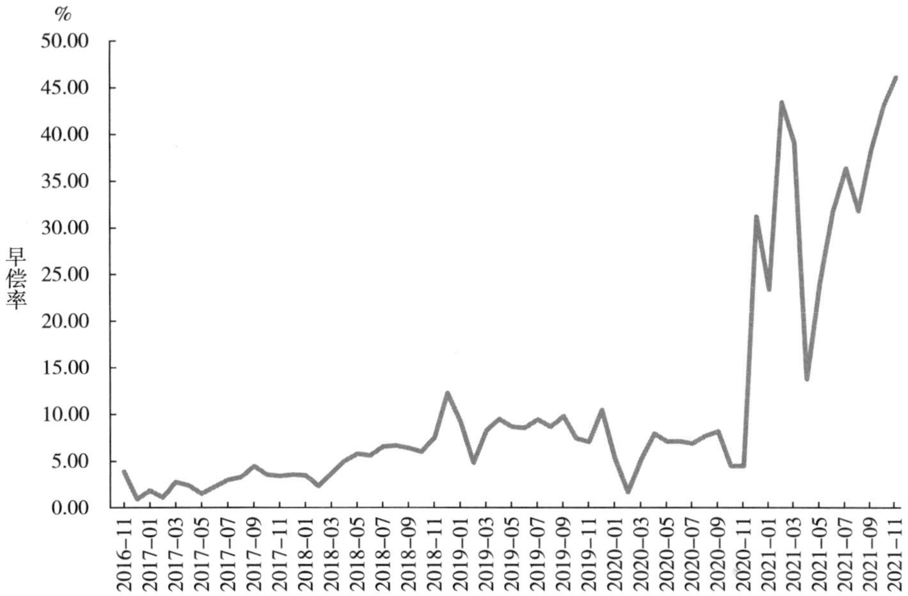

图 8-11　湖北消费金融动态池早偿率表现

（资料来源：动态池历史数据）

2. 现金流模型与压力测试

本部分以损失率法来评估各级证券的信用质量。现金流模型的主要参数设定如下。

（1）基础资产违约分布

根据对基础资产的违约分析，本交易适用的基础资产累计违约率分布如图8-12所示。

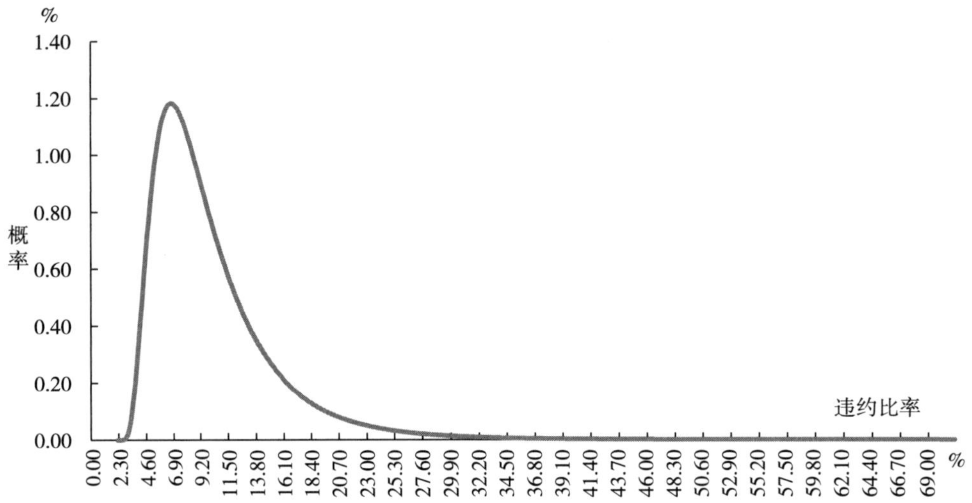

图 8-12　基础资产违约分布示意图

（资料来源：评级报告）

（2）基准违约时间分布

通过静态池历史数据可以获得基础资产违约时间分布，按照基础资产账龄调整后的基础资产基准违约时间分布如图 8-13 所示。

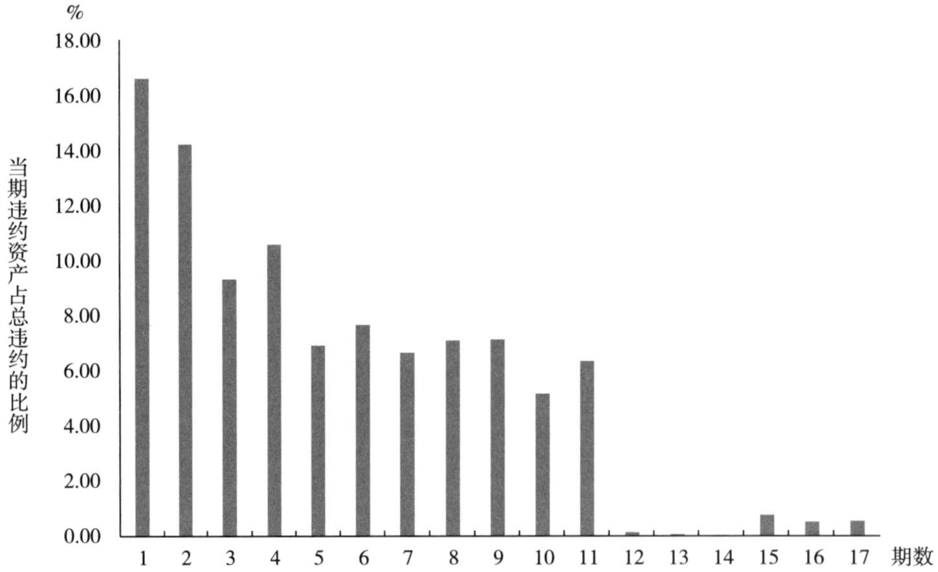

图 8-13　基础资产基准违约时间分布

（资料来源：评级报告）

（3）静态现金流入

根据基础资产还本计划，本交易基础资产在无违约、无早偿情况下的现金流入情况如图 8-14 所示。

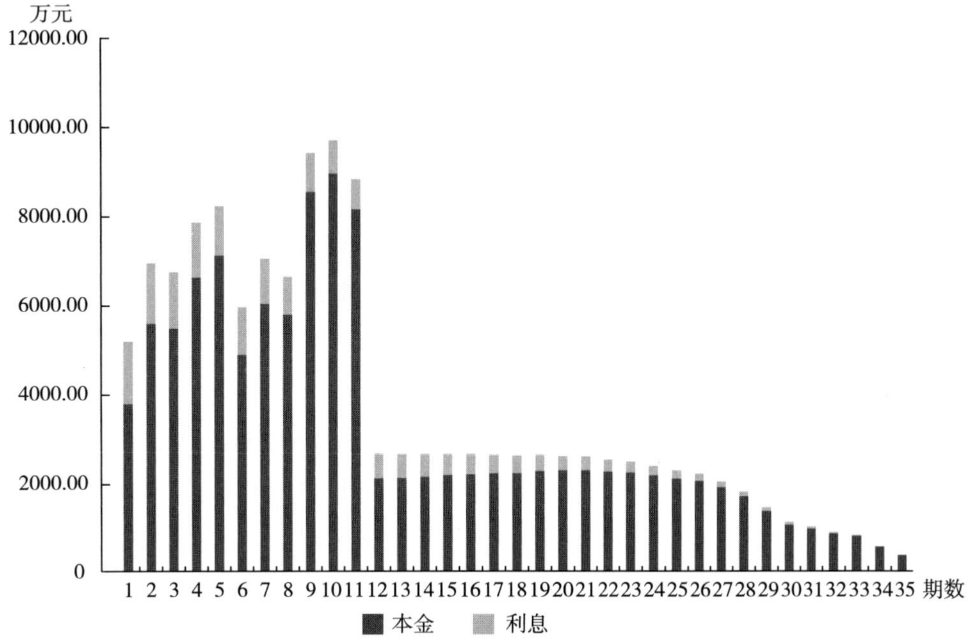

图 8-14　无违约、无早偿情况下现金流入情况

（资料来源：评级报告）

（4）其他压力测试条件

在结合目标评级进行压力测试时，主要考虑回收率下降、回收时间延长、违约时间分布前置、利差下降等压力景况组合。

一般景况和严格压力景况下的模型参数如表 8-7 所示。

表 8-7　各景况下的模型参数

条件	一般景况	严格压力景况
回收率	10.00%	0.00%
回收时间	12 个月	18 个月
违约分布	历史分布	前置分布
早偿率	6.00%	
优先级证券预期发行利率	4.00%	+20BP/+50BP

资料来源：评级报告。

（5）模型结果

基于现金流模型和上述参数假设，可以计算出在严格压力景况下，受评证券在不同的基础资产违约率情景下的损失程度和期限。然后结合基础资产违约分布中各违约率情景的概率，获得受评证券的期望损失率和期望期限。最后，根据预先设定的目标评级同期限的损失率要求，可获得受评证券的模型等级。

四、主要风险分析

本交易存在资金混同风险、流动性风险、利率错配风险。通过归集转付频率调整、信用触发事件等交易结构设计，同时考虑到发起机构和资产服务机构湖北消费金融所具备的资信水平，上述风险可以得到有效缓释。

五、主要参与方分析

律师事务所出具的专业意见认为，本交易中湖北消费金融、交银国信及拟签署交易文件的其他各方均合法存续，具有完全的民事权利能力、民事行为能力和合法资格签署、交付和履行其作为一方的交易文件。

通过尽职调查环节的访谈与审查，湖北消费金融作为本交易的发起机构和贷款服务机构，证券化经验丰富，具备履行其相应职责的能力；本交易资金保管机构、受托机构等参与机构具备履行其相应职责的能力。

第五节　Q&A

Q：如何看待个人消费贷 ABS 产品与发起机构之间的关系？

A：按照信贷 ABS 的交易结构，个人消费贷 ABS 产品的基础资产与发起机构可以实现有效的破产隔离。但是，考虑到个人消费贷 ABS 产品的发起机构仍然是交易的资产服务机构，其持续运营情况对产品的正常现金回流具有一定影响。分析时会基于发起机构的信用质量、主营业务开展情况，并综合考虑股东背景和支持力度、债务压力以及政策风险等因素，评估其持续运营能力及其对 ABS 产品按时偿付的影响。

Q：不同类型的发起机构的资产质量有什么差异？

A：一般而言，商业银行零售客户基础庞大、风控体系成熟、资金成本低，获取的客户信用质量相对较好。消费金融公司作为商业银行在消费金融市场的补充，客户质量相对会下沉一些。从已发行的个人消费贷ABS产品累计违约率表现来看，商业银行发起的ABS产品表现普遍比消费金融公司发起的ABS产品表现要好。但是，我们也注意到，消费金融公司之间差异较大，每个消费金融公司的经营模式不同，目标客户群体不同，资产质量也存在一定差异。例如，一些背靠大型互联网平台的消费金融公司，由于其具有较好的场景优势，其客群并不是传统的消费金融公司客群，而是与信用卡客户有一定重叠。分析时还是要针对每个产品的特点展开分析。

Q：什么是不合格资产？和不良资产有什么区别？

A：在资产转让给SPV时，交易条款中要求所转让的资产必须满足一定的标准，满足合格标准的资产被称为合格资产。不合格资产是合格资产的对立面，指的是入池资产中在入池时点不符合合格标准的资产。对于不合格资产，根据交易条款，通常发起机构有义务进行赎回或替换。不良资产是指五级分类中属于次级、可疑、损失的资产，与正常类资产相对应。通常，合格标准中会约定所转让的资产应属于发起机构五级分类中的正常类资产①，若资产在产品存续期内变为不良资产，并不属于不合格资产的范畴，发起机构也没有赎回或替换义务。

Q：个人消费贷ABS产品一般的归集频率是什么？

A：个人消费贷ABS的基础资产的回款频率为按月，因此目前银行间市场上发行的个人消费贷ABS多数为按月归集转付。

Q：个人消费贷ABS产品的循环购买频率如何？循环购买在哪个账户操作？

A：大多数个人消费贷ABS产品是按月进行循环购买，个别产品是按天进行循环购买。通常要求循环购买在信托账户中进行。

① 不良贷款证券化产品除外。

第九章

对公贷款证券化产品信用分析

对公贷款证券化产品（CLO）的基础资产为对公贷款，即由商业银行对企事业单位、公司等发放的贷款，与个人贷款或零售贷款的概念相对。

第一节　我国对公贷款市场概况

一、我国对公贷款市场的发展历程

对公贷款是我国银行贷款业务的起源，其占金融机构贷款余额的比例长期保持在50%以上（见图9-1）。同时，银行贷款也一直是我国企业融资的重要来源，稳定和扩大信贷投放是国家宏观调控的重要手段。

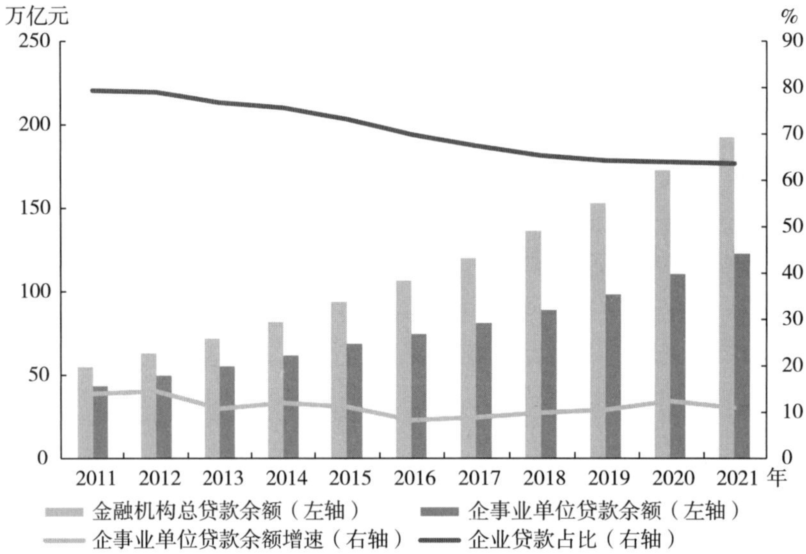

图9-1　2011—2021年中国金融机构总贷款余额与企业贷款情况

（资料来源：Wind，《金融机构贷款投向统计报告》，作者整理）

1979年"拨改贷"以前，在计划经济的背景下，一切社会资源的配置都以各级政府的计划为基础，政府借助财政、信贷、价格、物资等方面的管制，控制着包括生产、分配、流通、积累、消费等在内的所有经济活动和经济关系。国有企业资金的筹集和使用实行财政统收统支的管理制度，企业的固定资产投资全部由财政拨款，国家对企业核定经常性的流动资金定额，定额内的流动资金由财政拨付，只有少部分季节性、临时性的补充流动资金才由银行贷款来解决。在此期间，中国人民银行是国内唯一的银行，基本上承担了全部的金融业务。

财政统收统支、统负盈亏的做法一方面造成了企业部门的低效无效，另一方面也带来了巨大的财政压力。在这样的背景下，1979 年 8 月政府推出一系列“拨改贷”措施：在新增固定资产投资方面，从 1979 年开始试行基本建设拨款改为银行贷款；自 1981 年起挖潜、革新、改造资金由国家拨款改为试行银行贷款；自 1985 年 2 月 1 日起，国家预算安排的企事业单位基本建设投资全部改为银行贷款。1988 年，中央政府建立基本建设基金制，“基本建设基金贷款”取代“拨改贷”，银行担负起传统计划经济体制下财政承担的职能，企业全部资金基本都改由银行提供。因此，银行业获得了较大的发展空间。20 世纪 70 年代末和 80 年代初，我国先后恢复了中国农业银行、中国银行、中国建设银行。1984 年，中国人民银行正式执行中央银行职能，同时分设中国工商银行。四大国有商业银行的恢复和设立标志着我国初步形成了中央银行监管下的专业银行运作体系，对公贷款作为最主要的贷款形式迎来大发展。

在国内经济快速发展的基础上，四大国有银行业务顺利开展，交通银行、招商银行、民生银行等股份制银行纷纷成立。1995 年，随着《商业银行法》的实施，我国的银行业逐渐形成了适应我国市场经济发展要求的银行体系。政策性金融与商业性金融逐步分离，国有银行商业化改革不断深入，经营绩效和风险内控机制逐步建立，外部行政干预明显弱化。同时利率等金融产品的价格管制有所放松，四大国有银行之外的新兴商业银行以及非银行金融机构迅速发展，金融竞争的格局逐步形成。

在此背景下，银行的主体意识进一步增强，更加注重风险和收益的平衡。银行对经营效益不佳的企业贷款开始慎重，银行是否放贷及放贷额度更多地取决于企业能否提供有能力还款的资信证明和相应的抵押物。一方面，国有企业成为多家银行竞争的对象，国有银行与经营效益较好的优质国有企业之间的关系进一步紧密；另一方面，规模小、经营不稳定、缺乏可靠抵质押物的中小企业和民营企业融资难、融资贵的问题逐渐凸显。2008 年底开始，政府融资平台授信成为国内金融机构信贷的主要投向之一，吸收了数十万亿元的信贷资金。

二、我国对公贷款市场的现状

作为我国企业最重要的融资来源之一，过去十年，对公贷款规模按照年均 8%~15%的速度不断增长。截至 2021 年末，金融机构对公贷款余额为 122.68

万亿元，占金融机构总贷款余额的比例为63.67%。

具体到不同类型的对公贷款来看，如图9-2所示，2016年之前，短期贷款与中长期贷款余额增速走势相反，前者波动下降而后者波动上升，2017—2021年二者变化方向趋同，但中长期贷款余额增速在15%上下波动，高于短期贷款余额3%~5%的增速。受此影响，银行对公贷款期限逐渐拉长，中长期贷款取代短期贷款，在银行对公贷款中占据绝对规模。另外，票据融资和融资租赁开始发挥越来越大的作用，企业间接融资形式变得多元化。

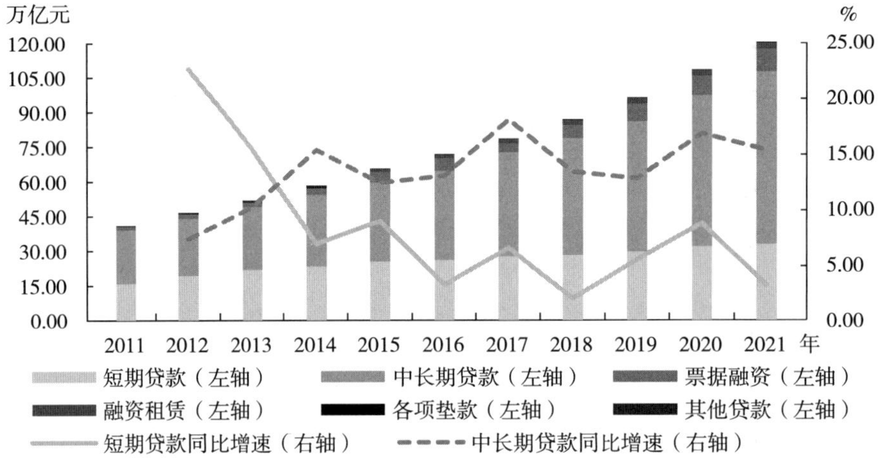

注：对公贷款统计是指人民银行统计的企事业单位贷款/非金融企业及其他部门贷款/非金融企业及机关团体贷款。其中2011—2014年统计了短期贷款、中长期贷款、票据融资和其他贷款；2015—2021年不再统计其他贷款，增加了融资租赁和各项垫款。

图9-2　近年来商业银行各类对公贷款余额

（资料来源：中国人民银行，作者整理）

对公贷款相关成本与费用方面，由于适度宽松的货币政策和信贷政策，叠加近两年要求金融机构“减费让利”支持实体经济的政策导向，2020年，银行业减费让利3568亿元，较2019年增加40%，与降低利率、贷款延期还本付息等政策相配合，完成金融系统向实体经济合理让利1.5万亿元的目标。2021年，金融系统延续惠企惠民政策，如图9-3所示，与2020年相比，以平均收益率衡量的对公贷款平均成本进一步下降，国有大行基本在4%左右，股份制银行略高，基本在4.5%上下。

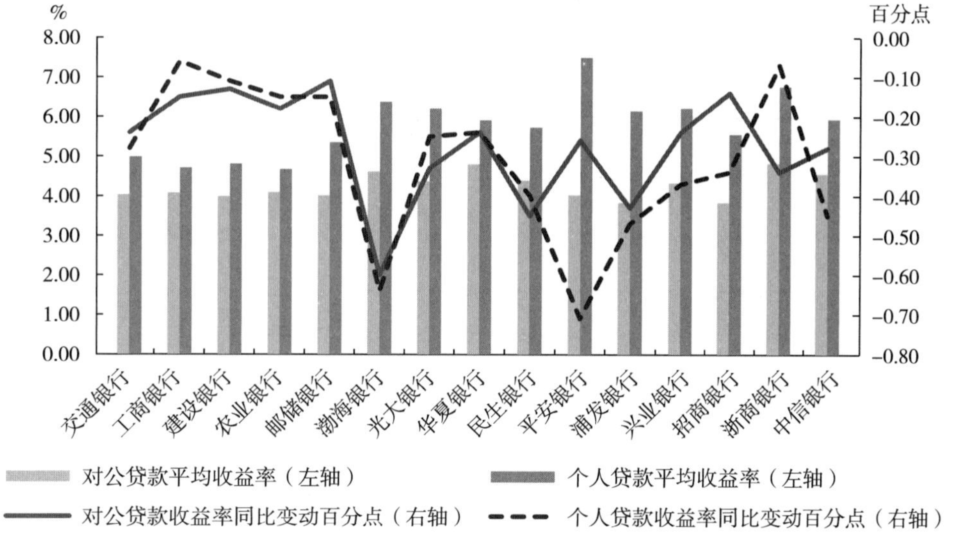

图 9-3　2021 年末部分大型银行和股份制银行对公与零售贷款利率

（资料来源：上市银行年报，作者整理）

与商业银行对公贷款规模增长相对应，自 2008 年开始我国非金融企业杠杆率不断攀升。我国股权融资发展相对滞后，企业融资长期以债权融资为主，因此非金融企业杠杆率相对于成熟国家的资本市场一直偏高。如图 9-4 所示，2008 年之前，杠杆率水平变化较小；2009 年开始，非金融企业杠杆率持续快速增加，特别是国有企业表现出明显的快速加杠杆和较强的去杠杆“刚性”特征，2016 年数量占比为 2%的国有企业债务在企业部门债务总额中的占比达到 65%。[①] 以国际通行的利息保证倍数低于 2 倍视为危险企业和危险负债为标准，我国大约有 20%的企业和债务处于危险水平；利息保证倍数低于 3 倍的债务占 50%（IMF，2014）。2015 年底，中央经济工作会议提出“去杠杆”后一度取得一定成绩。但是 2020 年新冠肺炎疫情暴发后，宽松的信贷政策叠加企业盈利能力及偿债能力弱化，非金融企业杠杆率再次抬头。

① 详见 2016 年 6 月 12 日李扬在国新办新闻发布会上的发言，http：//www. aiweibang. com/yuedu/125057140. html。

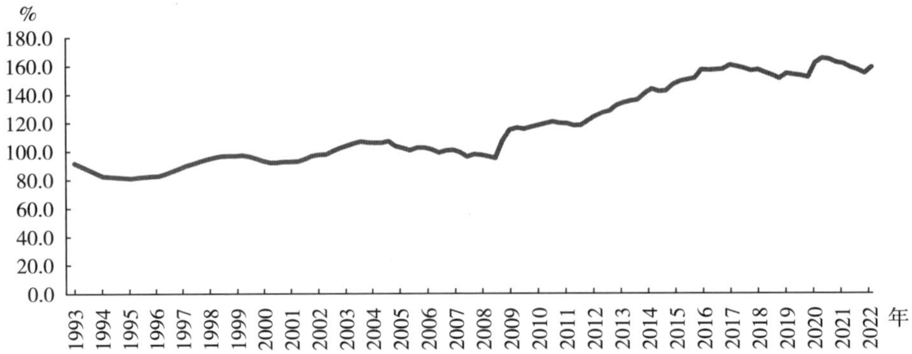

注：图中杠杆率为宏观杠杆率，即企业部门债务总和与同期 GDP 之比。

图 9-4　1993—2022 年我国非金融企业杠杆率

（资料来源：国家资产负债表研究中心，作者整理）

图 9-5 给出了 2021 年末部分国有大行和股份制银行对公和零售贷款的不良率及变化情况。不难看出，不同银行对公贷款不良率差异较大，但大部分银行不良率较上一年有所下降。

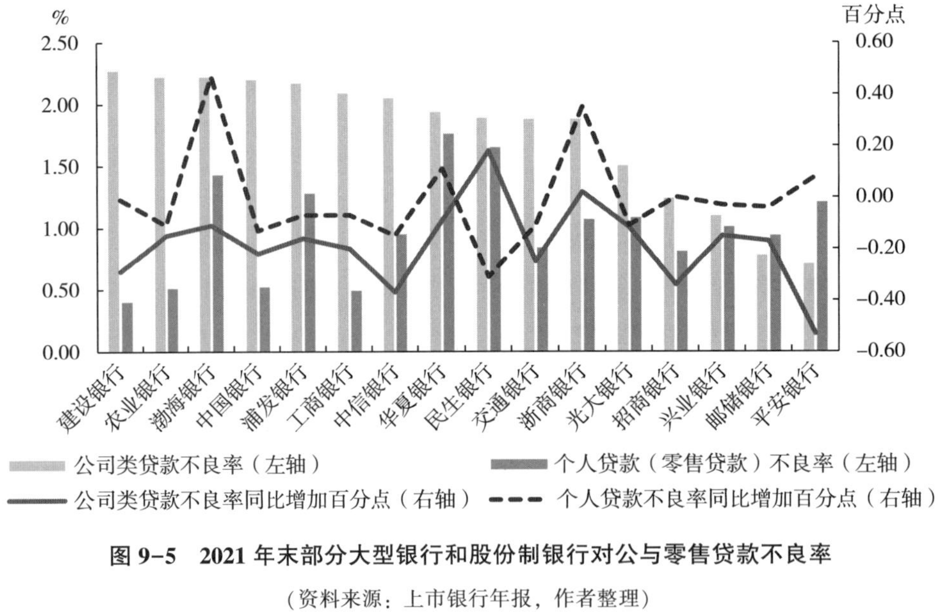

图 9-5　2021 年末部分大型银行和股份制银行对公与零售贷款不良率

（资料来源：上市银行年报，作者整理）

三、我国 CLO 市场概况

在信贷资产证券化市场发展的初期，CLO 产品是银行间市场的主力产品。

2005—2015 年，除 2009—2011 年资产证券化业务暂停以外，CLO 产品的发行规模不断上升，发行规模由 2005 年的 41.77 亿元上升至 2015 年的 3117.79 亿元，发行单数由 1 单上升至 75 单。从 2015 年开始，CLO 产品发行规模不断下降，2021 年全年 CLO 发行规模为 101.99 亿元，仅发行 3 单。

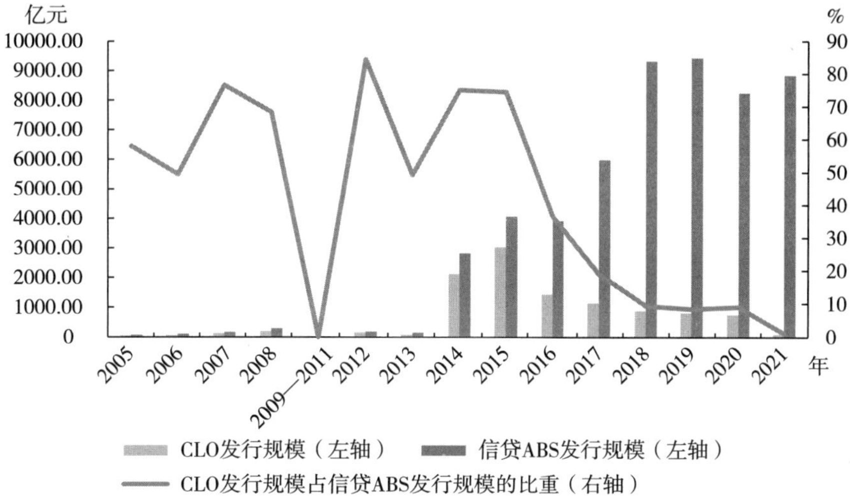

图 9-6　2005—2021 年 CLO 产品发行规模情况

（资料来源：CNABS，作者整理）

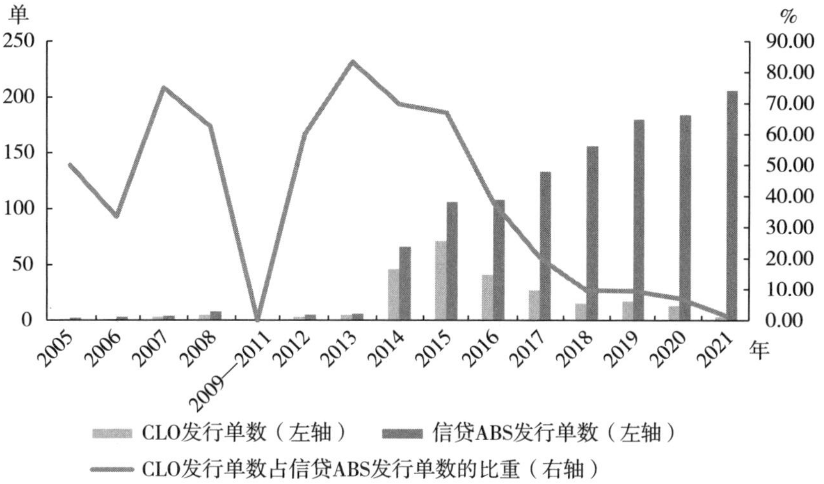

图 9-7　2005—2021 年 CLO 产品发行单数情况

（资料来源：CNABS，作者整理）

从发起机构来看，包括政策性银行在内的几乎所有类型的银行均参与发行过 CLO 产品（见图 9-8）。其中，2013 年之前（含 2013 年），CLO 产品的发起机构仅由政策性银行、股份制银行和国有大型银行构成。其中政策性银行共发行 7 单，发行规模为 341.53 亿元；国有大型银行共发行 6 单，发行规模为 222.20 亿元；股份制银行共发行 6 单，发行规模为 198.58 亿元。2014 年，CLO 产品不管是发行规模还是发行单数都显著增长，市场活跃，城商行与农商行也积极参与进来，仅当年，城商行发行 15 单，发行规模为 471.20 亿元；农商行发行 6 单，发行规模为 52.21 亿元。2021 年发行的 3 单 CLO 中，其中 1 单由股份制银行发行，2 单由城商行发行。截至 2021 年末，按累计发行规模计算，股份制银行占 32.26%，政策性银行占 29.06%，国有大型银行占 18.14%，城商行占 17.29%，农商行占 1.98%。

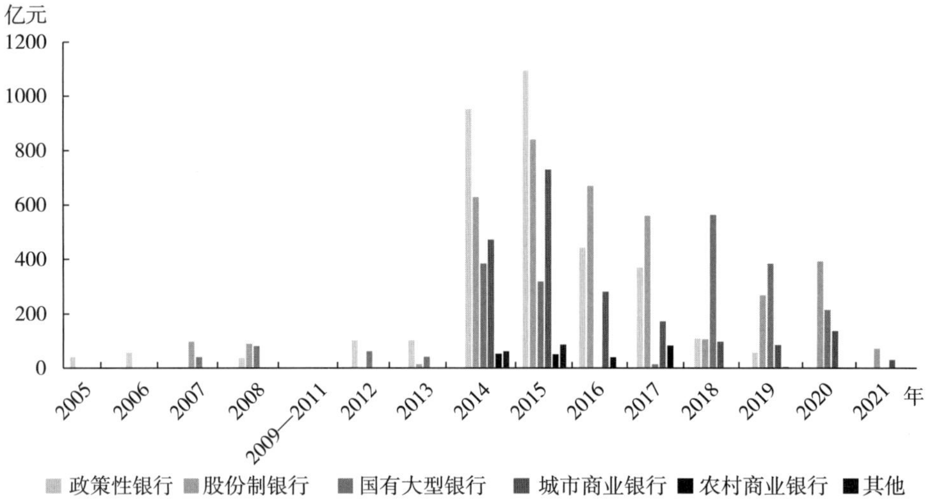

图 9-8　2005—2021 年不同类型发起机构 CLO 发行规模

（资料来源：CNABS，作者整理）

2005—2021 年 CLO 产品前十大发起机构中，1 家为政策性银行，3 家为国有大型银行，5 家为股份制银行，1 家为城商行（见图 9-9）。该政策性银行为国家开发银行，该行于 2005 年发行第一单 CLO 产品，截至 2021 年末，国家开发银行共发行 36 单，发行规模为 3208.84 亿元，占 CLO 总发行规模的比例为 27.72%。国有大型银行中，建设银行是 CLO 产品发行的主力，该行于 2018 年发行第一单 CLO 产品，截至 2021 年末，共发行 14 单，发行规模为 1071.20 亿元，占 CLO 产品总发行规模的比例为 9.26%。股份制银行中，兴业银行是 CLO 产品发行的主力，该行于 2007 年发行第一单 CLO 产品，截至 2021 年末，共发行 26 单，发行规模为 1402.58 亿元，占 CLO 产品总发行规模的比例为 12.12%。该城商行为北京银行，该行于 2014 年发行第一单 CLO 产品，截至 2021 年末，共发行 4 单，发行规模为 312.76 亿元，占 CLO 产品总发行规模的比例为 2.70%。2021 年全年，上述银行中仅兴业银行发行一单 CLO 产品，发行规模为 71.65 亿元。

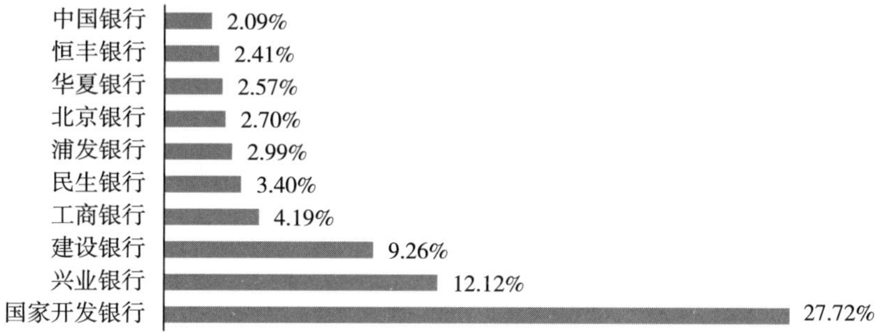

图 9-9　2005—2021 年合计前十大发起机构发行金额占比

（资料来源：CNABS，作者整理）

第二节　对公贷款及其风险特征

CLO 产品作为最早出现在我国资产证券化历史舞台上的品种之一，在产品设计上已经相对固定和成熟。因此，本节以 2019—2021 年公开发行的 33 单 CLO 产品为样本，对对公贷款的特征和风险特征加以分析。

表 9-1　2019—2021 年 CLO 产品资产池统计

基础资产特征	政策性银行	国有大型银行	股份制银行	城市商业银行	农村商业银行
发行单数（单）	1	9	12	10	1
发起机构（家）	1	2	1	8	1
合计发行规模（亿元）	56.60	598.00	731.82	251.03	3.88
发行规模（亿元）	56.60	10.49~132.02	36.56~78.82	11.45~41.70	3.88
平均值	56.60	66.44	60.98	25.10	3.88
贷款笔数（笔）	29	30~89	33~64	22~139	39
平均值	29	69	46	48	39

续表

基础资产特征	政策性银行	国有大型银行	股份制银行	城市商业银行	农村商业银行
贷款户数（户）	23	16~72	24~47	14~79	22
平均值	23	44	34	28	22
单户金额（亿元）	2.46	0.15~2.76	0.94~2.79	0.38~2.77	0.18
平均值	2.46	1.81	1.86	1.11	0.18
单户平均 OPB 占比	4.35%	1.39%~6.25%	2.13%~4.17%	1.27%~7.14%	4.55%
平均值	4.35%	2.80%	3.04%	4.51%	4.55%
最大户 OPB 占比	21.16%	2.73%~14.67%	5.18%~13.40%	10.48%~17.28%	10.32%
平均值	21.16%	9.12%	10.15%	12.94%	10.32%
前五大 OPB 占比	52.25%	13.07%~59.55%	24.86%~41.63%	31.57%~54.64%	31.10%
平均值	52.25%	34.29%	36.97%	46.38%	31.10%
加权平均利率	4.62%	4.51%~5.63%	4.33%~5.30%	5.11%~6.18%	6.23%
平均值	4.62%	4.83%	4.89%	5.46%	6.23%
加权平均期限（月）	100.42	13.90~50.05	14.32~30.77	11.70~25.80	13.08
平均值	100.42	30.80	21.09	17.55	13.08
加权剩余期限（月）	26.33	13.25~33.49	9.82~20.83	5.70~15.72	7.61
平均值	26.33	22.08	14.83	10.13	7.61
含抵质押比例	28.83%	0.00%~75.65%	0.00%~30.37%	1.54%~68.19%	65.16%
平均值	28.83%	34.91%	7.91%	31.83%	65.16%
分布行业数（个）	9	7~31	14~25	10~21	15
平均值	9	20	18	14	15
最大行业占比	39.97%	11.06%~53.13%	16.14%~33.98%	15.24%~28.33%	20.67%
平均值	39.97%	25.69%	22.35%	22.73%	20.67%
前三大行业占比	79.86%	28.62%~87.99%	40.01%~57.70%	41.92%~57.62%	44.41%
平均值	79.86%	50.50%	46.55%	49.28%	44.41%
分布地区数（个）	18	6~15	1~18	2~6	1
平均值	18	9	7	4	1
最大地区占比	21.16%	24.52%~71.59%	16.88%~100%	41.59%~97.60%	100.00%
平均值	21.16%	43.12%	62.83%	71.16%	100.00%
前五大地区占比	52.26%	69.61%~99.67%	67.12%~100%	96.16%~100%	100.00%
平均值	52.26%	87.41%	89.24%	99.62%	100.00%

续表

基础资产特征	政策性银行	国有大型银行	股份制银行	城市商业银行	农村商业银行
加权平均信用等级①	AA_s/AA_s^+	B_s^+/BB_s^-～AA_s/AA_s^+	A_s^+/AA_s^-～AA_s/AA_s^+	BBB_s^+/A_s^-～A_s^+/AA_s^-	B_s/B_s^+
平均值	AA_s/AA_s^+	A_s^+/AA_s^-	AA_s^-/AA_s	A_s^-/A_s	B_s/B_s^+

资料来源：Wind，CNABS，作者整理。

一、对公贷款的特征

1. 单笔金额大、贷款期限长、利率水平低

对公贷款一般是银行发放给企业法人的，用于企业生产经营、固定资产购建等目的，因此金额较大，贷款期限较长，利率水平较低。从表 9-1 可以看出，2019—2021 年 CLO 产品的基础资产中，单户贷款金额最小为 0.15 亿元，最大为 2.79 亿元，主要集中在 1 亿~2 亿元；加权平均期限最短为 1 年，最长为 8 年，主要集中在 2~3 年；加权平均年利率最小为 4.33%，最大为 6.23%，集中在 4.5%~5.5%。

2. 贷款条款差异大

对公贷款的合同条款相对灵活，商业银行可以根据企业的经营水平、运营方式和现金流状况量身定制，金额、期限、担保方式、偿付方式、还款频率和时点、利率类型、利息基准和调整方式等条款均可以有所不同。例如，担保方式可以是无担保、保证担保、抵质押担保或多种担保方式的组合等；根据不同的贷款期限，短期贷款可以选择一次性到期还本付息，也可以分期还款，中长期贷款在符合《中国银监会关于规范中长期贷款还款方式的通知》（银监发〔2010〕103 号）规定的前提下，可以选择不同频率的还款计划；利息类型既可以是固定利率，也可以是浮动利率；利息基准既可以是中国人民银行同期贷款基准利率，也可以是同期贷款市场报价利率。

3. 涉及行业广泛，贷款用途多样

银行对公贷款投放应符合国家产业政策和信贷政策要求，在通过银行审批的前提下，不同行业的借款人可根据自身经营的需求使用。

① 因各家影子评级结果并不统一，此处仅统计中诚信国际口径。

4. 借款人个性化强，信用质量差异大

对公贷款的借款人涉及行业广泛，企业类型繁多，对经济的敏感度有差异，并且各家企业的经营情况也各不相同，因此贷款的信用质量差异较大。表9-2展示了2019—2021年公开发行的33单CLO产品中，中诚信国际提供评级的27单产品的影子评级分布。不难看出，各类银行客户信用质量存在较大差异。

表9-2　2019—2021年CLO产品影子评级分布　　单位：亿元

影子评级	政策性银行		国有大型银行		股份制银行		城市商业银行		农村商业银行	
	OPB	占比	OPB	占比	OPB	占比	OPB	占比	OPB	占比
AAA_S	16.11	28.46%	121.58	20.33%	180.61	34.34%	5.90	6.93%	0.60	15%
AA_S^+	4.70	8.30%	119.13	19.92%	118.76	22.58%	9.50	11.15%	—	0%
AA_S	14.80	26.15%	133.98	22.41%	94.24	17.92%	18.46	21.67%	—	0%
AA_S^-	9.10	16.08%	82.64	13.82%	81.92	15.58%	12.15	14.27%	—	0%
A_S^+、A_S、A_S^-	10.68	18.87%	101.53	16.98%	32.73	6.22%	23.27	27.32%	0.15	4%
BBB_S^+及以下	1.22	2.15%	39.12	6.54%	17.60	3.35%	15.89	18.66%	3.13	81%
总发行规模	56.60	100.00%	598.00	100.00%	525.89	100.00%	85.16	100.00%	3.88	100.00%

资料来源：作者整理。

5. 担保方式多样，抵质押物种类丰富

借款人可以通过提供担保来获得贷款或提高已获得的贷款额度。常见的担保方式为保证担保和抵质押担保。保证担保是指第三方即保证人承诺在借款人无法偿还债务时，保证人为其代偿，保证人类型多为企业法人、专业担保公司或自然人；抵质押担保是指借款人以其自有或第三方可合法转让的财产作为担保，当借款人无法偿还债务时，银行可合法处置该财产来偿还债务，常见的抵质押物有土地所有权、工业厂房、个人住宅及车位、商铺、机械设备、在建工程、银行存单、应收账款债权、债券、依法可以转让的股权、股票、依法可以转让的著作权、专利权、商标使用权等权利中的财产权，以及可以转让的权利，如采矿权、林权等。

6. 尽职调查全面，审批时间较长

对于对公贷款，由于其金额大、期限长、借款人个性化强等特征，银行对其审查得比较严格，各家银行制定了针对对公贷款的尽职调查流程和审批流程。审核过程中，银行会对借款人提供的贷款申请资料一一核实查证，并对企

业的高层管理能力、经营能力、征信情况以及企业的发展前景和盈利性等进行评估，有时还需要进行现场走访等。如果带有担保，还需对保证人和抵质押物进行评估，因此审批时间较长。

二、对公贷款的风险特征

1. 信用风险

信用风险是对公贷款面临的最大风险。借款人可能因市场环境变化、经营管理不善或资金周转不灵等种种原因而不能按时偿还债务。

2. 组合风险

CLO 产品的资产池通常是由多笔对公贷款组成的，当宏观经济下行压力加大、行业景气度下滑、区域信用风险持续暴露或其他一些风险事件发生时，这些贷款暴露的信用风险并不是独立的，而是会呈现出一种非线性的关联关系，使得资产池形成一定的组合风险。组合风险主要体现在单户借款人集中度、行业集中度和地区集中度三个方面。

（1）单户借款人集中度

由于 CLO 产品中的基础资产数量较少，主要集中在 20~40 户，因此单一资产的表现会对资产池的总体信用表现产生一定影响。特别是大额债务人，大额债务人的违约或集中违约将对整个产品的偿付造成较大影响。从表 9-1 可以看出，2019—2021 年公开发行的 CLO 产品的最大户 OPB 占比最小为 2.73%，最大为 21.16%，集中在 10%~15%；前五大户 OPB 占比最小为 13.07%，最大为 59.55%，集中在 30%~40%，有一定借款人集中度风险。

（2）行业集中度

在同一行业内的借款人在特定经济条件下的表现有很强的相关性，往往会受到相同的国家产业政策和市场需求等因素影响，在经济下滑时这一点表现得格外突出。国家产业政策支持发展的行业发展环境较为宽松，发展前景较为乐观；国家产业政策限制发展的行业生存环境较差，发展前景很不乐观。同时，产品价格是决定企业盈利能力的核心因素，而行业供求状况是决定产品价格的基础，也是决定企业盈利能力的外部环境，对企业资金获取能力有重大影响。若各个资产行业集中度过高，则会导致相同行业的基础资产在特定经济环境下同时存在违约风险。从表 9-1 可以看出，2019—2021 年公开发行的 CLO 产品当中，以国标二级行业口径进行统计，行业分布最多为 31 个，最少为 7 个，集中在10~15个；最大行业OPB占比最大为53.13%，最小为11.06%，集中在20%~30%；前三大行业OPB占比最大为87.99%，最小为28.62%，集中在40%~50%。CLO产品具有一定的行业集中度风险。

（3）地区集中度

借款人所处的区域经济发展水平和经营环境的稳定性对其还款能力有重大影响。以制造业企业为例，所在区域的经济发展状况、产业配套效应方面的综合表现关系到企业生产原料、辅料及其他生产要素供应的便利程度和成本，也会影响到其产品销售的市场半径、销售成本。再如，建筑业企业所在区域基础设施建设状况、人文文化、人才储备、地方政府的经济发展规划、地区税收政策等也会对企业发展产生较大影响。从表9-1可以看出，2019—2021年公开发行的CLO产品当中，地区分布最多为18个省，最少为1个省，全国性银行集中在5~10个省，地方性银行因展业地区限制，集中在1~2个省；最大地区OPB占比最大为100%，最小为16.88%，集中在20%~30%；前五大地区OPB占比最大为100%，最小为52.26%，全国性银行集中在80%~90%。CLO产品具有一定的地区集中度风险。

3. 回收风险

当借款人无法按时偿付债务时，需要对借款人或带有的附属担保权益进行催收处置，以降低损失。对借款人的回收程度受到贷款的受偿顺序、借款人自身经营状况、所在地区经济发展程度、司法环境等因素影响。

对保证人的回收程度取决于保证人的担保力度和保证人的信用状况等。其中，担保力度取决于担保性质、担保金额、担保期限、保证人履约意愿和能力、借款人和保证人的关联程度等。保证人的信用水平越高，说明其自身的担保能力越强。

对抵质押物的回收程度受到抵质押物的种类和性质、抵质押物的价值、抵质押权的受偿顺序、是否具备完善的抵质押权利转移机制等因素影响。同时，抵质押物变现的难易程度也直接影响到回收时间。

整体来看，对公贷款的催收处置过程复杂多变，易受到系统性风险和偶然因素的影响，回收通常具有较大不确定性。

4. 早偿风险

受自身财务状况、市场利率环境、融资成本变化等因素影响，借款人可能会将未偿还的本金部分或全额提前偿还。基础资产的早偿会影响资产池现金流的稳定性，增加现金流预测的难度，带来一定程度的现金流风险；同时，基础资产的早偿会降低整体资产池的收益。

5. 宏观经济和行业风险

宏观经济发展状况会对区域内的行业和企业产生一定影响。宏观经济快速发展时期，大部分行业都有较多的发展机会，产品销售情况比较好，金融机构作为放贷人预期也比较乐观，行业内的企业较容易获得发展资金，行业整体运行情况会比较好；相反，如果宏观经济增长缓慢甚至波动性大，企业的产销会受到一定程度的不利影响，金融机构预期也比较悲观，企业相对较难获得其发展所需的资金，当企业出现流动性短缺时，也较难获得外部支持，进而增加债务违约风险。

第三节　CLO 尽调要点

一、资料收集

针对 CLO 产品开展尽职调查时，除需要收集如发起机构、资产池、交易相关、测算相关等总体资料外，还需要收集逐笔资料。需要收集的资料主要包括以下内容。

1. 总体资料

- 发起机构及对公信贷业务相关资料：对公贷款的发放机构主要为银行，所需主体资料可以参考银行业企业信用分析资料清单。此外，还需收集对公信贷业务发展情况介绍和相关制度文件。
- 资产池清单：通常由发起机构提供，涵盖每笔拟入池对公贷款的相关信息，具体包括：（1）借款人相关信息，如企业全称、实际控制人、行业、所在地区、银行内部评级及外部评级等；（2）贷款相关信息，如贷款合同/借据编号、合同金额、未偿本金余额、利率类型（固定/浮动）、利率调整方式、初始利率、当前执行利率、发放日和到期日、本息偿付方式、还款计划等；（3）担保情况相关信息，如担保方式、保证人（如有）的名称和实际控制人、保证人行业、抵押物（如有）的类型、抵押物的基本情况和估值、质押物（如有）的类型、质押物的基本情况和估值等；（4）贷款表现相关信息，如五级分类、历史逾期表现、是否展期、是否早偿等。

• 交易相关资料：主要包括主定义表、信托合同、贷款服务合同、资金保管合同等交易文件，以及法律意见书等。

• 测算相关资料：主要包括分层结构、分配顺序、各项费用等参数假设，以及资产池现金流归集表等。

2. 逐笔资料

• 贷款：（1）基础资产所涉及的借款合同、补充协议等；（2）授信业务尽职调查报告、风险评价报告、信贷评审报告、信用评级报告、五级分类报告等；（3）自放贷之日至今的跟踪报告（如贷后检查报告、贷后评估报告、备忘录、信贷员走访记录等）。

• 借款人：借款人近三年以及最新季度经营情况资料、审计报告及附注说明；借款人是集团公司的，除提供合并报表外，还应提供母公司财务报表。

• 保证人（如有）：（1）保证合同，关注是否为最高额保证；（2）包括保证人概况，保证人近三年以及最新季度经营情况资料、审计报告及附注说明。

• 抵质押（如有）：（1）抵押合同/质押合同，关注是否为最高额抵质押；（2）抵质押资产的权属文件，如不动产需收集《房产证》《土地使用权证》和《他项权证》，存单质押需收集存单，应收账款质押需收集基础交易事项的相关凭证，股权质押、债权质押需收集质押方经营业绩的相关信息，包括近年的财务数据和主要的经营数据；（3）抵质押物资产价值评估报告。

二、访谈关注要点

针对 CLO 产品，通常会访谈商业银行的对公贷款业务部门、风险管理部门、贷后管理部门、资产保全部门和财务部门等，了解对公信贷业务的贷前、贷中和贷后管理。访谈时，主要关注以下几个方面。

1. 业务运营及产品特征

• 对公贷款业务的市场定位、划分依据，对公贷款的未来发展规划。

• 对公贷款业务的稳定性和增长情况；最近一年新增对公贷款的主要投向情况。

• 对公贷款业务重点关注的行业和区域，“两高一剩”行业、政府平台类项目以及房地产开发贷款的相关情况。

• 对公贷款地区分布、行业分布、户均、客户构成、贷款期限、利率水平、抵质押情况。

- 对集团客户的贷款管理情况，对同一客户进行多头开户和多头贷款的管理措施。

2. 风险管理制度

- 发起人对信用风险、市场风险、流动性风险、操作风险等各类风险的控制措施和控制流程。
- 发起人对各项风险运用量化评估方法的情况。
- 发起人信贷资产风险分类制度及标准（分类方法、认定和审核程序、权限划分）的具体情况。
- 发起人的内部评级体系情况，内部客户评级的标准、方法及评级分布情况以及内部评级结果对贷款定价的影响。
- 集团企业和关联企业贷款及授信的风险控制措施。
- 对未来哪些行业风险较为集中或存在风险爆发的预判。
- 特定环境对发起人资产质量的影响，比如经济增速放缓，新冠肺炎疫情暴发。
- 新的一年资产质量控制目标。

3. 审批流程

- 对公贷款业务的授信审批具体流程，借款人需要提供的审批材料清单。
- 抵押物的估价流程及应对抵押物贬值的策略及方法。
- 发起人各级权限的划分情况。
- 最近一年对公业务政策导向情况，特别是区域、行业、客户的导向，重点关注的行业。
- 对追加担保方式的原则。
- 贷款采取展期或借新还旧的标准以及审批流程。

4. 贷中管理情况

- 发起人对存续贷款的贷中监控政策。
- 贷款存续期间，对借款人的信用风险和还款能力的监测和评估方式、监测指标和预警系统情况。
- 现场尽调的频率。
- 目前关注贷款的划分标准和迁徙趋势。
- 逾期贷款变动的趋势和原因。

5. 贷后管理能力和资产保全情况

- 银行近三年的五级分类情况。
- 不良资产清收和处置政策，包括处置方式、贷款核销、打包转让、重组情况等。
- 近一年新增不良贷款主要的客户类型、行业和地区集中情况以及抵质押情况、担保情况。
- 关注最大几笔不良贷款的情况。
- 近几年贷款回收情况，关注回收方式，是否走司法诉讼，回收金额和回收时间等。
- 抵押物处置过程中，对抵押物的估价流程及应对抵押物贬值的策略及方法。
- 对公贷款的核销政策，以及近几年核销情况。

6. 证券化业务相关

- 发行计划：关注发起机构进行本次资产证券化业务的初衷、发行计划、本次入池资产筛选标准、本次项目是否有特殊设计等。

三、资料分析关注要点

进行资料分析时，主要关注以下几个方面。

1. 基础资产信用质量

CLO 产品的基础资产均为银行的对公贷款，每笔贷款的金额、期限、贷款条款、信用质量等要素各不相同，需逐一阅读每笔贷款的资料开展分析。

（1）影子评级

信用评级公司会根据基础资产借款人和保证人（如有）的信用水平评估入池基础资产的信用水平，这个过程称为影子评级。基础资产的信用质量是大额模型的重要参数之一。

影子评级主要有以下两种方式：①基于定向信息的非公开评级或评级预估。该方法高度依赖于发起机构提供的涉及借款人/保证人的基础信息、财务信息、业务审批报告、借款合同、放款后跟踪报告及主体相关公开信息等资料。信用评级公司通常并不会对借款人/保证人进行实地访谈，而且未将相关主体的公司治理、战略规划、财务政策、股东或实际控制人支持等因素纳入评级考量的范畴。②与发起机构的信用评级体系进行比较，在确认可行的情况下，通过构建映射关系来评估确定相关主体的信用等级。在发起机构内部评级体系相对完善、评级体系稳定性较高且评级结果一致性较高的情况下，发起机构的内部评级结果是信用评级公司的重要考量因素。

（2）抵质押物的情况

当借款人和保证人无法偿还债务时，基础资产的抵质押物的及时回收，可以有效缓解借款人违约对资产池造成的损失。因此，抵质押担保的效力和抵质押物的评估尤为重要，抵质押物处置的难易程度以及回收时间直接影响了资产池的回收情况。

为了评估抵质押物的回收情况，需要关注以下内容。

- 抵质押的担保效力，是否为最高额抵质押，最高额度如何。
- 抵质押物估值和回收价值。对抵质押物的价值进行评估，需确认抵质押物资产价值评估报告，并关注评估方法和评估日期。了解抵质押物所在地区的司法环境和拍卖流程，当出现需要处置抵质押物的情形时，预估处置抵质押物的回收价值和回收时间。
- 确认抵质押顺位，以此评估在抵质押物处置之后的可回收金额。

2. 交易结构

- 基础资产：关注基础资产的真实性、合法性、权利归属和权利负担；关注基础资产转让的合法性及有效性；关注基础资产的定义、范围及合格标准。
- 交易机制：一般需关注账户设置及回收款转付机制、现金流分配机制、信用增进机制、信用触发机制的设定是否合理、完备、有效，评估这些机制设置是否会带来一定的交易风险，或者是否可以缓释交易风险。对于 CLO 产品，需重点关注服务报酬的分配顺序和比例；按照是否在优先级本金兑付前分配，通常可分为前端服务报酬和后端服务报酬。
- 其他机制安排：对于 CLO 产品，可重点关注封包期利息是否入池、封包期本金是否无风险、清仓回购等机制安排，评估其对产品风险的影响。

3. 法律风险

- 关注法律意见书中对本交易主要当事方的主体资格，交易文件的合法性，基础资产的真实性、合法性、有效性、权利归属及权利负担，基础资产转让的合法性，信托财产风险隔离的有效性等方面是否合法合规的专业意见，识别是否存在相关法律风险的提示。

第四节　CLO 信用分析案例

本节以某单 CLO 产品（以下简称本交易）为例，说明如何从基础资产、交易结构、模型分析、主要风险和重要参与方等方面对 CLO 产品进行信用分析。

表 9-3　证券概况

资产支持证券	预计发行金额（万元）	利率类型	偿还方式	偿付频率	预期到期日	法定到期日
优先 A 档	587000.00	浮动	过手	按月	2022-02-17	2025-05-17
优先 B 档	48000.00	浮动	过手	按月	2022-04-17	2025-05-17
次级档	81500.00	—	过手	按月	2023-05-17	2025-05-17
合计	716500.00	—	—	—	—	—

资料来源：评级报告。

本交易的发起机构为兴业银行，兴业银行将其合法拥有、依法可以转让并且符合合格标准的对公贷款信托给兴业信托，兴业信托以该信托财产为基础发行资产支持证券。兴业银行同时为本交易的资产服务机构，工商银行为本交易的资金保管机构。具体结构如图 9-10 所示。

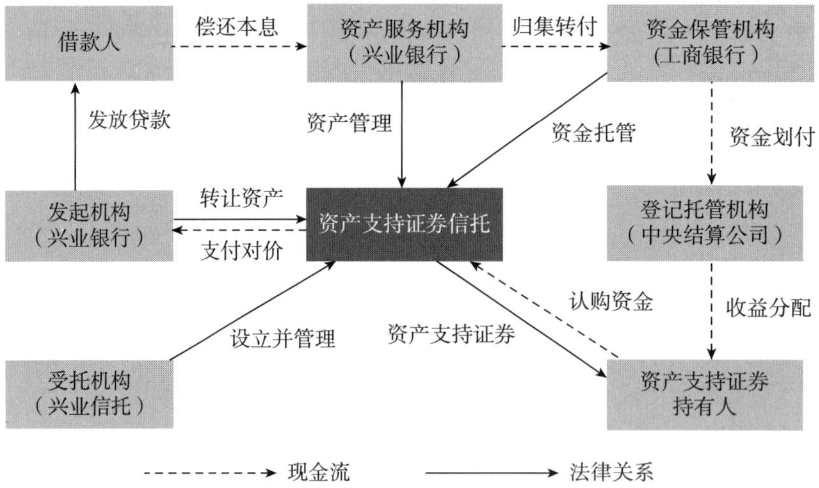

图 9-10　交易结构概况

（资料来源：评级报告）

一、基础资产分析

1. 基础资产的审查

本交易的基础资产为兴业银行发放给企业法人的对公贷款。《主定义表》中约定基础资产的合格标准如下。

基础资产合格标准
就每一笔贷款及其附属担保权益而言，是指在初始起算日以及信托财产交付日： （a）信贷资产中包含的各笔贷款全部为兴业银行合法所有的人民币信用贷款和/或人民币保证/抵押/质押担保贷款，而且均为兴业银行已经全部自行放款完毕的人民币贷款； （b）每笔贷款项下债权均可进行合法有效的转让；每份借款合同及其担保合同（如有）中均无限制或禁止委托人转让债权或委托人转让债权须征得借款人或担保人（如有）同意的约定，而且相应的担保人（如有）就转让后的贷款继续承担相应的担保责任； （c）信贷资产项下不包含涉及借款人为军工企业或外国企业/组织的贷款以及涉及国家机密的贷款； （d）信贷资产所包含的全部贷款均未涉及违约或未决的诉讼或仲裁； （e）信贷资产中包含的各笔贷款均为兴业银行的自营商业贷款，而且非银团贷款； （f）信贷资产项下各笔贷款的担保类型（如有）为保证（包括最高额保证担保）、抵押（包括最高额抵押担保）、质押（不包括最高额质押担保）； （g）信贷资产项下各笔贷款所对应的保证（如有）、抵押权（如有）、质权（如有）均合法有效，而且依照中国法律需要办理抵押权登记方能设立或对抗善意第三人的，均已依法办理抵押权登记；依照中国法律需要办理质权登记方能设立的，均已依法办理质权登记；依照中国法律需要交付质押物方能设立的，均已依法交付质押物；涉及保证金质押的，作为质押物的保证金均已经以保证金特户的形式特定化，并已移交兴业银行占有； （h）同一借款合同项下的贷款已经全部发放完毕或承诺不再发放，并且同一借款合同项下的贷款的未偿款项（包括但不限于本金和利息）全部入池； （i）信贷资产对应的全部借款合同项下各笔贷款适用的法律为中国法律，而且在中国法律项下均合法有效； （j）借款人均是依据中国法律在中国成立并合法存续的法人或其他组织，担保人（如有）、保险人（如有）均是中国公民或依据中国法律在中国成立并合法存续的法人或其他组织； （k）借款人对信贷资产不享有任何主张扣减或减免应付款项的权利（法定抵销权除外）； （l）信贷资产项下每笔贷款的质量应为委托人制定的信贷资产质量五级分类中的正常类资产； （m）信贷资产所包含的每笔贷款的合同约定的最后一次还款日不早于 2020 年 12 月 11 日，而且不迟于 2023 年 4 月 9 日； （n）每笔贷款对应的借款人近三年在兴业银行未出现贷款拖欠、破产或无清偿能力的情况； （o）截至初始起算日，每笔贷款的未偿本金余额不超过人民币 5.65 亿元。

根据对公贷款及其风险特征，结合尽职调查环节对基础资产的审查，可以看出本交易基础资产合格标准的设定及不合格资产赎回机制的设置合理有效，符合

监管要求，能够合理保证入池资产的信用质量。律师事务所出具的专业意见认为，入池基础资产是真实的，不存在权利负担，基础资产的转让合法有效。

2. 本交易入池资产特征

本交易入池资产具有的特征如表 9-4 所示。

表 9-4 资产池特征（于初始起算日）

指标	数值	分析
资产池未偿本金余额	716500.00 万元	
资产池合同金额	718000.00 万元	
贷款笔数	34 笔	单笔贷款本金余额主要集中在 1 亿~2 亿元和 4 亿~5 亿元两个区间，占比分别为 26.38%和 27.77%。
单笔贷款最低/最高本金余额	3000 万元/56500.00 万元	
单笔贷款平均本金余额	21073.53 万元	
借款人数量	27 户	单户贷款本金余额主要集中在 4 亿~5 亿元区间，占比为 41.73%。最大户未偿本金余额为 6 亿元，占比为 8.37%，对应债项的影子评级为 AAA_s；前 5 大借款人对应债项的影子评级均为 AAA_s。入池资产单户集中度水平较高，若上述借款人集中出现偿付能力或偿付意愿的下降，或将对优先档证券本息偿付产生不利影响。
单户贷款最低/最高本金余额	3000 万元/60000.00 万元	
单户贷款平均本金余额	26537.04 万元	
前 3 大借款人未偿本金余额占比	23.24%	
前 5 大借款人未偿本金余额占比	37.19%	
前 10 大借款人未偿本金余额占比	69.16%	
最低/最高利率	3.26%/5.90%	利率主要集中在 4%~5%区间，占比为 54.01%。14 笔为浮动利率，占比为 57.08%，20 笔为固定利率，占比为 42.92%。
加权平均利率	4.33%	
最短/最长合同期限	11.21 个月/36.03 个月	合同期限主要集中在 1 年以内，占比为 42.92%。
加权平均合同期限	19.49 个月	
最短/最长剩余期限	8.05 个月/35.97 个月	剩余合同期限主要集中在半年到 1 年以内，占比为 53.95%。
加权平均剩余期限	15.96 个月	
地区分布	入池贷款分布于 2 个省	分布在广东省和山西省，其中广东省占比为 85.28%，地区集中度很高，信用表现或易受到相关区域经济波动的集中影响。

续表

指标	数值	分析
国标二级行业分布	15 个	按照国标二级行业分类标准，入池资产分布于 15 个行业，其中商务服务业、煤炭开采和洗选业占比较大，占比分别为 33.98%和 14.72%。基础资产行业集中度较高，信用表现或易受到相关行业波动的集中影响。
资产池加权平均信用等级	AA_s/AA_s^+	借款人对应债项级别占比最大的影子评级为 AAA_s，占比为 64.34%，AA_s^+ 和 AA_s 占比分别为 10.33%和 11.79%，部分基础资产影子评级较低，BBB_s 占比为 5.58%。
贷款性质	信用、保证、质押、抵押	基础资产主要为信用贷款，共 29 笔，占比为 86.18%；保证贷款 3 笔，占比为 9.77%；质押贷款 1 笔，占比为 2.65%；抵押贷款 1 笔，占比为 1.40%。

资料来源：评级报告。

与同类产品相比，本交易入池资产借款人集中度和地区集中度较高，行业集中度水平相当，入池资产加权平均信用等级为 AA_s/AA_s^+，信用质量较好。

表 9-5　同类产品比较

项目	本产品	可比产品 1
发起机构	兴业银行	兴业银行
资产池未偿本金余额（万元）	716500.00	670200.00
借款人数量（户）	27	24
贷款笔数（笔）	34	33
单笔贷款平均本金余额（万元）	21073.53	20309.09
单户借款人平均本金余额（万元）	26537.04	27925.00
加权平均利率（%）	4.33	5.30
加权平均合同期限（月）	19.49	21.93
加权平均已偿还期限（月）	3.53	6.46
加权平均剩余期限（月）	15.96	15.47
前 3 大借款人未偿本金余额占比（%）	23.24	26.71
地区分布	2 个省	5 个省

续表

项目	本产品	可比产品 1
行业分布（国标二级）	15 个	15 个
资产池加权平均信用等级	AA_s/AA_s^+	AA_s^-/AA_s

资料来源：评级报告，作者整理。

二、交易结构分析

1. 账户设置与资金转付

（1）账户设置

本交易项下信托账设有五个子账，即收益账、本金账、税收专用账、保证金账和流动性储备金账。其中，收益账是用于核算收入回收款的子账；本金账是用于核算本金回收款的子账；税收专用账是用于核算信托相关的税收的款项提取和支付情况的子账；保证金账是用于存放核算权利完善事件发生后，贷款服务机构按约定转付的贷款附属的保证金的子账；流动性储备金账是用于存放、核算流动性储备金的子账。

（2）转付机制

根据交易安排，受托人应授权并要求贷款服务机构按照《服务合同》的相关约定，于收到每一笔回收款对应的回收款转付日 17：00 前将回收款扣除执行费用（如有）后存入信托账户。

根据回收款转付日的定义，贷款服务机构在每个自然月的 1 日、11 日和 23 日转付回收款至信托账户。如果评级机构中某一家给予贷款服务机构兴业银行的主体长期信用等级低于 A 级，或发生其他权利完善事件，则委托人或受托人将按照《信托合同》的约定发送权利完善通知，借款人、担保人（如有）自收到权利完善通知之日起，将其应支付的款项支付至信托账户。

同类产品的资金转付频率通常为按月，本交易的转付频率高于同类产品，同时，当贷款服务机构的信用等级低于 A 时，借款人、担保人（如有）直接转付至信托账户，可以有效缓解因资金在贷款服务机构沉淀时间较长，当贷款服务机构信用质量下降时可能存在的混同风险。

2. 现金流分配机制

在违约事件发生前，收益账按顺序偿付优先 A 档证券利息、优先 B 档证券利息和次级证券期间收益，并存入流动性储备金；本金账按顺序过手偿付优先

A 档、优先 B 档证券本金直至优先级证券清偿完毕。

在加速清偿事件发生后，将收益账全部余额记入本金账，按顺序过手偿付优先 A 档、优先 B 档证券本金直至优先级证券清偿完毕。

在违约事件发生后，支付优先 A 档证券利息、本金直至优先 A 档证券清偿完毕，之后支付优先 B 档证券利息、本金直至优先 B 档证券清偿完毕，最后偿付次级证券本金。

3. 信用触发机制

本交易设置的信用触发机制主要包括加速清偿事件、违约事件、权利完善事件等。

当发生与委托人有关的丧失清偿能力事件、贷款服务机构解任事件、累计违约率超过一定监测值和优先档预期到期日无法足额分配优先档未偿本金时，将触发加速清偿事件。

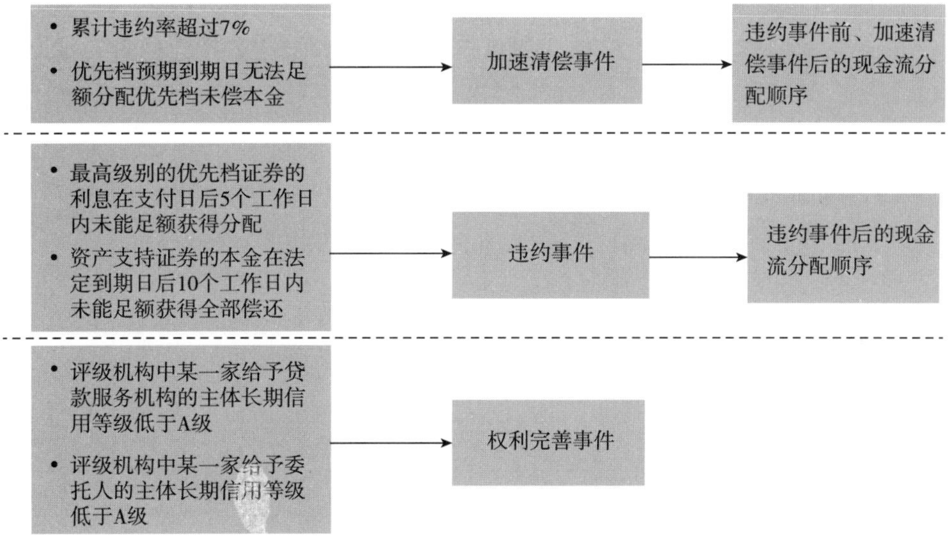

图 9-11　主要信用触发机制设置

（资料来源：评级报告，作者整理）

当发生最高级别的优先档证券的利息在支付日后 5 个工作日内未能足额获得分配，或者资产支持证券的本金在法定到期日后 10 个工作日内未能足额获得全部偿还等情况时，将触发违约事件。

发生加速清偿事件或违约事件后，按照《信托合同》的约定改变现金流分配顺序。

发生权利完善事件后，委托人应向借款人、担保人（如有）发出权利完善通知，将相关信贷资产已设立信托的事实通知前述各方，告知其将应支付的款项支付至信托账户。

另外，本交易设有流动性储备账户，可有效缓解流动性储备风险。

可以看出，本交易的信用触发机制设置较为完备。

4. 信用支持

本交易采用优先级/次级支付机制。按照交易文件约定的现金流分配顺序，优先级证券本金先于次级证券本金获得偿付，优先 A 档证券可以获得优先 B 档和次级证券提供的 18.07%的信用支持，优先 B 档证券可以获得次级证券提供的 11.37%的信用支持。

三、模型分析

1. 信用分析

依据对公贷款证券化产品的主要风险特征，一般采用蒙特卡洛模拟法来构建基础资产联合违约模型，对基础资产信用质量、回收率以及资产间的相关性进行分析。

（1）基础资产信用质量分析

针对本次入池资产对应借款人的信用水平，分析结果如表 9-6 所示。

表 9-6　借款人信用水平分布

借款人影子评级	余额占比	笔数占比
AAA_s	57.36%	35.29%
AA_s^+	10.33%	11.76%
AA_s	18.77%	23.53%
AA_s^-	4.75%	17.65%
A_s^+	1.81%	5.88%
A_s^-	1.40%	2.94%
BBB_s	5.58%	2.94%
合计	100.00%	100.00%

资料来源：评级报告。

涉及保证担保方式的入池资产未偿本金余额合计占资产池未偿本金余额的 9.77%；其中，保证人为非个人担保人的入池资产未偿本金余额占资产池总本金余额的 9.07%。针对本次入池的非个人担保人的信用水平，分析结果如表 9-7 所示。

表 9-7　非个人担保人信用水平分布

保证人影子评级	余额占比	笔数占比
AAA_s	6.98%	2.94%
A_s	2.09%	2.94%
合计	9.07%	5.88%

资料来源：评级报告。

在分析保证人对入池资产的信用提升水平时，同时考虑保证人与借款人的关联度（行业、从属关系、利润贡献度等）的影响等。综上所述，入池资产（考虑保证人的信用提升之后，如有）的债项信用分析结果如表 9-8 所示。

表 9-8　债项信用水平分布

债项影子评级	余额占比	笔数占比
AAA_s	64.34%	38.24%
AA_s^+	10.33%	11.76%
AA_s	11.79%	20.59%
AA_s^-	4.75%	17.65%
A_s^+	1.81%	5.88%
A_s^-	1.40%	2.94%
BBB_s	5.58%	2.94%
合计	100.00%	100.00%

资料来源：评级报告。

根据基础资产的影子评级结果，推算入池资产的加权平均信用等级为 AA_s/AA_s^+。

（2）回收分析

入池资产违约后的预期回收主要受到借款人资信情况、担保情况、债务受偿顺序、所在地区经济和司法环境等因素的影响。其中，对于具有抵质押担保的基础资产，抵质押物的回收情况取决于抵质押权的优先顺序，抵质押物的种类及性质，以及抵质押物的变现价值等。按照“回收估值=借款人回收+保证人回收+抵质押物回收+其他回收贡献值”的公式，对入池资产违约后的预期回收进行逐笔估计。本交易入池资产的担保方式包括保证、抵押和质押；其中，涉及抵质押担保方式的入池资产未偿本金余额合计占资产池未偿本金余额的4.05%，包含的抵质押物主要为房地产、应收融资租赁款等。

在对入池资产进行回收分析时，除考虑上述因素的影响外，同时需要充分考虑宏观经济和不良处置市场等因素对回收处置的影响，设置一般景况和严格压力景况下的回收率和回收时间假设。

（3）相关性分析

对联合违约模型中的资产相关性假设主要根据入池资产的单一借款人集中度、行业集中度和地区集中度进行调整，对同行业、上下游行业、同一集团内部或者实际控制人为同一主体的企业之间给予了较高的资产相关性假设，对某些行业内的资产相关性还根据地区分散性进行了修正。经相关性调整后的入池资产分布于13个行业。

2. 现金流模型与压力测试

本部分以损失率法来评估各级证券的信用质量。现金流模型的主要参数设定如下。

（1）基础资产联合违约分布

通过蒙特卡洛模拟，获得本交易基础资产的累计违约率分布，如图9-12所示，入池资产平均累计违约率为0.26%。

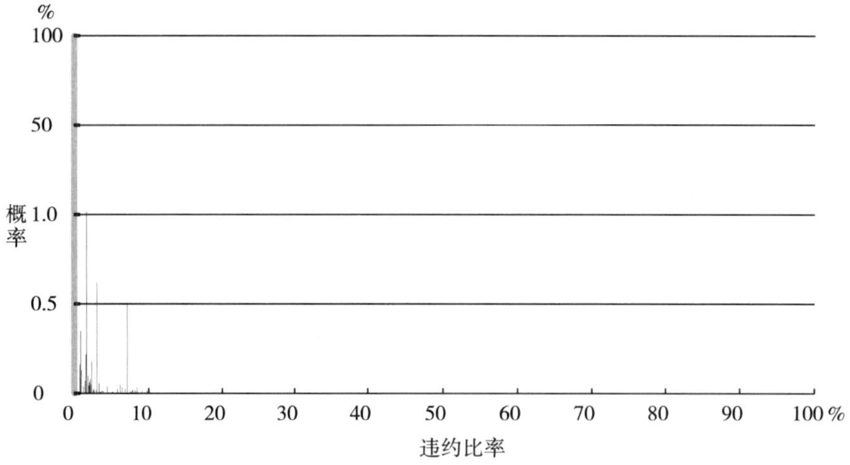

图9-12　累计违约率分布示意图

（资料来源：评级报告，作者整理）

（2）违约时间分布

通过蒙特卡洛模拟，获得本交易基础资产的违约时间分布，如图9-13所示。

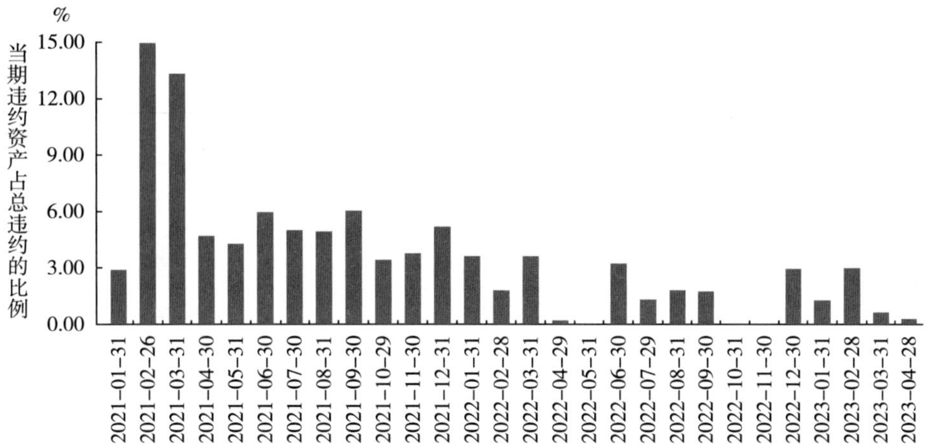

图 9-13　违约时间分布

（资料来源：评级报告，作者整理）

（3）静态现金流入

根据基础资产还本计划，本交易基础资产在无违约、无早偿情况下的现金流入情况如图 9-14 所示。

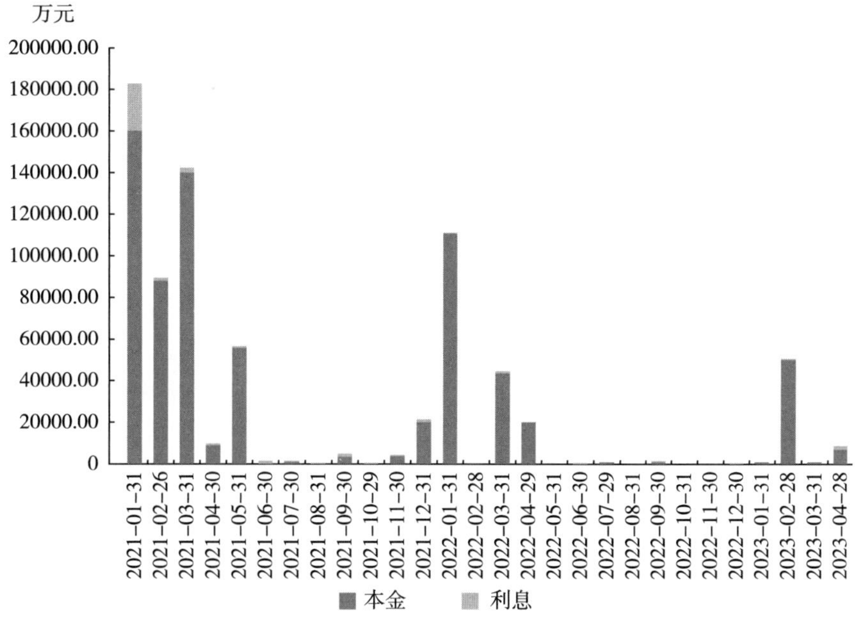

图 9-14　无违约、无早偿情况下的现金流入情况

（资料来源：评级报告）

（4）其他压力测试条件

在结合目标评级进行压力测试时，主要考虑回收率下降、回收时间延长、利差下降等压力景况组合。一般景况和严格压力景况下的模型参数如表 9-9 所示。

表 9-9　各景况下的模型参数

条件	一般景况	严格压力景况
回收率	20%~70%	10%~60%
回收时间	2 年	3 年
优先 A 档预期发行利率	4.00%	+50BP
优先 B 档预期发行利率	4.70%	+50BP

资料来源：评级报告。

（5）模型结果

基于现金流模型和上述参数假设，可以计算出在严格压力景况下，受评证券在不同的基础资产违约率情景下的损失程度和期限。然后结合基础资产违约分布中各违约率情景的概率，获得受评证券的期望损失率和期望期限。最后，根据预先设定的目标评级同期限的损失率要求，可获得受评证券的模型等级。

四、主要风险分析

本交易存在资金混同风险、抵销风险、利率错配风险。通过归集转付频率调整、信用触发事件等交易结构设计，同时考虑发起机构和资产服务机构兴业银行所具备的良好资信水平，上述风险可以得到有效缓释。

五、主要参与方分析

律师事务所出具的专业意见认为，兴业银行是依据中国法律有效存续的股份有限公司，具有完全的民事权利能力和民事行为能力签署、交付和履行其作为一方的《信托合同》及其他交易文件；兴业信托是依据中国法律有效存续的有限责任公司，具有完全的民事权利能力和民事行为能力签署、交付和履行其作为一方的《信托合同》及其他交易文件；拟签署交易文件的其他各方均依法成立并合法存续，具有完全的民事权利能力、民事行为能力和合法资格签署、交付和履行其作为一方的交易文件。

通过尽职调查环节的访谈与审查，兴业银行作为本交易的发起机构和资产服务机构，证券化经验丰富，具备履行其相应职责的能力；本交易的资金保管机构、受托机构等参与机构具备履行其相应职责的能力。

第五节　Q&A

Q：影子评级是否可以等同于主体长期信用等级？

A：影子评级的评级流程与正式评级存在区别。影子评级过程当中并未进行实地访谈，而且未将相关主体的公司治理、战略规划、财务政策、股东或实际控制人支持等因素纳入评级考量的范畴。影子评级所依据的信息一般由发起机构提供或来源于公开信息，无法保证发起机构完全避免由于各种原因导致的信息提供的疏忽、遗漏或不及时等情况的发生，因此影子评级客观上是对入池资产所涉及主体的信用水平的大致判断，无法等同于常规意义上的正式信用评级。

Q：两个加权平均信用等级相同的资产池，产品的分层结果是否也相似？

A：基础资产的加权平均信用等级是最直观体现两个资产池信用质量的指标，但产品最终的分层结果还受到多方面因素的影响，如借款人/地区/行业等方面的集中度、账龄、利差、抵质押物的回收水平等。因此，即使是加权平均信用等级相同的两个资产池，产品的分层结果也有可能会有很大的差异。

Q：基础资产回收款的转付频率如何设置？是否需要与证券的支付频率保持一致？

A：基础资产回收款的转付频率越慢，资金混同风险越大，通常要求频率越高越好。一般设计转付频率与支付频率保持一致来避免资金沉淀，但也可以不一致，存在转付频率快于支付频率的情况。

Q：信托账户下是否一定要分别设置收益账和本金账？

A：收益账用来归集基础资产所产生的收益，主要用于兑付信托所承担的税费以及各级证券的收益，包括次级证券的期间收益；本金账则用来归集基础资产的本金，主要用于回补收益账和兑付各级证券的本金。因此，当证券设置次级证券的期间收益时，需要区分收益回款和本金回款，以避免次级证券的期间收益对本金的额外消耗。如果不存在相关设置，可不用区分。

Q：如果借款合同项下存在多笔借据，是否可以部分借据入池？

A：一般情况下是不可以的，通常仅在同一借款合同项下的贷款已经全部发放完毕或承诺不再发放，并且同一借款合同项下的贷款的未偿款项全部入池时才可部分入池。

Q：如果基础资产的本金回款不均匀，个别回款期内无本金回款，会对产品有何影响？

A：基础资产的本金回款不均匀，个别回款期内无本金回流，或回流金额较小的条件下，如果这些回款期内利息回收款有所波动，可能会导致当期回收款不足以支付优先级证券利息及在优先级证券利息支付以前必须支付的各项税费的情况，给产品带来一定的流动性风险。在这种情况下，可以通过降低证券的支付频率，比如由按月调整为按季度，待归集更多的回收款后再进行分配。也可以设置流动性储备账户，在各期分配优先级证券本金之前，先存储足够下一期需要支付的税费和优先级证券利息的金额。还可以在产品设计时采用固定摊还的还款方式，制订与底层现金流周期相匹配的还款计划。在这些设置下，可以对现金流进行压力测试，评估流动性风险的大小和影响。

第十章

金融租赁债权证券化产品信用分析

金融租赁债权证券化产品（以下简称金融租赁 ABS）的基础资产是金融租赁债权。本章所讲的金融租赁业务是指金融租赁公司按照租赁合同的约定，将租赁物的使用权让与承租人，同时向承租人收取租金的一种业务模式。金融租赁公司是我国监管政策框架下一类特殊的融资租赁公司，2014 年颁布的《金融租赁公司管理办法》中指出，金融租赁公司是指经银监会批准，以经营融资租赁业务为主的非银行金融机构。

第一节　我国金融租赁市场概况

一、我国金融租赁行业的发展历程

融资租赁最早出现在 20 世纪 50 年代的美国，目前已经成为国际金融体系的重要组成部分，对于资本市场的繁荣有着巨大的推动作用。对于我国来说，金融租赁是改革开放浪潮下的“舶来品”。金融租赁业的发展能够完善我国现行金融体系，逐渐形成银行、证券、保险、信托、金融租赁等多元发展的格局。从长远来看，金融租赁在补充融资方式、分散金融风险、推动经济社会发展等方面有重要意义，尤其是它特有的融资融物功能以及降低资金成本、提高资产利用效率等优势，使得它在我国具有广阔的成长空间。

第一阶段（20 世纪 80 年代初至 1994 年）：初始探索期

融资租赁最初起源于美国，得益于改革开放引进外资的国家战略，于 20 世纪 80 年代作为纾解企业技术改造和资金匮乏困局的手段引入我国。1979 年 6 月，国务院正式批准成立中国国际信托投资公司，开始逐步涉足融资租赁业务。

1984 年 10 月，中国人民银行制定并公布了《关于金融机构设置或撤并管理的暂行规定》（〔84〕银发字第 196 号），规定“任何部门、任何单位开办金融业务及设置或撤并分支机构，都必须经中国人民银行或其授权单位批准”“设置金融机构，必须按本暂行规定向审批单位申请。经审核获得批准的，由批准单位发放‘经营金融业务许可证’”。该暂行规定公布后，以非银行金融机构为主要出资人的内资融资租赁公司陆续开始申请“经营金融业务许可证”，并获得了非银行金融机构牌照。此后，浙江省租赁有限公司、深圳租赁有限公司（后更名为“国银金融租赁股份有限公司”）、中国对外贸易租赁公司（后更名为“中国外贸金融租赁有限公司”）及江苏省租赁有限公司（后更名为“江苏金融租赁股份有限公司”）等16家金融租赁公司相继成立，并获得“经营金融业务许可证”。

第二阶段（1995—2006年）：规范整顿期

为规范金融租赁行业发展，杜绝金融租赁公司高息揽储、直接投资实体企业甚至投资楼市等影响金融行业良性发展的现象，监管机构颁布了若干法律以规范金融租赁行业，这一时期金融租赁行业处于规范整顿期。

1995年5月公布的《中华人民共和国商业银行法》规定“商业银行在中华人民共和国境内不得向非银行金融机构和企业投资”，在法律层面上明确了金融机构的分业经营。之后，商业银行开始陆续从各类租赁公司撤股，其他非银行金融机构也停止了融资租赁的兼营业务。

2000年6月，中国人民银行首次制定了《金融租赁公司管理办法》，约定了申请设立金融租赁公司的条件及流程，明确了业务经营范围并完善了监督管理措施。此外，还明确了金融租赁公司必须由人民银行批准且名称中需标明“金融租赁”，这使得大批金融租赁公司重组洗牌，其中4家金融租赁公司破产清算，另有2家重组失败，仅剩下10家金融租赁公司。《金融租赁公司管理办法》的实施对规范金融租赁公司经营行为、防范金融风险发挥了积极作用。

2001年，在加入世界贸易组织以后，根据有关协议，我国承诺向外国商业银行开放金融租赁业务，并逐步取消外资进入国内金融租赁市场的限制。自此，外国投资者可以按照《金融租赁公司管理办法》的规定，申请设立独资或合资金融租赁公司，外资金融租赁公司经审批后可以在国内市场开展金融租赁业务。

第三阶段（2007年至今）：快速壮大期

经过将近20年的探索，金融租赁行业迎来了快速壮大期。随着2007年1月银监会发布新版《金融租赁公司管理办法》，银行系金融租赁公司试点重新放开，开始允许符合资质的商业银行和其他机构设立或参股金融租赁公司。此后，工银金融租赁有限公司、交银金融租赁有限责任公司、建信金融租赁有限公司、民生金融租赁股份有限公司和招银金融租赁有限公司5家银行系金融租赁公司成为首批试点并相继展业，这一年是我国金融租赁行业发展史中重要的新篇章。

2010年6月，随着中国人民银行、银监会、证监会和保监会联合发布《关于进一步做好中小企业金融服务工作的若干意见》，明确提出“大力发展融资租赁业务，扎实推进扩大商业银行设立金融租赁公司试点工作”，国内金融租赁公司第二批试点正式开启。之后光大金融租赁股份有限公司、兴业金融租赁有限责任公司、农银金融租赁有限公司等10家金融租赁公司相继获批成立。相比于第一批，第二批试点的发起人不再局限于商业银行，如中国石油天然气集团公司、天津渤海租赁有限公司、广西柳工集团有限公司等都参与了金融租赁公司的发起。

2014年，我国金融租赁行业正式由试点转为全面开展。目前，金融租赁已成为我国航空、医疗、印刷、工业装备、船舶、教育、市政等领域企业的重要融资方式，金融租赁行业快速发展壮大，呈现蓬勃发展的新态势。

表10-1 我国金融租赁行业主要政策

时间	政策	内容或影响
1984-10	中国人民银行《关于金融机构设置或撤并管理的暂行规定》	1. 规定“任何部门、任何单位开办金融业务及设置或撤并分支机构，都必须经中国人民银行或其授权单位批准”“设置金融机构，必须按本暂行规定向审批单位申请”。 2. 浙江省租赁有限公司、深圳租赁有限公司、中国对外贸易租赁公司及江苏省租赁有限公司等相继成立，并获得“经营金融业务许可证”。
1989-09	国务院《关于进一步清理整顿金融性公司的通知》	集中对市场上的金融性公司进行清理与整顿，金融租赁公司的展业数量开始逐步减少。
1993-07	中国人民银行《关于严格金融机构审批的通知》	进一步明确金融机构审批权限，后经批准重新取得“经营金融业务许可证”的金融租赁公司仅剩十余家。
1995-05	《中华人民共和国商业银行法》	规定商业银行不得向非银行金融机构和企业投资，商业银行开始陆续从各类租赁公司撤股，其他非银行金融机构也停止了融资租赁的兼营业务，我国金融租赁行业开始了规范整顿期。
2000-06	中国人民银行《金融租赁公司管理办法》	约定了申请设立金融租赁公司的条件及流程，明确了业务经营范围并完善了监督管理措施，有利于规范金融租赁公司经营行为、防范金融风险。

续表

时间	政策	内容或影响
2007-01	银监会发布修订的《金融租赁公司管理办法》(中国银行业监督管理委员会令 2007 年第 1 号)	1. 开始允许符合资质的商业银行和其他机构设立或参股金融租赁公司。 2. 工银金融租赁有限公司、交银金融租赁有限责任公司、建信金融租赁有限公司、民生金融租赁股份有限公司和招银金融租赁有限公司 5 家银行系金融租赁公司获得首批试点并相继展业。
2010-06	中国人民银行、银监会、证监会和保监会《关于进一步做好中小企业金融服务工作的若干意见》	1. 明确提出"大力发展融资租赁业务，扎实推进扩大商业银行设立金融租赁公司试点工作"，国内金融租赁公司第二批试点正式开启。 2. 兴业金融租赁有限责任公司、农银金融租赁有限公司、光大金融租赁股份有限公司等 10 家金融租赁公司相继获批成立。第二批试点的发起人不再局限于商业银行，如中国石油天然气集团公司、天津渤海租赁有限公司都参与其中。
2014-03	银监会发布修订的《金融租赁公司管理办法》(中国银行业监督管理委员会令 2014 年第 3 号)	删除了上一版办法中关于限定境内租赁公司作为主要出资人申请金融租赁公司的要求。
2014-07	银监会《关于印发金融租赁公司专业子公司管理暂行规定的通知》	1. 申请设立境内专业子公司须经筹建和开业两个阶段。金融租赁公司应在收到开业核准文件并领取金融许可证后，办理工商登记，领取营业执照。 2. 申请设立境外专业子公司，需由银行业监督管理机构批准后，再按照拟注册地国家或地区的法律法规提出申请。
2015-09	国务院办公厅《关于促进金融租赁行业健康发展的指导意见》	允许符合条件的金融租赁公司上市和发行优先股、次级债，适度放开外债额度管理要求。运用外汇储备委托贷款等多种方式，加大对符合条件的金融租赁公司的支持力度。建立形式多样的租赁产业基金。
2020-06	银保监会办公厅《金融租赁公司监管评级办法(试行)》	从评级要素、评级方法、评级操作规程、分类监管等方面，对金融租赁公司监管评级工作作出安排；金融租赁公司的监管评级结果将作为监管机构衡量金融租赁公司经营状况、风险程度和风险管理能力，制定监管规划、配置监管资源、采取监管措施和行动的重要依据。
2022-01	银保监会《金融租赁公司项目公司管理办法》	进一步规范金融租赁公司通过项目公司的形式开展融资租赁业务，健全和完善金融租赁公司的业务监管规则。

资料来源：作者整理。

二、我国金融租赁行业的现状与格局

截至2021年末，我国获批的金融租赁公司合计71家①，注册资本合计2854.97亿元。截至2020年末，金融租赁行业总资产为3.5万亿元，与2010年相比年均增长27%；2020年总投放1.3万亿元，年均增长20%；累计注册资本为2553亿元，年均增长19%；2020年实现净利润418亿元，年均增长29%。行业资产质量整体较好，不良资产率仅1.03%，拨备覆盖率达到384%。②

从股东性质来看，截至2021年末，71家金融租赁公司中银行系共计46家，占比为64.79%；非银行系共计25家，占比为35.21%。在银行系金融租赁公司中，国有银行控股/参股的有5家，分别是中国银行、农业银行、工商银行、建设银行、交通银行控股/参股的中银金融租赁有限公司、农银金融租赁有限公司、工银金融租赁有限公司、建信金融租赁有限公司和交银金融租赁有限责任公司；政策性银行控股/参股的有1家，为国银金融租赁股份有限公司，由国家开发银行控股；股份制银行控股/参股的有8家；城商行、农商行控股/参股的分别有22家和10家。具体情况如图10-1所示。

从注册资本来看，截至2021年末超过100亿元的金融租赁公司共计7家，前五家金融租赁公司分别为工银金融租赁有限公司（180.00亿元）、交银金融租赁有限责任公司（140.00亿元）、交银航空航运金融租赁有限责任公司（140.00亿元）、国银金融租赁股份有限公司（126.42亿元）以及招银金融租赁有限公司（120.00亿元）；注册资本在50亿~100亿元的有8家，占比为11.27%；在50亿元以下的有56家，占比为78.87%。注册资本前十名的金融租赁公司情况如图10-2所示。

---

① 包括交银航空航运金融租赁有限责任公司、招银航空航运金融租赁有限公司、华融航运金融租赁有限公司3家专业子公司。

② 桂王来．产业系金融租赁的高质量发展［J］．中国金融，2022（5）.

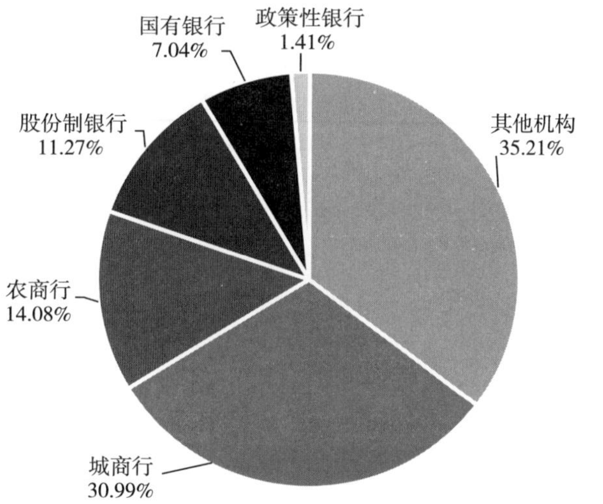

图 10-1 截至 2021 年末金融租赁公司股东性质分布情况

（资料来源：企业预警通，作者整理）

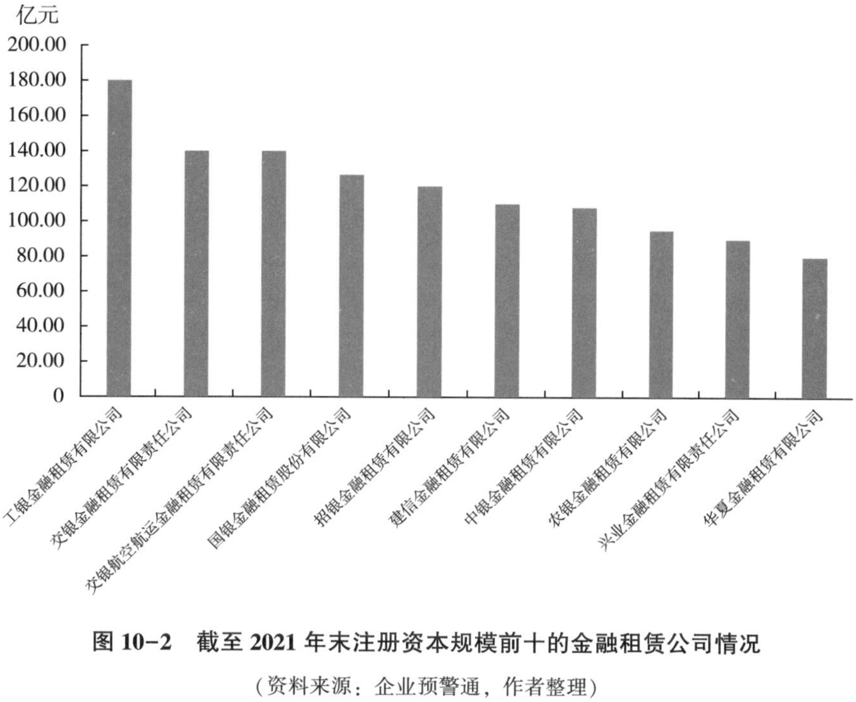

图 10-2 截至 2021 年末注册资本规模前十的金融租赁公司情况

（资料来源：企业预警通，作者整理）

从总资产规模来看，截至 2021 年末，已披露财务数据的 46 家金融租赁公司中，资产规模最大的为国银金融租赁股份有限公司，达到 3418.38 亿元，其次为交银金融租赁有限责任公司和工银金融租赁有限公司，分别为 3188.87 亿元和 2953.60 亿元，资产规模前十的金融租赁公司总资产规模达到 19185.04 亿元。其中，截至 2021 年末，工银金融租赁有限公司的注册资本最高，达到了 180.00 亿元；2021 年交银金融租赁有限责任公司的营业收入最高，达到 213.25 亿元，同比增长 5.8%；国银金融租赁股份有限公司 2021 年的净利润最高，达到 39.22 亿元，同比增长 20.01%。

总体而言，资产规模前十的金融租赁公司中有 9 家属于银行系，只有排在第九位的华融金融租赁股份有限公司的主要股东为中国华融资产管理股份有限公司。其余 9 家银行系金融租赁公司的股东中有 1 家政策性银行、3 家国有大型银行、5 家股份制银行。可以看出银行系金融租赁公司具有很强的竞争优势，占据了市场的头部梯队。

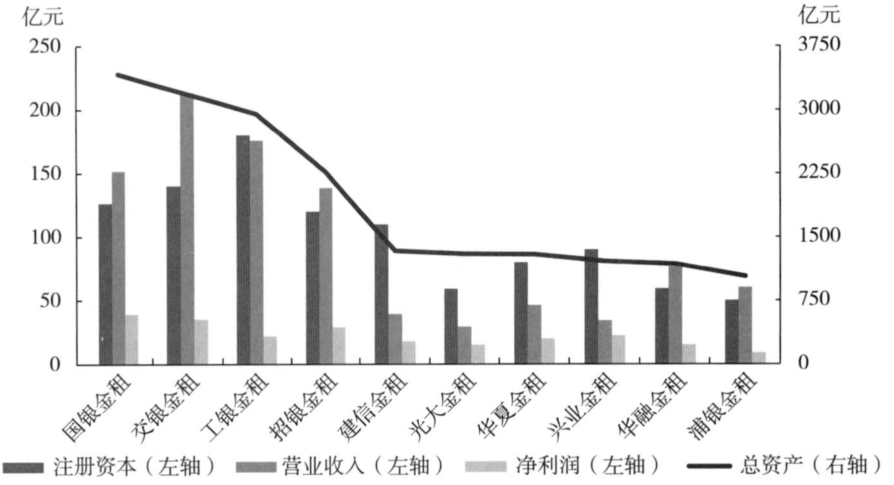

图 10-3　截至 2021 年末资产规模前十的金融租赁公司财务情况

（资料来源：企业预警通，作者整理）

从地区分布来看，我国金融租赁公司共分布于 25 个省、自治区和直辖市。其中位于天津市的金融租赁公司有 12 家，占比为 16.90%；位于上海市的金融租赁公司有 10 家，占比为 14.08%；位于广东省的金融租赁公司有 6 家，占比为 8.45%。可以看出我国金融租赁公司主要分布于沿海经济发达省市，这些地区通常具有更大幅度的税收优惠及补贴政策、对外开放程度更高、营商环境更优，吸引了金融租赁公司和租赁资产的聚集。金融租赁公司的地区分布详情见图 10-4。

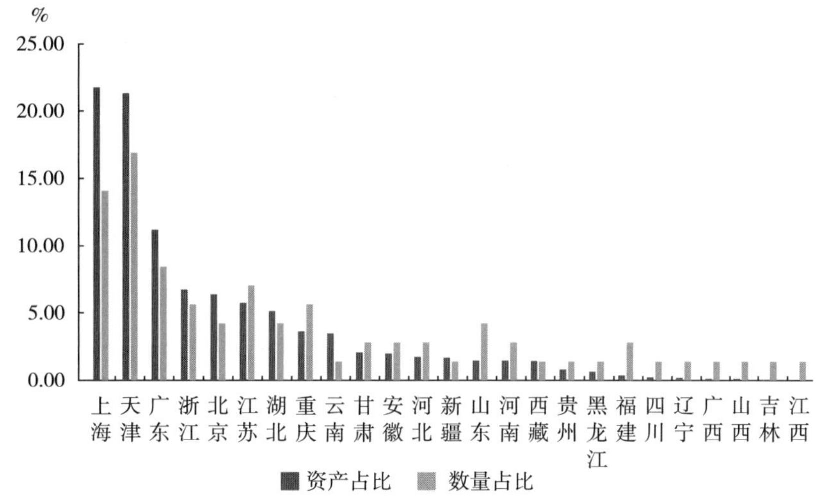

图 10-4 截至 2021 年末全国金融租赁公司地区分布

（资料来源：企业预警通，作者整理）

从主体信用等级来看，共有 44 家金融租赁公司获评过主体信用等级，其中 AAA 级有 34 家，占比为 47.89%；AA^+级有 8 家，占比为 11.27%；AA 级和 BBB 级都是 1 家，占比均为 1.41%。剩余 27 家金融租赁公司未曾获评主体信用等级。具体情况如图 10-5 所示。

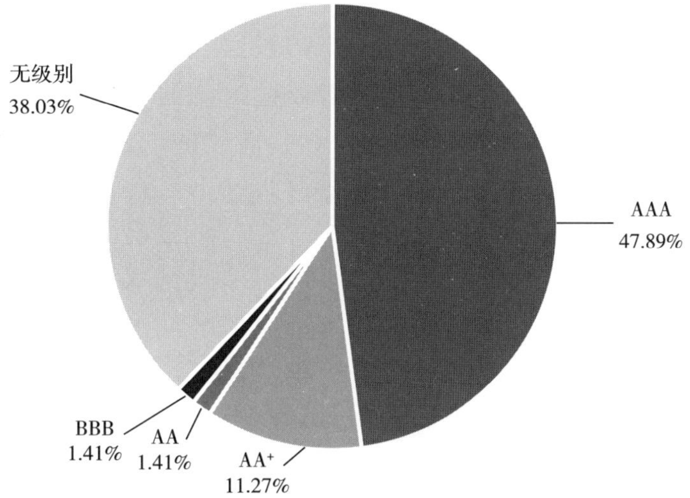

图 10-5 截至 2021 年末全国金融租赁公司主体信用等级分布

（资料来源：企业预警通，作者整理）

三、金融租赁的功能与主要业务模式

1. 金融租赁的功能

金融租赁能够打破传统融资模式的限制，实现融资与融物双重功能的融合，既能够满足企业中长期融资需求，又能使企业获得扩大再生产所需的设备，金融租赁的功能主要有融资功能、融物功能和资产管理功能。

（1）融资功能

金融租赁本质上是以实物为载体的融资手段，融资功能是金融租赁最基本的功能。对承租人而言，通过金融租赁融资可以在资金不足时获得经营设备，动用少量的资金即可开始投入运营、扩大生产和进行技术改造，还可以通过资产变现的手段降低融资门槛、拓宽融资渠道。

（2）融物功能

在市场经济的大环境下，由于资金实力、信息壁垒等各方面的原因，承租人可能缺乏直接向生产企业购买租赁物的能力；对于租赁物制造商来说，“以租代销”的模式既可以扩大产品销量，又可以避免分期收款或赊销方式造成下游巨额资金占用。金融租赁可以满足买卖双方的需求，通过金融租赁的融物功能，让租赁物在不同市场主体之间流转。

（3）资产管理功能

金融租赁的资产管理功能是其所有权和使用权分离的特征衍生的。金融租赁可以帮助企业盘活存量资产、提高运营效率。此外也可利用设备生产商为承租人提供设备维修、保养和升级等服务，特别是对于大金额、专业性强、技术壁垒高的租赁物，可以有效降低使用成本和消耗。

2. 金融租赁公司的主要业务模式

从业务模式来看，金融租赁公司的主要业务可以分为直接租赁、售后回租及经营租赁等。

（1）直接租赁

直接租赁是指金融租赁公司根据承租人的要求，以自有资金从供应商处采购租赁物，并将租赁物出租给承租人使用的一种租赁模式。承租人需要根据租赁合同的约定按时支付租金，租赁期届满后可以选择续租、退租或按照剩余价值购买租赁物。这种模式通常适用于固定资产、大型设备的购置，租赁期内承租人只享有租赁物的使用权。

（2）售后回租

售后回租指金融租赁公司从承租人处购买租赁物并签订租赁合同，取得所有权后再将租赁物出租给承租人使用。承租人依据租赁合同的约定支付租金，租赁期满后可以选择续租、退租或按照剩余价值购回租赁物所有权。售后回租是承租人和供货人为同一人的融资租赁方式，租赁物的所有权向出租人发生了转移。

目前售后回租是我国金融租赁行业最主要的业务模式，对于流动资金不足但是持有具有升值空间的资产的企业来说，售后回租模式有利于盘活存量资产，快速筹集发展资金。售后回租也是已发行金融租赁 ABS 入池基础资产的主要业务模式。

（3）经营租赁

经营租赁又称服务性租赁，是指金融租赁公司将自己经营的租赁资产出租给不同承租人使用，由承租人按合同约定支付租金，在租用期届满后退还设备的一种租赁方式。租赁过程中承租人以支付租金为前提使用设备，出租人自始至终拥有设备所有权。近些年，很多金融租赁公司开始逐步加大经营性租赁业务的推广力度，在飞机租赁、船舶租赁等领域积极发展探索。

四、金融租赁公司与融资租赁公司的主要区别

从机构性质来讲，两者有本质的不同。金融租赁公司是非银行类的金融机构，持有金融租赁牌照，而融资租赁公司是非金融企业。

融资来源方面，金融租赁公司可以吸收非银行股东 3 个月（含）以上的定期存款、向银行借款、发行金融债券、进入银行间同业拆借市场借款等，融资成本通常更低，资金吸纳能力强；融资租赁公司的资金来源主要是银行借款、发行债券，另外，融资租赁公司只能从股东处借款，不能吸收股东存款，也不能利用银行间同业拆借市场。

监管政策方面，金融租赁公司由中国银行保险监督管理委员会前置审批和监管，2014 年公布实施的《金融租赁公司管理办法》明确了业务范围、审批和监管事项等；起初，融资租赁公司是由商务部进行前置审批和监管，直到 2018 年商务部办公厅发布了《关于融资租赁公司、商业保理公司和典当行管理职责调整有关事宜的通知》，将制定融资租赁公司业务经营和监管规则的职责划给银保监会，有关职责才由银保监会履行。2020 年 6 月，银保监会为进一步

加强融资租赁公司监督管理，制定了《融资租赁公司监督管理暂行办法》（以下简称《暂行办法》），对融资租赁公司的经营规则、监管指标、监督管理、法律责任等提出了相应的监管要求，并要求省级人民政府依据《暂行办法》制定本辖区融资租赁公司监督管理实施细则。从长远来看，监管职责的统一有利于银保监会统一管理融资租赁行业，有效避免监管空白区域，更有利于租赁行业的健康发展。

租赁物范围方面，单独从监管法规的定义来看，《金融租赁公司管理办法》和《暂行办法》都将租赁标的物限定在“固定资产”，并且都禁止以“已设置任何抵押、权属存在争议或已被司法机关查封、扣押的财产或所有权存在瑕疵的财产”为租赁标的物，因此并无明显区别。相关机构在实际监管中也会对租赁物进行相应的窗口指导，如近两年多地监管机构对金融租赁公司构筑物资产的限制。但是展业过程中，金融租赁公司和其他融资租赁公司在涉足领域上差别较大，金融租赁公司重点涉足航空、航运等对资本规模要求较大的领域，产业厂商系融资租赁公司则基于其供应商背景重点涉足专业工程机械、汽车等领域，而其他融资租赁公司涉足的领域则相对较广，主要集中于基础建设、医疗健康、工业设备等行业。

监管指标方面，监管机构对金融租赁公司和融资租赁公司有着不同的要求。2014 年版《金融租赁公司管理办法》将此前金融租赁公司资本充足率不低于 8%的规定进一步修改为“不得低于监管机构的最低监管要求”。目前，金融租赁公司按注册地金融监管机构的不同规定，普遍采取更加严格的资本充足率要求；此外，金融租赁公司还按照金融机构的标准，对一级资本充足率、核心一级资本充足率等指标进行计算。融资租赁公司方面，《暂行办法》约定融资租赁公司的风险资产总额不得超过净资产的 8 倍。

此外，金融租赁公司与融资租赁公司在对外开放程度上也有所不同。我国金融租赁公司目前不存在外资企业或外资金融机构控股的情况；而很大比例的融资租赁公司为外资设立的合资或独资公司，因此，融资租赁公司可进一步分为内资融资租赁公司与外商投资的融资租赁公司。

表 10-2 金融租赁公司与融资租赁公司的主要区别

项目	金融租赁公司	融资租赁公司
机构性质	非银行类金融机构	非金融机构类工商企业
融资来源	金融机构借款、股东存款、同业拆借、同业借款、金融债等	金融机构借款、股东借款、发行债券等
监管主体	银保监会	起初由商务部监管，后改为银保监会
主要监管法规	《金融租赁公司管理办法》	《融资租赁公司监督管理暂行办法》
租赁物范围	标的物为固定资产。重点涉足航空、航运等对资本规模要求较大的领域	标的物为固定资产。厂商系融资租赁公司基于其供应商背景重点涉足专业工程机械、汽车等领域，而其他融资租赁公司涉足的领域则相对较广
监管指标要求	资本充足率不得低于监管机构的最低监管要求	风险资产总额不超过净资产的 8 倍
对外开放程度	无外资企业或金融机构控股	很多外资设立合资或独资的融资租赁公司

资料来源：作者整理。

五、我国金融租赁 ABS 市场概况

金融租赁 ABS 产品在信贷 ABS 市场中发行规模占比较小。2014—2020 年共计公开发行了 26 单产品，发行规模合计 632.47 亿元。其中，2015—2017 年金融租赁 ABS 产品的发行规模保持了较高增长速度，同比增长率分别为 273.86%、111.39%和 164.14%。但是自 2018 年以来，金融租赁 ABS 产品发行规模及发行单数锐减，2018—2020 年只分别发行了 18.51 亿元、39.04 亿元和 19.93 亿元，特别是 2021 年全年金融租赁公司未发行任何 ABS 产品。

从发起机构来看，参与金融租赁 ABS 产品发行的金融租赁公司共计 11 家，其中，华融金融租赁股份有限公司发行规模最大，其 5 单产品的发行规模合计达 178.61 亿元，占同类产品总规模的比例为 28.24%。发起机构主体信用等级①主要为 AAA 级，信用质量极好。其中，主体信用等级为 AAA 的发起机构共计发行 22 单产品，发行规模合计 562.96 亿元；主体信用等级为 AA^+ 的发起机构共计发行 4 单产品，发行规模合计 69.51 亿元。资产证券化作为一种新型的融资工具，已成为金融租赁公司有效的融资渠道之一。

① 已过期的主体信用等级以最近一次数据统计。

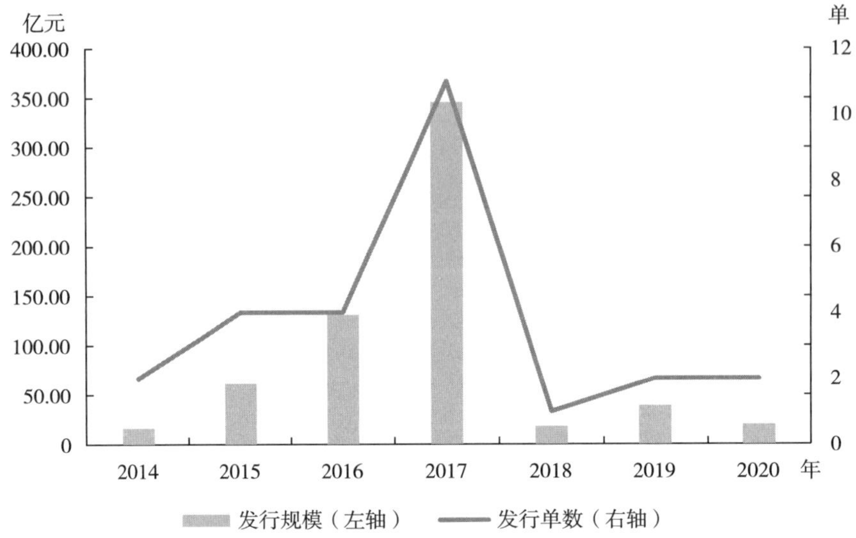

图 10-6　2014—2020 年我国金融租赁 ABS 发行情况

（资料来源：CNABS，作者整理）

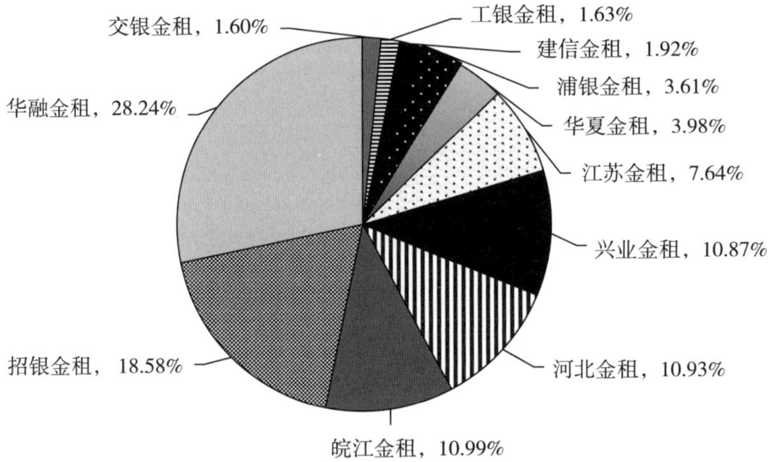

图 10-7　截至 2021 年末我国金融租赁 ABS 发行主体情况

（资料来源：CNABS，作者整理）

第二节　金融租赁债权及其风险特征

一、金融租赁债权的特征

1. 单笔金额大、期限长、基准利率以 LPR 为主、还款方式多样

金融租赁款单笔合同金额较大，主要分布在1亿元以上；合同期限通常集中于1~5年，部分金融租赁债权期限可能会超过5年；业务模式以售后回租为主、直接租赁为辅；金融租赁债权的利率类型分为固定利率和浮动利率，浮动利率基准目前一般以不同期限的贷款市场报价利率（LPR）为主；还款方式分为等额本息、等额本金、不规则还款等。

2. 担保方式多样

为保证租赁合同的履行，部分金融租赁业务会要求纳入保证、抵押、质押等担保措施。担保措施能在一定程度上增加金融租赁债权违约后的回收。在承租人出现违约风险时，出租人仍能通过保证人的还款或清收抵质押物来减少损失。此外，部分金融租赁业务也会要求承租人按应付租赁标的价款（或租金）的一定比例支付保证金，若承租人违约，可以不再返还保证金，用于直接弥补出租人的损失。

3. 差异化程度低

目前我国金融租赁业务基本都是以售后回租为主，业务模式较为单一，而且易受到监管政策、市场环境等外部因素影响。随着监管机构倡导回归租赁本源、服务实体经济，直接租赁和经营租赁或将逐步成为金融租赁行业未来发展的趋势。

此外，目前我国金融租赁行业的集中度较高，差异化、市场细分程度不足。飞机、船舶、大型工程机械等专业性、价值较高的金融租赁业务由头部或者大型金融租赁公司垄断，未来金融租赁公司亟须拓宽业务领域、优化客户结构，不断向专业化、差异化发展转型。

4. 租赁物的所有权与使用权相分离

在金融租赁存续期间内，租赁物的所有权依然属于出租人，但是使用权却属于承租人。特别地，出租人和承租人可以在租赁合同中约定租赁期届满后的租赁物归属。租期结束后承租人一般对租赁物有留购、续租和退租三种选择，承租人可以通过向出租人支付租赁物的残值价款而取得租赁物的所有权。

二、金融租赁债权的风险特征

1. 履约风险与回收风险

从承租人的角度来说，承租人还款能力降低，或还款意愿下降，可能导致租金无法按约定收回。履约风险与回收风险是金融租赁债权最常见的风险，目前我国金融租赁行业通常通过完善贷前审批及贷中监控、追加担保方式、支付保证金等风险管理措施缓解履约风险与回收风险。对于金融租赁 ABS 产品而言，基础资产的履约风险与回收风险会直接影响未来的现金流回收情况，进而降低优先级证券获得按时、足额偿付的可能性。

2. 利率风险

利率风险是指利率变化的不确定性使金融机构不能获得预期收益，从而遭受损失的风险。对于金融租赁公司，租赁业务最主要的收入来源就是租金，而利率是影响租金的最主要因素之一，过度的利率风险会对金融租赁公司的收益和资本构成威胁。

3. 早偿风险

由于某些原因，承租人可能会将未偿还的租金全额或部分提前偿还。租赁合同中通常会对提前还款作出相关约定，一般来说，需要按提前还款金额的一定比例收取违约金/手续费/罚金。

4. 集中度风险

在金融租赁 ABS 中，集中度风险具体表现为基础资产的单户集中度、行业集中度、地区集中度等过高而造成的风险。

由于金融租赁 ABS 资产池中入池资产数量通常较少，单户资产的规模相应较高，每笔资产的信用表现都可能对资产池的整体信用质量产生较大影响，不利于风险的分散。此外，如果某些承租人的入池资产金额占比较高，出现违约后对资产池整体的回款会产生较大不利影响，所以在考量资产池集中度风险时要对大额承租人重点关注；同行业内的承租人在特定经济条件下的表现有很强的相关性，当资产池的行业集中度过高时，同行业的基础资产在特定极端宏观经济环境下可能同时出现违约，进而给资产池的未来现金流带来较大影响；此外，承租人所在地区的经济发展水平和经营环境的稳定性对其还款能力有着重大影响，当入池资产地区集中度过高时，同一地区的基础资产可能会受到地区经济环境恶化影响而大面积违约，导致资产池整体信用水平大幅降低。

5. 租赁物所有权未转移风险

由于实操原因，通常金融租赁ABS在信托财产交付时并未将基础资产对应租赁物的所有权进行转移。若发起机构在信托存续期间发生财务状况恶化或类似情形，甚至进入破产程序，则基础资产对应租赁物存在被列为发起机构的破产财产的风险，从而将会导致基础资产的回收受到不利影响。

第三节　金融租赁ABS尽调要点

一、资料收集

大部分金融租赁ABS产品的基础资产属于大额债权①，所需尽调资料与CLO产品相似。尽调时，需要收集的资料主要包括以下内容。

1. 总体资料

- 发起机构相关资料：金融租赁债权的发放机构主要为金融租赁公司。需收集公司最新股权结构和组织架构、历史沿革、股东情况、战略规划、业务介绍、财务报告等资料，以及相关规章制度文件，如公司章程、租赁业务管理办法、运营管理制度、资金管理制度、风险管理制度、内部控制管理办法、租赁业务风险分类制度、租赁物处置管理办法等。
- 资产池清单：通常由发起机构提供，涵盖每笔拟入池金融租赁债权的相关信息，具体包括：（1）承租人相关信息，如企业全称、实际控制人、行业、所在地区、内部评级及外部评级等；（2）债权相关信息，如合同编号、合同金额、未偿本金余额、利率/费率类型（固定/浮动）、当前执行利率/费率、发放日和到期日、本息偿付方式、还款计划等；（3）租赁物相关信息，如租赁物类型、租赁物内容、租赁物价值等；（4）担保相关信息，如担保方式、保证人名称和实际控制人、保证人行业、抵押物类型、抵押物的基本情况和估值、质押物类型、质押物的基本情况和估值等；（5）债权表现相关信息，如五级分类、历史逾期表现、历史展期及早偿情况。

---

① 个别金融租赁ABS产品的基础资产属于设备、汽车等小额租赁债权或微小企业租赁债权，尽调所需资料可参考个人汽车贷款ABS或微小企业贷款ABS产品。

• 交易相关资料：主要包括主定义表、信托合同、服务合同、资金保管合同等交易文件，以及法律意见书等。

• 测算相关资料：主要包括分层结构、分配顺序、各项费用等参数假设，以及资产池现金流归集表等。

2. 逐笔资料

• 租赁债权：（1）基础资产所涉及的租赁合同及补充协议等；（2）尽职调查报告、项目评审报告、风险评价报告等；（3）租后管理报告等。

• 承租人：承租人近三年以及最新季度经营情况资料、审计报告及附注说明；若承租人为集团公司，除提供合并报表外，还应提供母公司财务报表。

• 保证担保（如有）：（1）保证合同，关注是否为最高额保证；（2）包括保证人概况，保证人近三年以及最新季度经营情况资料、审计报告及附注说明。

• 抵质押担保（如有）：（1）抵押合同/质押合同，关注是否为最高额抵质押；（2）抵质押资产的权属文件，如不动产抵押需收集《不动产权证书》和《不动产登记证明》，存单质押需收集存单相关凭证，应收账款质押需收集基础交易事项的相关凭证，股权质押、债权质押需收集质押方经营业绩的相关信息，包括近年的财务数据和主要的经营数据；（3）抵质押物资产价值评估报告。

二、访谈关注要点

针对金融租赁债权 ABS 产品，通常会访谈金融租赁公司的业务部门、风险管理部门、贷后管理部门、财务部门和信息部门等，了解租赁业务的贷前、贷中、贷后管理。访谈时，主要关注以下几个方面。

1. 公司基本情况和战略规划

• 基本情况：了解公司的发展沿革、治理结构与组织架构、增资计划、资本规划、竞争优势、行业地位等。

• 股东背景和支持力度：了解公司的股东背景及股东支持情况，重点关注股东在增资、融资等方面对公司的支持，股东与公司的业务相关性、战略协同效应等。

• 战略规划：了解公司整体业务开展情况、未来的战略发展定位与市场前景、行业最新监管政策及其对公司的影响等。金融租赁行业属于强监管行业，公司经营与行业政策发展息息相关，需时刻关注监管政策的变化对公司运营的影响。

2. 业务运营

- 经营模式：了解公司的经营模式和业务构成、重点布局的行业或地区、市场定位及竞争状况、客户构成等，如业务模式是融资租赁还是经营租赁，融资租赁模式是售后回租还是直接租赁，经营何种租赁物。

- 经营情况：了解各类业务的规模和增长情况，以及地区分布、行业分布、主要客户构成情况。

- 产品种类及特征：了解不同租赁物产品的金额、期限、利率/费率水平、还款方式等特征。

- 租赁物：对于不同租赁物，了解租赁物价值如何确定，租后维修和管理的费用如何分摊，租约到期后租赁物的处置方式，残值如何确定等。航空、航运、大型设备等租赁物通常价值高、专业性强、业务情况复杂，对公司的管理能力有更高的要求。

3. 风险管理

- 风险管理制度：金融租赁公司的风险管理工作通常从风险管理政策、风险管理办法以及风险管理操作细则三个层面对风险管理进行规范与指导，访谈时我们需要围绕这三个层面详细考察公司风险管理政策及办法的设置是否合理，具体操作细则落实情况是否到位。按风险类型来划分，风险管理的内容具体分为信用风险管理、市场风险管理、流动性风险管理、操作风险管理和内部控制等方面，需针对不同的风险类型，把控企业相应的风险管理规章制度、审批流程、评审制度、风险评估方法以及风险预警机制是否合理、有效。

- 贷前审批：主要关注公司授信评审的审批流程、权限划分；客户的准入标准。

- 贷中管理：主要关注发起机构对承租人信用风险的持续跟踪及识别，是否定期维护及更新承租人内部评分，以及承租人出现信用风险后的预警机制。

- 贷后管理：金融租赁公司的贷后管理工作包括贷款逾期催收、涉贷法务诉讼、核销处置以及抵债资产的处理等。我们需要详细了解金融租赁公司贷后管理的各个方面，如公司的资产五级分类划分标准；准备金计提标准；核销政策；清收方式与清收政策、贷后催收的流程、方式以及效果等。访谈中获取到的金融租赁公司在不同行业、地区、业务类型的资产质量情况及变化趋势等信息也是进行评级分析的重要因素。

- 关键指标：了解不良率、资产减值准备、一般风险准备、不良资产拨备覆盖率等反映公司风险抵补能力的指标。

4. 融资能力与流动性

- 融资能力：融资能力是金融租赁公司的核心竞争能力，更广泛的融资渠道意味着拓展业务规模、抵抗流动性风险的能力更强，更低的融资成本也决定了金融租赁公司有着更高的盈利空间与更强的价格竞争力。作为持牌金融机构，金融租赁公司目前已经普遍形成了多元化的融资结构，融资来源除资本金外，还能吸收股东存款、同业借款、发行金融债券等，相较于一般融资租赁公司具有更大的优势。访谈中要对受访公司的主要融资渠道、融资成本以及目前的资金压力重点关注。

- 流动性：金融租赁公司的资产以应收融资租赁款为主，变现能力有限，所以需要通过留存货币资金、交易性金融资产等高流动性资产来应对可能发生的流动性紧张情况下的债务偿付压力。访谈中应对金融租赁公司的高流动性资产规模以及高流动性资产对短期债务的覆盖情况重点关注，评估公司的流动性管理能力。

5. 证券化业务相关

- 发行安排：了解本次证券化项目相关的情况，如具体执行的相关部门、入池资产的基本情况、入池筛选标准、是否存在法律瑕疵、发行资产证券化项目的初衷与目的、风险自留情况以及具体的发行进度安排等。

三、资料分析关注要点

进行资料分析时，主要关注以下几个方面。

1. 基础资产和资产池

- 基础资产信用质量：对基础资产逐笔进行影子评级，具体方法可参考CLO 产品。

- 合格标准：结合交易文件和基础资产合同进行比对核实，考察基础资产是否符合交易文件约定的合格标准、是否和基础资产合同中的信息一致。

- 资产池特征及分散程度：关注基础资产的基本特征，如租赁类型、分散性、资产期限、利率与利率类型、还款方式、承租人/保证人特征、担保方式、租赁物情况以及历史逾期/早偿/展期情况等；关注资产池行业、地区和单户集中度情况。

2. 交易结构

● 基础资产：关注基础资产的真实性、合法性、权利归属和权利负担；关注基础资产转让的合法性及有效性；关注基础资产的定义、范围及合格标准。

● 交易机制：一般需关注账户设置及回收款转付机制、现金流分配机制、循环购买机制、信用增进机制、信用触发机制的设定是否合理、完备、有效，评估这些机制设置是否会带来一定的交易风险，或者是否可以缓释交易风险。

● 其他机制安排：对于金融租赁 ABS 产品，可重点关注封包期利息是否入池、封包期本金是否无风险等机制安排，评估其对产品风险的影响。

3. 法律风险

● 关注法律意见书中对本交易主要当事方的主体资格，交易文件的合法性，基础资产的真实性、合法性、有效性、权利归属及权利负担，基础资产转让的合法性，信托财产风险隔离的有效性等方面是否合法合规的专业意见，识别是否存在相关法律风险的提示。

第四节　金融租赁 ABS 信用分析案例

本节以某单金融租赁资产支持证券（以下简称本交易）为例，说明如何从基础资产、交易结构、模型分析、主要风险和重要参与方等方面对金融租赁 ABS 产品进行信用分析。

表 10-3　资产支持证券概况

资产支持证券	预计发行金额（万元）	利率类型	偿还方式	偿付频率	预期到期日	法定到期日
优先 A 档	117500.00	固定	过手	按季度	2022-04-26	2028-10-26
优先 B 档	12500.00	固定	过手	按季度	2022-10-26	2028-10-26
次级档	26467.70	—	过手	按季度	2022-10-26	2028-10-26
合计	156467.70	—	—	—	—	—

资料来源：评级报告。

本交易的发起机构为河北金租，河北金租将其合法拥有、依法可以转让并且符合合格标准的融资租赁债权及其附属权益及其他权利信托给兴业信托，兴业信托以该信托财产为基础发行资产支持证券。河北金租同时为本交易的资产服务机构，北京银行为本交易的资金保管机构。具体结构如图 10-8 所示。

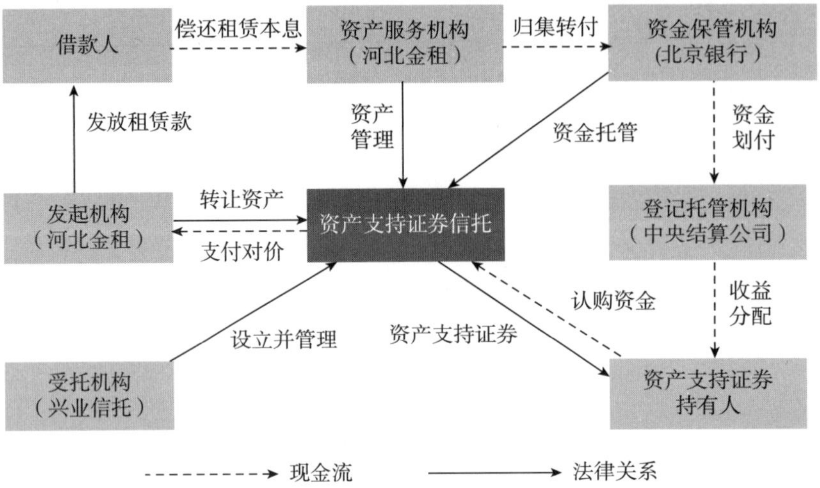

图 10-8　交易结构概况

（资料来源：评级报告）

一、基础资产分析

1. 基础资产的审查

本交易的基础资产为由发起机构为设定信托而信托予受托机构的、发起机构依据租赁合同享有的应收租金以及资产清单载明的租赁合同相关的附属担保权益（如有）。

《主定义表》中约定基础资产的合格标准如下。

基础资产合格标准
就每一笔应收租金及其附属担保权益而言，是指在初始起算日和信托财产交付日： （a）资产对应的全部租赁合同适用的法律为中国法律，而且在中国法律项下均合法有效，并构成相关承租人合法有效和有约束力的义务，委托人可根据其条款向承租人主张权利； （b）相关租赁物件均已起租； （c）租赁物件或资产不涉及诉讼、仲裁、执行或破产程序； （d）发起机构已经履行并遵守了资产所对应的任一份租赁合同； （e）根据中国法律规定及合同约定，资产可以进行合法有效的转让，而且无须取得承租人、保证人、担保人或其他主体的同意；

（f）在租赁合同项下的资产如附有由保证人提供的保证担保或由担保人提供的抵押（如有）、质押担保，则由保证人签署的保证合同、由担保人签署的担保合同及相应的担保物权均合法有效，相关保证债权和担保物权可以进行合法有效的转让，而且无须取得承租人、保证人、担保人或其他主体的同意；

（g）资产不涉及国防、军工或其他国家机密；

（h）承租人是依据中国法律法规在中国境内设立且合法存续的企业法人、机关法人、事业单位法人或其他组织，而且当前未发现发生以下情形：重大资产转让、申请停业整顿、申请解散、申请破产、停产、歇业、注销登记、被吊销营业执照、涉及重大诉讼或仲裁；

（i）担保人、保证人是年满18周岁且具有完全民事行为能力的自然人或依据中国法律法规在中国境内设立且合法存续的企业法人、机关法人、事业单位法人或其他组织，而且当前未发现发生以下情形：重大资产转让、申请停业整顿、申请解散、申请破产、停产、歇业、注销登记、被吊销营业执照、涉及重大诉讼或仲裁；

（j）除以保证金冲抵租赁合同项下应付租金外，承租人在租赁合同项下不享有任何主张扣减或减免应付款项的权利；

（k）资产为发起机构正常、关注、次级、可疑、损失五级分类体系中的正常类；

（l）委托人是租赁物件的唯一合法所有权人，而且资产项下未设定任何抵押、质押等担保物权或其他相应的第三方权利；

（m）资产所对应的任一份租赁合同项下的到期租金均已按时（含7个工作日的宽限期）足额支付，无违约情况；

（n）资产所对应的任一份租赁合同项下的租金支付计划到期日不得晚于2026年9月30日；

（o）同一承租人的全部资产的未偿本金余额不超过人民币2亿元。

根据金融租赁债权及其风险特征，结合尽职调查环节对基础资产的审查，可以看出本交易基础资产合格标准的设定及不合格资产赎回机制的设置合理有效，符合监管要求，能够合理保证入池资产的信用质量。律师事务所出具的专业意见认为，入池基础资产符合合格标准，不存在权利负担，资产池可以依法设立信托，交易文件一经各方合法有效地签署和交付，基础资产的转让即在河北金租和受托机构之间发生法律效力。

2. 本交易入池资产特征

本交易入池资产具有的特征如表10-4所示。

表10-4 入池资产的特征

指标	数值	分析
资产池未偿本金余额	156467.70万元	本交易资产池未偿本金余额与资产支持证券发行金额一致，未安排超额抵押的信用增信机制，优先级证券主要依靠优先级/次级分层结构提供信用支持。

续表

指标	数值	分析
资产笔数与承租人户数	本交易入池资产共包含20笔资产，涉及17户承租人。	资产笔数与承租人户数是评估资产池分散程度的重要标准。相比于零售类ABS项目，本项目的户数很少，个别资产的违约对整体资产池的现金流影响更大，需逐户进行信用质量分析，并关注每笔资产之间的相关性与集中违约风险。
收益率水平	资产池加权平均收益率为6.12%，其中6.0%以下的OPB占比为49.80%。	入池资产的收益率越高，超额利差对优先级证券的信用支持越强。本交易资产池加权平均收益率相对较低，考虑到优先A级及优先B级证券的实际发行利率分别为5.00%和5.78%，超额利差可提供的信用支持作用有限。
计息方式	入池资产中8笔为浮动利率，12笔为固定利率。	本交易优先级证券均为固定利率，由于部分入池资产和优先级资产支持证券利率执行方式不同，若基准利率发生变动，使入池资产和优先级证券之间的利差下降，则本交易将面临一定的利率风险。
担保方式	资产池中保证类资产共14笔，合计占资产池总本金余额的75.99%；信用类资产共4笔，合计占资产池总本金余额的21.02%；“保证+质押”类资产共2笔，合计占资产池总本金余额的2.99%。	本项目大部分资产具有担保措施，可对资产池整体信用质量提供一定的支持。但抵质押类担保资产的占比很低，抵质押物为资产提供的回收价值有限。因此在考虑入池资产承租人违约后的回收来源时，需要主要考虑保证人的信用质量以及租赁物件变现的回收价值。
初始合同期限与剩余期限	资产池入池资产加权平均合同期限为48.40个月，合同期限最短为11.87个月，最长为96.07个月；资产池入池资产加权平均剩余期限为28.53个月，剩余期限最短为4.54个月，最长为75.09个月。	相比于初始合同期限，资产剩余期限在基础资产特征分析中更需要关注，因为其直接影响资产支持证券的预期到期时间。较短的加权平均剩余期限意味着优先级资产支持证券的本金能够更早获得偿付。
承租人集中度	本交易承租人共17户，单个承租人平均本金余额为9203.98万元，其中最大户承租人余额为1.51亿元，占比为9.63%；前5大承租人未偿本金余额占比为46.05%。	资产池承租人集中度相对较高，若多个OPB占比较高承租人的履约能力恶化，可能会对资产池整体回款金额与回款时间造成较大影响，进而影响优先级资产支持证券的本息偿付。
行业集中度	按照国标二级行业分类，入池资产分布于11个行业，OPB占比最高的行业为化学原料和化学制品制造业，OPB占比为23.93%。	入池资产行业集中度相对较高，较高的行业集中度增加了入池基础资产之间的行业相关性，若化学原料和化学制品制造业的行业景气度下降，则对入池资产的整体信用表现有一定的负面影响。

续表

指标	数值	分析
地区集中度	从承租人地区分布来看，入池资产分布于8个省及自治区，其中位于山西省的资产OPB占比最高，为22.95%。	入池资产地区集中度相对较高，若山西省经济出现较大波动，则对入池资产的信用表现或有一定的负面影响，增大了资产池的整体集中违约风险。
资产池加权平均信用等级	A_s^+	入池资产所涉及的债务人/保证人的信用质量至关重要，考虑到A_s^+的加权平均信用等级，本项目资产池整体信用水平一般。

资料来源：评级报告。

与同类产品相比，本交易入池资产承租人户数较少，承租人、行业及地区集中度相对较高，剩余期限整体较短，资产池收益率水平及整体信用质量一般。

表10-5　同类产品比较

项目	本产品	可比产品1	可比产品2
发起机构	河北金租	河北金租	江苏金融租赁
资产池本金余额（万元）	156467.70	198350.91	192001.03
贷款笔数（笔）	20	16	40
借款人户数（户）	17	17（含联合承租人）	38
单笔平均未偿本金余额（万元）	7823.39	12396.93	4800.03
加权平均合同期限（年）	4.03	4.13	6.51
加权平均已偿还期限（年）	1.66	0.66	0.69
加权平均剩余期限（年）	2.38	3.46	5.82
加权平均利率（%）	6.12	6.23	7.02
地区分布	分布于8个省及自治区	分布于10个省及自治区	分布于12个省、自治区和直辖市
行业分布（国标二级）	11个	1个	4个
资产池加权平均信用等级	A_s^+	A_s	A_s^-

资料来源：评级报告，作者整理。

二、交易结构分析

1. 账户设置与资金转付

（1）账户设置

本交易项下信托账设有三个子账，即收益账、本金账和税收专用账，分别用于核算收入回收款、本金回收款以及税收款项的提取和支付情况。

（2）转付机制

根据交易安排，受托人应授权并要求资产服务机构按照《服务合同》的相关约定，收到回收款后在每一个回收款转付日中午12：00前，将扣除执行费用以及依据中国法律由资产服务机构向其主管税务机关缴纳的与回收款相关的税收和规费（包括但不限于增值税及附加）后的全部回收款转入信托账户。

根据回收款转付日的定义，当资产服务机构河北金租的主体长期信用等级高于或等于AA$^-$时，回收款转付期为3个月；当其主体长期信用等级低于AA$^-$但高于或等于A时，回收款转付期为1个月；当其主体长期信用等级低于A时，河北金租或受托机构将通知承租人、担保人将其应支付的款项直接支付至信托账户。

目前，已公开发行的金融租赁ABS产品普遍按季度进行资金归集与转付，入池资产回收款在金融租赁公司自有账户上停留时间较长，存在和资产服务机构其他资金混同的风险，从而给信托财产造成损失。和大多数同类产品一样，本交易的资金转付频率为按季度，资金在资产服务机构沉淀时间较长，当资产服务机构的信用质量下降时可能存在混同风险。当资产服务机构的信用等级低于AA$^-$时提高转付频率，可以有效缓解这一风险。

2. 现金流分配机制

在违约事件发生前，收入账按顺序偿付优先A级、优先B级证券利息，本金账按照顺序过手摊还优先A级、优先B级证券本金直至优先级证券清偿完毕。

在加速清偿事件发生后，将收入账全部余额记入本金账，按顺序支付优先A级、优先B级证券本金，直至优先级证券的本金全部清偿完毕。

在违约事件发生后，支付优先A级证券利息、本金直至优先A级证券清偿完毕，偿付优先B级证券利息、本金直至优先B级证券清偿完毕，再偿付次级证券本金。

3. 信用触发机制

本交易设置的信用触发机制主要包括加速清偿事件、违约事件、权利完善事件等。

当发生与委托人有关的丧失清偿能力事件、资产服务机构解任事件、累计违约率超过一定监测值等情况时，将触发加速清偿事件。

当发生最高级别的优先级证券的利息在支付日后 5 个工作日内未能足额获得分配，或者资产支持证券的本金在法定到期日后 10 个工作日内未能足额获得全部偿还等情况时，将触发违约事件。

发生加速清偿事件或违约事件后，按照《信托合同》的约定改变现金流分配顺序。

发生权利完善事件后，委托人应发出权利完善通知，将相关资产已设立信托的事实，通知每一个义务人，告知义务人自收到权利完善通知之日起，将其应支付的款项支付至信托账户。

可以看出，本交易的增信机制与信用触发机制设置较为完备。

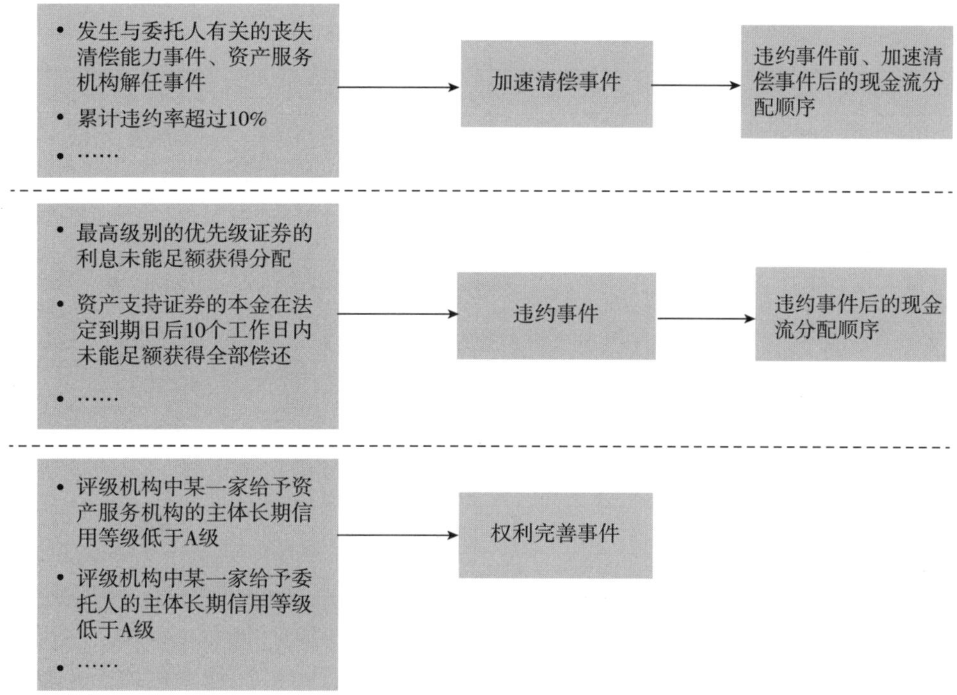

图 10-9　主要信用触发机制设置

（资料来源：评级报告，作者整理）

4. 信用支持

本交易采用优先级/次级支付机制。按照交易文件约定的现金流分配顺序，优先级证券本金先于次级证券本金获得偿付，优先A级证券获得优先B级证券和次级证券提供的相当于在初始起算日资产池未偿本金余额24.90%的信用支持；优先B级证券获得次级证券提供的相当于在初始起算日资产池未偿本金余额16.92%的信用支持。

三、模型分析

1. 信用分析

依据金融租赁债权证券化产品的主要风险特征，一般采用蒙特卡洛模拟法来构建基础资产联合违约模型，对基础资产信用质量、回收率以及资产间的相关性进行分析。

（1）基础资产信用质量分析

本次入池资产对应承租人的信用水平分析结果如表10-6所示。

表10-6 承租人信用水平分布

承租人影子评级	余额占比	笔数占比
AA_s	30.26%	25.00%
A_s^+	19.22%	15.00%
A_s	13.95%	10.00%
BBB_s^-	4.24%	10.00%
BB_s^+	3.70%	10.00%
B_s	2.99%	10.00%
B_s^-	11.18%	10.00%
CC_s	8.07%	5.00%
C_s	6.39%	5.00%
合计	100.00%	100.00%

资料来源：评级报告。

涉及保证担保方式的入池资产未偿本金余额合计占资产池未偿本金余额的78.98%；其中，保证人为非个人担保人的入池资产未偿本金余额占资产池总本金余额的78.98%。本次入池的非个人保证人的信用水平如表10-7所示。

表 10-7　非个人保证人信用水平分布

保证人影子评级	余额占比	笔数占比
AAA_s	14.08%	10.00%
AA_s^+	14.46%	10.00%
AA_s	14.62%	15.00%
AA_s^-	12.57%	20.00%
A_s^+	14.75%	10.00%
BB_s	8.50%	15.00%
合计	78.98%	80.00%

资料来源：评级报告。

在分析保证人对入池资产的信用提升水平时，同时考虑保证人与承租人的关联度（行业、从属关系、利润贡献度等）的影响等。入池资产（考虑保证人的信用提升之后）的债项信用分析结果如表 10-8 所示。

表 10-8　债项信用水平分布

债项影子评级	余额占比	笔数占比
AAA_s	14.08%	10.00%
AA_s^+	14.46%	10.00%
AA_s	32.96%	30.00%
AA_s^-	12.57%	20.00%
A_s^+	14.75%	10.00%
BBB_s^-	2.68%	5.00%
BB_s^+	3.70%	10.00%
BB_s	4.79%	5.00%
合计	100.00%	100.00%

资料来源：评级报告。

根据基础资产的影子评级结果，推算入池资产的加权平均信用等级为 A_s^+。

(2) 回收分析

入池资产违约后的预期回收主要受到承租人资信情况、租赁物情况、担保情况、债务受偿顺序、所在地区经济和司法环境等因素的影响，一般按照“回收估值=承租人回收+租赁物回收+保证人回收+抵押物回收+其他回收贡献值”

的公式，对入池资产违约后的预期回收进行逐笔估计。

其中，由于基础资产对应租赁物大多专用性较强，并不具备活跃的二级交易市场，租赁物处置难度较大，租赁物回收有限。对于具有抵质押担保的基础资产，抵质押物的回收情况取决于抵质押权的优先顺序，抵质押物的种类及性质，以及抵质押物的变现价值等。本交易入池资产的担保方式包括保证和质押；其中，涉及质押担保方式的入池资产未偿本金余额合计占资产池未偿本金余额的 2. 99%，包含的质押物主要为应收账款。

在对入池资产进行回收分析时，除考虑上述因素的影响外，同时需要充分考虑宏观经济和不良处置市场等因素对回收处置的影响，设置一般景况和严格压力景况下的回收率和回收时间假设。

（3）相关性分析

对联合违约模型中资产相关性的假设主要根据入池资产的单一承租人集中度、行业集中度和地区集中度进行调整，对同行业、上下游行业、同一集团内部或者实际控制人为同一主体的企业，给予较高的资产相关性假设，对某些行业内的资产相关性可能还需要根据地区分散性进行修正。经相关性调整后的入池资产分布于 7 个行业。

2. 现金流模型与压力测试

本部分以损失率法来评估各级证券的信用质量。现金流模型的主要参数设定如下。

（1）基础资产联合违约分布

通过蒙特卡洛模拟，获得本交易基础资产的累计违约率分布如图 10-10 所示，入池资产平均累计违约率为 4. 20%。

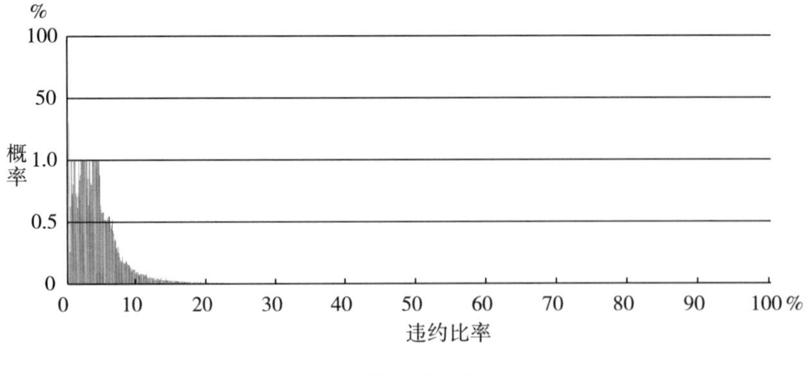

图 10-10　累计违约率分布示意图

（资料来源：评级报告）

（2）违约时间分布

通过蒙特卡洛模拟，获得基础资产违约时间分布，如图 10-11 所示。

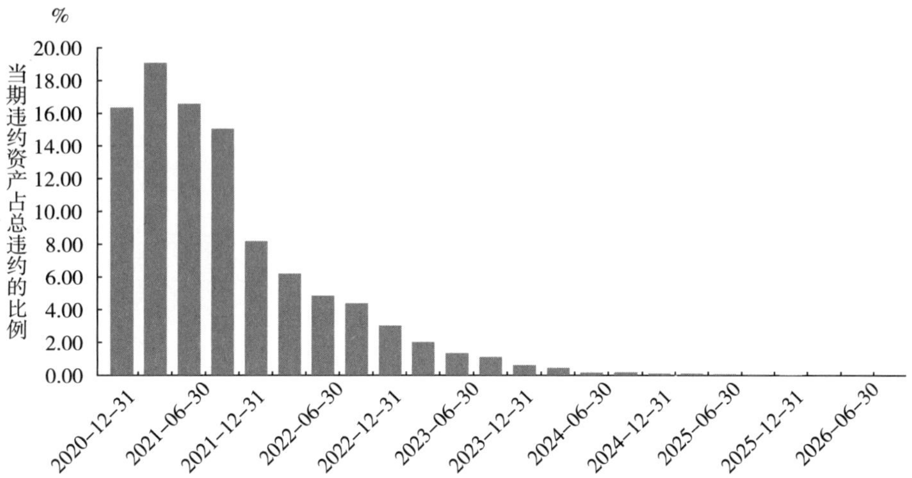

图 10-11　基础资产违约时间分布

（资料来源：评级报告）

（3）静态现金流入

根据基础资产还本付息计划，本交易基础资产在无违约、无早偿情况下的现金流入情况如图 10-12 所示。

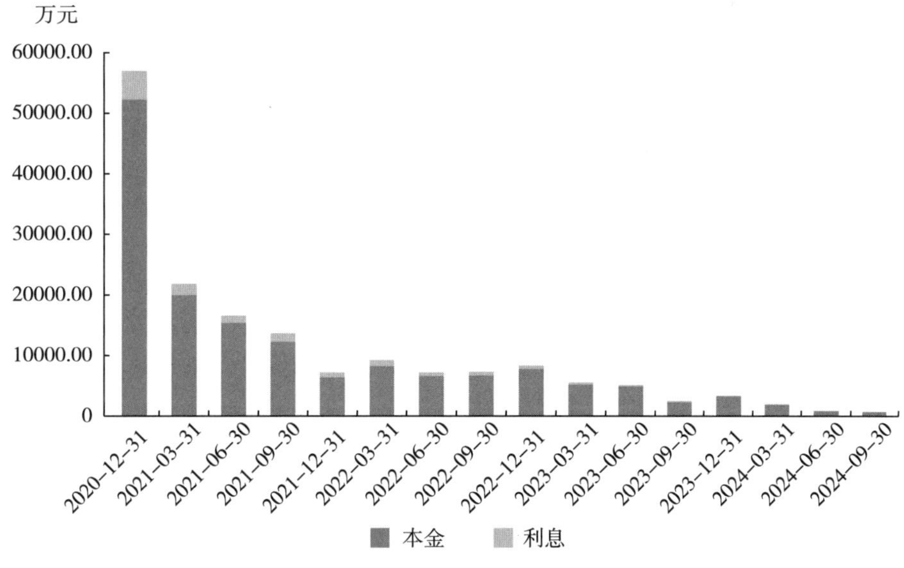

图 10-12　无违约、无早偿情况下的现金流入情况

（资料来源：评级报告）

(4) 其他压力测试条件

在结合目标评级进行压力景况测试时，主要考虑回收率下降、回收时间延长、利差下降等压力景况组合。

一般景况和严格压力景况下的模型参数如表 10-9 所示。

表 10-9 各景况下的模型参数

条件	一般景况	严格压力景况
回收率	15%~35%	5%~25%
回收时间	2 年	3 年
优先 A 级证券预期发行利率	5.60%	+50BP
优先 B 级证券预期发行利率	6.30%	+50BP

资料来源：评级报告。

(5) 模型结果

基于现金流模型和上述参数假设，可以计算出在严格压力景况下，受评证券在不同的基础资产违约率情景下的损失程度和期限。然后结合基础资产违约分布中各违约率情景的概率，获得受评证券的期望损失率和期望期限。最后，根据预先设定的目标评级同期限的损失率要求，可获得受评证券的模型等级。

四、主要风险分析

本交易存在租赁物所有权未转移风险、混同风险、利率错配风险。通过归集转付频率调整、信用触发事件等交易结构设计，同时考虑发起机构和资产服务机构河北金租所具备的良好资信水平，上述风险可以得到有效缓释。

五、主要参与方分析

律师事务所出具的专业意见认为，本交易的发起机构河北金租是依据中国法律有效存续的有限责任公司，具有完全的民事权利能力和民事行为能力签署、交付和履行其作为一方的交易文件，而且已依据其公司章程和其他相关组织性文件，取得了全部必要的内部授权，不违反适用于河北金租的中国现行法律、行政法规和部门规章，不违反河北金租的公司章程及相关组织性文件。在本项目依据《金融机构信贷资产证券化试点监督管理办法》《信贷资产证券化试点管理办法》和《关于信贷资产证券化备案登记工作流程的通知》的相关规定完成银保监会备案登记程序并经人民银行批准后，本项目的交易文件一经本项目各方合法有效地签署和交付，将构成对本项目各方合法有效并具有约束力的文件，并可以根据交易文件的条款对本交易各方主张权利。

通过尽职调查环节的访谈与审查，可以看出，河北金租作为本交易的发起机构和资产服务机构，业务流程、风险控制和信息系统能够满足为入池资产提供服务的需要，具备履行其相应职责的能力；本交易的资金保管机构、受托机构等参与机构具备履行其相应职责的能力。

第五节　Q&A

Q：如何考虑金融租赁债权资产违约后的回收价值？

A：与企业贷款不同，金融租赁债权具有租赁物，资产违约后可以通过租赁物进行一部分回收。但是，金融租赁 ABS 产品基础资产项下的租赁物大多专用性较强，并不具备活跃的二级交易市场，租赁物处置的难度较大且回收价值难以预估。

Q：回收款的归集转付频率有何影响？

A：归集转付频率影响最大的就是混同风险，频率越高，回收款在资产服务机构账户停留的时间越短，混同风险越低。目前，金融租赁 ABS 产品的归集频率一般都是按季度，而且会根据不同触发条件进行变动，通常与资产服务机构的主体资信水平及信用触发事件挂钩，以应对资产服务机构资信水平下降带来的混同风险问题。

Q：过手摊还和固定摊还如何考虑？

A：固定摊还方式下，优先级证券的兑付时点及金额相对固定，投资人更容易合理安排自己的投资组合，但是因为还款金额固定，并不适合早偿风险过大的资产类型。相反，过手摊还可以避免因基础资产早偿率高而带来的资金沉淀，可以较快地进行证券端的本息偿付。

Q：加速清偿事件中累计违约率的触发阈值如何设定？

A：对于加速清偿事件等涉及累计违约率参数的信用触发事件来说，具体指标的设置可结合该金融租赁公司具体业务情况和风控政策而定，并参考其历史违约情况、违约率表现。此外，我们建议关注次级证券的比例，确保极端情况发生后，在次级证券全部损失前，能够触发加速清偿事件的累计违约率阈值。

第十一章

微小企业贷款证券化产品信用分析

微小企业贷款证券化产品（以下简称微小企业贷款 ABS）的基础资产是普惠小微贷款。我国经济统计、财税政策以及信贷政策所指的小微企业的范围和定义不完全相同，人民银行、银保监会在考核小微贷款相关指标时所覆盖的金融机构范围有所不同且都更换过统计口径，导致小微贷款的定义和相关统计指标较多。目前，人民银行与银保监会从支持全口径小微贷款发展到偏重支持普惠小微贷款。其中，全口径小微贷款是指小型、微型企业贷款、个体工商户贷款和小微企业主贷款；普惠小微贷款是指单户授信小于 1000 万元的小型、微型企业贷款、个体工商户贷款和小微企业主贷款。

第一节　我国小微企业贷款市场概况

一、我国小微企业贷款市场的行业政策

小微企业对促进经济增长及社会和谐稳定发挥着举足轻重的作用，支持小微企业发展是我国重要的长期发展战略。近年来，为了解决小微企业普遍面临的融资难、融资贵的现实困境，我国持续加大对小微企业的政策支持，小微企业贷款规模保持较快增长。信贷政策层面，从“增量”发展到“增量扩面、提质降本”。从支持全口径小微贷款发展到偏重支持普惠小微贷款，并提出银行要对小微企业减费让利，提高对小微贷款不良率的容忍度，逐步引导银行业加强对小微企业的信贷供给，优化小微企业信贷结构。

表 11-1　近年来我国支持小微企业融资的主要政策

时间	政策文件	主要内容或影响
2002 年 6 月通过 2017 年 9 月修订	《中华人民共和国中小企业促进法》	改善中小企业经营环境，保障中小企业公平参与市场竞争，维护中小企业合法权益，支持中小企业创业创新，促进中小企业健康发展，扩大城乡就业，发挥中小企业在国民经济和社会发展中的重要作用。
2011-05	银监会《关于支持商业银行进一步改进小企业金融服务的通知》	1. 对于风险成本计量到位、资本与拨备充足、小企业金融服务良好的商业银行，相关监管指标可做差异化考核。 2. 对小企业不良贷款比率实行差异化考核，适当提高小企业不良贷款比率容忍度。

续表

时间	政策文件	主要内容或影响
2011-10	银监会《关于支持商业银行进一步改进小型微型企业金融服务的补充通知》	1. 提出“两个不低于”：小型微型企业贷款增速不低于全部贷款平均增速，增量高于上年同期水平。 2. 提出“两禁两限”：商业银行不得对小型微型企业贷款收取承诺费、资金管理费，严格限制对小型微型企业收取财务顾问费、咨询费等费用。
2013-08	银监会《关于进一步做好小微企业金融服务工作的指导意见》	1. 将小微企业贷款覆盖率、小微企业综合金融服务覆盖率和小微企业申贷获得率纳入监测指标体系。 2. 银行业金融机构必须在全年实现“两个不低于”目标，而且在当年全行小微企业申贷获得率不低于上年水平的前提下，下一年度才能享受相关文件规定的优惠政策。 3. 适度提高对小微企业不良贷款的容忍度，并制定相应的小微企业金融服务从业人员尽职免责办法。
2014-07	银监会《关于深化小微企业金融服务的意见》	1. 重点支持符合国家产业和环保政策、有市场、有需求、可持续运营的小微企业。 2. 在推进资产证券化业务试点工作中，优先选择小微企业金融服务成效显著、风险管控水平较高的商业银行，进一步拓宽小微企业贷款的资金来源。
2015-03	银监会《关于2015年小微企业金融服务工作的指导意见》	提出“三个不低于”：小微企业贷款增速不低于各项贷款平均增速，小微企业贷款户数不低于上年同期户数，小微企业申贷获得率不低于上年同期水平。
2017-03	银监会《关于做好2017年小微企业金融服务工作的通知》	支持银行业金融机构通过多种方式盘活小微企业信贷资源。鼓励符合条件的银行业金融机构一次注册、自主分期发行，开展小微企业贷款资产证券化业务。
2017-10	中国人民银行《关于对普惠金融实施定向降准的通知》	对单户授信500万元以下的小微企业贷款、个体工商户和小微企业主经营性贷款等贷款增量或余额占全部贷款增量或余额达到一定比例的商业银行实施定向降准政策。
2018-02	银监会办公厅《关于2018年推动银行业小微企业金融服务高质量发展的通知》	1. 提出分类考核“两增两控”：“两增”即单户授信总额1000万元以下（含）的小微企业贷款同比增速不低于各项贷款同比增速，有贷款余额的户数不低于上年同期水平；“两控”即合理控制小微企业贷款资产质量水平和贷款综合成本（包括利率和贷款相关的银行服务收费）水平。 2. 明确各银行业金融机构可通过信贷资产证券化、信贷资产转让和收益权转让等试点业务盘活小微企业信贷资源，进一步拓宽小微企业不良资产处置渠道。
2019-01	人民银行《关于调整普惠金融定向降准有关考核标准的通知》	扩大普惠金融定向降准优惠政策的覆盖面。将普惠金融定向降准小型和微型企业贷款考核标准由单户授信小于500万元调整为单户授信小于1000万元。

续表

时间	政策文件	主要内容或影响
2020-01	人民银行、财政部等五部门《关于进一步强化金融支持防控新型冠状病毒感染肺炎疫情的通知》	1. 明确针对小微企业，不得盲目抽贷、断贷、压贷。对受疫情影响严重的企业到期还款困难的，可予以展期或续贷。 2. 提高债券发行等服务效率，通过对募集资金主要用于疫情防控以及疫情较重地区金融机构和企业发行的金融债券、资产支持证券、公司信用类债券建立注册发行“绿色通道”等措施强化金融对疫情防控工作的支持。
2020-04	银保监会《关于2020年推动小微企业金融服务“增量扩面、提质降本”有关工作的通知》	提出努力实现银行业小微企业贷款“增量、扩面、提质、降本”的总体目标：“增量”是指单户授信总额1000万元以下（含）的普惠型小微企业贷款确保实现“两增”，即贷款较年初增速不低于各项贷款增速、有贷款余额的户数不低于年初水平。“扩面”是指增加获得银行贷款的小微企业户数，着力提高当年新发放小微企业贷款户中“首贷户”的占比。“提质”是指提升小微企业信贷服务便利度和满意度，努力提高信用贷款和续贷业务占比。“降本”是指进一步推动降低普惠型小微企业贷款的综合融资成本。
2021-04	银保监会《关于2021年进一步推动小微企业金融服务高质量发展的通知》	银行应下沉服务重心，覆盖小微企业融资供给“空白地带”；鼓励银行业金融机构在依法合规、风险可控的前提下，通过信贷资产证券化、信贷资产直接转让等业务，盘活信贷存量，用于持续投放小微企业贷款。

资料来源：作者整理。

二、我国小微企业贷款市场的现状

在政策推动下，小微贷款规模保持较快增长（见图11-1）。截至2021年末，银保监会口径下小微贷款余额超过50万亿元，其中普惠小微企业贷款余额超过19万亿元。从人民银行口径来看，2018—2021年普惠小微贷款余额分别为8.00万亿元、11.59万亿元、15.10万亿元和19.23万亿元，同比增速均保持在18%以上，增长较快。普惠小微贷款余额占金融机构总贷款余额的比例逐年增长，2018—2021年占比分别为5.87%、7.57%、8.74%和9.98%。此外，2018—2021年当年新增普惠小微贷款占当年新增金融机构总贷款的比例分别为7.54%、12.43%、17.93%和20.70%，占比持续提高（见图11-2）。

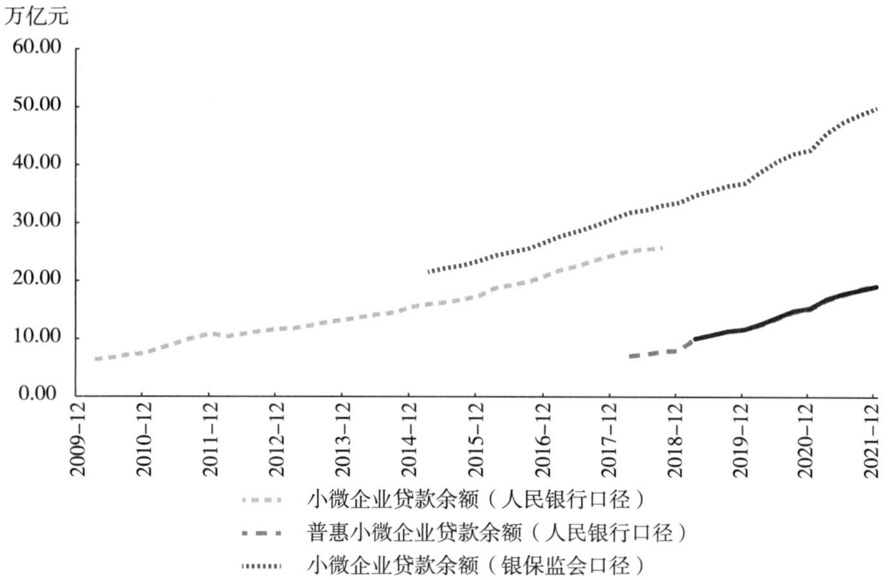

图 11-1　小微企业贷款余额

（资料来源：Wind，作者整理）

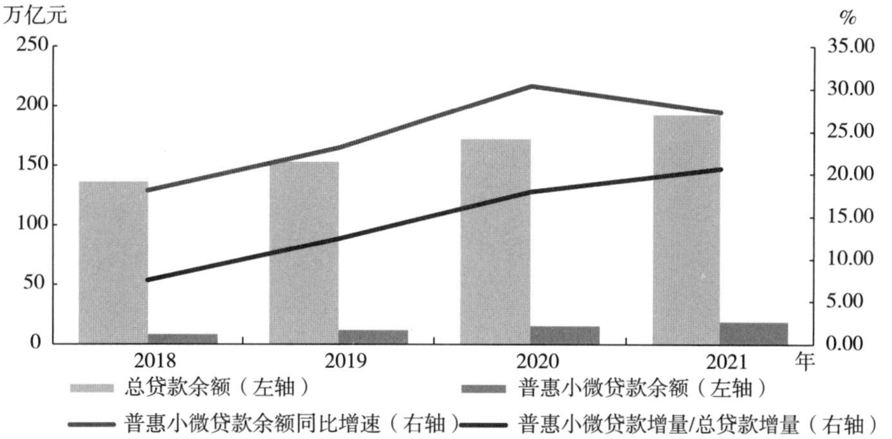

图 11-2　2018—2021 年中国金融机构普惠小微贷款余额与总贷款余额指标

（资料来源：Wind，作者整理）

依据银行类型不同，我国普惠小微贷款市场呈现不同的特征。

首先，从普惠小微贷款余额增速来看，如图 11-3 所示，过去两年，国有银行增速最快，始终保持在 30%以上；股份制银行在 2021 年明显发力，增速超过城商行；农村金融机构[①]增速最低但相对稳定。整体来看，国有银行、股份制银行、城市商业银行以及农村金融机构同比增速均值分别为 43.75%、25.52%、25.07%和 18.72%。

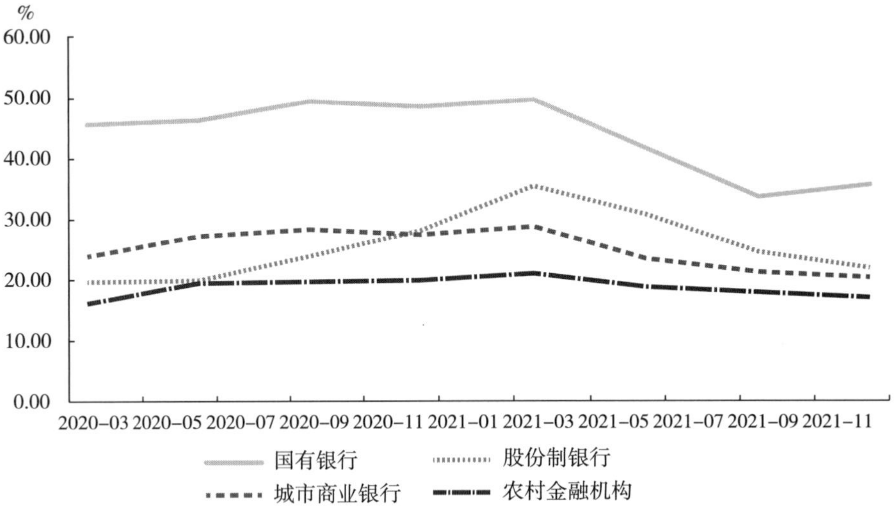

图 11-3　普惠小微贷款余额同比增速

（资料来源：Wind，作者整理）

其次，从不同类型机构贷款余额变化及市场占比来看，如图 11-4 所示，受过去两年普惠小微贷款余额快速增长影响，国有银行普惠小微贷款规模在 2021 年第一季度末超过农村金融机构，成为普惠小微贷款余额规模最大的银行类机构。截至 2021 年末，国有银行、股份制银行、城市商业银行以及农村金融机构和其他商业银行小微贷款余额占比分别为 34.37%、17.68%、13.98%、31.74%和 2.23%。

具体来看，截至 2021 年末，国有银行普惠小微贷款余额为 65560.41 亿元。其中，建设银行普惠小微贷款余额最高，为 1.87 万亿元；邮储银行普惠小微贷款余额最低，为 3388.19 亿元。从普惠小微贷款占各项贷款的比重来看，邮储银行占比最高，为 14.88%，其余五大行占比在 5.16%～9.94%。增速方面，中国银行普惠小微贷款同比增速最高，为 53.15%；邮储银行同比增速最低，为 19.89%。从户均规模来看，交通银行户均余额最高，为 159.67 万元；邮储银行户均余额最低，为 69.01 万元。

① 农村金融机构包括农村商业银行、农村信用社、农村合作银行和新型农村金融机构。

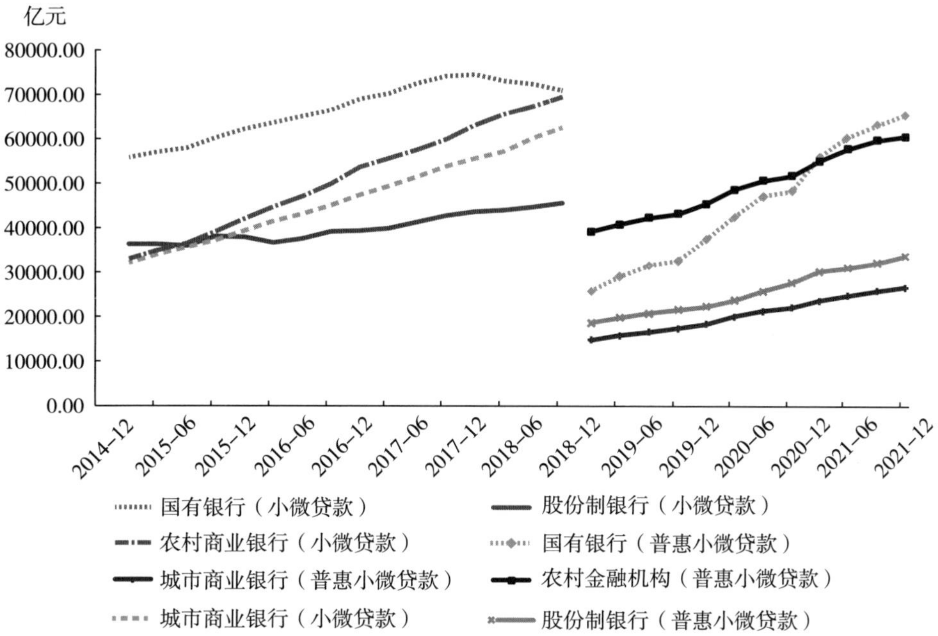

图 11-4 小微贷款/普惠小微贷款余额规模

（资料来源：Wind，作者整理）

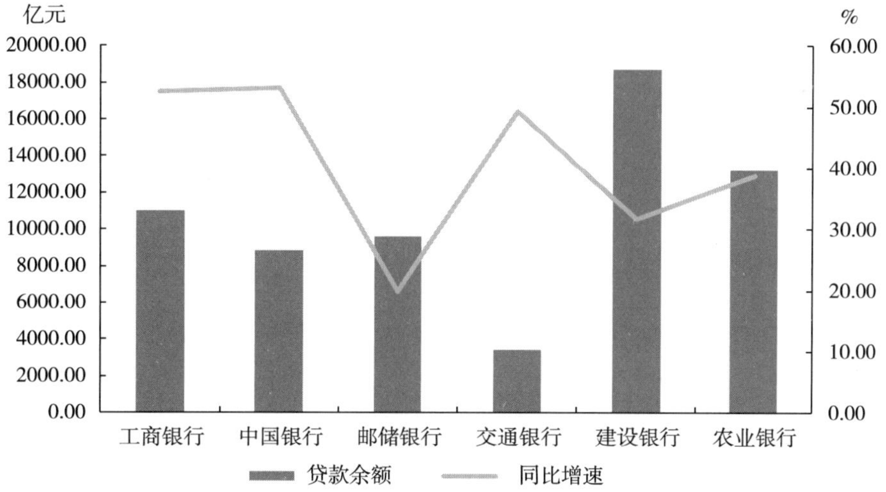

图 11-5 截至 2021 年末国有银行普惠小微贷款余额及同比增速

（资料来源：Wind，作者整理）

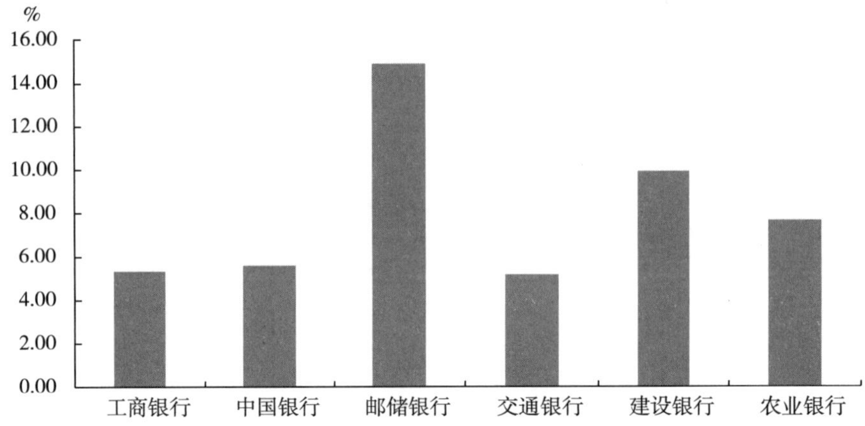

图 11-6　截至 2021 年末国有银行普惠小微贷款占总贷款的比重

（资料来源：Wind，作者整理）

截至 2021 年末，股份制银行普惠小微贷款余额为 33723.29 亿元。其中，招商银行普惠小微贷款余额最高，为 6011.00 亿元；恒丰银行普惠小微贷款余额最低，为 267.02 亿元。从普惠小微贷款占各项贷款的比重来看，浙商银行占比最高，为 17.56%；其余股份制银行普惠小微贷款占比在 4.12%~12.48%。增速方面，渤海银行普惠小微贷款同比增速最高，为 62.91%；其余股份制银行普惠小微贷款同比增速在 12.59%~56.22%。从户均规模来看①，浙商银行户均余额最高，为 223.59 万元；华夏银行户均余额最低，为 21.75 万元，户均差异较大。从价格来看，披露了相关数据的 8 家股份制银行普惠小微贷款平均利率在 4.45%~6.37%，股份制银行的普惠小微贷款平均利率高于国有银行。

截至 2021 年末，城市商业银行与农村金融机构普惠小微贷款余额为 87215.31 亿元。A 股上市的城市商业银行与农村金融机构中，有 20 家披露了普惠小微贷款余额，共计 11249.22 亿元。城市商业银行与农村金融机构受展业区域影响，贷款差异较大。

从贷款质量来看，普惠小微贷款不良率持续下降。2018—2021 年，普惠小微贷款不良率分别为 4.18%、3.22%和 2.18%。

① 不含民生银行。

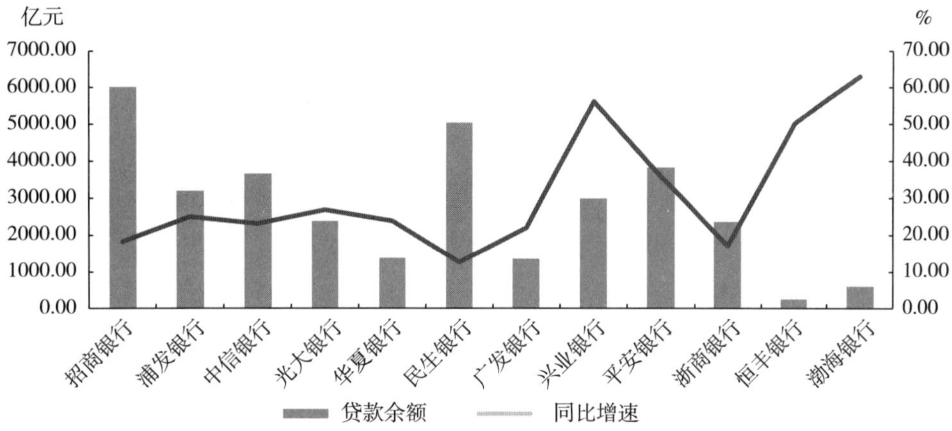

图 11-7 截至 2021 年末股份制银行普惠小微贷款余额及同比增速

（资料来源：Wind，作者整理）

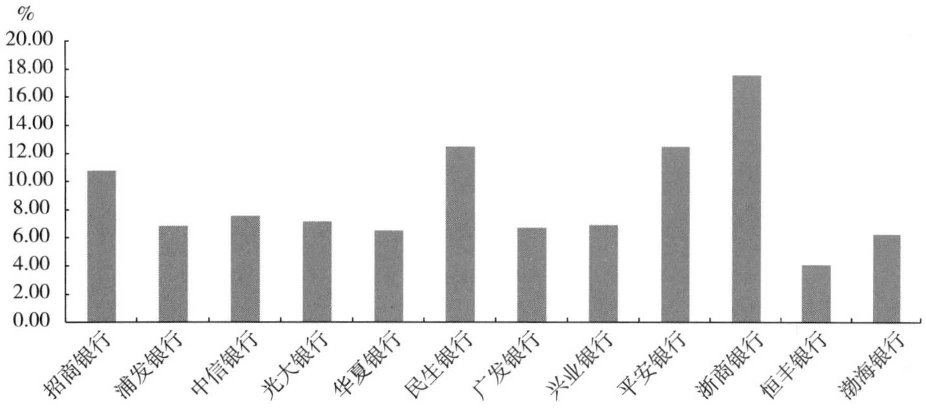

图 11-8 截至 2021 年末股份制银行普惠小微贷款占总贷款的比重

（资料来源：Wind，作者整理）

三、我国微小企业贷款 ABS 市场概况

小微企业贷款的较快增长以及政策对小微企业贷款和微小企业贷款证券化的支持推动了银行间市场微小企业贷款证券化的良好发展。截至 2021 年末，微小企业贷款 ABS 产品累计发行 30 单，累计发行规模为 1175.01 亿元。

从发起机构来看，如图 11-9 和图 11-10 所示，2015 年以来，累计共有 9 家商业银行发行过微小企业贷款 ABS 产品，分别为建设银行、招商银行、浙商银行、华夏银行、宁波银行、泰隆银行、温州银行、三峡银行和深圳农商行。按发起机构类型来看，国有银行共计发起 6 单，发行规模合计 649.42 亿元，占累计发行总规模的55.27%，全部由建设银行发起。股份制银行共计发起6单，发行规模合计144.63亿元，占累计发行总规模的12.31%。其中，浙商银行共计发起4单产品，发行规模为123.72亿元，占股份制银行发行总规模的85.54%。区域性银行共计发起18单产品，发行规模合计380.96亿元，占累计发行总规模的32.42%。其中，深圳农商行于2015年发起了银行间市场首单微小企业贷款ABS产品；泰隆银行于2016年开始发起微小企业贷款ABS产品，累计发起10单，发行规模为208.80亿元，占区域性银行发行总规模的54.81%。

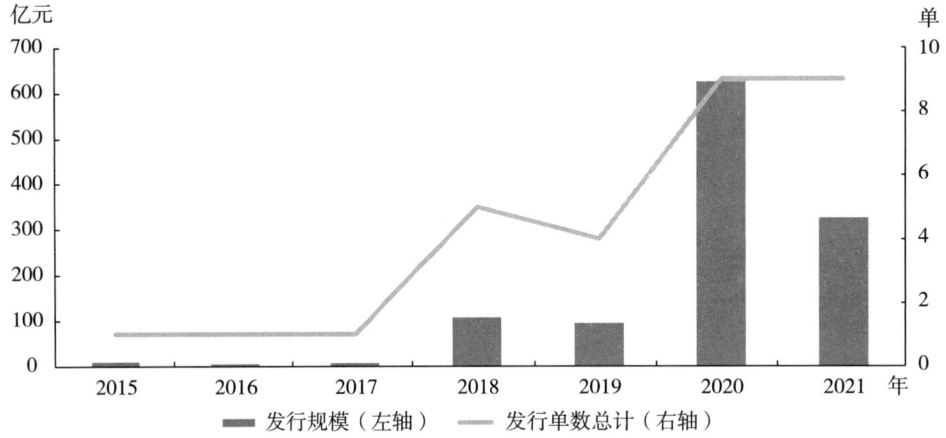

图11-9　2015—2021年微小企业贷款证券化产品发行情况

（资料来源：Wind，作者整理）

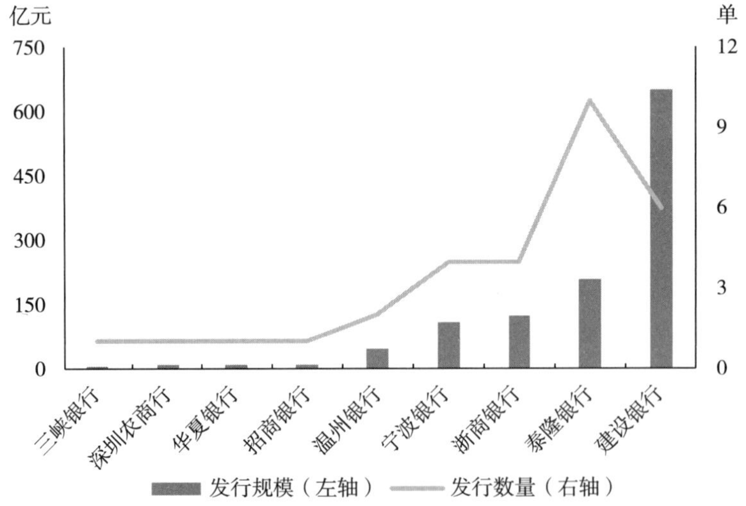

图11-10　2015—2021年微小企业贷款ABS产品发行情况

（资料来源：CNABS，作者整理）

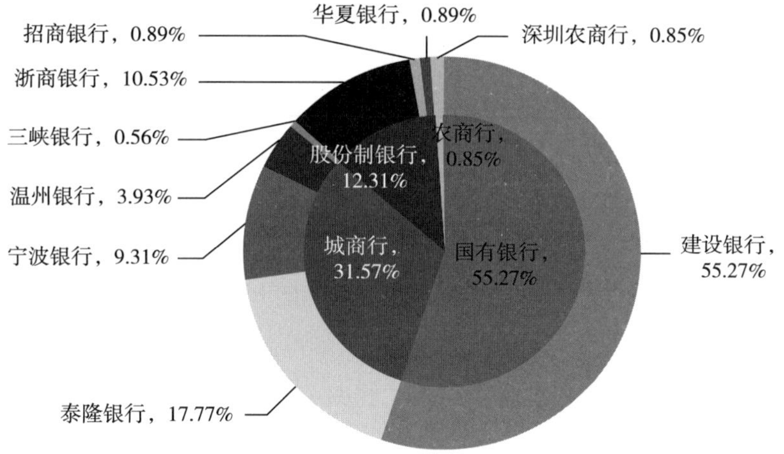

图 11-11　2015—2021 年微小企业贷款 ABS 产品发行规模构成（按发起机构）

（资料来源：CNABS，作者整理）

第二节　小微企业贷款及其风险特征

一、小微企业贷款的特征

1. 小微企业贷款周期短、金额小、多采用循环额度授信

小微企业贷款一般是为了满足小微企业生产经营中的短期资金周转需求，因此贷款周期普遍较短。同时，小微企业的规模决定了其所需的资金规模通常较小。另外，小微企业的经营方式导致其经常产生临时性的贷款需求。因此，小微企业贷款一般呈现“周期短、金额小、频率高、用款急”的特点。

为了满足小微企业的融资需求，商业银行积极开发符合小微企业资金需求特点的产品。目前小微企业贷款产品通常期限较短，多数集中在 1~3 年。从产品额度来看，小微企业贷款产品最高额度通常在 3000 万元以下，纯信用产品额度一般在 1000 万元以下。为了满足小微企业日常经营资金使用需求，部分小微企业贷款产品设计上会采用循环额度授信，借款人可根据实际资金需求在额度内随借随还。同时，为了帮助小微企业更便捷地进行融资，商业银行加强信用信息运用，基于税务、支付历史等数据，在线上为企业提供贷款。

2. 小微企业贷款担保形式多样

传统的小微企业贷款多需要借款人提供符合银行规定的抵押物。近年来，随着监管部门政策支持，各金融机构努力创新服务模式，拓宽担保方式，探索无担保、无抵押的信用贷款模式。例如，积极运用应收账款融资；创新专利权、商标权等知识产权融资产品；逐步加强银担、银保、银商、银政等外部合作为小微企业融资提供增信服务，引导更多金融资源合力支持小微企业等方式持续加大非抵押信用贷款投放力度。

3. 小微企业贷款利率逐渐降低

从融资成本来看，近年来，在监管部门多措并举下，普惠小微企业贷款平均利率持续下降，小微企业融资贵的问题逐步得到改善。2018—2021 年，新发放普惠小微企业贷款平均利率分别为 7.39%、6.70%、5.15%和 4.93%①，融资成本持续降低。已发行的微小企业贷款 ABS 产品中，入池资产的加权平均利率也呈下降趋势（见图 11-12）。

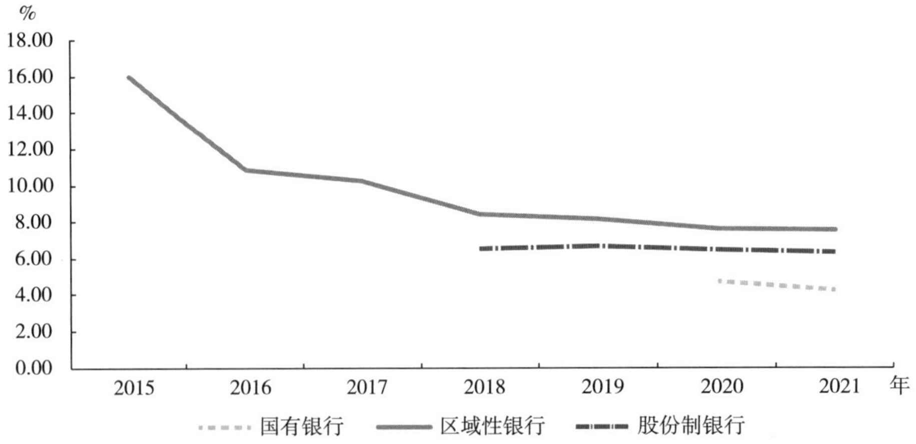

图 11-12　微小企业贷款资产支持证券资产端利率走势

（资料来源：CNABS，作者整理）

二、小微企业贷款的风险特征

1. 信用风险

由于小微企业普遍存在管理水平较低、抗风险能力较弱、风险转移意识较差等问题，信用风险较为突出，商业银行小微企业贷款不良率普遍高于整体贷

① 2018—2020 年数据来源于中国人民银行《中国普惠金融指标分析报告》。2021 年数据来源于中国人民银行发表的文章《金融服务小微企业：快准暖实》。

款不良率水平。2022 年第一季度，银行业普惠型小微企业贷款不良率为 2.07%，银行业整体不良率为 1.79%。为充分调动银行“敢贷、愿贷”的积极性，监管部门规定根据商业银行小微企业贷款的风险、成本和核销等具体情况，对小微企业不良贷款比率实行差异化考核，适当提高小微企业不良贷款比率容忍度。根据《关于 2019 年进一步提升小微企业金融服务质效的通知》，商业银行在目前小微企业信贷风险总体可控的前提下，普惠型小微企业贷款不良率容忍度可放宽至不高于各项贷款不良率 3 个百分点。

2. 回收风险

当借款人无法按时偿付债务时，需要对借款人或带有的附属担保权益进行催收处置，以降低损失。由于催收处置过程复杂多变，结果易受到系统性风险、非系统性风险或偶然因素的影响，回收具有较大的不确定性。

3. 早偿风险

受自身财务状况、市场利率环境、融资成本变化等因素影响，借款人可能会将本金部分或全额提前偿付，小微企业贷款由于借款人用款灵活，而且借款利率较高，借款人普遍早偿动力较大。同时，部分产品设计允许借款人在资金需求内随借随还，所以小微企业贷款的早偿率通常比较高。

已发行的微小企业贷款 ABS 产品的表现同样证明了这一点，如图 11-13 所示，微小企业贷款 ABS 产品的早偿率明显高于其他证券化产品。

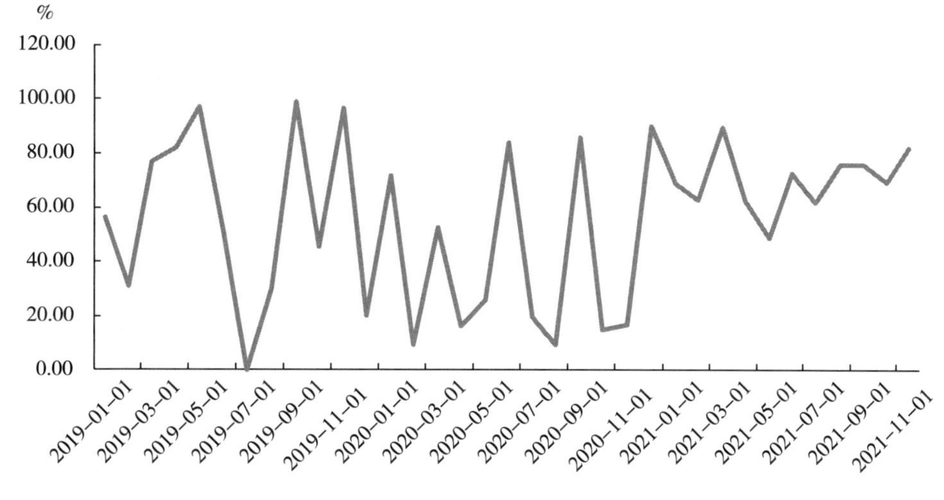

图 11-13　2019—2021 年已发行的微小企业贷款 ABS 产品早偿率表现

（资料来源：作者整理）

4. 集中度风险

根据监管规定，城商行、农商行、村镇银行等区域性银行应当在住所地范围内依法开展经营活动，未经批准，不得跨区域展业。在疫情多点散发和经济增速放缓的影响下，业务区域较为集中的商业银行，区域经营风险较大，地区集中度对小微企业贷款资产质量的影响加大。具体来看，受疫情反复冲击，部分地区疫情集中暴发导致该地区的小微企业经营困难，人力成本和房租上升也增大了企业经营压力，或致使部分小微企业陷入经营困境，造成小微企业贷款逾期。从分地区不良率来看，商业银行中东北地区和中西部地区不良率普遍高于长三角和珠三角地区。

5. 宏观经济与政策风险

近两年新冠肺炎疫情多点散发，小微企业生产经营遭受较大冲击，小微企业由于规模小、抗风险能力差，极易受到系统性风险的影响。随着宏观经济下行压力的加大，部分行业景气度下滑以及部分区域信用风险持续暴露，系统性风险逐步向小微企业传导，进而影响小微企业贷款的信用质量。

为此，2020 年以来监管机构及各地政府密集出台一系列政策助力小微企业，从政策端加大对小微企业支持力度，对改善小微企业融资环境明显倾斜。应政策要求和监管需要，各银行逐步开始发力小微业务，利用其在消费贷领域的风控优势持续发掘新客户及存量用户中小微企业主的信贷需求，当前已取得一定进展。在政策的引导下，在疫情影响大的地区和行业，小微企业可获得阶段性的“减费让利”政策优惠并享受无还本转贷、线上贷款周转、调整还款计划等支持。但未来政策支持力度存在一定的不确定性，需及时关注政策导向和监管意志。

第三节　微小企业贷款 ABS 尽调要点

一、资料收集

针对微小企业贷款 ABS 产品开展尽职调查时，需要收集的资料主要包括以下内容。

- 发起机构及微小企业贷款业务相关资料：微小企业贷款的发放机构主要为银行。针对发起机构，所需资料可以参考银行业企业信用分析资料清单。对于小微企业贷款业务方面，尽调时需重点关注商业银行小微企业贷款相关的风控体系建设和风险管理制度。

- 资产池信息表：通常由发起机构来提供，涵盖了入池资产的各类详细信息，包括借款人相关信息字段（如借款人名称、地区、行业等）、贷款相关信息字段（如金额、利率、贷款发放日、贷款到期日、执行利率、还款方式、五级分类、担保方式等）、担保相关信息字段（如保证人名称、抵质押物类型和情况等）、贷款表现相关信息字段（如五级分类、历史逾期情况等）。
- 基础资产资料：如果入池资产笔数较少，需逐笔收集入池资产所涉及的借款合同、担保合同、抵押合同、还款计划及其任何补充、修改协议。入池资产所涉及的抵质押物资料，包括抵质押物资产价值评估报告、抵质押资产的权属文件等。如果入池资产笔数较多，则需收集相关合同样本。
- 历史数据：包括静态池数据和动态池数据。在提数时，我们通常需要银行提供与入池资产类型一致的该类资产自投放至目前的全部数据。
- 交易相关资料：主要包括主定义表、信托合同、贷款服务合同、资金保管合同等交易文件，以及法律意见书等。
- 测算相关资料：主要包括分层结构、分配顺序、各项费用等参数假设，以及资产池现金流归集表等。

二、访谈关注要点

针对微小企业贷款 ABS 产品，通常会访谈商业银行的普惠金融部门与小企业部门、风险管理部门、贷后管理部门和计划财务部门等，了解小微企业贷款信贷业务的贷前、贷中和贷后管理。访谈时，主要关注以下几个方面。

1. 业务模式和产品特征

- 业务发展历史：了解公司小微企业贷款业务的发展历史和发展情况。开展较早、展业时间较长的商业银行，在小微企业贷款领域积累了一定的实践经验并拥有充足人才储备，对小微企业贷款的管理能力可能更强。
- 业务规模的成长性：业务规模上，规模较大的商业银行在抵御行业周期性波动、获得相对稳定的资金来源和保持市场竞争力等方面具有较强的优势。可以从银行的展业渠道和地区、客户通过率、是否有长期合作渠道、业务人员激励机制等方面来判断业务规模的成长性。例如，融资能力强、资金成本低的商业银行，可以在利率下行的环境下，满足客户资金成本需求，并维持良好的客户质量，同时赚取可观的利差；而与地方政府或产业园区具有长期合作关系的银行可以从中获得科创企业白名单和客户资源，并享受地方贴息政策。

- 战略布局和目标定位：了解小微企业贷款业务在全行业务布局中的定位，关注其规模占全行业务的比重。对于小微业务占全行业务比重较大的银行来说，更倾向于将更多资源投向小微企业信贷，对相关人员的激励政策也更有竞争力。例如，泰隆银行会将更多资源投向小微企业信贷，针对不同客群制定了专属的信贷产品，针对创业、创新群体制定“创业通”贷款产品，针对电商群体制定“电商贷”贷款产品，针对农民和农村合作社群体制定“易农贷”贷款产品，同时结合客户不同的主体特征、行业特征等设置差异化的准入风控模型、审查审批流程、贷款要素控制、贷后管理等，以达到获客、获利、风控的目的。

- 产品特征：了解小微企业贷款产品的特征，如产品类型、资金用途、额度、期限、利率、还款方式、获客渠道等。例如，小微企业贷款的用途一般有流动资金贷款和项目贷款，流动资金贷款的期限主要为1~2年，项目贷款为中长期贷款，期限以3~5年为主。

- 信贷模式：目前，小微企业贷款产品信贷模式主要分为线上和线下两种。比如，建设银行的“云义贷”和“云税贷”都是线上模式。

- 还款方式：小微企业贷款还款方式多样。为了满足小微企业主和小微企业经营需要，小微企业贷款通常采取循环额度、随时支用、随时偿还的方式，大部分为按月或按季度付息，到期一次性还本，部分产品也可每年还本两次或根据借款人需要制订还款计划。还款方式的不同会对静态池表现和早偿表现产生一定影响。

- 担保方式：小微企业贷款产品用信额度通常与担保方式有关。担保方式为抵押、质押的，用信额度一般较高，放款金额可在抵质押物评估价值的基础上打六到八折；担保方式为保证或信用贷款的，用信额度一般较低。此外，担保方式也将影响借款利率，拥有抵质押物的借款通常享有较低的利率成本。从抵押物种类来看，80%的抵押物为住宅类，此外还有商铺和写字楼。

2. 风控流程和风险管理水平

- 客户准入政策和打分模型：针对小微企业的准入通常采用总行通用的评分等级。打分模型一般由总行牵头统一制定内评模型，按行业进行打分，指标上分为财务数据和非财务数据，财务数据采用年度审计报告数据，非财务数据主要是经营性数据，再结合不同行业特点具体而定。

● 各级审批权限和流程：关注银行是否采用分级审批以及各级审批权限设置，审批流程的耗时情况，流程为线上还是线下，在同行业中审批的效率，审核申请的通过率，特别是针对通过率较低的银行了解其原因，并针对通过率变化较大的年度了解其原因，关注因客群下沉较大或审批制度的修改致使通过率波动的情况。

● 审批资料：在贷款审批中，针对小微企业的贷款不仅需要企业征信报告，往往也需要小微企业主个人征信情况，企业经营情况和企业主的个人资信状况均值得关注。

● 评审会人员资质及构成：在商业银行信贷业务中，评审会起着至关重要的作用，应了解该银行在小微企业贷款领域评审会的召开机制，包括评委构成、评委人员资历和从业背景、会议召开机制、召开频率、个别评委是否具备一票否决权、历史通过率、人员考核制度。

● 一般风险准备金计提和各项资产减值计提等情况：2019 年 4 月 30 日，银保监会发布《商业银行金融资产风险分类暂行办法（征求意见稿）》，将风险分类对象由贷款扩展至承担信用风险的全部金融资产，对非信贷资产提出了以信用减值为核心的分类要求，特别是对资管产品提出穿透分类要求，未来银行资产质量将愈发真实全面。此外，商业银行应该按照谨慎会计原则，并按照财政部的有关规定和人民银行有关贷款损失准备金计提的指引，提取贷款损失准备金，核销损失贷款。相关指标反映了银行对资产质量风险的准备，重要指标包括拨备余额情况、资产拨备率（拨备余额/资产余额）以及不良资产拨备覆盖率（拨备金额/不良资产余额之和）。

3. 贷中监控和贷后催收政策

● 小微企业贷款的资金流向：近年来，随着国家对小微企业的支持力度逐步加大，针对小微企业的贴息政策较多，融资成本大幅下降，部分小微企业通过低成本的融资获取了大量资金，银行需关注该贷款的实际用途和资金流向，防止小微企业贷款流向房地产市场和股票市场，从而引发合规风险和市场风险。

● 关注展业地区的重点行业和风险行业：部分城商行和农商行由于展业地区较为集中，展业地区的小微企业所在的行业也较为集中，易存在一定的行业集中风险，同时部分地区支柱产业存在产能过剩行业、高污染高耗能产业、受新冠肺炎疫情冲击严重的行业以及风险集中爆发的行业，上述风险易传导到该地区商业银行的小微企业贷款。

- 贷中监控频率和报告出具情况：银行针对借款人通常按月、季度或半年度进行贷中监控并出具相应的报告，在宏观经济复杂的情况下，加大针对小微企业的管控频率有利于风险的及时发现和预警。针对存在风险的客户，应关注是否能及时进行系统预警，是否及时进行分级管理以及是否进行额度管控。
- 关注逾期率和不良率：在宏观经济下行和疫情反复的影响下，关注小微企业贷款逾期表现，是否有显著的时间点及产生的原因，以及逾期后的回收手段、回收政策和回收效果等。
- 催收机制和催收成本：了解银行针对小微企业贷款逾期后的催收流程和重要时间节点，是否有委外机构、对催收人员的考核和激励机制、催收成本水平以及回收表现等，收集相关催收案例。

4. 证券化业务相关

- 信息系统建设：发起机构需要搭建完善的信息系统对证券化入池资产进行管理。信息系统的数据积累与提取功能需满足对于静态池分析的数据要求。同时，信息系统还需具备实时监控资产质量、监控资产池现金流回收情况等功能。
- 发行计划：了解本次证券化项目相关的情况，如入池资产筛选标准、本次证券化项目的目的、本次项目是否有特殊设计、发行计划等。

三、资料分析关注要点

进行资料分析时，主要关注以下几个方面。

1. 基础资产审查

在微小企业贷款 ABS 中，基础资产的审查主要包括合法合规性审查和集中度审查两个方面。合法合规性审查主要包括资产权利负担审查、资产转让审查等。

- 资产权利负担审查：在转让前，基础资产不属于任何第三方所有，除为了发起机构的利益而设置的附属担保权益外，基础资产及相关抵质押物的任何一部分或全部不存在任何债务负担、质权、抵押权、留置权、抵销权或者第三方的其他有效的权利主张，也不存在针对基础资产或相关抵质押物的任何争议、诉讼、仲裁或任何其他形式的行政、司法强制措施，并且没有任何第三方对基础资产或相关抵质押物提出任何权利主张；信托计划将取得该基础资产完全的权利，而且转让后该基础资产上也不存在任何债务负担、质权、抵押权、留置权、抵销权或第三方的其他有效的权利主张。

- 资产转让审查：基础资产应当具有可转让性，基础资产的转让应当合法有效，转让对价应当公允，如基础资产未进行债权转让通知或未办理转让登记的，应披露原因及合理性。基础资产包括附属担保权益等的，应当一同转让，明确变更登记事宜或交付事宜。

- 集中度审查：根据《微小企业贷款资产支持证券信息披露指引（2018版）》，基础资产应当具备较高同质性且符合以下分散化要求：借款人单户授信不超过 500 万元，或单一借款人入池贷款合同金额在资产池贷款合同金额中的占比不超过 1/1000。

- 合格标准审查：核查基础资产的合格标准是否合理、全面，关注入池资产中是否存在不符合合格标准的资产；以及资产池的分散程度，借款人在行业和地区等维度是否过于集中；同时核查基础资产在还款方式、合同期数、手续费率、合同金额等资产特征方面是否与访谈所了解的整体特征一致。

2. 历史数据

- 数量和质量：首先对历史数据的基本逻辑、勾稽关系进行核对，并结合访谈和业务资料判断该历史数据的规模是否涵盖了全部该类贷款的发放规模、发放的连续性、贷款规模和数量的稳定性。其次对于历史数据的长度，我们通常要求尽量覆盖完整的经济周期和完整的贷款期限。如果前期业务量过少或存在一些特定性和较大波动性，造成历史数据代表性较差，我们将酌情进行删减。针对历史数据过短的情况，我们或在原有基础上进行补数，让其时间长度满足该类贷款的普遍期限水平。

- 数据合理性：将历史数据处理的结果进行横向和纵向的对比。横向对比具体是指与其他银行的小微企业贷款业务表现进行对比，得出不同逾期期限下的逾期率水平；纵向对比是指与自身历史表现比较，重点关注近年来逾期率水平的波动以及新发放贷款的逾期率变化情况。

3. 交易结构

- 基础资产：关注基础资产的真实性、合法性、权利归属和权利负担；关注基础资产转让的合法性及有效性；关注基础资产的定义、范围及合格标准。

- 交易机制：一般需关注账户设置及回收款转付机制、现金流分配机制、循环购买机制、信用增进机制、信用触发机制的设定是否合理、完备、有效，评估这些机制设置是否会带来一定的交易风险，或者是否可以缓释交易风险。

- 其他机制安排：对于微小企业贷款 ABS 产品，可重点关注封包期利息是否入池、封包期本金是否无风险、清仓回购等机制安排，评估其对产品风险的影响。

4. 法律风险

- 关注法律意见书中对本交易主要当事方的主体资格，交易文件的合法性，基础资产的真实性、合法性、有效性、权利归属及权利负担，基础资产转让的合法性，信托财产风险隔离的有效性等方面是否合法合规的专业意见，识别是否存在相关法律风险的提示。

第四节　微小企业贷款 ABS 信用分析案例

本节以某单微小企业贷款资产支持证券（以下简称本交易）为例，说明如何从基础资产、交易结构、模型分析、主要风险和重要参与方等方面对微小企业贷款 ABS 产品进行信用分析。

表 11-2　证券概况

资产支持证券	预计发行金额（万元）	利率类型	偿还方式	偿付频率	预期到期日	法定到期日
优先 A 档	769000.00	固定	过手	按月	2022-04-26	2026-06-26
优先 B 档	36000.00	固定	过手	按月	2022-05-26	2026-06-26
次级档	192187.47	—	过手	按月	2022-05-26	2026-06-26
合计	997187.47	—	—	—	—	—

资料来源：评级报告。

本交易的发起机构为建设银行，建设银行将其合法拥有、依法可以转让并且符合合格标准的信贷资产信托给建信信托，建信信托以该信托财产为基础发行资产支持证券。建设银行同时为本交易的资产服务机构，江苏银行为本交易的资金保管机构。具体结构如图 11-14 所示。

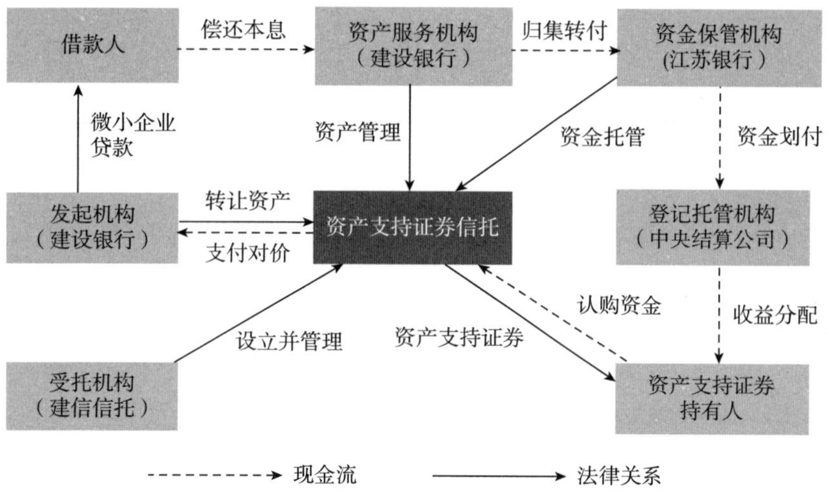

图 11-14　交易结构概况

（资料来源：评级报告）

一、基础资产分析

1. 基础资产的审查

本交易的基础资产为建设银行发放给企业法人的小微企业贷款，借款人均为小微企业。《主定义表》中约定基础资产的合格标准如下。

基础资产合格标准
就每一笔信贷资产而言，是指在初始起算日和信托财产交付日（适用于初始信贷资产），或在持续购买基准日和持续购买日（适用于新增信贷资产），或在以下各项具体列明的时间： （1）信贷资产中包含的各笔贷款全部为建设银行合法所有的微小企业贷款，不含银团贷款（为避免歧义，银团贷款不包括建设银行分支行组建的行内银团贷款）； （2）信贷资产对应的全部借款合同、担保合同适用的法律为中国法律，在中国法律项下合法有效，而且其项下的抵押权（如有）、保证（如有）均合法有效，并构成相关借款人、担保人（如有）合法有效和有约束力的义务，债权人可根据其条款向相关借款人、担保人（如有）主张权利； （3）每笔贷款项下债权均可进行合法有效的转让；每份借款合同及其担保合同（如有）中均无禁止转让或转让须征得借款人或担保人（如有）同意的约定； （4）贷款已由建设银行全部自行发放完毕； （5）贷款发放时，其本金金额不少于人民币 1 万元且不超过人民币 500 万元； （6）借款人是依据中国法律在中国成立并合法有效存续的法人、其他组织或在借款合同签署时为年满 18 周岁的中国公民或永久居民； （7）担保人为依照中国法律在中国成立并合法存续的法人、其他组织或在担保合同签署时为年满 18 周岁的中国公民或永久居民；担保人为法人、其他组织的，不属于国家机关；

(8) 信贷资产不包含涉及借款人为军工企业或外国企业/组织的贷款以及涉及国家机密的贷款;

(9) 借款人对信贷资产不享有任何主张扣减或减免应付款项的权利 (但法定抵销权除外);

(10) 信贷资产所包含的每笔贷款的还款日不晚于 2023 年 5 月 31 日;

(11) 资产池中对同一借款人的全部贷款的未偿本金余额不超过 500 万元 (含本数) 人民币, 或同一借款人入池全部贷款的未偿本金余额在资产池全部贷款的未偿本金余额总和中的占比不超过 0.1%;

(12) 信贷资产所包含的全部贷款均未涉及违约和未决的诉讼或仲裁;

(13) 信贷资产中每笔贷款的质量应为委托人制定的信贷资产质量五级分类中的正常类资产;

(14) 除非借款人全部提前偿还了所有的应付款项 (包括现时的和将来的), 任何借款人均无权选择终止该借款合同;

(15) 信贷资产中每笔贷款均未根据委托人的标准程序予以核销;

(16) 于初始起算日或持续购买基准日, 借款人无迟延支付借款合同项下到期应付款项的情形, 而且借款人历史最长逾期支付天数不超过 30 天;

(17) 信贷资产项下各笔贷款如涉及最高额保证或最高额抵押, 则最高额保证和最高额抵押项下所担保的主债权可依法确定或《担保合同》约定担保人在最高额担保的债权转让后继续承担相应的担保责任;

(18) 贷款由委托人按照合格标准从各分行的贷款组合中选取, 然后进一步选入资产池中, 整个筛选过程, 没有不合理使用对信托不利的任何筛选程序。

根据小微企业贷款及其风险特征, 结合尽职调查环节对基础资产的审查, 可以看出本交易基础资产合格标准的设定合理有效, 符合监管要求, 能够合理保证入池资产信用质量。律师事务所出具的专业意见认为, 入池基础资产是真实的, 不存在权利负担, 基础资产的转让合法有效。

2. 本交易入池资产特征

本交易入池资产具有以下特征。

- 未偿本金余额: 本交易入池资产中, 单笔贷款未偿本金余额最大为 495.00 万元, 最小为 0.50 万元, 平均余额为 30.78 万元。由于本交易入池资产均为信用类贷款, 笔均金额明显低于抵押类和质押类贷款的未偿本金余额。
- 合同期限: 本交易入池资产以流动资金贷款为主, 贷款合同期限较短, 最短为 12.00 个月, 最长为 33.93 个月, 加权平均期限为 17.31 个月, 合同期限集中在 1~2 年。
- 剩余期限: 本交易入池资产的剩余期限最长为 14.93 个月, 最短为 8.98 个月, 剩余期限集中在 1~2 年, 剩余期限较短。
- 还本付息方式: 入池资产采用期间付息、到期一次性还本的形式, 付息频率为按月。此类还本付息方式是微小企业贷款最常见的形式, 其他还款方式包括利随本清、等额本金、等额本息的还款方式。

- 基础资产类型：微小企业贷款ABS产品的基础资产分为发放给企业法人的小微企业贷款和发放给个人经营者的个人经营贷款，小微企业贷款借款人以企业名义贷款，通常以考察企业自身经营能力为主，个人经营贷款是借款人以个人名义贷款，以考察企业主个人资信和财产情况为主。本交易入池资产均为发放给企业法人的小微企业贷款。

- 基础资产发放方式：本交易入池资产均采用线上申请、自动化审批、线上放款的模式，分为"云义贷"和"云税贷"。

- 利率：小微企业贷款利率水平普遍较高，但随着一系列针对小微企业信贷优惠政策的出台，以及贷款市场报价利率（LPR）持续下降，小微企业融资成本逐年下降。但是，不同发起机构发起的微小企业贷款ABS产品入池资产利率差异较为显著。其中，国有银行（建设银行）的客户基础较好，其发起的产品资产池利率均值最低，为4.54%，资产端与证券端的利差均值也最低，为1.14%；区域性银行的客户相对下沉，区域集中度很高，其发起的产品资产池利率均值最高，为8.55%，利差也最高，为4.92%；股份制银行发起的产品资产池利率均值为6.51%，利差为2.95%。本交易入池资产加权平均利率为4.23%，普遍低于其他银行发起的微小企业贷款ABS产品。

- 计息方式：分为固定利率和浮动利率。2019年8月贷款市场报价利率（LPR）改革后，LPR作为定价基准。本交易入池资产普遍为固定利率，微小企业贷款ABS产品的基础资产以固定利率为主。

- 担保方式：为控制小微企业的信贷风险，商业银行发放的小微企业贷款担保形式多样，包括保证担保、抵押担保、质押担保以及上述担保方式的组合。入池资产以抵押贷款为主的产品单笔未偿本金余额普遍高于入池资产为保证类贷款和信用类贷款的产品，主要由于商业银行针对大额贷款通常会要求借款人提供抵押物担保以控制风险。本交易入池资产均为信用贷款。

与同类产品相比，本交易入池资产全部为信用类资产，单笔平均未偿本金余额低于担保类资产，贷款发放方式均为线上发放，利率水平较低。

表11-3 同类产品比较

项目	本产品	可比产品1	可比产品2
发起机构	建设银行	建设银行	浙商银行
借款人笔数（笔）	32395	13517	2484

续表

项目	本产品	可比产品 1	可比产品 2
借款人户数（户）	27287	13517	2469
资产池未偿本金余额（万元）	997187.47	1477248.22	512596.71
资产池合同金额（万元）	997187.47	1477248.22	512596.71
单笔贷款最大未偿本金金额（万元）	495.00	500.00	500.00
单笔贷款平均本金金额（万元）	30.78	109.29	206.36
加权平均贷款年利率（%）	4.23	4.72	6.33
加权平均贷款合同期限（月）	17.09	22.40	24.10
加权平均贷款账龄（月）	3.93	4.99	13.92
加权平均贷款剩余期限（月）	13.17	17.41	10.18
担保方式	100%信用	100%抵押	35.78%抵押，64.22%抵押+保证

资料来源：评级报告，作者整理。

二、交易结构分析

1. 账户设置与资金转付

（1）账户设置

本交易项下信托账设有三个子账，即收益账、本金账和税收专用账，分别用于核算收入回收款、本金回收款以及税收款项的提取和支付。

（2）转付机制

根据交易安排，受托人应授权并要求贷款服务机构按照《服务合同》的相关约定，于收到每一笔回收款对应的回收款转付日 14：00 前按照《服务合同》的相关约定，将前一个回收款转付期间内的所有回收款扣除执行费用以及已用于持续购买新增信贷资产的款项后的剩余款项划付至信托账户。

根据回收款转付日的定义，当中诚信给予贷款服务机构的主体长期信用等级高于或等于 AA^- 级且中债资信给予贷款服务机构的主体长期信用等级高于或等于 AA^+ 级时，回收款转付日为每个计算日后的第 5 个工作日；当中诚信给予贷款服务机构的主体长期信用等级不低于 A 级且中债资信给予贷款服务机构的主体长期信用等级不低于 A^+ 级，但中诚信给予贷款服务机构的主体长期信用等级低于 AA^- 级或中债资信给予贷款服务机构的主体长期信用等级低于 AA^+ 级时，回收款转付日为贷款服务机构收到每笔回收款后 5 个工作日内的任一工作日。当评级机构中的某一家给予贷款服务机构的主体长期信用等级低于A级时，贷款服务机构应在90日内制订贷款服务移交方案，并提供给受托人和评级机构。

同类产品的资金转付频率通常为按月，本交易的转付频率与同类产品趋同，转付频率为按月，可以在一定程度上缓解贷款服务机构存在的混同风险。

2. 现金流分配机制

在违约事件发生前，收益账按顺序偿付优先A档、优先B档证券利息和次级证券期间收益，本金账在持续购买期间内，剩余资金可用于资产的持续购买，支付持续购买价款后，按照过手方式偿付优先A档、优先B档证券本金直至优先档证券清偿完毕，如持续购买期结束，本金账支付优先A档、优先B档证券本金直至优先档证券清偿完毕。

在加速清偿事件发生后，将收益账全部余额记入本金账，支付优先A档证券的利息和本金，直至优先A档全部清偿完毕，支付优先B档证券的利息和本金，直至优先B档证券全部清偿完毕。

在违约事件发生后，支付优先A档证券利息、本金直至优先A档证券清偿完毕，支付优先B档证券利息、本金直至优先B档证券清偿完毕，再偿付次级证券本金和收益。

3. 循环购买机制

本交易设有循环购买机制。循环购买基础资产合格标准与初始入池标准一致，能合理保证入池基础资产的信用质量。

根据交易安排，本交易持续购买终止日是以下较早日期：（1）2023年5月31日；（2）加速清偿事件发生之日；（3）违约事件发生之日；（4）贷款服务机构解任发生之日。循环购买频率为按日，购买方式为本金买本金。当发生以上事件时，循环购买将提前终止，这一设计可以防止后续因循环购买不足或基础资产质量恶化而带来的风险。

微小企业贷款ABS的基础资产大多采取灵活还款的方式，导致在贷款合同期限内早偿率高企，为了在一定程度上维持信托运营期内资产池的规模，弥补个别基础资产早偿带来的资金使用效率低的问题，部分产品引入了循环购买结构。具体来看，每次持续购买的新增信贷资产需符合的条件有：（1）在持续购买基准日①，全部新增信贷资产的加权平均年化贷款利率不低于初始信贷资产

① 就新增支用资产而言，是指该笔贷款发放之日；就新增账户资产而言，是指买方与卖方共同协商确定的日期。

的加权平均年化贷款利率的90%；（2）在持续购买基准日，新增信贷资产所包含的每笔贷款的到期还款日不晚于一定期限（通常该期限在次级档预期到期日之前）。每次持续购买的新增信贷资产的购买价款等于该等新增信贷资产所包含的贷款于持续购买基准日零点（00：00）（如该贷款在持续购买基准日零点（00：00）尚未发放，则是指该贷款发放时）的未偿本金余额之和。持续购买分为新增支用资产和新增账户资产。新增支用资产①的持续购买：买卖双方同意并确认，持续购买期内，如已入池信贷资产的借款人在同一借款合同项下支用新的贷款，则在该等贷款符合资产保证及《信托合同》约定的筛选标准的前提下，该等贷款（新增支用资产）将于支用当日（持续购买日）由卖方自动出售给买方。持续购买期内，卖方应于每个星期结束后的5个工作日内将上个星期持续购买的所有新增支用资产的信贷资产清单提供给买方。如买方发现卖方发送的信贷资产清单中的新增支用资产不符合《信托合同》约定的资产保证，买方有权要求卖方赎回不合格信贷资产；如买方发现卖方某一次持续购买的新增支用资产不符合《信托合同》约定的条件，则买方有权要求卖方赎回该次持续购买的某一笔或多笔信贷资产直至本次持续购买符合《信托合同》约定的条件。新增账户资产②的持续购买：如卖方拟向买方出售新增账户资产，则卖方应于每个信托利益核算日前1个工作日内（就信托生效日的持续购买而言，卖方应于信托生效日前1个工作日内）向买方提供按照《信托合同》约定标准筛选的当个持续购买日拟持续购买的新增账户资产的备选贷款清单。买方应于该持续购买日当天通过电子邮件或者双方认可的其他方式告知卖方当个持续购买日的可用持续购买资金金额，并同时发送其在卖方提供的备选贷款清单中选定的拟于该持续购买日购买的新增账户资产的信贷资产清单。

一般而言，循环购买结构产品基础资产的累计违约率相对于非循环购买结构产品更高，需要关注循环购买率以及新增资产质量。

4. 信用触发机制

本交易设置的信用触发机制主要包括加速清偿事件、违约事件、权利完善

① 是指信贷资产清单所列的、受托人在持续购买日从委托人处购买取得的、已入池信贷资产的借款人在同一借款合同项下支用新的贷款而形成的贷款债权，以及与前述贷款债权相对应的附属担保权益（如有）。

② 是指信贷资产清单所列的、受托人在持续购买日从委托人处购买取得的、委托人依据新的借款合同（该等借款合同项下任何贷款在该持续购买日（不含该日）前均未入池）对借款人所形成的贷款债权以及与前述贷款债权相对应的附属担保权益（如有）。

事件等。

当发生与委托人有关的丧失清偿能力事件、贷款服务机构解任事件、贷款服务机构未按约定付款或转付资金、累计违约率超过一定监测值等情况时，将触发加速清偿事件。

当发生最高级别的优先档证券的利息未能足额获得分配，或者资产支持证券的本金在法定到期日后 10 个工作日内未能足额获得全部偿还等情况时，将触发违约事件。发生违约事件后，按照信托合同的约定改变现金流分配顺序。

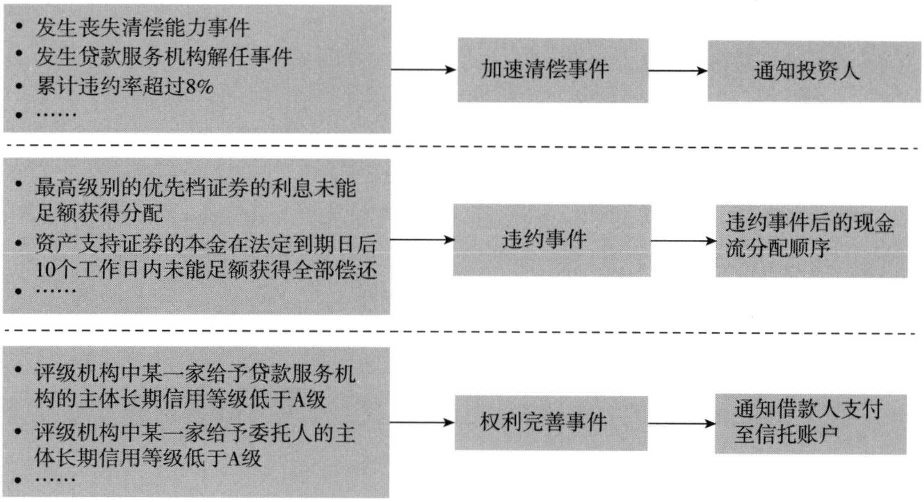

图 11-15　主要信用触发机制设置

（资料来源：评级报告）

当发生任何一起贷款服务机构解任事件、评级机构中某一家给予贷款服务机构或委托人的主体长期信用等级低于 A 级、委托人发生任何一起丧失清偿能力事件时，将触发权利完善事件。当权利完善事件发生后，贷款服务机构需将基础资产有关的所有权转让给受托人，并于一定时间内办理完成所有权转移登记（如需），同时向借款人、保证人、物权担保人和其他方（如需）发出权利完善通知，同时指示各方将本金、利息、罚息、担保物变现价款等其他应属于信托计划的款项直接支付至信托账户。

可以看出，本交易的增信机制与信用触发机制设置较为完备。

5. 信用支持

本交易采用优先级/次级支付机制。按照交易文件约定的现金流分配顺序，优先级证券本金先于次级证券本金获得偿付，优先 A 档证券获得优先 B 档证券和次级证券提供的 22.88%的信用支持；优先 B 档证券获得次级证券提供的 19.27%的信用支持。

三、模型分析

1. 信用分析

依据微小企业贷款证券化产品的主要风险特征，一般采用历史数据静态池法来推测基础资产未来的违约及损失表现，对基础资产的违约、回收以及早偿特征进行分析。信用分析主要依据的是建设银行提供的自 2016 年 11 月至 2021 年 3 月发放的小微企业贷款的静态池及动态池数据。

（1）违约分析

对基础资产违约特征的分析主要依据发起机构提供的静态池数据。考虑到微小企业贷款的抵押物特征和催收特征，同时为保证与市场同类交易的违约表现可比，可选用 31~60 天逾期率作为违约率的特征值来分析基础资产违约特征。根据建设银行提供的静态池数据观察到，建设银行不同月份发放的微小企业贷款累计逾期率曲线走势基本相同，但不同时期发放的贷款累计逾期率有所分化，2018 年底至 2019 年初发放的微小企业贷款累计逾期率抬升较快，但整体上看仍处于较低水平。其中，如图 11-16 所示，表现期较长的累计逾期率均处于 1.20%以下。

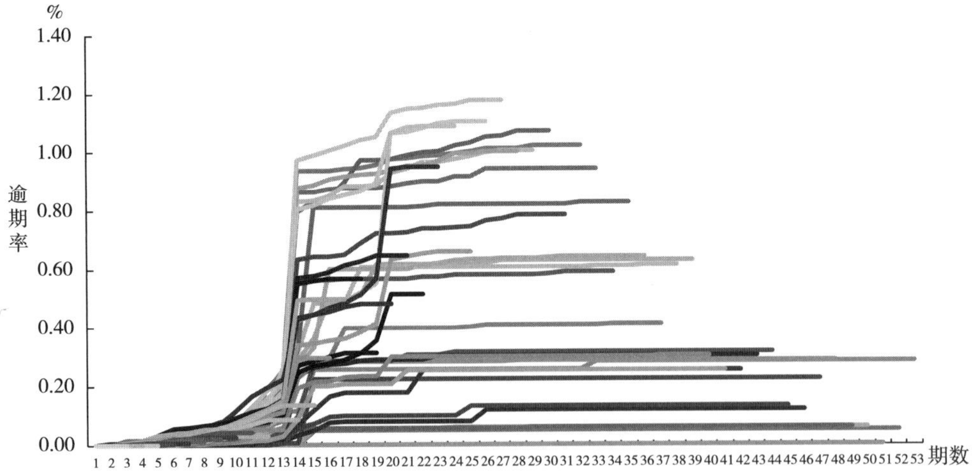

注：逾期率=31~60 天以上逾期贷款本金余额（OPB）/贷款发放月份期初本金余额（OPB）。

图 11-16　2016—2021 年建设银行各个贷款发放月份累计违约率表现

（资料来源：评级报告）

发起机构提供的静态池数据虽然可以覆盖其整个产品周期，但并未经历完整的经济周期，因此，通常在静态池数据的基础上，结合基础资产的账龄和剩余期限、借款人分布特征、抵押物分布特征及发起机构信贷政策和宏观经济及行业政策等因素，并参考公开发行产品的数据表现，拟定适合本交易基础资产未来违约特征的违约假设作为模型参数。

（2）回收分析

本交易中，基础资产全部为信用类贷款，违约资产的回收主要依赖于借款人的自行偿付。回收分析主要依据静态池数据和动态池数据的迁移表现。由于缺乏抵押物，本项目违约后的回收表现极易受到不利经济环境的影响。

（3）早偿分析

根据静态池和动态池数据可知，本交易资产具有早偿率高、回款时间不平均的特点，这主要是由于资产的还款方式主要为按月付息、本金随借随还。考虑到入池资产现金流的这个特点，在模拟入池资产在无违约的景况下现金流回款分布时，我们主要参考静态池数据中回收期数在24期及以上的静态池的回款分布（见图11-17），不再单独设置早偿率假设。可以看出，现金流回款分布呈现“U”形，在第二期、第十三期回收达到高峰，两期现金流回款占比均超过20%，这与资产随借随还的特征较为一致。

图11-17　静态池现金流回款分布

（资料来源：评级报告）

2. 现金流模型与压力测试

本部分以损失率法来评估各级证券的信用质量。现金流模型的主要参数设定如下。

（1）基础资产违约分布

根据对基础资产的违约分析，本交易适用的基础资产累计违约率分布如图11-18所示。

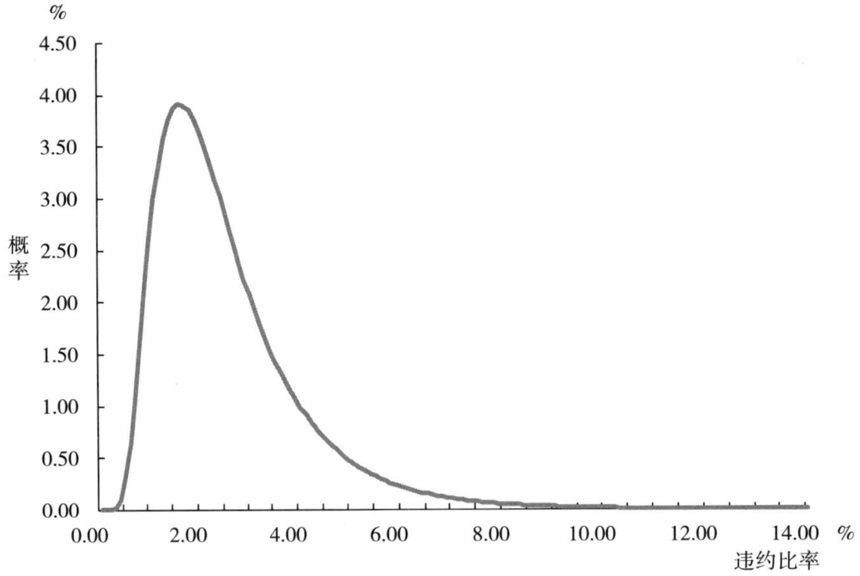

图11-18 基础资产违约分布示意图

（资料来源：评级报告）

（2）基准违约时间分布

通过静态池历史数据可以获得基础资产违约时间分布，按照基础资产账龄调整后的基础资产基准违约时间分布如图11-19所示。

（3）静态现金流入

通过对静态池数据中回收期数在24期及以上的静态池的回款分布取平均值，获得本交易基础资产在无违约、无早偿、无持续购买情况下的静态现金流入假设，如图11-20所示。

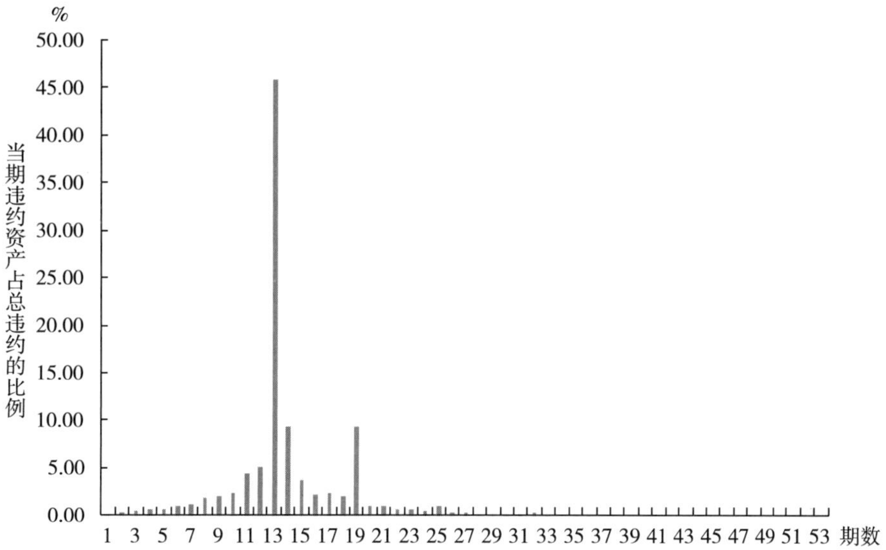

图 11-19　基础资产基准违约时间分布

（资料来源：评级报告）

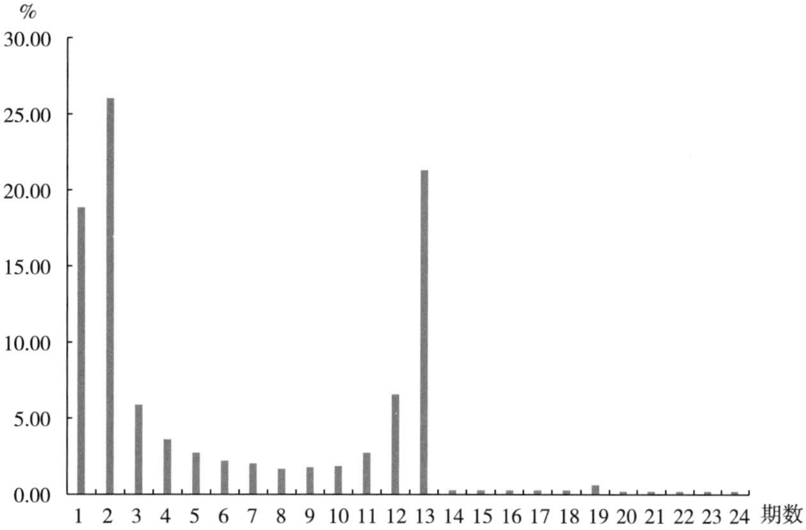

图 11-20　无违约、无早偿、无持续购买情况下的现金流入情况

（资料来源：评级报告）

（4）其他压力测试条件

在结合目标评级进行压力测试时，主要考虑违约时间分布前置、利差下降等压力景况组合。一般景况和严格压力景况下的模型参数如表 11-4 所示。

表 11-4　各景况下的模型参数

压力条件	一般景况	严格压力景况
违约时间分布	历史分布	前置分布
优先 A 档预期发行利率	3.30%	+50BP
优先 B 档预期发行利率	3.50%	+50BP

资料来源：评级报告，作者整理。

（5）模型结果

基于现金流模型和上述参数假设，可以计算出在严格压力景况下，受评证券在不同的基础资产违约率情景下的损失程度和期限。然后结合基础资产违约分布中各违约率情景的概率，获得受评证券的期望损失率和期望期限。最后，根据预先设定的目标评级同期限的损失率要求，可获得受评证券的模型等级。

四、主要风险分析

本交易存在贷款服务机构的资金混同风险、抵销风险、流动性风险。通过交易结构设计，以上风险得到有效缓释。

五、主要参与方风险

律师事务所出具的专业意见认为，本交易的发起机构建设银行是依据中国法律有效存续的股份有限公司，具有完全的民事权利能力和民事行为能力签署、交付和履行其作为一方的《主定义表》《信托合同》《服务合同》和《主承销协议》；建设银行签署、交付和履行前述交易文件不违反适用于建设银行的中国现行法律、行政法规和部门规章，在该等交易文件各自约定的生效条件全部满足后，该等交易文件构成建设银行合法有效和有约束力的义务，该等交易文件的相关各方可按照该等交易文件的条款针对建设银行主张权利，除非该等权利主张受到关于或影响债权人权利的破产、重整、和解或其他类似法律的限制。

通过尽职调查环节的访谈与审查，可以看出，建设银行作为本交易的发起机构和资产服务机构，证券化经验丰富，具备履行其相应职责的能力，本交易的资金保管机构、受托机构等参与机构具备履行其相应职责的能力。

第五节 Q&A

Q：微小企业贷款ABS产品的归集和转付频率如何设置？

A：归集和转付频率越慢，资金混同风险越大，通常要求归集和转付频率越快越好。目前从监管规则及控制风险的角度出发，资金归集和转付的频率至少需按季度进行。同时，设置相应的信用触发机制及时调整归集和转付频率，如贷款服务机构的主体信用等级下降或发生权利完善事件时，加快归集和转付。目前微小企业贷款ABS产品的归集和转付频率一般按月，部分产品按季度，此外在设置归集和转付频率时，需考虑基础资产还本付息的频率，并与之匹配。

Q：微小企业贷款ABS产品的信托账户是否必须分账户？

A：虽然没有强制规定需要区分收入账和本金账，但如果信托计划需要在存续期间进行次级期间收益的分配或者需要支付贷款服务机构费用，则应当将基础资产回款的收益和本金分开核算，避免其间基础资产本金现金流的额外消耗。从实际操作来讲，微小企业贷款ABS信托账下一般会设立子账，即收入账、本金账和税收专用账，进行分别核算。

Q：微小企业贷款ABS产品的资产池至少需要多少笔资产？

A：根据《微小企业贷款资产支持证券信息披露指引（2018版）》，基础资产应当具备较高同质性且符合以下分散化要求：借款人单户授信不超过500万元，或单一借款人入池贷款合同金额在资产池贷款合同金额中的占比不超过1/1000。

Q：利率倒挂怎么办？

A：通常来讲，微小企业贷款ABS的基础资产因为涉及小微企业，贷款利率一般较高，而发行的资产支持证券的券面利率一般较低，ABS产品具有正利差，所以微小企业贷款ABS产品发生利率倒挂的可能性较小。但随着政策对小微企业逐渐倾斜，其融资成本明显下降，未来不排除微小企业贷款ABS会发生利率倒挂的情况。此时，要以部分基础资产本金来兑付优先级证券的利息，即需要一定的超额抵押——资产支持证券的发行规模会小于资产池未偿本金的规模。另外，适当扩大次级占比也是解决利率倒挂的一种方法。

Q：信用触发事件中累计违约率等参数设定的依据是什么？

A：对于加速清偿事件等涉及累计违约率等参数的信用触发事件来说，具体指标的设置可结合该银行具体业务情况和风控政策而定，并参考该类业务的历史数据逾期率、违约率，以及本次基础资产剩余存续期限，同时也需关注次级资产支持证券比例，综合确定符合该银行的参数水平。

第十二章

不良贷款证券化产品信用分析

不良贷款证券化产品（以下简称不良贷款 ABS）的基础资产为不良贷款。根据《贷款风险分类指导原则》的规定，不良贷款是指被划分为次级类、可疑类及损失类的三类银行贷款。根据基础资产类型，不良贷款 ABS 的基础资产又可以细分为对公类不良贷款、个人抵押类不良贷款、个人信用类不良贷款和微小企业类不良贷款四类。

第一节　我国不良贷款市场概况

一、我国不良贷款的基本情况

按人民银行 1998 年颁布的《贷款风险分类指导原则》，商业银行将自身所发放的贷款分为五类，分别是正常类、关注类、次级类、可疑类、损失类。其中，次级类、可疑类及损失类三类贷款被称为不良贷款。近年来，随着国内宏观经济体量的持续扩张，商业银行信贷业务规模保持增长。在供给侧结构性改革持续推进、中美贸易摩擦加剧及新冠肺炎疫情反复等多重压力下，宏观及区域经济下行压力较大，商业银行的不良贷款也相应增长。截至 2021 年末，商业银行不良贷款余额为 28470 亿元，不良率为 1.73%。其中，次级类、可疑类和损失类贷款余额分别为 12768 亿元、11361 亿元和 4341 亿元，占信贷资产规模的比例分别为 0.77%、0.69%和 0.26%；此外，关注类贷款余额为 38079 亿元，占比为 2.31%，资产质量下迁压力较大。

按机构类型来看，不同类型金融机构信贷资产不良率差异较大。截至 2021 年末，国有大型银行和全国性股份制银行的不良率较低，均为 1.37%，整体资产质量相对稳定；民营银行成立时间较短，平均不良率较低，为 1.26%；城市商业银行的不良率为 1.90%；农村商业银行的不良率整体较高，为 3.63%。按地区分布来看，东北地区、中西部地区和环渤海地区的不良率相对较高。按行业分布来看，制造业、批发和零售业、建筑业是不良贷款分布最多的三个行业，此外，租赁和商务服务业、房地产业以及采矿业的不良贷款金额也较高，而且多数行业的不良贷款余额呈上升趋势。

不良资产处置方面，根据银保监会披露的数据，2017—2020 年，银行业累计处置不良资产 8.8 万亿元，超过之前 12 年总和；2021 年银行业共处置不良资产 3.13 万亿元，再创历史新高。此外，截至 2020 年末，全国组建债委会 2

万家，市场化法治化债转股落地金额达 1.6 万亿元。

从微观层面来看，不良资产管理属于银行信贷业务中的贷后部分。通常，银行设有专门的贷后管理部门，负责对不良贷款进行清收，具体部门主要包括贷后管理部、风险管理部、资产保全部以及法律部等。贷后政策方面，银行通常设置有明确的贷后要求，通过贷后检查持续对信贷客户的资信状况、经营管理、财务记录及重大变化等影响信贷资产质量的因素进行跟踪调查、监控和分析。对于不良类信贷客户，需提高实地或非实地跟踪检查频率。如涉及抵质押物，则应关注抵质押物权属、抵质押状态及抵质押物价值变化。五级分类方面，银行通常根据贷款抵质押情况、贷款逾期天数以及预期损失等情况，对贷款进行五级分类。近年来，监管部门推动金融机构将逾期 90 天以上贷款纳入不良，并鼓励符合条件的机构将逾期 60 天以上贷款纳入不良。根据银保监会披露的数据，商业银行逾期 90 天以上贷款与不良贷款之比，在 2016 年一度超过 128%，在 2019 年末则已降至 82%。

二、不良资产处置方式

信贷资产成为不良贷款后，商业银行主要有以下几种处置方式：(1) 现金清收；(2) 债务重组；(3) 司法清收；(4) 债转股；(5) 转让；(6) 资产证券化等。对于通过各类清收方式所回收金额与贷款本息之间的差额部分，商业银行需使用贷款减值准备进行核销。以招商银行为例，根据其年报，“2021 年招商银行运用多种途径化解风险资产，全年共处置不良贷款 500.34 亿元，其中，常规核销 235.80 亿元，清收 131.63 亿元，不良资产证券化 106.01 亿元，通过抵债、转让、重组上迁、减免等其他方式处置 26.90 亿元”。具体来看，每种不良资产处置方式的优劣势分析如下。

1. 现金清收

现金清收是最基础和直接的清收方式。商业银行一般通过短信及电话提醒、客户经理上门、媒体公告催收、划扣账户资金、向保证人催收、协助变卖抵质押物收回等方式进行催收。若债务人仍不偿还，银行则可以诉诸司法或其他手段。近年来，随着个人征信重要性的普及，以及最高法院出台限制被执行人高消费，限制乘坐飞机及高铁等，借款人恶意逃废债行为的违约成本明显上升，这对于提高不良贷款回收率有一定帮助。

2. 债务重组

债务重组主要包括延缓债务偿还期限与减免债务等。延缓债务期限主要包括变更还款安排、展期、借新还旧、无还本续贷、贷款置换等；减免债务主要包括利息下调、罚息减免、部分本金豁免等。此外，债务重组通常还会新增部分风险缓释措施，包括新增担保方、新增抵质押物等。对于临时性经营困难及短期流动性困难的债务人，债务重组旨在减轻债务人负担，使债务人度过经营困难，逐步恢复偿还能力，最大限度收回债权。

3. 司法清收

司法清收主要包括诉讼、仲裁、申请支付令以及直接向法院申请实现担保权等，其中以诉讼最为普遍。诉讼流程包括起诉、立案、一审、判决、二审、判决及执行等，在任一环节均可能出现债权人和债务人达成和解或重组协议。进入执行阶段后，主要通过向保证人追偿以及拍卖抵质押物的方式收回现金，其中，拍卖抵质押物的流程包括司法评估、一拍、二拍及变卖等。如两次拍卖均流拍且变卖失败，银行可将抵质押物作为抵债资产入账。实践中，抵债资产的入账存在较重的税负征缴问题；此外，根据财政部 2005 年所发布的《银行抵债资产管理办法》，针对不动产及股权类抵债资产，商业银行应在两年内处置完毕，动产应在一年内处置完成。如抵债资产自接收起两年内未处置，按照《商业银行资本管理办法（试行）》的要求，需将抵债资产的风险权重提高至 1250%，资本占用压力较大。

如企业债务结构复杂，债权人无法达成和解或重组，则企业可能会被法院判定破产清算，由破产清算组负责对破产财产进行清算、评估、处理和分配。我国的《破产法》于 2007 年正式实施，截至 2020 年，全国法院共受理破产案件 59604 件，审结破产案件 48045 件。《破产法》实施初期，我国每年破产案件数量在 3000 件左右。近年来，随着供给侧结构性改革持续深化，以及市场主体退出机制的完善，破产案件数量快速上升，2017 年至 2020 年受理和审结的破产案件分别占法律实施以来案件总量的 54% 和 41%。其中，2020 年受理破产案件 13369 件，比上年增长 83%；审结 10132 件，超过前三年总和。

4. 债转股

债转股是把原来银行与企业间的债权关系，转变为股权关系。通过将负债转换为权益，债务人可以优化财务报表，降低还本付息压力。我国《商业银行法》规定，商业银行不得直接投资企业股权，因此银行直接将不良贷款债权转为股权受到限制。我国早期的债转股主要由商业银行先行将债权转让给资产管理公司（AMC），再由资产管理公司进行债转股。2018 年 4 月，银保监会发布《金融资产投资公司管理办法（试行）》，鼓励商业银行作为主要股东，设立金融资产投资公司（AIC），商业银行可将其持有的不良资产转让给金融资产投资公司，以推进市场化和法治化债转股。截至 2020 年末，五大国有银行均已成立自己的金融资产投资公司。2018 年 7 月，银保监会发布《关于市场化债转股股权风险权重的通知》，规定商业银行因市场化债转股持有的上市公司股权的风险权重为 250%，持有的非上市公司股权的风险权重为 400%。而此前《商业银行资本管理办法（试行）》规定，商业银行被动持有或因政策性原因持有的对工商企业的股权投资，在开始持有的两年内风险权重为 400%，两年后还未处置的风险权重上升至 1250%。《关于市场化债转股股权风险权重的通知》的发布，能够在一定程度上缓解银行的资本补充压力。

5. 转让

信贷资产的转让分为信贷资产转让和信贷资产收益权转让。其中，信贷资产转让一般是指商业银行直接将信贷资产转让给资产管理公司等，信贷资产收益权转让主要是指商业银行通过银行业信贷资产登记流转中心转让信贷资产所对应收益权的行为。

信贷资产转让方面，根据财政部、银监会 2012 年印发的《金融企业不良资产批量转让管理办法》，批量转让是指金融企业对一定规模的不良资产进行组包，定向转让给资产管理公司的行为。最初监管部门只允许 10 户及以上公司类贷款的批量转让，自 2021 年以来，对于转让户数的限制已经陆续降低至 3 户甚至单户。最初的批量转让仅为公司类贷款，根据 2021 年 1 月银保监会发布的《关于开展不良贷款转让试点工作的通知》，不良贷款转让范围进一步拓展至个人贷款，具体包括个人消费信用贷款、信用卡透支和个人经营类信用贷款等。首批参与试点的银行包括 6 家国有大型银行和 12 家全国性股份制银行，参与试点的不良贷款收购机构包括金融资产管理公司和符合条件的地方资产管理公司、金融资产投资公司。

信贷资产收益权转让最初主要是为了规避转让信贷资产需进行转让登记以及抵质押变更的规定。2016 年 4 月，银监会发布《关于规范银行业金融机构信贷资产收益权转让业务的通知》，对信贷资产（含正常类及不良类）收益权转让业务进行规范。对于信贷资产收益权转让，要求出让方银行按照原信贷资产全额计提资本；对于不良资产收益权转让，在出让方银行继续涉入的情况下，计算不良率、不良余额和拨备覆盖率等相关指标时，将继续涉入部分纳入不良贷款统计口径。受以上政策影响，整体来看，不良资产收益权转让业务规模不大。

6. 资产证券化

不良资产证券化是以银行处置不良资产所产生的现金流为基础所发行的资产支持证券。银行间市场最早于2006年至2008年发行了4单不良贷款资产支持证券，2016年交易商协会发布《不良贷款资产支持证券信息披露指引（试行）》，重启不良资产证券化，累计有3批次共40家金融机构获批不良资产证券化试点。

相较于其他处置方式，不良资产证券化可以在优化财务报表与回收金额最大化之间获得一定平衡。从优化财务报表的角度看，转让及资产证券化均可直接减少不良资产余额，降低不良率。但转让属于一次性买卖，后续诉讼及抵质押物的追偿都由债权购买方负责，因此，一般来说转让折扣率较低，无法获得后续抵质押处置可能带来的超额收益；而资产证券化是按照未来资产的预期回收情况确定发行金额，银行作为资产服务机构，在资产证券化交易中仍负责不良资产的诉讼与追偿，相较于转让，一方面可能会获得更高的折扣率，减少核销压力；另一方面，银行还可通过收取资产服务机构服务费与超额奖励服务费等方式获取更多中间业务收入。

三、我国不良贷款证券化的发展历史

2006年我国首次进行不良资产证券化的尝试，成功发行了信元2006-1、东元2006-1等产品，2008年国际金融危机爆发后证券化业务暂时停滞。随着近年来商业银行不良贷款和不良率的持续“双升”，2016年1月，银监会在全国银行业监督管理工作会议上提出开展不良资产证券化和不良资产收益权转让试点工作，标志着不良资产证券化在2006年试点后再次重启。当年，工商银行、建设银行、中国银行、农业银行、交通银行和招商银行6家银行获得首批试点资格。2017年，国家开发银行、中信银行、光大银行、华夏银行、民生银行、兴业银行、平安银行、浦发银行、浙商银行、北京银行、江苏银行和杭州银行12家银行入围第二批试点名单。2019年，四大资产管理公司（东方资产、长城资产、华融资产和信达资产）、邮储银行和进出口银行、渣打银行（中国)，以及贵阳银行、青岛银行、广州农商银行、重庆农商银行等 20 余家金融机构进入第三批试点范围。截至 2021 年末，三批试点共计 40 家获得不良资产证券化发起资格的金融机构中，已有 23 家金融机构发起不良资产证券化产品，其中有 6 家金融机构发起的不良资产证券化产品超过 10 单。不良资产证券化试点机构的逐步扩大给不良资产证券化市场的发展奠定了基础。预计在当前不良贷款余额增长及审核提速增效的背景下，更多机构有望加入不良资产证券化的行列中来。

表 12-1　截至 2021 年末各批试点机构不良资产证券化产品发行情况

试点批次	发起机构	发起机构类型	累计发行单数（单）
第一批	工商银行	国有银行	39
第一批	建设银行	国有银行	38
第一批	中国银行	国有银行	14
第一批	农业银行	国有银行	19
第一批	交通银行	国有银行	8
第一批	招商银行	股份制银行	26
第二批	中信银行	股份制银行	8
第二批	光大银行	股份制银行	1
第二批	华夏银行	股份制银行	3
第二批	民生银行	股份制银行	9
第二批	兴业银行	股份制银行	8
第二批	平安银行	股份制银行	8
第二批	浦发银行	股份制银行	17
第二批	浙商银行	股份制银行	3
第二批	北京银行	城商行	1
第二批	江苏银行	城商行	1
第二批	杭州银行	城商行	1
第三批	中国华融	资产管理公司	1
第三批	中国东方	资产管理公司	2
第三批	贵阳银行	城商行	1
第三批	广发银行	股份制银行	3
第三批	邮储银行	国有银行	2
第三批	中国信达	资产管理公司	1

资料来源：作者整理。

2016年不良资产证券化试点重启以来，各家银行积极探索不良资产证券化，不仅交易结构更加创新，而且基础资产也从传统的对公不良贷款扩展至信用卡、小微贷款、个人住房抵押贷款、个人经营贷款等零售类不良贷款，不良资产证券化已成为不良资产处置的重要补充手段之一。截至2021年末，银行间市场累计发行214单不良资产证券化产品，累计发行规模达1170.59亿元，累计消化不良贷款本息余额5719.96亿元。其中，2021年发行64单不良资产证券化产品，较2020年增加10单；发行规模合计301.14亿元，同比增长7.00%；消化不良贷款本息余额1644.42亿元，同比增长3.99%。

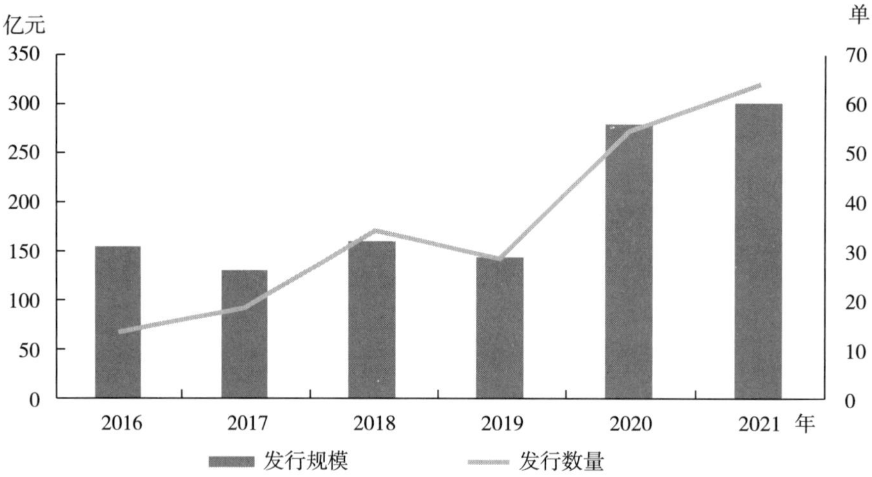

图12-1　2016—2021年不良资产证券化产品发行情况

（资料来源：CNABS，作者整理）

基础资产类型方面，不良资产证券化产品的基础资产主要包括对公类不良贷款、个人抵押类不良贷款、个人信用类不良贷款和微小企业类不良贷款四大类。初期基础资产以对公类不良贷款为主，近年来个人信用类不良资产证券化产品发行规模及发行单数均大幅增长，整体来看，已发行的产品基础资产以个人抵押类不良贷款和个人信用类不良贷款为主。截至2021年末，对公类不良资产证券化产品累计发行19单，累计发行规模为218.72亿元，占累计总规模的18.68%；个人抵押类不良资产证券化产品累计发行34单，累计发行规模为431.50亿元，占累计总规模的36.86%；个人信用类不良资产证券化产品累计发行139单，累计发行规模为367.54亿元，占累计总规模的31.40%；微小企业类不良资产证券化产品累计发行22单，累计发行规模为152.83亿元，占累计总规模的13.06%。2021年，对公类不良资产证券化产品共发行3单，发行规模合计63.80亿元；个人抵押类不良资产证券化产品共发行9单，发行规模合计117.10亿元；个人信用类不良资产证券化产品共发行47单，发行规模合计113.45亿元；微小企业类不良资产证券化产品共发行5单，发行规模合计6.79亿元。

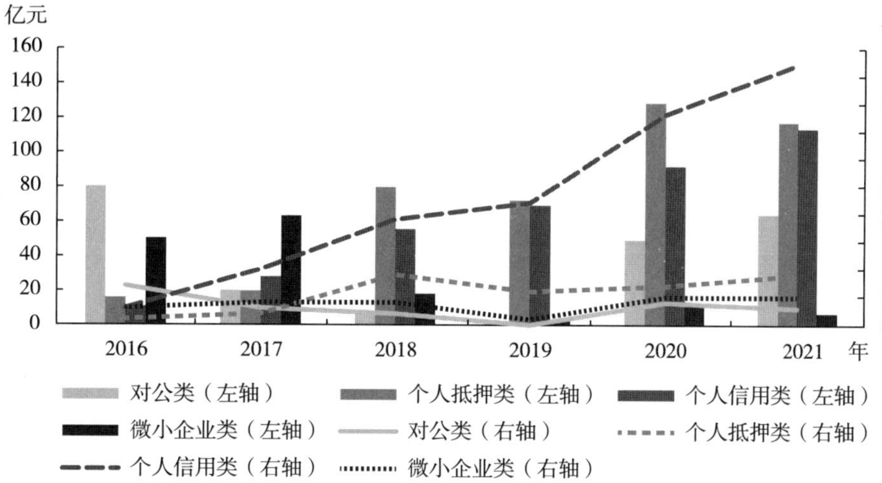

图12-2　2016—2021年不良资产证券化产品发行情况（按基础资产类型）

（资料来源：CNABS，作者整理）

第二节　不良贷款及其风险特征

一、不良贷款的类型

根据基础资产类型，可以将不良资产证券化产品的基础资产划分为对公类、个人抵押类、个人信用类和微小企业类四种。

1. 对公类不良贷款

对公贷款即发放给企事业单位的贷款。对公贷款的特点是，单笔金额大，风险相对较高，收益率和放贷对象的风险程度密切相关。通常而言，对公贷款的平均不良率要高于零售贷款，但对公贷款通常是商业银行发放贷款的首选。从商业银行信贷历史来看，对公贷款在银行贷款中的占比较高，个人贷款随着近年来个人住房贷款、个人经营贷款以及消费贷的发展，占比逐步上升。一般来说，对公贷款客户内部等级越高、体量越大，其授信规模及贷款金额越大。此外，对公贷款能够带来较多的配套业务，如对公存款、代发工资、贸易相关票证业务等，因此，从商业银行的角度来看，对公贷款特别是大中型国有企业对公贷款为其首选。相对而言，单笔金额较小的个人贷款或微小企业贷款对于银行员工数量、员工素质以及信息系统要求较高，其贷款尽调成本及后续管理压力同样较大。但对公贷款存在的主要问题是，一旦发生风险，则不良资产的处置难度较高、耗费时间较长，损失同样可能规模巨大。

2. 微小企业类不良贷款

微小企业贷款是指银行对微小企业发放的生产经营性用途的贷款，具体包含小型企业贷款、微型企业贷款、个体工商户贷款和小微企业主贷款。其中，个体工商户和小微企业主贷款的授信主体为自然人，小型企业及微型企业贷款的授信主体为企业，通常需追加企业股东或法人的担保责任。从贷款规模来看，微小企业贷款授信标准不高于1000万元，笔均贷款金额从约20万元至500万元不等。金额较低的微小企业贷款以信用方式为主，金额较大的以抵押为主，抵押物主要包括住房、商用房及工业厂房等。从资产表现来看，中小微企业抗风险能力较弱，受行业及区域经济影响较大，整体风险及违约率相对较高。

3. 个人抵押类不良贷款

个人抵押贷款以个人住房抵押贷款为主。近年来，个人住房贷款规模随着我国房地产市场的发展而持续扩张，个人住房贷款规模增长迅速，其中个人住房不良贷款也持续增长，截至2019年末，国内商业银行个人住房不良贷款余额为805亿元，个人住房抵押贷款的不良率为0.3%，其资产质量在各类型贷款中最优。不良类个人住房抵押贷款的抵押物均为个人住房，通常需办理正式抵押；对于期房，担保方式主要为预告抵押登记或备案，从预售到办理完住房产权证期间，通常开发商会为住房按揭贷款提供阶段性担保。

4. 个人信用类不良贷款

个人信用贷款以信用卡贷款、个人小额消费类或经营类贷款为主。具体而言，个人信用贷款可分为线下模式和线上模式，其中，线上模式以信用卡为代表，其业务流程主要包括身份核验、反欺诈、贷前准入授信、贷中额度管理及支用监控、贷后管理等几个部分；线下模式则以客户经理上门营销、人工或自动审批及放款模式为主，考虑到客户经理管户数量相对有限，线下模式的时效性不如线上模式，但线下模式欺诈风险较低，而且在担保方式上可增加保证类担保，因此线下业务模式贷款的单笔金额相对较大，贷款期限也相对较长。

二、不良贷款的风险特征

1. 处置催收风险

不良贷款的现金流主要来自未来的处置催收回款。由于每笔不良贷款的成因复杂，债务人、担保人、抵押物等情况也不尽相同，处置催收过程复杂多变，处置催收结果易受到系统性风险和偶然因素的影响，因此不良贷款的处置催收风险较大，对每笔不良贷款未来处置催收回款的金额和时间的预测难度也极大。

2. 现金流不稳定风险

不良贷款的回收具有较大不确定性，回收金额和时间的预测难度极大，不良贷款的处置催收回款可能出现一段时间无回收款或回收款极少的情况，现金流不稳定性大。

为缓释流动性风险，不良资产证券化项目一般都设置有流动性储备账户或流动性支持机构，其中，流动性储备账户一般将当期部分回收款计提至流动性储备账户，计提金额通常为当期税费及优先级利息的一定倍数；流动性支持机构则是设置第三方流动性支持机构，当基础资产回收金额不足以支付当期税费及优先级利息时，由第三方流动性支持机构提供支持。

3. 司法环境风险

司法处置是不良贷款的主要处置方式之一。近年来，我国《公司法》《合同法》《企业破产法》和《民事诉讼法》等一批重要民商事法律的司法解释先后出台，司法实践中的标准发生改变，给不良贷款司法处置带来诸多新挑战。此外，随着不良贷款的持续暴露，金融纠纷案件增多，基层法院审判数量增加、压力加大，金融案件往往出现立案难、撤案多、执行慢的情况。因此，不良贷款处置回收的结果和进度受到司法环境的影响，有一定司法环境风险。

4. 宏观及行业风险

近年来，受国内宏观经济增速放缓、供给侧结构调整等因素影响，商业银行不良贷款金额和不良率不断攀升，宏观经济下行、行业景气度下降都会加大不良贷款的处置难度。

三、影响不良贷款回收的主要因素

不良贷款的特征与正常类贷款的特征有很大的不同。不良贷款的现金流主要为回收现金，因此尽调的重点是影响不良贷款回收的因素。影响不良贷款回收的因素有很多，我们一般从债务人资信情况、担保情况、处置情况、逾期时间、催收政策和宏观经济及区域环境六个方面进行考察。

1. 债务人资信情况

考察不良贷款对应债务人自身的还款意愿与还款能力。（1）还款意愿方面，如借款人较为配合，通常可以协商回收贷款，如借款人自行处置抵质押物，相较于司法拍卖而言，处置价格较高且税费较低，有利于不良贷款的回收；如借款人、抵押人不配合司法程序或失联，甚至通过滥用管辖异议权、拒绝签署司法文书、转移资产以及恶意签署租赁合同等各种方式，延长司法处置时间，增加执行难度，则不良贷款的处置过程将费时费力。（2）还款能力方面，对于债务人为个人的，其个人债务情况、主营业务经营状态、短期家庭变故及沾染不良嗜好等均会显著影响其个人资信情况；对于债务人为企业的，主要考察经营状况、股东背景、资产构成及债务负担等方面。债务人经营状况目前是正常经营、停业或破产，银行所制定的不良贷款处置方式存在较大的差异。股东背景是国有或是民营，其处置方式、处置效果也会有明显不同。债务人有价值的资产是否有抵质押、查封/冻结情况，债务人的债务总额、债务优先顺序等对其还款能力和还款意愿影响较大。

2. 担保情况

考察不良贷款是否采用了保证、抵质押等担保方式，以及这些担保方式的效力。

具体来看，如果不良贷款采用了保证、抵质押担保，要考察担保方的担保实力，抵质押物状态、价值及变现情况等。（1）对于保证担保，要考察担保人的资信状况和担保实力。不良贷款的保证担保主要包括自然人担保、企业担保以及担保公司担保等。借款人贷款逾期后，如果担保方运营正常，担保实力较强，可能能够帮助清偿部分或全部贷款。此外，国有企业或国有担保公司担保，通常能够提供较为有效的回款方式。（2）对于抵质押类担保，抵质押物主要包括个人住房、商用房（含商铺、办公用房等）、车位、工业厂房及土地、土地使用权、在建工程、机械设备、存单、专利权、股权（上市及非上市公司)、采矿权、林权及海域使用权等，各类抵质押物的处置难度、所需处置时间差异很大。从基础资产类型来看，对公贷款的担保方式及抵质押物类型最为复杂，可涵盖上述所有类型，微小企业贷款与个人抵质押类贷款的抵质押物主要集中在个人住房及商用房。

3. 处置情况

考察不良贷款所采用的处置方式和处置状态。常用的处置方式包括清收、重组和转让等，每种方式的处置效果和处置时间都不尽相同。当处置涉及司法程序时，还需要考虑债权有效性和区域司法环境等因素。债权有效性方面，需要考察债权是否合法有效成立、诉讼时效是否届满等。就银行贷款而言，借款合同是债权成立的最主要原因。若诉讼时效届满，债务人可以不履行债务，债权人丧失胜诉权。

从司法诉讼流程来看，商业银行逾期贷款项目司法处置的流程主要包括诉前保全、起诉、立案、一审、二审、执行、评估、一拍、二拍、变卖、以物抵债等。目前，国内部分区域案件积压严重，诉讼流程冗长，而且不良债权执行难问题在司法实践中较为突出，大量案件因转移或隐匿资产而中止执行；而各地司法机关实际对不良债权的处理效率也因所处地区、市场环境、债务人诚信情况而不同。

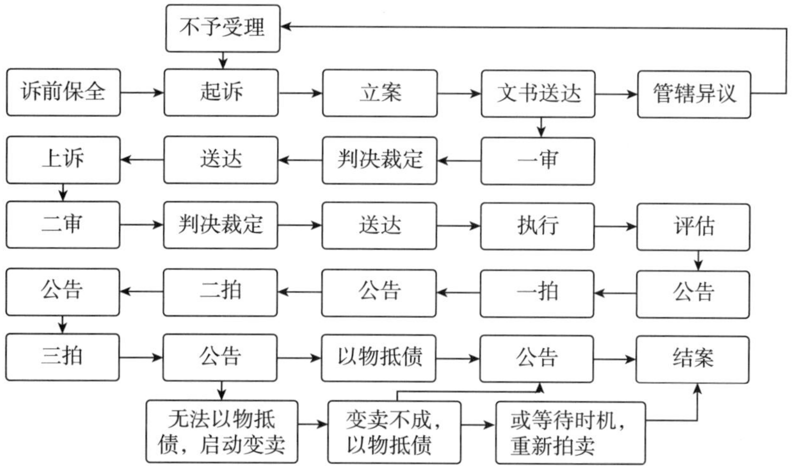

图 12-3　不良债权司法处置流程

（资料来源：作者整理）

从资产处置来看，不同区域、不同类型的抵质押物的处置难度差异较大。整体来看，东部沿海浙江、广东、江苏和福建等省份，以及北京、上海和重庆等经济较为发达区域，各类型抵质押物处置的成交率及成交折扣率相对较高；但是对于中西部等经济欠发达区域，资产处置难度与抵质押物的位置、状态及定价等存在很大的相关性，相较于东部沿海或经济发达区域，中西部区域抵质押物处置的成交率与成交折扣率均相对偏低，处置难度较大。

4. 逾期时间

回收率和回收时间与不良贷款逾期时间之间也有一定的相关性。一般而言，不良贷款逾期时间越长，不良贷款被偿还的可能性越低。不良贷款的形成主要表现在借款人出现经营困难，若发生暂时的资金周转困难，则即使贷款形成不良，也可能在短时间内归还贷款，在目前支持实体经济发展的政策下，也可采用借新还旧或无还本续贷的方式，渡过流动性困难；如若逾期时间很长，则贷款主体所经营项目较多会出现严重问题，如若停产待重整甚至面临破产，则贷款损失的风险会明显增加；此外，逾期时间太长，通常也会让抵质押物更难以处置。

5. 催收政策

催收政策方面，主要是考察信贷机构催收政策来评估回收的预期效果。贷款违约后，信贷机构需要向借款人进行催收，信贷机构的催收方法、催收频率、激励措施以及当地司法环境等都是评估催收政策和效果的要点。以个人信用类贷款为例，商业银行通常会采取自行或外包催收的制度，催收手段主要包括短信催收、电话催收和上门催收等。对于逾期天数较短的违约客户，通常采取短信催收和电话催收等较为温和的催收手段；对于逾期天数较长的违约客户，通常委托专业催收公司进行催收，催收的机构一般配备有专业的催收人员，以及明确的分级催收制度，对于不同阶段的逾期客户采取针对性的催收手段，通常催收机构的费用结算及激励机制与资产逾期时间成正比。2021 年 11 月，《中华人民共和国个人信息保护法》正式实施，围绕个人信息的处理，从处理规则、个人权利、处理者义务、保护职责部门以及法律责任等不同角度确立了相应规则，并且针对敏感个人信息强调了特别规则。对于个人信息安全和催收行为规范的进一步约束短期内或将降低催收效率，对不良资产回收表现有一定的负面影响，但有利于不良资产处置行业的长远发展。

6. 宏观经济及区域环境

考察宏观经济环境、所属地区经济发达程度及产业结构、所处行业发展状况和区域司法环境等方面。当宏观经济处于不景气时期、行业内竞争激烈、市场需求疲软，不良贷款处置难度加大。类似地，当不良贷款对应债务人所属地区经济发达程度一般、地区产业集中度高，如果需求萎缩，往往容易出现大量同类企业经营恶化甚至破产的情况，回收难度增加。不良贷款对应债务人所处行业对回收也有影响，如果所处行业产能过剩，行业本身处于收缩的阶段，也会增加不良贷款处置难度。区域司法环境主要考察司法机关对于不良贷款的处理效率，包括立案、执行等方面。

表 12-2　不良贷款主要考察内容

分析要点	主要因素	考察内容
债务人资信情况	经营情况	正常经营、停业或破产
	股东背景	国有、民营
	主要资产和债务情况	资产抵质押、查封/冻结情况，债务总额及偿付顺序
担保情况	担保方式	采用保证、抵押或质押担保方式
	担保力度	如采用保证，保证人资信状况； 如采用抵押或质押，抵质押有效性和抵质押物评估
处置情况	处置方案	清收、重组或转让
	处置阶段	是否已经开始进入诉讼等
	处置障碍	司法环境、地方政策、政府等
逾期时间	逾期时间	逾期时间
催收政策	催收政策	催收方法、催收频率、激励措施
宏观经济及区域环境	宏观经济环境	宏观经济周期、GDP 增速
	地区经济	发达程度及产业集中度
	行业周期	扩张、稳定或收缩
	司法环境	当地的法院判决、执行效率

资料来源：作者整理。

第三节　不良贷款 ABS 尽调要点

对公类不良贷款 ABS 尽调要点

一、资料收集

针对对公类不良贷款 ABS 产品开展尽职调查时，需要收集的资料主要包括以下内容。

1. 总体资料

- 资产保全相关制度：金融机构内部一般都会针对逾期和不良资产设立相关的资产保全管理制度，对逾期和不良资产的催收和保全设置指导方向。
- 资产池清单：通常由发起机构提供，涵盖每笔拟入池对公类不良贷款的相关信息，具体包括：（1）借款人相关信息，如企业全称、实际控制人、行业、所在地区、目前的运营情况等；（2）贷款相关信息，如贷款合同/借据编号、合同发放金额、未偿本金余额、未偿息费余额、利率类型（固定/浮动）、利率调整方式、当前执行利率、贷款发放日和到期日、是否发生过展期、五级分类、累计逾期时间等；（3）担保情况相关信息，如担保方式、保证人（如有）的名称和实际控制人、保证人行业等；（4）抵质押物（如有）的相关信息，如抵押物的类型、抵押物的基本情况和最新估值、抵押物的最新照片或视频、质押物的类型、质押物的基本情况和最新估值等。
- 交易相关资料：主要包括主定义表、信托合同、贷款服务合同、资金保管合同等交易文件，以及法律意见书等。
- 测算相关资料：主要包括分层结构、分配顺序、处置费用及其他各项费用等参数假设等。

2. 逐笔资料

- 放款时的资料：（1）贷款相关文件，如借款申请、借款合同、银行内部审批、借款借据、历史还本付息凭证等；（2）借款人主体资格文件，如借款人营业执照、公司三年一期审计报告、公司法人身份证件等；（3）保证人资料文件（如涉及），如保证合同等；（4）抵质押相关资料（如涉及），如抵质押合同、抵质押人内部审批文件、抵质押人公司章程、抵质押物财产凭证、抵质押权设立凭证、抵押物土地房产权证等。
- 成为不良后的资料：贷后管理文件，主要包括借款人一户一策表、不良贷款尽调报告、延期还款协议、保证人还款历史凭证等。
- 抵质押物最新评估报告。

二、访谈关注要点

由于对公贷款业务单笔金额较大、入池资产笔数（户数）较少、不同资产回收来源差异较大、抵押物状况各不相同，因此对公贷款需逐笔进行回收分析。交易商协会发布的《不良贷款资产支持证券信息披露指引（试行）》也要求对公贷款需要进行逐笔尽调。因此我们不仅要对总行、分行进行访谈，还需针对资产的情况进行逐笔访谈。

1. 总行

在对公贷款方面，总行的主要工作集中于信贷风险的识别、信贷政策的制定、不良资产的统筹处置、大额审批等，通常并不会由总行直接对借款人发放贷款，因此我们的关注点应放在以下几个方面。

- 发展历史和未来战略，以此来判断该项业务在银行的战略地位；
- 业务的存量规模、近年增速、不良状况以及地区差异；
- 风控制度，了解该业务整体的风控制度和风控流程，以及相对应的审批权限；
- 催收和保全制度，了解逾期或不良发生后银行的催收制度，是否采取外包方式，是否存在总对总的催收方式等。

2. 分行

分行层面，除关注贷款发放环节对于总行信贷制度的执行情况之外，还需要着重关注以下几个方面。

- 区域经济环境，如前所述，宏观经济与区域经济环境对于不良贷款的催收有重要的影响，需关注不良贷款的产生是否与区域经济环境有直接关系（例如，部分区域担保圈曾产生大量不良贷款）；
- 贷前审核，关注审核权限情况，不同分行对于贷前审核的重点是否有明显差异；
- 贷后催收团队设置，关注催收是由谁来主导，是否聘请外包团队、如何与外包团队分工及合作、外包团队收费模式等；
- 当地司法处置环境（流程与时间），关注当地司法处置环境是否良好，法院的立案时效性，从起诉到获得拍卖执行款的每一步所需时间范围，法院的结案率，涉及的税费是由买方还是卖方承担，当地的税费大致范围等。

3. 逐笔资产

对于对公不良贷款业务，由于每笔借款的差异较大，因此，尽调的重点应放在资产本身的状况，具体来说主要关注以下几个方面。

（1）债务人的情况

- 产生不良贷款的原因，包括外部原因（竞争大、银行压缩贷款等）及内部原因（经营不善、资金链断裂等）；

- 是否持续经营，关注企业是否还有能力自救，以自身现金流还款；
- 有无破产重组，破产重组流程与抵质押物司法拍卖流程差异较大，因此需关注企业是否有计划进行破产重组，以及破产重组的进度；
- 配合程度和还款意愿。

（2）抵押物的情况

估值过程中，通常会优先考虑抵押物的变现价值，因此抵押物的状态就尤为重要。需对重要的抵押物进行现场尽调，查看抵押物当前状态。一般来说，项目中遇到的抵押物主要分为房产和非房产两类。

- 房产：主要有住宅、商铺、写字楼、工业厂房及土地等，需关注其新旧程度、位置、是否查封，商业和厂房等关注是否还在运营或已经空置，仍在运营的商业房产需关注其历史和当前的现金流情况；还需关注抵押物所处的位置，是否为商业街区，附近出售/出租价格，同时结合司法拍卖网站，查询近期是否有成交案例，成交价格如何，交易是否活跃，用来评估抵押物的变现价值。

此外，针对在建工程需要具体问题具体分析，了解其未完工的程度和原因，相关抵质押及债务情况，以及发起机构对于在建工程未来的处置计划。

回收方式方面，尤其是面积较大、估值较高、处置难度偏大的抵押物，需要仔细询问预计处置方式，是自行拍卖抵押物、协调借款人/保证人还款，还是卖给地方性资产管理公司或相关机构，以及是否已有意向买家，预计处置价格及回收时间。

- 非房产：其他类的资产主要涉及船舶、机器设备等，主要关注购买年限、用途、是否有成交案例。值得注意的是，工业用途的机器设备，专用性比较强，变现能力比较有限。

（3）质押物的情况

项目中常见的质押物主要为上市公司股票和非上市公司股权两类。对于上市公司股票，可以参考近年的股价作为估值的依据，非上市公司股权相对来说定价较难。

（4）担保方的情况

保证人方面，需要重点关注保证人的还款能力和还款意愿。一般来说，保证人通常分为几类：①自然人，如公司的实际控制人及其配偶；②关联公司、母子公司或兄弟公司；③担保机构，或上述几种的结合。

近年来，对公不良贷款的回收来源愈加丰富，来自保证人或借款人名下的其他资产的还款也更多，在借款人出现不良的时候，保证人会对借款人施压，要求借款人尽快偿还银行的债务。有些保证人自身的运营状况较好，还款意愿较强，银行会与保证人签订还款协议，我们还需要关注其还款历史。

（5）其他资产线索

不良发生后，尤其是在银行提起诉讼后，可以在法院申请查封债务人的其他资产，用来偿还债务，这些资产线索可以作为抵质押物以外的补充还款来源。

（6）其他需要注意的问题

值得注意的是，除银行外，四大国有资产管理公司（AMC）也会发行类似对公贷款不良资产证券化项目。与银行的资产相比，AMC 的资产一般是从银行打包购买而来，因此，AMC 在直接催收借款人方面，力度相对较弱，借款人配合程度也相对较低。因此，对 AMC 作为发起机构的不良资产证券化项目，还应重点关注抵押物处置的方式，是拍卖还是转让，用于判断预期回款时间。此外，还可以了解 AMC 资产的收购价格，以帮助判断发起机构预期回收金额。

三、资料分析关注要点

1. 基础资产

- 贷后管理报告：对于对公类贷款，金融机构通常会在放款后定期进行贷后管理，并形成书面报告，特别地，在贷款成为不良后会有更加详细的贷后管理报告，我们需要关注的是借款人的历史还款情况和重组情况、借款人最新的业务经营状况、形成不良的原因、银行预计的催收和处置方案、抵质押物（如有）情况、保证人是否有清偿能力和清偿意愿、是否需要签订新的重组协议、借款人是否已经破产需要进行破产清算等。
- 合格标准：从合格标准来看，主要包含以下要素：借款人相关标准、标的债权相关标准、抵质押物相关标准等，需注意合格标准一般约定同一债务人项下所有对公不良贷款同时入池。
- 集中度：关注户数、地区、金额、逾期时间等要素。

2. 交易结构

- 基础资产：关注基础资产的真实性、合法性、权利归属和权利负担；关注基础资产转让的合法性及有效性；关注基础资产的定义、范围及合格标准。

• 交易机制：一般需关注账户设置及回收款转付机制、现金流分配机制、循环购买机制（如有）、信用增进机制、信用触发机制的设定是否合理、完备、有效，评估这些机制设置是否会带来一定的交易风险，或者是否可以缓释交易风险。对于不良贷款 ABS 产品，产品端账户设置不再区分本金账和收入账，只有回收款账户，用于接收处置收入。需重点关注处置费用的比例和支付方式、归集转付频率。一般来说，对公类不良贷款 ABS 项目的基础资产多采取按季度归集和转付，优先级资产支持证券采取按半年付息、过手还本的方式。

• 其他机制安排：对于不良贷款 ABS 产品，可重点关注流动性储备账户和流动性必备金金额、流动性支持机构、清仓回购等机制安排，评估其对产品风险的影响。

3. 法律风险

• 关注法律意见书中对本交易主要当事方的主体资格，交易文件的合法性，基础资产的真实性、合法性、有效性、权利归属及权利负担，基础资产转让的合法性，信托财产风险隔离的有效性等方面是否合法合规的专业意见，识别是否存在相关法律风险的提示。

个人抵押类不良贷款 ABS 尽调要点

一、资料收集

尽调资料方面，总行、分行需提供的资料与对公类不良贷款相似，逐笔资料主要包括放款时的资料和该笔贷款成为不良后的资料。

• 放款时的资料：(1) 贷款相关文件，如借款申请、借款合同、银行内部审批、借款借据、历史还本付息凭证等；(2) 借款人和共同借款人（如涉及）资料文件，如身份证件、收入证明等；(3) 保证人资料文件（如涉及），如保证合同等；(4) 抵押物相关资料，如抵押合同、抵押物财产凭证、抵押权设立凭证、抵押物土地房产权证等。

• 成为不良后的资料：主要包括贷后管理文件，如不良贷款尽调报告、延期还款协议、抵押物最新评估报告等。

二、访谈关注要点

1. 总行

与对公贷款业务相似，访谈时需了解相关业务的发放流程、发放情况、整体风控手段，地区发放偏好等，此外由于近年来房地产市场变化较大，还需了解房地产行业政策以及与之相关的信贷政策。

2. 分行

分行层面，除着重了解贷款发放环节是否按照总行的制度进行审核之外，还需关注以下几个方面。

- 区域房地产市场情况：由于不同地区房地产市场政策差异较大，在对分行进行访谈的时候，需首先关注当地的房地产市场具体情况，包括当地的房地产需求、本地住房的空置情况、贷款和限购政策、外来人口情况，以及近年来的房地产价格走势。此外，也需关注合作房地产商的筛选和淘汰规则、分行合作的主要开发商情况，以及不良贷款的出现是否与开发商经营不善有关等。
- 不良成因：了解当地形成不良的原因，是否存在地方性的一致性原因。
- 催收方式与回收数据：判断回收主要方式为协商还款、抵押物处置、担保方代偿或协议重组等，了解各类型回收方式占比；关注当地不良贷款的历史催收回款情况，包括回收率和回收时间等。
- 催收流程：可分别按照一手房、二手房了解相应的催收手段与催收流程等。
- 司法环境：关注当地司法处置环境，如司法处置的流程、时间长度、法院受理案件的速度等。
- 疫情影响：2020年以来持续反复的新冠肺炎疫情，会对借款人的现金流及偿债能力产生一定的负面影响，并对债权人催收或司法诉讼进程产生一定阻碍，访谈中，需进一步了解疫情对不良率、不良贷款回收率以及催收时间的影响。

3. 抽样资产尽调

对抽样资产的了解，重点应放在该债务人产生不良的原因、抵押物状况、司法进程、分支行预测的处置时间和回收金额，并根据样本情况，推测借款人和抵押物的特征对不良回收金额和回收时间的影响。特别是在司法处置方面，对下述几个因素应更加关注：法院是否支持处置唯一住房、对于预告抵押登记或合同备案的资产是否支持优先受偿权、涉及异地法院查封是否会进行管辖权移交等问题，通常需在单个样本的访谈中得到相应的结论，用于支撑估值体系。具体对于抵押物的估值分析可参见第四节“不良贷款抵押物处置常见问题”中的详细阐述。

三、资料分析关注要点

此处与对公类不良贷款 ABS 基本一致，不再赘述。

个人信用类不良贷款 ABS 尽调要点

一、资料收集

个人信用类业务对比对公贷款业务和个人抵押类贷款业务来讲，人数众多，单笔放款金额较小，业务面更广，而且大部分业务都采取无抵押的形式，对此类不良贷款进行估值，主要参考商业银行历史回收情况。因此，除制度、交易相关资料、测算相关资料外，还需要收集历史上所有同类型个人信用类不良资产（如信用卡）形成不良后的逐月回收数据。

- 资产池清单：通常由发起机构提供，涵盖每笔拟入池个人信用类不良贷款的相关信息，具体包括：（1）借款人相关信息，如借款人姓名、地区、职业、出生日期、性别、学历、年收入等；（2）贷款相关信息，如贷款合同/借据编号、合同金额、未偿本金余额、未偿息费余额、当前执行利率、发放日和到期日、授信额度、五级分类、形成不良的时间、累计逾期时间等。
- 历史数据：与入池资产同类型的不良资产的特征清单和形成不良后的逐月回收数据，需要逐笔提供。

二、访谈关注要点（以信用卡为例）

1. 整体情况

首先需了解信用卡中心整体情况，包括业务运营、发卡量、卡片类型、信用卡业务在该行整体业务中的定位和未来的发展战略，关注与同业的优劣对比。

业务开展方面，关注信用卡业务的开展状况，如市场占有率、业务存量和增量规模、利润规模、信用卡分期业务的使用率、费率和期限结构、个人信用卡贷款总体不良率情况及近几年的变动趋势，不同区域、不同产品不良率分布情况等。

风险审批流程及政策方面，具体关注：（1）信用卡的发卡政策、发卡流程、持卡人筛选和审核过程；（2）持卡人的信用评分体系建设；（3）个人信用卡的额度限制、定价规则以及期限；（4）信用卡业务申请接受率或拒绝申请的比率；（5）信用卡发放后的管理政策、流程、账户评估方式；（6）对比疫情前后信用卡逾期率和不良率的变化。

2. 催收流程

具体关注：（1）信用卡逾期认定的标准和流程、五级分类标准；（2）信用卡逾期管理的方法；（3）不良资产常规的处置流程、处置方案、处置手段；（4）整体信用卡不良资产处置的回收状况（整体回收情况以及不同逾期时间、不同处置方案的平均回收率）、不同区域回收率的差异；（5）疫情对资产质量的影响、对催收效果的影响；（6）外包催收情况，包括催收公司的选取、催收的费用和催收的效果；（7）信用卡核销政策和最近几年的核销数据。

3. 入池资产的筛选特征

具体包括：（1）拟入池不良资产的挑选规则，包括资产的逾期期限、种类、金额、以借款人或账户资产入池、担保方式等，是否要避开疫情高发地区的资产入池等内容；（2）拟入池不良资产与未入池不良资产的管理规则之间的差异；（3）拟入池不良资产与未入池不良资产的催收政策之间的差异。

三、资料分析关注要点

阅读资料时，主要关注以下几个方面：历史数据的情况、基础资产的情况和交易文件中有关交易结构、法律风险的内容。

1. 历史数据

- 历史数据的数量：（1）数据长度。需要关注发起机构提供的历史数据的长度，理想情况下，历史数据时间跨度应在 5 年以上。（2）每个静态池的笔数。笔数越多，越有参考意义，如笔数特别少易出现异常值的情况。
- 历史数据的质量：（1）数据本身的一致性。验证数据前后的一致性，以及历年来的变化，并结合宏观经济环境、业务相关的政策、疫情相关外部环境等进行验证，探究数据本身的一致性以及变化趋势。（2）数据与访谈、业务的一致性。通常需结合历史数据的统计特征，以及访谈时得到的业务数据进行交叉验证，探究其一致性，如果遇到差异很大的情况，需与发起机构沟通产生差异的原因。(3)历史数据与同业的可比性。对比其他同业的数据，进行对比分析。

2. 基础资产

● 贷款的标准化程度：阅读样本合同，关注贷款的同质化程度。尤其针对个人信用类不良贷款项目，如同时入池卡透债权和专项分期债权，则对基础资产尽调时需要分开来看。

● 遴选标准方面：(1)关注是否符合合格标准，对于与之不符的资产需要剔除；(2)分散性；(3)其他关键指标，如逾期时间长短、金额分布、地区分布等。

3. 交易结构

● 个人信用类不良贷款 ABS 产品交易结构设置与其他不良贷款 ABS 产品设置基本一致，只是归集和转付频率更快，这主要是由于对公类不良贷款 ABS 和个人抵押类不良贷款 ABS 主要依靠处置抵押物回款，现金流回款分布较不平均，而个人信用类不良贷款的现金流回款分布相对平均。一般来说，个人信用类不良贷款 ABS 产品多采取优先级资产支持证券按季度偿付，优先级本金偿付完毕后，次级资产支持证券按月偿付的方式；也有部分个人信用类不良贷款 ABS 产品统一采用按月偿付的方式。

4. 法律风险

● 关注法律意见书中对本交易主要当事方的主体资格，交易文件的合法性，基础资产的真实性、合法性、有效性、权利归属及权利负担，基础资产转让的合法性，信托财产风险隔离的有效性等方面是否合法合规的专业意见，识别是否存在相关法律风险的提示。

其他不良贷款 ABS 尽调要点

对于银行信贷业务而言，有贷款投放就有不良资产，所以除了上述三个最广泛的基础资产类型外，还会涉及小微不良资产、车贷不良资产等基础资产类型。如有新的不良资产类型，首先需访谈资产提供部门，了解资产的特征，如资产的担保方式、是否存在抵质押物；其次，需了解该产品的历史回收情况，询问是否有完整的不良贷款回收数据。本部分简要介绍车贷不良 ABS 的一些特殊要点，供读者参考。

商业银行最开始拓展信用卡车贷业务时，采取与经销商合作的间客模式，即经由经销商介绍个人客户进行车贷的申请；后期经销商合作模式逐渐减少，并转变为直接与4S店合作的直客模式。

1. 间客模式

间客模式下，银行将部分审核性工作转嫁至经销商层面，银行的审核偏向于对经销商的准入和审核，客户的资质部分依赖于经销商选择标准。银行通常向经销商收取一定比例的保证金，用于补偿借款人发生逾期时的损失，经销商负责在借款人发生逾期或不良时对借款人进行催收。这种模式下，银行通常要求借款人将标的资产抵押给银行（实际操作中，也会有部分资产不做抵押登记，为纯信用贷款）。

对于此类资产，我们需重点关注经销商的筛选、经销商自身的运营和盈利能力、经销商的代偿历史、不良贷款出现的原因，以及不良贷款主要回收渠道和历史回收情况。此外，各地分支行选择的经销商不同，除对总行的访谈以外，还需要对分支行进行了解，尤其需关注经销商筛选标准、目前运营状况、历史代偿情况、对抵押物是否扣车、转售如何定价等。

2. 直客模式

直客模式下，4S店或经销商只负责推荐客户，贷前的审核和审批全部由银行进行，4S店或经销商无须向银行缴纳保证金，当借款人出现逾期或不良时，仅由银行进行催收，此种模式下，银行与借款人的业务关系更为直接。

乘用车作为动产，实践中会存在无法找到抵押物、抵押物价值难以估计、抵押物灭失等情况，对于部分乘用车价值不太高（如低于30万元）、借款人资质较好（参考借款人的信用评分）的情况，银行会选择无抵押的信用贷款模式。此种模式下，车贷与信用卡的分期业务更加类似，成为一个专项额度项下的信用卡分期，因此，在访谈和搜集资料时可以参照不良信用卡模式。如存在抵押贷款和无抵押贷款并行的两种业务形式，还可以了解两种业务形式不良项下的回收情况是否存在差异、催收方式是否存在不同。

第四节　不良贷款抵押物处置常见问题

近年来，我国司法拍卖整体呈增长趋势，2019—2021年，全国司法拍卖房产分别成交50.49万次、51.67万次和56.30万次，同比分别增长36%、2.4%和9.0%。从房产类型来看，（1）个人住房方面，2019—2021年全国司法拍卖住宅房产分别成交 29.41 万次、31.08 万次和 35.92 万次，连续三年增长，其中近三年的平均成交率分别为 35%、32.8%和 29.67%，整体呈下降趋势。从折扣率来看，近三年的变现折扣率分别为 87%、88.9%和 90.69%，整体折扣率稳中有升。(2) 商业房产方面，2019—2021 年全国司法拍卖商业房产分别成交 20.42 万次、19.83 万次和 18.85 万次，近三年的平均成交率分别为 17.7%、16.2%和 12.7%，整体呈下降趋势。从折扣率来看，近三年的变现折扣率分别为 76%、75.0%和 74.36%，整体折扣率略有下降。(3) 工业房产方面，2019—2021 年全国司法拍卖工业房产分别成交 0.92 万次、0.83 万次和 0.85 万次，近三年的平均成交率分别为 30%、30.0%和 29.58%。从折扣率来看，近三年的变现折扣率分别为 89%、88.8%和 94.36%，整体折扣率相对稳定。

法拍房政策方面，根据 2021 年 9 月最高法院发布的《关于人民法院司法拍卖房产竞买人资格若干问题的规定》，"人民法院组织的司法拍卖房产活动，受房产所在地限购政策约束的竞买人申请参加竞拍的，人民法院不予准许"，相关规定自 2022 年 1 月 1 日起实施。法拍房全面纳入限购，预计会对住宅抵押物法拍的价格和热度造成一定的影响。

此外，各类型抵押物在实际处置中，常碰到以下几类问题。

1. 唯一住房问题

在不良资产的执行程序中，存在抵押房产为被执行人唯一住房的情况。我国法律最早规定对于被执行人及其所抚养的家属维持生活所必需的房产，人民法院只能查封，不能执行，因此对于唯一住房的处置存在一定的难度。但目前对于唯一住房的执行已经有了相应的法律依据和处置办法，处置办法主要包括保留租金执行和置换执行。保留租金执行是指按照当地廉租住房保障面积标准为被执行人提供房屋，或者参照当地房屋租赁市场平均租金从房屋处置款中扣除一定年限的租金后执行。置换执行是指采用以大换小、以好换次的方式，使用满足基本生活居住的房产与被执行房产进行置换，再将抵押物进行处置的方式。

但在实践中，仍存在部分区域法院出于维护社会稳定的考虑，在被执行人名下只有一套房产的案件中采取停止或搁置执行的做法，给债权的回收造成一定障碍。

2. 轮候查封问题

首封债权人是指在执行过程中首先采取查封、扣押、冻结的债权人。对于多方借贷的企业，抵押权人并不一定是首封债权人，首封之后的查封为轮候查封。

根据我国法律规定，抵押权属于担保物权，其优先受偿权不受查封顺序影响。在实践中，抵押权人可以在执行程序开始后直接申请参与分配。在执行过程中，一般由首封法院负责处分查封物并主持分配，抵押担保债权的清偿顺序劣后于执行费用，但优先于普通债权。抵押权人如为轮候查封或尚未申请查冻扣等财产保全措施，则其抵押物的处置会受限于其他先查封法院的进展，债权实现时间相对较长，但已进入执行程序的优先债权执行法院，也可以要求首封法院将查封财产移送其执行。

3. 长期租赁问题

抵押物处置中，如抵押物上存在长期租赁，则存在债权资产购买方后续难以清退及处置等问题。

根据我国法律规定，如租赁关系在先而抵押权设立在后，则适用“买卖不破租赁”的原则，即租赁物在租赁期间发生所有权变动的，不影响租赁合同的效力。通常需等抵押物上的租赁合同结束后，再行清退及处置抵押物。但如果抵押权设立在前而租赁关系在后，则法院通常会判定解除租赁合同，抵押权人正常享有担保财产的优先受偿权。

因此，对于正常的租赁行为，需关注租赁合同与抵押合同签署的先后顺序，对于商场、办公楼及工业厂房等，正常租约并非一定是处理障碍，也可能会提高抵质押物评估价格、降低处置难度。但如果存在倒签租赁合同等恶意租赁的情况，则可能会严重影响抵押物的处置进度。

4. 借款人死亡的问题

债务人死亡后债务并不灭失，《民法典》等相关法律均明确了这一点。商业银行在处理债务人已死亡的债务时，首先看债务人是否有遗产，其次看有无债务担保人。一般公民死亡后，有遗产的，其债务由继承人承担；无遗产或者继承人放弃继承的，继承人不承担被继承人的债务。

因此，如保证方式为担保，则借款人死亡，并不影响担保人的担保效力，如若担保人死亡的，其继承人应以所得遗产实际价值为限继续承担保证担保责任；如保证方式为抵押，则若借款人或抵押人死亡，其房地产继承人应当继续履行原抵押合同，抵押合同继续有效。实践中，借款人死亡会增加财产继承程序进程时间，延长文书送达与公告等流程时间，进而会延长最终债权的实现。

5. 债务人处于破产流程中

破产程序分为和解、重整和清算三类。和解是指债权人与债务人达成和解，减免债务、延长债务履行期限，使债务人摆脱困境，避免破产；重整程序主要是调动各利害关系方的积极性，挽救企业于困境，恢复企业生产经营能力，实现企业再生，预防破产；清算是指无法通过重整或和解挽救企业，由破产管理人对债务人财产进行清算、评估、处置，并依法定程序分配。

重整、和解、清算是《企业破产法》的三大制度基础。考虑到重整、和解是企业进入破产程序后的问题解决方式，引入股东或调整债权债务关系后，企业将继续经营，并非真正的“破产”，只有清算才是真正的“破产”。因此，破产清算程序具有不可逆转性，企业被法院裁定宣告破产清算，即意味着走向生命的尽头。

通常，企业和股东在面临不同的债务困境后，从解决方案需付出的代价大小来看，解决方案的顺序为：自行偿还>自行重组（沟通展期等）>司法和解>司法重整>破产清算。债务清偿顺序方面，根据我国法律规定，破产财产在优先清偿破产费用后，依照下列顺序清偿：（1）破产人所欠职工工资、各类保险和应付补偿金；（2）破产人欠缴的社保费用和税款；（3）破产债权。在破产债权中，有财产担保的债权属于优先受偿债权；对于普通债权，破产财产不足以清偿的，按照比例分配，破产清算中普通债权受偿率通常极低。此外，根据实践经验，我国企业破产相关流程较长，进入破产相关流程后，债权的受偿时间将受到破产进程的影响，对此需保持关注。

6. 房产及土地单独抵押登记的情况

根据我国法律规定，对于房屋设立抵押的行为，房屋与土地使用权应一并抵押。但实践中，特别是2016年《不动产登记暂行条例实施细则》生效实施前，存在房屋与土地使用权分别抵押的情形。特别是对于房产管理部门和国土管理部门分设的地区，房地产抵押登记的分离问题较为突出。存在部分房产仅就房屋办理了抵押登记，未办理对应土地使用权的抵押登记；或仅办理土地使用权的抵押登记，并未办理地上房屋的抵押登记的情况。

通常而言，在房屋和土地使用权管理机构分设的地方，只要向房产管理部门或国土管理部门办理抵押登记，抵押权即生效。但实践中，只单独办理房屋抵押登记的，可能存在土地使用权被抵押给其他债权人进而被查封的情况。当其他债权人对应办理但未办理登记的房屋或土地使用权进行查封或行使抵押权时，可能会影响抵押权的实现。

7. 预告抵押登记及备案等问题

预告抵押登记在个人住房抵押贷款中较多出现，主要受业主未配合、房屋未竣工、房地产商未办理竣工手续等因素影响，导致部分银行仅办理预告抵押登记而未办理正式抵押。根据经验和司法诉讼案例，如果银行与借款人办理了预告抵押登记，而且抵押房屋具备办理所有权登记的条件，只是由于借款人或开发商等原因未及时办理产权证书，进而导致无法及时办理正式抵押登记，通常法院会基于实质公平的原则，支持抵押权人的优先受偿权。此外，部分区域还存在不动产登记机关不支持办理房屋抵押预告登记手续，而仅对商品房买卖合同予以备案的情况，通常也并不影响抵押权人的优先受偿权。

第五节 不良贷款 ABS 信用分析案例

案例一：对公类不良贷款 ABS 案例

本部分以一单对公类不良贷款 ABS 产品（以下简称本交易）为例，说明如何从基础资产、交易结构、模型分析、主要风险和重要参与方等方面对对公不良贷款 ABS 产品进行信用分析。

表 12-3 证券概况

资产支持证券	预计发行金额（万元）	利率类型	偿还方式	偿付频率	预期到期日	法定到期日
优先级	165000.00	固定	过手	按半年	2025-01-26	2028-10-26
次级	73000.00	—	过手	按半年	2025-10-26	2028-10-26
合计	238000.00	—	—	—	—	—

资料来源：评级报告。

本交易的发起机构为交通银行，交通银行将其合法拥有、依法可以转让并且符合合格标准的对公不良债权资产信托给交银国信，交银国信以该信托财产为基础发行资产支持证券。交通银行同时为本交易的资产服务机构，招商银行为本交易的资金保管机构。具体结构如图 12-4 所示。

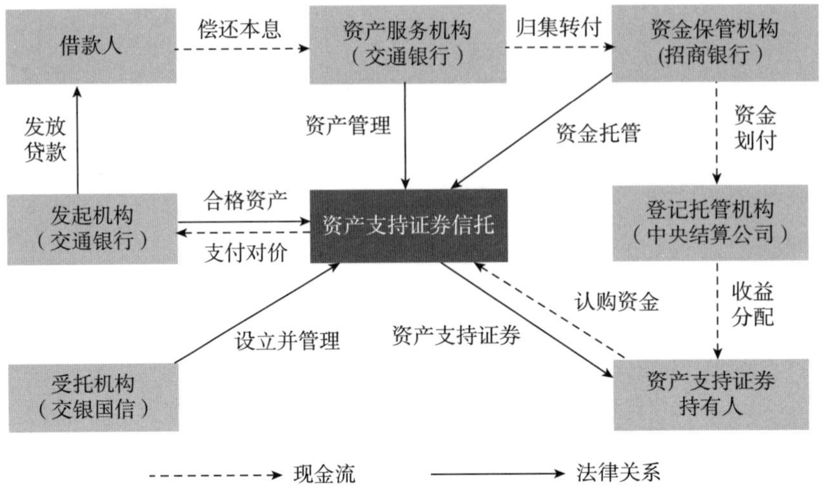

图 12-4　交易结构概况

（资料来源：评级报告）

一、基础资产分析

1. 基础资产的审查

本交易的基础资产为交通银行持有的自营商业对公不良贷款。《主定义表》中约定基础资产的合格标准如下。

基础资产合格标准
就每一笔贷款及其附属担保权益而言，是指在初始起算日以及信托财产交付日： （a）标的债权资产均为交通银行合法所有且权属明确； （b）债权合同、担保合同均适用中国法律并合法有效，而且其项下的附属担保权益均合法有效，并构成相关债务人、担保人合法有效和有约束力的义务，交通银行可根据其条款向债务人、担保人主张权利； （c）标的债权资产均合法有效； （d）标的债权资产的所有应付金额以人民币为单位； （e）标的债权资产均可进行合法有效的转让；均无限制或禁止交通银行转让标的债权资产或转让标的债权资产须征得债务人或其他义务人同意的约定； （f）初始起算日二十四点（24：00）资产的质量为发起机构制定的信贷资产五级分类中的次级、可疑或损失类； （g）债务人为依照中国法律在中国成立并合法存续的法人或其他组织；担保人为自然人的，在担保合同签署时年满 18 周岁；担保人为法人的，不属于国家机关；（h）债务人在交通银行的全部已发放完毕的标的债权资产均转让给受托人；

(i) 如某笔资产的附属担保权益涉及最高额担保，则截至初始起算日二十四点（24：00）该最高额担保的主债权已确定；

(j) 标的债权资产未根据交通银行的标准程序予以核销；

(k) 标的债权资产不存在以物抵贷的情形；

(l) 标的债权资产均不包含国防军工等涉及国家安全和敏感信息；

(m) 标的债权资产均不属于经国务院批准列入全国企业政策性关闭破产计划的资产。

根据对公不良贷款及其风险特征，结合尽职调查环节对基础资产的审查，可以看出本交易基础资产合格标准的设定及不合格资产赎回机制的设置合理有效，符合监管要求，能够合理保证入池资产的信用质量。律师事务所出具的专业意见认为，交通银行作为原始债权人转让债权资产，不必办理专门的批准、登记手续，债权资产的转让自信托生效时起即在原债权人和受让人之间发生法律效力。交通银行转让债权资产，也不必取得债务人的同意，但原债权人应当通知债务人。未经通知债务人的，债权资产的转让对债务人不发生法律效力，债务人仍向原债权人履行债务。交通银行转让债权资产，受让人的权利可能会受到债务人对于原债权人的抵销权和抗辩权的影响。

2. 本交易入池资产特征

于初始起算日，本交易资产池的特征如表 12-4 所示。

表 12-4　资产池特征（于初始起算日）

指标	数值	分析
贷款笔数	305 笔	较多的资产可以降低单一资产对资产池回收稳定性的影响。
借款人户数	152 户	
资产池未偿本金余额	525281.92 万元	可以分别按笔和按户对资产未偿本金/本息余额进行统计，主要关注最大最小单户（笔）资产的情况、户均和笔均未偿本金/本息余额情况。
资产池未偿本息余额	591475.33 万元	
单户借款人最高/最低本息余额	46359.20 万元/105.09 万元	
单户借款人平均本息余额	3891.29 万元	
五级分类（本息余额占比）	次级：67.84% 可疑：29.32% 损失：2.84%	入池资产五级分类全部为次级、可疑和损失三种，以次级为主，加权平均逾期时间相对较长。
最高逾期时间	3849.00 天	
加权平均逾期时间	422.31 天	

续表

指标	数值	分析
前5大借款人未偿本息余额占比	27.37%	入池资产户数较多，行业和地区集中度相对比较分散。
前10大借款人未偿本息余额占比	43.48%	
行业	48个（按国标二级行业）	
地区	19个省和直辖市	
担保方式	本交易采用抵押或抵押与其他担保方式组合的贷款笔数占比为74.10%，未偿本息余额占比为84.12%。	对公贷款通常会采取多种担保方式，如抵押、保证、质押，以及上述担保方式相结合的方式。通常，带有抵押担保特别是不动产抵押担保的资产在不良催收的过程中，回收率会高于没有抵押物或抵押物为机器设备、船舶车辆、股权（尤其是非上市公司股权）等的资产，因此分析时会着重关注资产抵押担保的情况、抵押物的类型和抵押物的最新估值。

资料来源：评级报告。

与同类产品相比，本交易入池资产户数/笔数较多，借款人分布于福建省、江苏省、浙江省、江西省等19个省和直辖市，资产池分散性相对较高；从未偿本息余额来看，单户借款人最大未偿本息余额为46359.20万元，最小为105.09万元，平均为3891.29万元，相比同类型产品户均金额较大；从贷款逾期时间来看，最长为3849.00天，加权平均逾期时间为422.31天，逾期时间相对较长；从抵质押物方面来看，入池资产的附属担保权益中包含的抵质押物主要包括房产、土地使用权、机器设备、股权等，抵押物位于无锡、上海、武汉、北京、福州和泉州等地，相比同类型产品抵质押物类型更加丰富、分布地区较为分散，需采取多种处置手段相结合的方式促进资产池的回收。

表12-5　同类产品比较

项目	本产品	可比产品1	可比产品2
发起机构	交通银行	交通银行	中国东方
资产池未偿本金余额（万元）	525281.92	517396.59	221737.04
资产池未偿本息余额（万元）	591475.33	570164.27	232433.75
贷款笔数（笔）	305	543	12

续表

项目	本产品	可比产品 1	可比产品 2
借款人数量（户）	152	189	12
单笔贷款平均本息余额（万元）	1939.26	1050.03	19369.48
单户借款人平均本息余额（万元）	3891.29	3016.74	19369.48
加权平均逾期时间（月）	14.08	13.57	—
前 10 大借款人未偿本息余额占比（%）	43.48	23.36	99.07
五级分类（%）			
次级	67.84	54.05	95.50
可疑	29.32	32.80	4.50
损失	2.84	13.15	—
地区占比前三（%）			
地区 1	福建（22.92）	江苏（27.56）	广东（100）
地区 2	江苏（16.06）	浙江（22.08）	—
地区 3	浙江（9.32）	广东（13.08）	—

资料来源：评级报告，作者整理。

二、交易结构分析

1. 账户设置与资金转付

（1）账户设置

本交易项下信托账设有 6 个一级分账户，即回收款账户、信托分配（费用和开支）账户、信托分配（证券）账户、信托（流动性）储备账户、信托分配（税收）账户和信托（处置费用）储备账户。其中，信托分配（费用和开支）账户、信托分配（税收）账户、信托（处置费用）储备账户中的余额将分别用于支付信托财产承担的费用和报酬、税费和处置费用；信托分配（证券）账户中的余额将用于支付资产支持证券的信托利益；信托（流动性）储备账户用于存放流动性储备金的必备金额，该金额为当期应付优先级证券利息及利息前税费的应付金额总和的相应倍数。

（2）转付机制

根据交易安排，受托人应授权并要求贷款服务机构按照《服务合同》的相关约定，在每个处置收入转付日 17:00 前将所有对应处置收入转付期间的处置收入划付至信托在资金保管机构开立的信托账户内。在每个处置收入转付日贷款服务机构转付处置收入以前，处置收入在贷款服务机构的账户中不产生任何利息。

为防范混同风险，本交易对处置收入划付设置如下机制：当交通银行的主体长期信用等级高于或等于 AA^+级时，处置收入转付日为每个计算日后的第 5 个工作日；当交通银行的主体长期信用等级低于 AA^+级但高于或等于 AA 级时，处置收入转付日为每个自然月最后一日后的第 3 个工作日；当交通银行的主体长期信用等级低于 AA 级或发生任何一起贷款服务机构解任事件导致贷款服务机构被解任时，信托委托人或受托人应通知义务人将应支付的款项直接支付至信托账户，如义务人仍将处置收入划付至贷款服务机构，则处置收入转付日为贷款服务机构收到每笔处置收入后的 3 个工作日内的任一工作日。

本交易的转付频率偏低，资金在贷款服务机构沉淀时间较长，当贷款服务机构的信用质量下降时可能存在混同风险。当贷款服务机构的信用等级低于 AA^+级时提高转付频率，可以有效缓解这一风险。

2. 现金流分配机制

在违约事件发生前，回收款按照以下顺序进行支付：信托承担的税费及其他中介机构的费用→优先级证券利息→必备流动性储备金额→处置费用→优先级证券本金→次级证券本金→次级证券固定资金成本→超额奖励服务费→剩余资金全部作为次级证券的收益。

在违约事件发生后，必备流动性储备金额为零，支付完优先级利息后，不再分配资金进入流动性储备账户，优先级利息支付完成后的分配顺序如下：优先级证券利息→处置费用→优先级证券本金→次级证券本金→次级证券固定资金成本→资产服务机构的超额奖励服务费→剩余资金全部作为次级证券的收益。

3. 信用触发机制

本交易设置的信用触发机制主要包括违约事件、权利完善事件等。

当发生优先档证券的利息未能足额获得分配，或者资产支持证券的本金在法定到期日后 10 个工作日内未能足额获得全部偿还等情况时，将触发违约事件。发生违约事件后，按照《信托合同》的约定改变现金流分配顺序。

当发生贷款服务机构被解任，或其不具备必备评级等级（AA^-）时，将触发权利完善事件。

可以看出，本交易的增信机制与信用触发机制设置较为完备。

表 12-6 主要信用触发机制设置

信用事件	主要条款	触发机制
违约事件	· 优先档证券的利息未能足额获得分配 · 资产支持证券的本金在法定到期日后 10 个工作日内未能足额获得全部偿还	违约事件后的现金流分配顺序
权利完善事件	· 发生任一贷款服务机构解任事件，导致贷款服务机构被解任 · 贷款服务机构不具备任一必备评级等级 · 委托人不具备任一必备评级等级，或委托人发生任何一起丧失清偿能力事件	发送权利完善通知

资料来源：评级报告，作者整理。

4. 流动性储备账户

本交易设有流动性储备账户，可有效缓解流动性储备风险。

在每一个信托分配日，留存必备流动性储备金额，即发生违约事件、优先级证券的全部未偿本金余额及利息偿付完毕或信托终止前，为当期应付优先级证券利息及利息前税费总和的 1.5 倍。发生违约事件或信托终止后，或优先级证券全部未偿本金余额及利息当期预计可以偿付完毕或已经偿付完毕的，必备流动性储备金额为零。

在违约事件发生前的每个信托分配日，信托（流动性）储备账户中的资金按以下顺序进行分配：

（1）将超出必备流动性储备金额的超额款项转入回收款账户；

（2）如回收款账户在信托分配日不足以支付优先级证券利息及利息前税费金额的总和，则将等值于短缺金额的款项转入回收款账户；

（3）将剩余金额保留在信托（流动性）储备账户。

在所有优先级证券的本金预计得以全部清偿之日，受托人应向资金保管机构发出分配指令，指示资金保管机构将届时信托（流动性）储备账户中的全部金额转入回收款账户。此后，信托（流动性）储备账户中不必再储备资金。

5. 信用支持

根据现金流支付顺序确定的优先级/次级支付机制，优先级证券获得次级证券提供的一定的信用支持。此外，根据对资产池的估值分析，一般景况下入池资产前五年预期回收金额为 302362.60 万元，相较优先级证券发行规模 165000.00 万元提供了较大的现金流回收支持。

三、模型分析

1. 估值分析

不良贷款的预期回收主要受到借款人资信情况、担保情况、债务受偿顺序、所在地区经济和司法环境等因素的影响。考虑到对公不良贷款的差异性较大，一般对入池贷款的预期回收价值和回收时间进行逐笔估计。

（1）回收率估计

就单户资产的回收估值而言，一般按照“回收估值=借款人回收+保证人回收+抵押物回收+其他回收贡献值”的公式对不良资产的预期回收金额进行估计。分析时，可以从区域经济和司法环境、借款人/保证人资信情况、抵质押物情况、处置进程和策略四个方面，并结合历史处置情况、地区经济、行业发展、司法环境以及借款人相关公开资料等信息，对单户资产的回收价值进行估计，获得单户资产的一般景况估值。在一般景况估值的基础上，结合资产处置的难易程度、发起机构的催收政策、宏观经济及行业政策等因素，拟定适合基础资产未来回收特征的回收分布假设，并通过蒙特卡洛模拟获得入池资产整体回收分布。

表 12-7　估值分析要点

分析要点	主要因素
区域经济和环境	地区经济
	行业周期
	司法环境
	历史处置情况
借款人/保证人资信情况	经营情况
	股东背景
	主要资产和债务情况
抵质押物情况	抵质押物价值
	处置难易程度
处置情况	处置方案
	司法进程
	处置障碍

资料来源：评级报告。

（2）回收时间估计

依据不良资产所采用的处置策略、与借款人洽商的进展、所处的处置执行阶段、区域经济和司法处置环境等因素对预期回收的时间分布作出判断。

（3）一般景况估值

根据对回收率和回收时间的分析，入池资产预期五年内回收总金额为302362.60万元，资产池预期回收率为51.12%。

表 12-8　预期回收情况

预期五年内回收总金额	预期回收率
302362.60万元	51.12%

注：1. 预期回收金额指预期回收现金流之和，未折现。

2. 预期回收率=预期回收金额/未偿本息余额。

资料来源：评级报告。

2. 现金流模型与压力测试

本部分以损失率法来评估各级证券的信用质量。现金流模型的主要参数设定如下。

（1）基础资产的回收分布

通过蒙特卡洛模拟，可以获得本交易基础资产的回收分布，如图12-5所示。

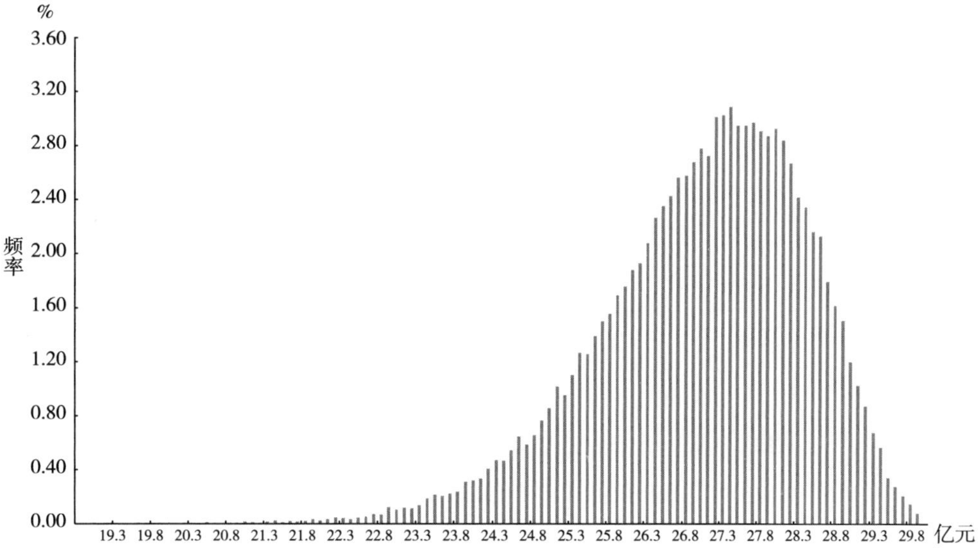

图 12-5　压力景况下资产池预期回收金额分布

（资料来源：评级报告）

（2）回收时间分布

基础资产回收时间分布如图12-6所示。其中，截至2021年9月26日，基础资产在过渡期内共回收9153.03万元；根据估值，自初始起算日起五年内预期回收金额为302362.60万元。

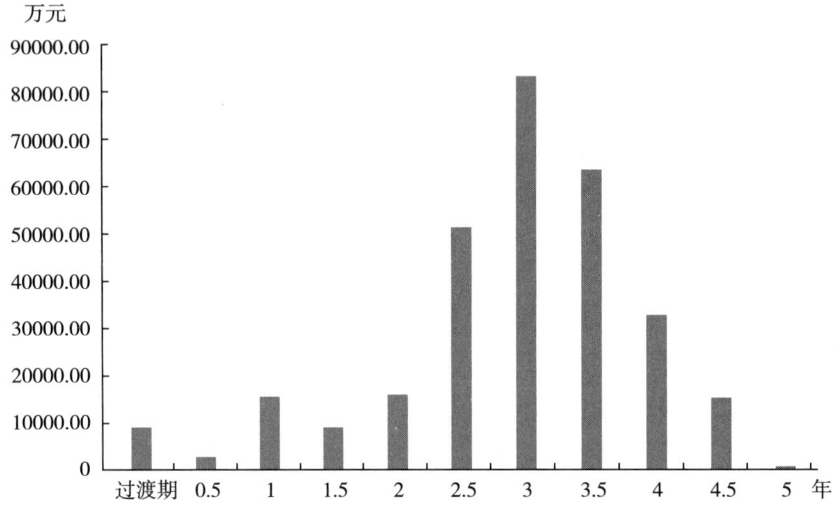

图12-6 基础资产回收时间分布

（资料来源：评级报告）

（3）其他压力测试条件

在结合目标评级进行压力景况测试时，主要考虑利差下降等压力景况。压力测试参数的一般景况和严格压力景况设置如表12-9所示。

表12-9 各景况下的模型参数

条件	一般景况	严格压力景况
优先档预期发行利率	4.30%	+50BP

资料来源：评级报告。

（4）模型结果

基于现金流模型和上述参数假设，可以计算出在严格压力景况下，受评证券在不同的基础资产回收率情景下的损失程度和期限。然后结合基础资产回收率分布中各回收率情景的概率，获得受评证券的期望损失率和期望期限。最后，根据预先设定的目标评级同期限的损失率要求，判断受评证券的模型等级。

四、主要风险分析

本交易存在未办理抵押权变更登记风险、混同风险、利率错配风险。通过交易结构设计，以上风险得到有效缓释。

五、主要参与方分析

律师事务所出具的专业意见认为，本交易的发起机构交通银行、受托机构交银国信等其他参与机构是依据中国法律有效存续的法律主体，具有完全的民事权利能力和民事行为能力签署、交付和履行交易文件；交易文件构成各方合法有效和有约束力的义务，交易文件的其他相关各方可按照交易文件的条款针对各方主张相应权利，除非该等权利的主张受到关于或影响债权人权利的破产清算、重整、和解或其他类似法律的限制。

通过尽职调查环节的访谈与审查，可以看出，交通银行作为本交易的发起机构和资产服务机构，证券化经验丰富，具备履行其相应职责的能力；本交易的资金保管机构、受托机构等参与机构具备履行其相应职责的能力。

案例二：信用卡不良贷款 ABS 案例

本部分以一单信用卡不良债权 ABS 产品（以下简称本交易）为例，说明如何从基础资产、交易结构、模型分析、主要风险和重要参与方等方面对信用卡不良贷款 ABS 产品进行信用分析。

表 12-10　证券概况

资产支持证券	预计发行金额（万元）	利率类型	偿还方式	偿付频率	预期到期日	法定到期日
优先级	11200.00	固定	过手	按季	2022-01-26	2026-01-26
次级	4600.00	—	过手	按季	2024-01-26	2026-01-26
合计	15800.00	—	—	—	—	—

资料来源：评级报告。

本交易的发起机构为农业银行，农业银行将其合法拥有、依法可以转让并且符合合格标准的信用卡不良债权资产信托给上海国际信托，上海国际信托以该信托财产为基础发行资产支持证券。农业银行同时为本交易的资产服务机构，工商银行为本交易的资金保管机构。具体结构如图 12-7 所示。

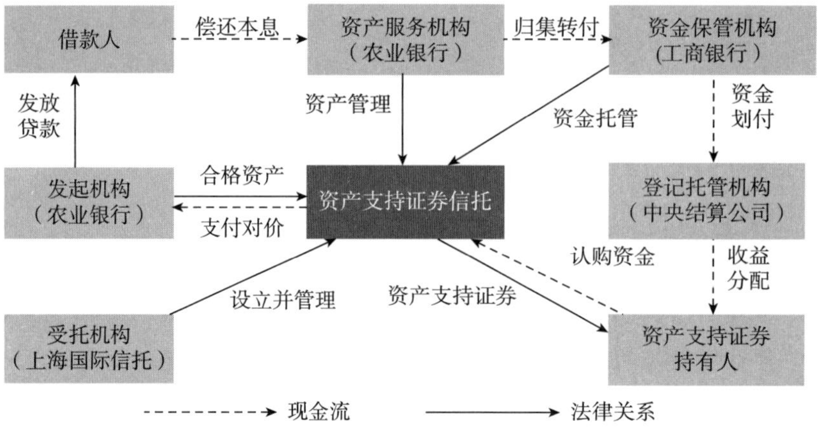

图 12-7　交易结构概况

（资料来源：评级报告）

一、基础资产分析

1. 基础资产的审查

本交易的基础资产为农业银行持有的自营信用卡不良贷款。《主定义表》中约定基础资产的合格标准如下。

基础资产合格标准

就每一笔信用卡债权及其附属担保权益（如有）而言，是指在初始起算日和信托财产交付日（以下各项对时间另有说明的除外）：

（a）借款人在申请信用卡账户时为中国公民或永久居民，而且年满 18 周岁；

（b）相关信用卡账户项下的所有应付金额均以人民币为单位；

（c）资产均由借款人在相关信用卡账户项下取现或消费所形成，而且在初始起算日借款人对取现或消费的事实（包括取现或消费金额）无争议；

（d）根据农业银行的贷款风险分类标准，资产在初始起算日为次级类、可疑类或损失类；

（e）农业银行已办理相关信用卡账户的停卡手续，相关信用卡账户均处于冻结状态，而且自初始起算日（含该日）起相关信用卡账户不会产生新的债权；

（f）农业银行未曾减免每笔信用卡债权对应的本金、利息和费用；

（g）信用卡账户及资产适用中国法律；

（h）同一信用卡账户项下借款人的未偿债务（包括过渡期农业银行就该笔信用卡债权收到的处置收入）全部入池；借款人在发起机构所有信用卡账户项下的未偿债务（包括过渡期农业银行就该笔信用卡债权收到的处置收入）全部入池；

（i）农业银行合法拥有每笔资产，而且未在资产上设定质押或其他权利负担；

（j）农业银行在相关信用卡账户项下，除信用卡债权外，不享有抵债资产等其他附随债权或附属权利；

（k）信用卡债权未被农业银行核销；

（l）资产可以进行合法有效的转让，无须取得借款人或任何第三方的同意。

根据信用卡不良贷款及其风险特征，结合尽职调查环节对基础资产的审查，可以看出本交易基础资产合格标准的设定及不合格资产赎回机制的设置合理有效，符合监管要求，能够合理保证入池资产的信用质量。律师事务所出具的专业意见认为，农业银行向信托转让信用卡债权及其附属担保权益不存在当事人约定及法律规定限制或禁止转让的情况。信托一经生效，委托人对信贷资产的转让即在委托人和受托人之间发生法律效力。

2. 本交易入池资产特征

于初始起算日，本交易入池资产特征如表 12-11 所示。

表 12-11　资产池特征（于初始起算日）

指标	数值	分析
贷款笔数	82669 笔	个人信用类不良贷款 ABS 的入池资产笔数、户数通常较多，可以降低单一资产对资产池回收稳定性的影响。
借款人户数	77616 户	
资产池未偿本金余额	1558541177. 30 元	未偿本息费余额分布反映了入池资产的基本情况，户均笔均大小。根据历史数据，不良债权金额越小，回收的可能性越大；此外，未偿本息费余额的分布和信用卡类型也有一定关系，如普卡额度相对较小，汽车、装修等专项信用卡额度较大。
资产池未偿本息费余额	1763662936. 32 元	
单笔贷款最高/最低本息费余额	97. 36 万元/11. 20 元	
单笔贷款平均本息费余额	21334. 03 元	
五级分类（本息余额占比）	次级：31. 05% 可疑：36. 47% 损失：32. 47%	通过历史数据发现，资产的逾期时间越短，回收的可能性越大，因此我们通常认为逾期时间短的资产表现相对于逾期时间较长的资产表现更好。
最高逾期时间	44. 79 个月	
加权平均逾期时间	7. 16 个月	
前 10 大贷款未偿本息费余额占比	0. 37%	资产池单户集中度风险较低。
前 50 大贷款未偿本息费余额占比	1. 29%	
职业	主要集中在工业、商业服务业、贸易行业，未偿本息费余额占比合计为 59. 64%	职业这个字段是信用卡申请时自填的，字段准确度和更新程度有限，因此职业这个字段在分析回收时参考意义有限。

续表

指标	数值	分析
地区	分布于广东、浙江、河南等31个省、自治区和直辖市	地区分布较为分散，可以降低地区集中度的风险。

资料来源：评级报告。

与同类产品相比，本交易入池资产户数/笔数较多，借款人分布在31个省、自治区和直辖市，资产池分散性相对较高；从账户类型来看，普通账户占比为78.13%，专项账户占比为21.87%；从未偿本息余额来看，单笔借款人最大未偿本息余额为97.36万元，最小为11.20元，平均为2.13万元，相比同类型产品笔均金额较大。

表12-12　同类产品比较

项目	本产品	可比产品1	可比产品2
发起机构	农业银行	交通银行	建设银行
资产池未偿本金余额（万元）	155854.12	350017.98	168953.87
资产池未偿本息余额（万元）	176366.29	425527.20	207780.40
发起机构	农业银行	交通银行	建设银行
贷款笔数（笔）	82669	224295	103128
借款人户数（户）	77616	220147	92234
单笔贷款平均本金余额（万元）	1.89	1.56	1.64
单笔贷款平均本息余额（万元）	2.13	1.90	2.01
加权平均逾期时间（月）	7.16	7.01	6.09
加权平均年龄（岁）	41.24	36.82	38.93
地区分布（个）	31	30	37个一级分行
五级分类（%）			
次级	31.05	5.33	38.58
可疑	36.47	33.08	39.61
损失	32.47	61.59	21.82

资料来源：评级报告，作者整理。

二、交易结构分析

交易结构方面，信用卡不良贷款ABS产品在账户设置、资金转付、现金流分配方式、信用触发机制等方面的设置与对公不良贷款ABS产品基本一致，不再赘述。

三、模型分析

1. 估值分析

（1）历史数据分析

对基础资产预期回收价值的估计主要依据农业银行提供的自 2015 年 10 月至 2020 年 12 月成为不良债权的逐笔信用卡资产 36 个月内的逐月回收数据；其中，2015 年 10 月至 2017 年 12 月为完整的 36 个月回收数据，2015 年 10 月至 2018 年 12 月为完整的 24 个月回收数据。

通过对历史回收数据进行分析，农业银行信用卡不良债权 36 个月内的累计毛回收率呈逐年降低的趋势。这一方面是受宏观经济增速放缓影响；另一方面也与近年来催收行业监管规范趋严有关。此外，受 2020 年初新冠肺炎疫情暴发、国内全面停工的影响，信用卡不良资产回收率在 2020 年 1—2 月出现明显下降，但 3 月起已逐步恢复至疫情前的水平。2021 年以来，受到新冠肺炎疫情的持续影响，信用卡不良资产回收率有所下降。考虑到经济增长短期企稳的势头不明朗，长期需关注宏观经济下行、居民可支配收入增长放缓和催收行业政策变化对信用卡不良贷款回收情况的影响。

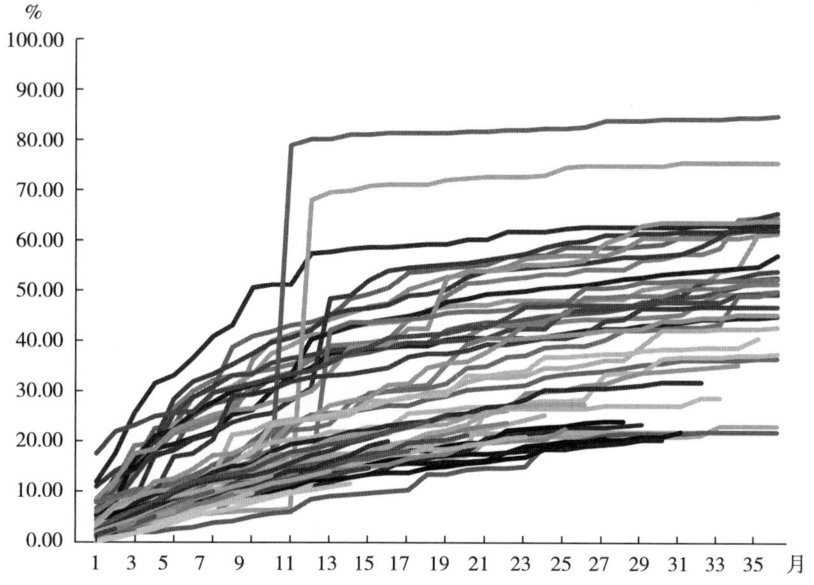

图 12-8　2012—2020 年农业银行专项账户信用卡不良债权累计毛回收率表现（36 个月）

（资料来源：评级报告）

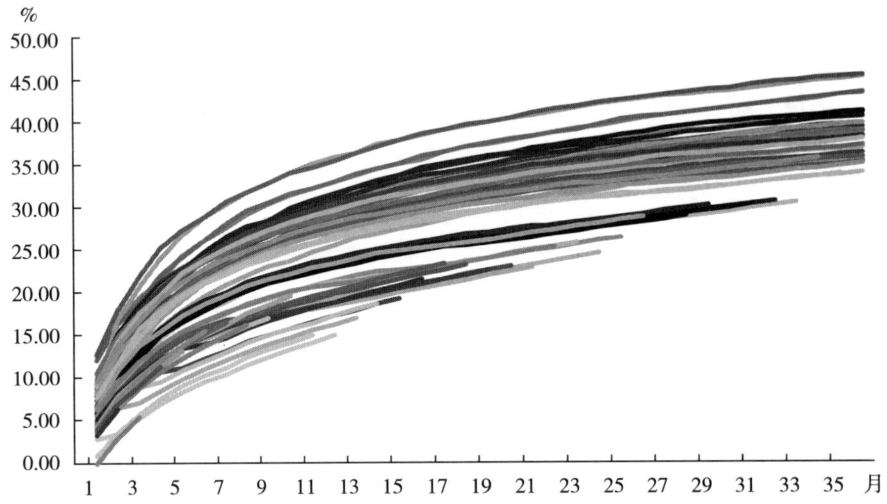

图 12-9　2012—2020 年农业银行普通账户信用卡不良债权累计毛回收率表现（36 个月）

（资料来源：评级报告）

此外，影响信用卡不良贷款回收的主要因素包括逾期金额和逾期时间。信用卡不良债权的逾期时间越短、逾期金额越小，则该笔不良债权被完全回收或部分回收的概率越高。据此，按首次形成不良时未偿本息费余额的大小将历史数据分为 0～25000 元、25000～50000 元、50000～100000 元及 100000～1000000 元共 4 组，并计算了各组别形成不良后逐月的当期回收率，获得当期回收率均值分布。不同组别在形成不良后的早期当期回收率差异较大，余额越小的回收率越高；随着逾期时间的推移，不同组别的当期回收率趋于接近。

综上所述，在历史数据的基础上，会结合发起机构的催收政策、宏观经济及行业政策等因素，拟定适合本交易基础资产未来回收特征的当期回收率分布假设。我们按照与历史数据相同的分组规则将基础资产进行分组，然后通过蒙特卡洛模拟获得入池资产整体的一般景况估值和回收分布。

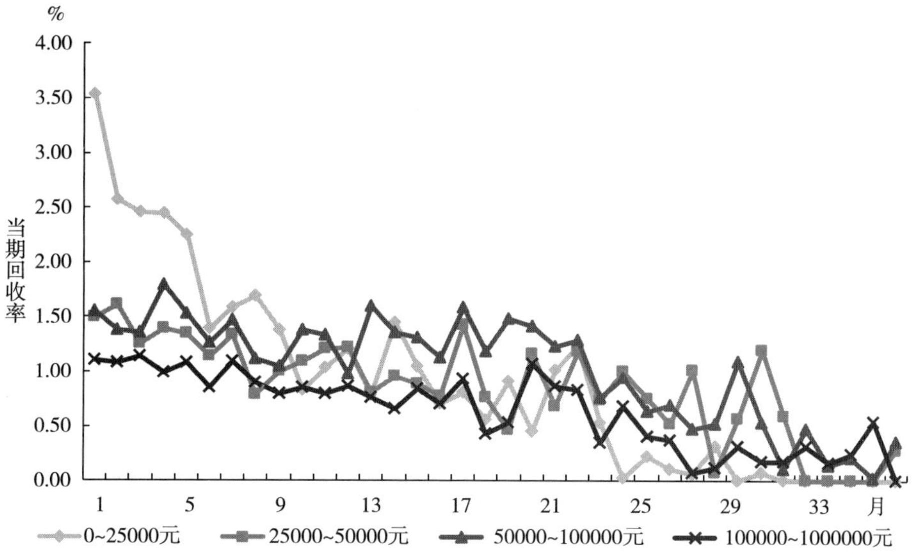

图 12-10　不同金额群组专项账户信用卡不良债权违约后各期当期回收率分布

（资料来源：评级报告）

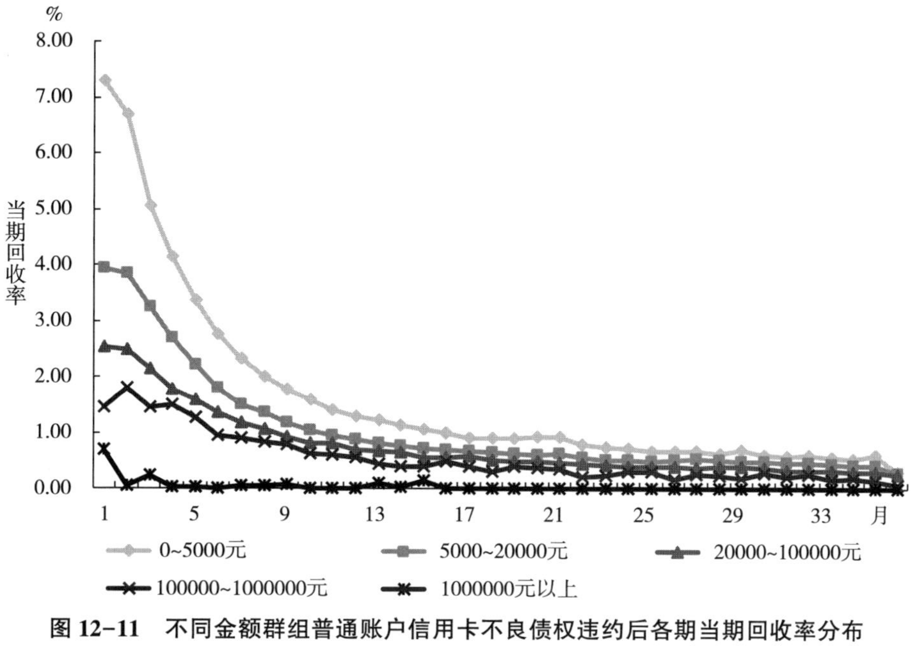

图 12-11　不同金额群组普通账户信用卡不良债权违约后各期当期回收率分布

（资料来源：评级报告）

（2）一般景况估值

根据估值分析，一般景况下，入池资产 24 个月内预期毛回收金额为

23727.01 万元，预期净回收金额为 22602.04 万元；36 个月内预期毛回收金额为 24977.15 万元，预期净回收金额为 23789.66 万元。

表 12-13　一般景况估值

指标	预期毛回收金额	预期毛回收率	预期净回收金额	预期净回收率
24 个月	23727.01 万元	13.45%	22602.04 万元	12.82%
36 个月	24977.15 万元	14.16%	23789.66 万元	13.49%

注：1. 预期净回收金额是指扣除在优先级证券本金偿付完毕前需支付的处置费用后的预期回收现金流之和，未折现。

2. 预期回收率=预期回收金额/未偿本息费余额。

资料来源：评级报告。

2. 现金流模型与压力测试

本部分以损失率法来评估各级证券的信用质量。现金流模型的主要参数设定如下。

（1）基础资产回收分布

通过蒙特卡洛模拟，可以获得本交易基础资产的回收分布，如图 12-12 所示。

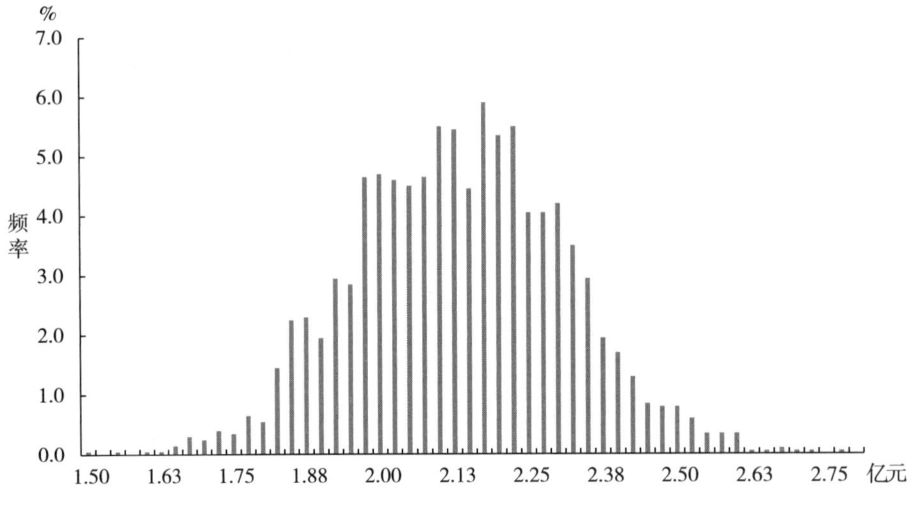

图 12-12　基础资产 24 个月预期净回收分布

（资料来源：评级报告）

（2）回收时间分布

通过蒙特卡洛模拟，可以获得基础资产回收时间分布，如图 12-13 所示。

其中，自初始起算日起一年内预期净回收金额共计 1. 90 亿元，占 24 个月内预期净回收总金额的 84. 14%。

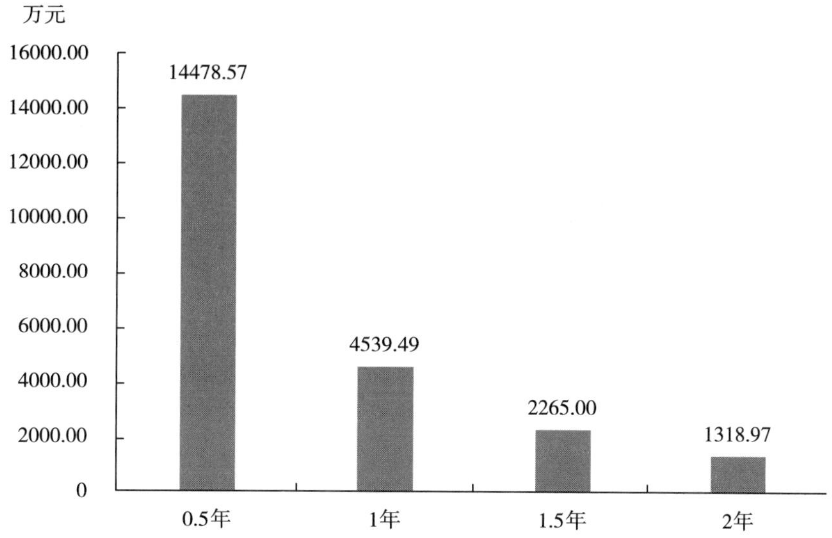

图 12-13　预期回收时间分布

（资料来源：评级报告）

（3）其他压力测试条件

在结合目标评级进行压力景况测试时，主要考虑利差下降等压力景况组合。压力测试参数的一般景况和严格压力景况设置如表 12-14 所示。

表 12-14　各景况下的模型参数

条件	一般景况	严格压力景况
优先档预期发行利率	4. 50%	+50BP

资料来源：评级报告。

（4）模型结果

基于现金流模型和上述参数假设，可以计算出在严格压力景况下，受评证券在不同的基础资产回收率情景下的损失程度和期限。然后结合基础资产回收率分布中各回收率情景的概率，获得受评证券的期望损失率和期望期限。最后，根据预先设定的目标评级同期限的损失率要求，判断受评证券的模型等级。

主要风险分析和主要参与方分析与案例一相似，此处不再赘述。

第六节　Q&A

Q：不良贷款未来的现金流如何预测？

A：不良资产的回收预测比较困难。证券化的基础是未来稳定可预期的现金流，但是不良资产处置天然具有一定不确定性，而且受未来经济形势、外在环境的影响较大，虽然零售类不良资产可以通过一定历史数据进行拟合预测，但还是需要在估值和结构设计中预留一定安全垫。

Q：不良贷款 ABS 对资产服务机构有何特殊要求？

A：目前，不良贷款 ABS 产品主要由发起机构继续担任资产服务机构，负责入池资产的清收处置工作，其中各分支行执行具体的催收工作。因此，分支行是否尽职尽责直接决定了后续回收的具体情况和产品收益的实现。如何激发分支行的履职意愿、确保后续催收工作尽职尽责，是访谈发起机构时的一个重要关注点。

Q：不良贷款 ABS 产品预期到期日如何确定？

A：不良贷款 ABS 产品与正常类 ABS 产品不同，没有相对确定的现金流，通常发起机构会根据对入池资产的预期现金流入测算产品各档证券的预期到期日。因此，在产品实际发行后，不良贷款 ABS 产品各档证券的实际到期日与预期到期日可能会有所不同。

Q：不良贷款 ABS 产品的尾包如何处置？

A：信贷 ABS 产品的清算路径主要包括清仓回购、基础资产全部结清、剩余资产原状分配、剩余资产对外转让、发起机构回购剩余资产等方式。由于不良贷款 ABS 的基础资产通常无法结清，因此清算时主要采用原状分配、对外转让或发起机构回购等方式。原状分配通常比较难以实现，因为债权很难正好按照投资份额切分，此外投资者也不一定愿意接受不良债权。对外转让可能涉及批转政策限制和定价问题，需要受托人和发起机构、投资者进行协商，沟通成本较高。发起机构回购同样会遇到定价难的问题。